SOUVENIRS

D'UN

VOYAGE A TLEMCEN.

Propriété de l'auteur.

TIRÉ A TROIS CENTS EXEMPLAIRES.

Imprimerie orientale de Marius Nicoles, à Meulan.

TLEMCEN,

ANCIENNE CAPITALE DU ROYAUME DE CE NOM,

SA TOPOGRAPHIE, SON HISTOIRE,
DESCRIPTION DE SES PRINCIPAUX MONUMENTS, ANECDOTES
LÉGENDES ET RÉCITS DIVERS,

SOUVENIRS D'UN VOYAGE.

PAR

L'ABBÉ J. J. L. BARGÈS,

Professeur d'hébreu à la Sorbonne.

ما جنّة الخلد الا في منازلكم
وهذه كنت لو خيّرت اختار

IBN-KHEFADJAH, de Cordoue.

PARIS

BENJAMIN DUPRAT
LIBRAIRE DE L'INSTITUT ET DE LA
BIBLIOTHÈQUE IMPÉRIALE,
7, rue du Cloître-Saint-Benoît

CHALLAMEL AINÉ
LIBRAIRE-COMMISSIONNAIRE POUR L'ALGÉRIE
ET L'ÉTRANGER,
30, rue des Boulangers

1859.

A LA MÉMOIRE

DE MA TRÈS-PIEUSE ET TRÈS-CHRÉTIENNE MÈRE

MARIE-VIRGINIE BARGÈS,

NÉE ESTIENNE (DE PEYPIN).

PRÉFACE.

« Le paradis de l'éternité, ô Tlemcinois ! s'écrie un poëte arabe, ne se trouve que dans votre patrie, et s'il m'était donné de choisir, je n'en voudrais pas d'autre que Tlemcen. »

La poésie, expression du sentiment populaire, nous donne une idée de la place glorieuse que Tlemcen a occupée dans le sentiment affectueux des peuples musulmans, et l'histoire, consultée à son tour, justifie dans les limites de la réalité une appréciation aussi favorable : Tlemcen a été le centre d'une société puissante.

D'après une tradition, Tlemcen serait une des plus anciennes villes du monde, et son nom primitif d'Agadyr, dont la forme pourrait être rapportée au phénicien, n'est pas absolument opposé à cette hypothèse. Des données plus positives permettent de la faire remonter jusqu'aux Antonins, en lui assignant une origine romaine qui n'est pas dépourvue de mérite. Vers le milieu du deuxième siècle de l'hégire, Édris lui donne une splendeur momentanée ; mais c'est sous le roi Almoravide Youssouf ben-Teschifyn qu'elle se transforma en une ville de premier ordre par la fondation du quartier nouveau de Tagrart. Dans le siècle suivant, Tlemcen est considérée comme la première ville du Maghreb Central, et enfin, au treizième siècle, elle devient la capitale d'un empire particulier qui dure trois cents ans avec un éclat que les autres gouvernements de la côte barbaresque ont rarement atteint. Pendant cette période, une population considérable, une industrie puissante, de grandes richesses y favorisent le développement d'une civilisation aussi étendue que le temps le comportait : la preuve en subsiste encore.

Outre les monuments antiques qui sont assez nombreux, Tlemcen possède plus qu'aucune autre ville d'Afrique une série de souvenirs historiques proprement indigènes. « Ce ne sont pas seulement des ruines, écrit un savant qui l'habite depuis plusieurs années, ce sont des édifices encore debout qu'elle offre aux curieuses recherches de l'explorateur. Chaque dynastie, chaque règne, pour ainsi dire, semble y avoir laissé l'empreinte de son génie particulier.

On pourrait, en quelque sorte, faire l'histoire de Tlemcen par celle de ses monuments (1). »

Une ville aussi intéressante ne pouvait manquer d'exercer une vive attraction sur un explorateur ami des choses du passé. Aussi les circonstances m'ayant permis, dans le courant de l'année 1846, de faire un voyage en Algérie, ce fut vers Tlemcen que je dirigeai mes pas. J'y trouvai, le lecteur s'en convaincra, une véritable moisson de trésors archéologiques de toutes sortes. J'y réalisai en même temps l'espoir que j'avais conçu d'y rencontrer des documents historiques jusqu'à ce jour inaperçus, peut-être même des manuscrits ignorés.

En 1839, dans un voyage précédent, j'avais rapporté d'Afrique un manuscrit alors unique en Europe, savoir, l'histoire des Beni Abd' el-Wâdy, rois de Tlemcen, par le réis Yahia ibn-Khaldoun (frère de l'écrivain du même nom dont M. de Slane a publié et traduit l'histoire des Berbères). Ce texte présentait quelques difficultés, surtout en ce qui concernait les noms propres ; j'avais reconnu la nécessité de les résoudre sur les lieux mêmes : c'est ce qu'il me fut donné de faire de manière à me trouver, à mon re-

---

(1) M. Ch. Brosselard : *Les Inscriptions arabes de Tlemcen*. Revue Africaine, IIIe année, décembre 1858, p. 85.

tour, en mesure d'en publier la traduction et d'apporter à l'histoire des Berbères d'Abd' er-Rahman ibn-Khaldoun, un utile auxiliaire qui en sera le contrôle pour les faits où les deux écrivains se rencontrent, et le supplément pour ceux que ce dernier n'a pas mentionnés. L'exécution de ce travail s'est trouvée retardée par diverses circonstances indépendantes de moi ; mais je ne perds pas de vue la promesse que je me suis faite de le mettre au jour.

Ce fut dans le même voyage que je découvris, entre les mains de cy Hammady ben-es-Sekkal, caïd de Tlemcen, le manuscrit de l'ouvrage de cidi Abou Abd' Allah Mohammed ibn Abd' el-Djelyl et-Tenessy, connu sous le nom de *Nadhmo' ddourri ouel-hikyan, fy bayani scharafi Beni-Zéyan* « Collier de perles et d'or natif, ou tableau de la noblesse des Beni-Zéyan ». Cet ouvrage, qui n'est autre chose que l'histoire des rois de Tlemcen appartenant à la dynastie précitée, contient des documents que l'on chercherait vainement ailleurs. En ayant reçu une copie de la libéralité de cy Hammady, mon hôte, j'en ai publié la traduction, en 1852, sous le titre de *Histoire des Beni-Zéyan, rois de Tlemcen* (1). Une partie de mes notes a pris place dans cet ouvrage, et d'autres, comme je l'ai dit,

---

(1) Un vol. in-42. Paris, 1852, chez Benj. Duprat.

sont réservées à la publication que je compte faire de l'histoire des Beni Abd' el-Wâdy. Mais la majeure partie, la plus curieuse, sinon la plus importante, celle surtout qui concerne la ville de Tlemcen, est restée entre mes mains, sauf deux ou trois fragments insérés isolément, il y a déjà quelques années, dans le *Journal Asiatique* et dans la *Revue de l'Orient*. L'accueil favorable que ces extraits ont reçu me donne lieu de penser que les personnes dont la curiosité se porte vers les mœurs et l'histoire de l'Afrique, y ont trouvé quelque utilité, sinon les éléments d'intérêt et de plaisir que j'aurais voulu y répandre. Ces considérations m'ont porté à me demander s'il ne conviendrait pas de publier l'ensemble de mes observations.

Une objection se présente tout d'abord à l'esprit : depuis l'époque de mon voyage, treize années se sont écoulées, et cette période est plus que suffisante pour avoir favorisé l'éclosion d'œuvres plus récentes et, à ce titre, plus dignes d'attention. C'eût été un tort grave pour moi-même de n'être pas le premier à me poser cette difficulté et à me demander dans quel sens elle était susceptible de solution. Il est vrai que depuis l'établissement de notre domination, on a beaucoup écrit sur les questions qui touchent le Nord de l'Afrique ; il existe de nombreux ouvrages relatifs à la géographie et à l'histoire de l'Algérie, aux mœurs et usages des Arabes et des autres races, et ces travaux appartiennent à divers genres : récits de touristes où le pittoresque, élément très-précieux assurément, mais qui ne va pas au delà de la superficie ou même de l'apparence des choses, tient toute la place, ne mêlant pas, selon le précepte du poëte, l'utile à l'agréable ; tableaux de statistique et autres qui peuvent avoir leur avantage à un jour donné, mais qui ne supportent pas la lecture ; descriptions de fantaisie, peintures imaginaires, visions de toute sorte, où l'imagination de l'auteur donne au tableau ses qualités vraies ou fausses, timides ou exagérées, à la place de celles que celui-ci possède réellement : en effet, il est bien difficile pour certains yeux d'apercevoir des détails, même des faits saillants, car ce sont lettres closes pour quiconque n'a pas été initié par des études préalables aux particularités d'une civilisation qui est si éloignée de la nôtre, que c'est à peine si on peut lui donner ce nom de civilisation ; enfin, et c'est le plus grand nombre, compilations de toutes sortes, où l'on n'est pas même certain de trouver le mérite d'un choix éclairé.

Dans toute cette littérature, au courant de laquelle je me suis constamment tenu, il n'est presque rien qui ait devancé les observations que je suis en mesure de présenter, et c'est seulement sur un nombre de points assez restreint (j'ai soin de les signaler chaque fois), que je n'arrive pas le premier sur le terrain des découvertes archéologiques.

Mon travail n'a donc perdu que très-peu de son actualité quant au fond. Sans doute, il en est différemment en ce qui concerne la forme, et je range sous cette dénomination tout ce qui a rapport aux incidents personnels du voyage et aux relations que j'ai eues dans le pays. Il m'aurait été facile de remédier à cet inconvénient en élaguant les récits pour adopter une forme purement descriptive ; mais j'aurais fait disparaître ainsi de nombreux détails dont quelques-uns ont encore conservé toute l'actualité de leur physionomie, tandis que les autres appartiennent à l'histoire des progrès de notre civilisation sur le sol africain. D'un autre côté, l'on ne saurait se dissimuler que généralement les pensées ne gagnent rien, mais qu'elles perdent souvent à être transportées du monde primitif et presque providentiel où elles furent façonnées, dans des lignes de convention où l'artifice de la phrase ne saurait remplacer avantageusement le mérite naïf et spontané de l'improvisation. C'est ainsi, *si parva licet componere magnis,* que tant de voyageurs illustres nous procurent encore l'émotion d'un plaisir sans égal. Les descriptions du vieil Homère lui-même ne perdraient-elles pas à être tirées du cadre où il les a placées? N'espérant donc pas donner autrement à mes descriptions un peu du charme que l'imprévu des voyages y apporte, je me suis décidé à les publier dans la forme où les circonstances me les ont fait concevoir.

Les réflexions qui précèdent indiquent suffisamment quel est l'ordre suivi dans la digestion de ce livre ; il n'est autre que celui des temps : ce n'est qu'un humble journal dont les divisions ont été basées, autant que possible, sur celles des jours ; un chapitre par journée, sauf les cas où l'importance plus ou moins grande des matières m'a mis dans l'obligation de multiplier ou de restreindre le nombre des sections.

Mon but étant de faire un ouvrage utile, les faits scientifiques ont surtout attiré mon attention ; et en les exposant, je me suis attaché seulement à faire comprendre exactement l'état réel des choses, sans en faire le thème des réflexions de toute sorte qu'elles peuvent comporter. J'ai considéré, en cela, que quelques-unes de ces observations étant déjà connues, le public d'élite auquel je m'adresse est parfaitement en mesure de suppléer les autres avec tout l'à-propos que je saurais moi-même y apporter. La brièveté et la concision furent de tout temps comptées au nombre des vertus de l'écrivain ; mais c'est surtout de nos jours que ce mérite est matériellement appréciable. Je viens d'en faire l'épreuve moi-même, en me soumettant à supporter les frais du présent ouvrage, qui n'a pu trouver dans Paris, ce foyer des lumières, cette mère des fortes études, un éditeur bienveillant et désintéressé.

Il y a plus de dix ans que ce livre est rédigé, et si l'aphorisme de Buffon est vrai, si le style c'est l'homme, mon œuvre doit être bien changée ! Dix ans dans la vie d'un homme, surtout lorsqu'il fait travailler son intelligence, c'est plus qu'un siècle dans la durée d'une société. Mais la parole du célèbre naturaliste n'est exacte qu'à moitié : les progrès du temps, qui apportent à notre nature physique d'irréparables désordres, produisent un effet tout opposé dans l'intelligence qu'une direction active et sincère pousse sans relâche dans les voies de la vérité. C'est une pensée consolante que chaque jour apporte à notre esprit une amélioration destinée à grossir le trésor de nos connaissances, et que, si nous ne pouvons espérer d'atteindre les limites de la science, au moins chacun de nos efforts est un pas de plus que nous faisons vers ce but si digne de nos désirs !

Mon travail n'est donc pas ce que je voudrais qu'il fût, je suis tout le premier à m'en adresser le reproche ; mais, du moins, j'ai fait mes efforts pour en enlever les taches qui le dépareraient, et j'espère que celles qui restent encore me seront plus facilement pardonnées, si je me joins à la critique pour les désapprouver.

Il est enfin une explication qui, plus que toutes les autres peut-être, me fera trouver grâce aux yeux du lecteur. Ce livre, tiré à un très-petit nombre d'exemplaires, est surtout destiné à mes amis : j'appelle ainsi tous ceux auxquels une communauté de vues me réunit dans les voies de la science, ceux surtout dont les encouragements et la sympathie m'ont donné la plus chère récompense que je puisse attendre, en ce monde, de mes travaux. Certain de trouver leur indulgence acquise à mes bonnes intentions, je ne saurais hésiter à leur livrer, quel qu'il soit, un travail où leur sagacité démêlera sans peine, sous la rouille qui pourrait le recouvrir, l'or pur que, Dieu aidant, les circonstances y auront mis.

L'abbé J. J. L. BARGÈS.

Paris, le 15 août 1859.

SOUVENIRS
D'UN
VOYAGE A TLEMCEN.

CHAPITRE PREMIER.

Débarquement à Mersa 'l-Kébir. — Description de cette localité et arrivée à Oran.

Partis de Marseille, le 3 septembre, sur le paquebot à vapeur le *Phénicien*, nous arrivâmes en vue de la plage africaine trois jours après, vers cinq heures du matin. J'étais enseveli dans ma cabine quand cette bonne nouvelle me fut annoncée. Le mal de mer, le gros temps que nous avions eu m'avaient jeté dans un état de prostration presque complète.

Je montai sur le pont, chancelant comme un homme ivre, la figure pâle et morfondue. Je trouvai tout le monde réuni afin de jouir de l'aspect de la terre. Le soleil, déjà élevé sur l'horizon, s'entendait avec la machine à vapeur et la fumée nauséabonde de la cuisine pour nous accabler d'une chaleur étouffante. Les brouillards qui nous cachaient le rivage s'enfuyaient au loin, chassés par la brise matinale : c'était le prélude d'une magnifique journée.

A mesure que nous approchions de la plage, les montagnes que nous avions aperçues dans le lointain revêtaient des formes plus distinctes, et leurs cîmes, éclairées par le jour naissant, nous paraissaient s'étendre et s'élever graduellement vers le ciel aussi bleu que les flots que nous allions quitter.

A l'orient de ce panorama je distinguais facilement la célèbre *Montagne des Lions*, moins terrible par la présence de ces bêtes féroces que par les récits exagérés des Arabes et des voyageurs. Je cherchai vainement à découvrir la ville d'Oran. Elle était cachée à nos yeux par la montagne de *Santa-Crux*, qui coupe la vue entre elle et la plage de Mersa 'l-Kébir.

Pendant que mes regards se promenaient çà et là sur la côte africaine, pour y découvrir de nouveaux objets, je m'aperçus que nous naviguions déjà dans les eaux de la baie de Mersa 'l-Kébir. Deux ou trois paquebots à vapeur et une vingtaine de navires à voiles stationnaient dans le vaste port de cette ville. De l'endroit où nous étions, c'était à peine si l'on distinguait le château-fort qui la domine ; le reste de ses édifices se confond avec le sol dont ils ont la couleur blanchâtre. A cette distance on n'aperçoit pas une seule âme vivante.

Le quai me paraissait solitaire et silencieux ; j'aurais cru volontiers que les habitants de l'endroit avaient creusé leurs demeures dans terre ou dans les rochers. La couleur brune et rougeâtre des collines voisines ajoutait à la tristesse de ce spectacle. Il me semblait aborder dans un repaire de forbans. Je frémis en pensant qu'autrefois les habitants de ce lieu vivaient des dépouilles des chrétiens qu'ils capturaient sur mer et vendaient ensuite comme de vils troupeaux à leurs barbares correligionaires. Les vagues qui allaient en mugissant se briser sur le rivage, me rappelaient douloureusement les soupirs et les gémissements de nos malheureux frères.

J'étais plongé dans ces pénibles réflexions lorsque le sifflement de la vapeur échappée avec fracas des chaudières, m'avertit qu'on avait enfin jeté l'ancre. Dès lors adieu le roulis du bateau et ses fâcheux inconvénients ; je reléguai volontiers mes maux au nombre des souvenirs. La joie rayonnait sur le front de mes compagnons de voyage. Tous avaient atrocement souffert de la chaleur et du mal de mer. Je me rappelle même qu'un d'eux, futur bachelier ès-lettres, avait demandé sérieusement si nous allions passer la ligne et subir le baptême de Neptune, ce qui n'avait pas ouvert un mince débouché aux saillies et aux quolibets des savants du bord.

Nous étions en face de la citadelle de Mersa 'l-Kébir. Notre arrivée ayant été prévue, le *Phénicien* avait été aperçu de loin ; car il est rare que le service des bateaux à vapeur éprouve des retards ou de l'irrégularité. Bientôt nous fûmes assaillis par une foule de barques montées, les unes par des Espagnols, les autres par des Génois, quelques-unes par des Maures. Pour aborder les premiers et avoir une meilleure part au transport des bagages, tous ces bateliers se pressaient, se menaçaient du geste et de la parole en jurant comme de véritables païens. Arrivés sur le vapeur, ils livraient assaut à nos malles qu'ils enlevaient de vive force et emportaient malgré nous dans leurs embarcations. Ce spectacle ne m'étonnait point. J'en avais vu plus d'une représentation en France à l'arrivée des bateaux et des messageries. Il n'est pas une ville, pas un port de mer qui ne fourmille de ces espèces de *lazzarone* aussi incommodes qu'officieux.

La cohue et le désordre empêchant de se faire entendre ou obéir, le meilleur parti était de suivre ceux qui enlevaient vos effets, dans la crainte qu'ils ne vinssent, *bien involontairement sans doute*, à vous perdre dans la foule, ce qui eût été pire que le mal de mer.

Toutefois la Providence me réserva un instant de répit. Le portefaix auquel le sort m'avait livré attendait son compagnon pour emporter mes bagages. Je m'assis sur ma malle, et là je me mis à examiner en détail la physionomie des passagers, exercice dont m'avaient jusqu'alors privé mes infirmités de voyage.

C'étaient en général des artisans, de petits industriels que des revers ou la concurrence forçaient à chercher fortune au dehors de la mère-patrie. L'attirail qu'ils traînaient avec eux faisait reconnaître aisément cafetiers, épiciers, menuisiers, tailleurs et autres. Ces bonnes gens semblaient venir, non pour exploiter la colonie, mais pour en exploiter les habitants. Ils ignoraient complétement que la seule richesse à espérer en Afrique se trouve dans le sol et dans les bras qui le travailleront.

Je remarquai cependant quelques ouvriers de la campagne déchargeant plusieurs charrues, herses et autres instruments aratoires. Ils obéissaient à un jeune homme dont l'intention était évidemment de fonder un établissement agricole. Un pareil but méritait certes toutes les sympathies. Seulement les manières délicates, le teint frais, le costume recherché du directeur de l'entreprise inspiraient naturellement des doutes sérieux sur le succès.

Nous avions encore des officiers de l'armée revenant de semestre. Ils prenaient leurs arrangements pour se revoir une dernière fois avant d'aller chacun rejoindre leur corps en campagne ou en garnison dans l'intérieur. Au milieu d'eux pérorait un grand jeune homme boutonné jusqu'au menton, portant fortes moustaches et coiffé d'un fez égyptien. Il avait toutes les apparences d'un capitaine de cavalerie. Je le revis plus tard à Oran, et j'appris qu'il était commis expéditionnaire dans un bureau de l'administration civile.

Cependant mon second portefaix avait rejoint son camarade, et, grâce à leur assistance, ma personne et mon mobilier de campagne se trouvèrent bientôt installés dans une barque.

Nous prîmes terre au pied de l'immense rocher sur lequel est bâti le château-fort de Mersa 'l-Kébir. L'horloge de la citadelle sonnait onze heures. Le son argentin du timbre vint agréablement chatouiller mes oreilles. Nous arrivions au milieu de populations musulmanes, et je savais que cloches et horloges sont parmi elles en horreur. Je me souviens même à ce sujet que les Maures d'Alger avaient failli se révolter lorsqu'ils entendirent pour la première fois résonner celle que l'on voit dans cette ville sur la place du Gouvernement. De tous les pays soumis aux lois de l'islam, le mont Liban est le seul où les chrétiens aient obtenu la faculté de se servir de cloches et d'horloges.

De véritables omnibus, tels qu'on en voit à Paris et dans les principales villes de France, devaient nous transporter à Oran. Comme ils ne partaient pas immédiatement, je pus à loisir examiner la ville de Mersa 'l-Kébir et sa citadelle.

Cette dernière, de la hauteur où elle est assise, semble veiller sur la place comme un aigle veille sur la proie qu'il vient d'enlever. Construite dans le seizième siècle par les Espagnols (1), elle a reçu de nombreuses réparations par l'ordre du gouvernement français, et on peut dire qu'elle est à peu près inexpugnable.

Le port qu'elle protége est très-étendu et abrite les navires des vents du nord et du nord-ouest.

A côté du château et sur le flanc du rocher qui le porte, s'élèvent plusieurs rangées de maisons dont la couleur contraste agréablement avec la teinte verdâtre et limoneuse des eaux du port.

---

(1) C'est en 1505 que don Diego de Cordoue, à la tête de 5,000 hommes, s'empara de Mersa 'l-Kébir au nom du roi d'Espagne.

La plage de Mersa 'l-Kébir a eu l'honneur d'attirer l'attention des savants. Ils veulent absolument lui assigner une place dans la géographie ancienne ; mais ils ne sont pas peu embarrassés quand il s'agit de la déterminer d'une manière positive. Les uns veulent que Mersa 'l-Kébir réponde au *Portus Magnus* des Romains, supposition fondée en grande partie sur l'identité de ce nom avec la dénomination moderne qui signifie en arabe le *Grand Port*. Les autres voient dans Mersa 'l-Kébir le Θεῶν λιμήν ou *Port des Dieux* de Ptolémée et les *Portus Divini* de l'itinéraire d'Antonin. Léon l'Africain, qui ne connaissait ni Ptolémée ni Antonin, se contente de dire que *Mersa 'l-Kébir est une petite cité édifiée* de son temps par les rois de Telensin. Quoi qu'il en soit des opinions diverses des géographes, je n'appliquerai jamais le nom de Port des Dieux à cet amas de tavernes qui sous tous ses points de vue m'a présenté la physionomie d'un repaire de brigands, et, le 6 septembre, je bénis du fond de mon cœur les omnibus auxquels je dus d'être transporté dans une heure au pied des remparts de la ville d'Oran.

Ces voitures nous menèrent par une route creusée en grande partie dans les flancs d'une montagne qui borde la mer. Nous dûmes même, à quelque distance de la ville, passer sous un *tunnel* que dans un autre temps les Arabes auraient regardé comme l'ouvrage des djînn. Aujourd'hui leurs yeux commencent à s'accoutumer aux merveilles enfantées dans leurs contrées par le corps du génie.

Mon premier soin en arrivant à Oran fut de chercher un hôtel. Comme c'était un jour de dimanche, j'allai ensuite à l'église, où je fis immédiatement la connaissance du curé, M. Drouet. Ce digne ecclésiastique me reçut avec la plus grande bonté et ne cessa depuis, durant mon séjour dans la ville, de me combler de politesses et de prévenances. Sur son invitation je retournai le lendemain chez lui. Je lui demandai de m'indiquer quelqu'un qui pût me servir de cicérone.

— J'ai trouvé votre homme, me répondit-il.

Et immédiatement il prit son chapeau, sa canne et son bréviaire.

— Comment, dis-je alors, vous voudriez vous donner cette peine?... Mais je n'y puis consentir.

— Nous sommes ici en présence des Arabes, reprit-il; nous devons leur montrer que nous savons aussi bien qu'eux remplir les devoirs de l'hospitalité.

Je n'avais rien à répondre et je le suivis. Je n'eus pas lieu de m'en repentir, et grâce à lui je pus m'orienter dans la ville et apprendre mille particularités curieuses et instructives.

CHAPITRE II.

Oran. — Sa topographie. — Prononciation de l'hébreu usitée chez les juifs de cette ville et ceux du Maroc.

La ville d'Oran, fondée l'an 290 de l'hégire par Mohammed ben Abou Aun ben Abdous et par une troupe d'Andalous (1), est bâtie sur le penchant et au pied d'une haute montagne qui s'élève dans la direction du nord-nord-ouest au sud-sud-est. Sur la cîme de cette montagne est assis un château en ruines qui porte le nom de *Santa-Crux;* les Arabes l'appellent *Bordj el-Djebel* et les Turcs *Bordj-Moudjadjo.* Au-dessous de ce château et à droite, l'on en voit deux autres, l'un qui s'appelle le fort *Saint-André,* et l'autre le fort *Saint-Grégoire.* Celui-ci porte le nom de *Bordj-Topana* chez les Turcs, et celui de *Bordj-Hocein ben Zawa* chez les Arabes. Au pied de la montagne, qui est fort rude et escarpée, se trouve le port d'Oran, nommé par les Arabes *Mersa 'l-Saghir,* c'est-à-dire le petit port, par opposition à celui de Mersa 'l-Kébir qui est beaucoup plus considérable.

Vers le sud et le sud-est, au niveau de la partie inférieure de la ville, sont deux autres châteaux qu'un ravin sépare l'un de l'autre : d'un côté c'est le fort *Saint-Philippe*, et de l'autre c'est *la Moune*, ainsi appelé du mot

---

(1) Voyez *Ben Adhary*, édition de M. Dozy, p. 131.

espagnol *la Mona,* qui veut dire singe. Les Arabes le nomment *Bordj el-Yahoudy,* le fort du Juif. La citadelle, appelée la *Vieille Cazbah,* est située au nord-ouest dans la partie la plus élevée de la place. Vis-à-vis, c'est-à-dire sur le côté nord-est de la ville, s'élève le *Château-Neuf* (1) qui domine la mer à pic et qui sert de demeure au gouverneur de la province. Il est flanqué d'une grande tour que les indigènes disent fort ancienne. C'est un bastion régulier construit anciennement par les Espagnols, réparé et agrandi plus tard sous le règne de Charles III, ainsi que le constate une inscription espagnole gravée sur la porte et conçue en ces termes :

Reinando en las Españas la magestad del Señor Carlos III, y mandando estas plazas el teniente-général don Juan-Martin Zermeno, inspector del regimiento fixo, se hizó esta puerta, se construyéron las bovedas para alojamiento de la guarnicion, y se reedificó el castillo por la parte de la Marina año de MDCCLX.

Sous le règne de sa majesté, notre seigneur Charles III, roi des Espagnes, et sous le commandement du lieutenant-général don Juan-Martin Zermeno, chef de ces places et inspecteur du régiment qui s'y trouve fixé, cette porte fut construite ainsi que les casernes pour le logement de la garnison. La partie qui regarde le quartier de la Marine fut aussi réédifiée la même année MDCCLX.

Au-dessous de cette inscription on en voit une seconde en arabe, dont malheureusement je n'ai pu lire que quelques mots.

---

(1) Les indigènes le désignent aussi sous le nom de *Bordj el-Ahmar* et sous celui de *Casbah el-Djadidah,* ou la nouvelle Casbah.

La colline sur laquelle se trouve perché le Château-Neuf est couverte de figuiers de Barbarie, d'agaves, d'acacias, d'orangers et d'autres arbres des pays méridionaux. Elle est traversée par une allée ombragée qui sert de lieu de promenade aux habitants de la ville et d'où l'on aperçoit une grande étendue de mer. *Belombra*, tel est le nom que porte cette charmante promenade. Sur les bords de cette allée et non loin d'un café, l'on voit une inscription latine qui fut transportée en 1833 de la vieille Arzew, l'*Arsenaria Latinorum* de Pline (1), et placée dans cet endroit par les ordres du général de Létang, dont la promenade porte le nom. Elle est gravée sur une pierre calcaire couleur grise et encadrée dans une moulure. La voici :

```
SEX-CORNELIO
SEX-FIL-QVIR-HO
NORATO PONT-
MILIT-EQVESTRIB-
EXORNATO PROC-
SEXAGENARIO
PROC-MESOPOTA
MIAE E-MA-EXTES
TAMEN-EIVSDEM
M-CAECIL-CAECI
LIANVS-HERES-
```

---

(1) *Histor. nat.*, libr. V, cap. I.

Sexto Cornelio, Sexti filio, Quirina (tribu) *Honorato pontifici, militiis equestribus exornato, procuratori sexagenario, procuratori Mesopotamiæ et Mauritaniæ, ex testamento ejusdem Marcus Cæcilius Cæcilianus hæres.*

Je dois cette transcription à M. Hase, qui a déjà publié ce monument dans le *Journal des Savants* (année 1837, page 653). Cet académicien remarque avec raison que Sextus Cornelius Honoratus, qui vivait, selon lui, au second siècle de notre ère, était, comme nous dirions aujourd'hui, administrateur de troisième ou quatrième classe, sexagénarius, puisqu'il ne touchait que 60,000 sesterces d'appointements, ses collègues plus avancés en grade en recevant jusqu'à 100,000 et 200,000 (1).

Comme la ville est construite sur les côtés d'une gorge étroite au fond de laquelle coule un ruisseau, il s'ensuit que pour la parcourir, il faut partout monter et descendre ; partout des rampes, partout des escaliers, jamais un terrain plat, ce qui rend le service des voitures à peu près impossible. La grande artère de la ville part du fort Saint-Philippe et arrive au fort Lamoule, où se trouve la porte qui conduit au port de Mersa 'l-Kébir. Cette artère prend successivement les noms de rue Napoléon, place Napoléon, rue Saint-Philippe, place Kléber, rue de la Marine. Un vaste et profond

---

(1) Le docteur Shaw a donné, dans ses *Voyages* (tom. I, pag. 39), plusieurs épitaphes qu'il avait découvertes à Arzew. — L'auteur de l'ouvrage intitulé : *Les prisonniers d'Abd el-Kader ou cinq mois de captivité chez les Arabes* (Paris, 1837, in-8°, tom. I, pag. 4), nous apprend que les officiers du brick le *Loiret*, ont vu également à Arzew, dans le courant de l'année 1836, des pierres couvertes d'inscriptions latines.

ravin courant de l'est à l'ouest la divise en plusieurs parties.

Cette position a aussi ses avantages pour la ville. L'eau s'y trouve en abondance, et on y voit quantité de fontaines et d'abreuvoirs qui sont pour la plupart alimentés par trois grandes sources. L'une est située à trois quarts de lieue du mur d'enceinte, à la naissance de la vallée sur les flancs de laquelle s'élève la ville. Un château-fort la protége. C'est le fort *Bordj ras el-Aïn*, autrefois appelé *Bordj el-Aioun*, et connu par les Espagnols sous la dénomination de *San-Fernando*. C'est un ouvrage avancé du fort *Saint-Philippe*, qui fut construit pour remplacer la *Tour des Saints* ; cette tour défendait la prise d'eau. Un des magasins voûtés du *Bordj ras el-Aïn* existe encore. Elle forme un ruisseau qui va se jeter en serpentant dans la mer, à quelques pas du port, après avoir mis en mouvement les roues d'un moulin dans le quartier de la Marine.

On ne saurait rien voir de plus verdoyant et de plus enchanteur que les bords de ce ruisseau. Ses eaux coulent à travers des bosquets de figuiers, de grenadiers, d'orangers et de toute sorte d'arbres. Depuis Oran jusqu'à la source c'est un jardin continu et d'une fraîcheur délicieuse. Les deux autres sources, aussi d'une grande abondance, sont situées, l'une près des remparts au sud-est, vers le haut des flancs de la vallée, l'autre au levant de la ville, où elle est amenée par divers canaux souterrains.

Malgré le grand nombre de ses fontaines, Oran n'a pas d'eau fraîche ; et l'on est obligé d'y faire usage d'alcarazas, espèce de vases en terre poreuse qui ont la propriété de rafraîchir les liquides.

La ville d'Oran ne possédait autrefois que deux portes ; c'étaient, au levant, la porte de la mer ou de *Canastel*, aujourd'hui porte du Marché aux Chevaux, et au couchant, la porte dite de Tlemcen. Aujourd'hui elle en compte deux autres, l'une donnant sur le nouveau chemin de Mersa 'l-Kébir, l'autre ouverte sur le côté sud de la ville, près du ruisseau.

La population européenne occupe, en général, les quartiers bas de la ville ; les juifs et les musulmans demeurent dans la partie haute, qui est au niveau de la plaine.

A un quart de lieue de la ville, du côté du levant, s'élève une nouvelle cité que l'on a baptisée du nom de *Karghentua*, vaste faubourg où se trouve une ancienne mosquée convertie en quartier de cavalerie, ce qui fait qu'on le désigne également sous le nom de *Mosquée*. A une demi-lieue de cette dernière, l'on rencontre deux villages contigus dont l'un est habité par une colonie de nègres, et l'autre par des Arabes. Ceux-ci sont établis sous la tente ; les nègres logent dans des *courbis* ou cabanes construites avec des branches de palmiers nains ; les uns et les autres ont l'air fort misérables, et courent après les voyageurs qui vont les visiter, pour leur demander des sous (*soldi*).

Oran renferme une population de vingt-cinq mille âmes, dont un peu plus de la moitié se compose d'Européens, d'Espagnols principalement.

Après les châteaux-forts et les citadelles, les édifices les plus remarquables sont la grande mosquée et la nouvelle église catholique.

Celle-ci, qui n'était pas encore achevée lors de mon séjour à Oran, a été construite sur l'emplacement d'une vieille chapelle érigée par le cardinal Ximenès (1). On a eu soin de conserver l'ancien sanctuaire et sa coupole, à la naissance de laquelle on voit encore les armoiries du célèbre cardinal et celles du roi Ferdinand. Cette église est assez vaste pour contenir plus de quinze cents personnes. Assise sur un petit plateau au-dessus du quartier de la Marine, et au pied de la montagne *Santa-Crux*, elle s'élève vis-à-vis la grande mosquée, dont elle est séparée par un ravin, en sorte que la croix de son clocher semble rivaliser avec le croissant qui orne le minaret du temple de Mahomet. Je fus étonné, en visitant les constructions, de voir des manœuvres musulmans servir des maçons français. M. le curé m'apprit que ces manœuvres, originaires du Maroc et de race berbère, étaient des hommes fort laborieux, et que,

---

(1) On sait que la ville d'Oran fut conquise le 18 mars 1509, par les Espagnols au nombre de 15,000, commandés par le cardinal Ximenès en personne. Après être restée au pouvoir des chrétiens pendant cent quatre-vingt-dix-neuf années consécutives, elle retomba entre les mains des Turcs en 1708; en 1732, elle fut reprise sur les Maures par le comte de Mortemar, sous le règne de Philippe V; enfin, en 1790, un effroyable tremblement de terre qui détruisit presque entièrement la ville et écrasa une partie de la garnison sous les ruines des casernes, décida les Espagnols à évacuer la place et à l'abandonner aux Turcs. Elle fut alors occupée par l'émir cidy Ouzoun Hacen, lieutenant du dey d'Alger Bakdasch, le vendredi 26 schewal de l'an 1119 de l'hégire, sous le règne du sultan Ahmed khan.

pourvu qu'ils eussent du travail et du pain, ils se riaient volontiers des malédictions lancées par leurs chefs spirituels qui leur défendaient de servir les chrétiens. En attendant que l'on pût livrer l'édifice au culte, le service divin se faisait dans une petite mosquée située dans la partie méridionale de la ville, près de la porte de Tlemcen.

Deux jours après mon arrivée à Oran, je fis ma visite à M. le général d'Arbouville, qui remplissait par *intérim* les fonctions de gouverneur de la province de l'ouest. Il avait reçu de M. le ministre de la guerre des ordres pour me faciliter les excursions scientifiques que j'avais le dessein d'entreprendre dans la province qu'il commandait.

L'accueil qu'il me fit fut on ne peut plus aimable et hospitalier : je fus invité pour le lendemain à dîner. A l'heure convenue, je le trouvai dans son salon orné à l'orientale, en compagnie de plusieurs officiers de mérite qui s'étaient déjà distingués dans nos guerres avec les Arabes. Lorsque je pris congé de sa personne, il me fit remettre des lettres de recommandation pour l'intendant militaire et le chef du bureau arabe d'Oran auxquels il ordonnait de nous procurer tout ce qui était nécessaire pour mon voyage.

Le départ ne devant s'effectuer que dans une dizaine de jours, je pris la résolution d'employer ce temps-là à étudier les mœurs des habitants, les particularités du dialecte arabe qu'ils parlent, leurs usages et leurs préjugés, et à visiter leurs monuments, et en particulier leurs édifices religieux. Chaque jour donc je variais mes courses, j'ouvrais des entretiens avec différentes personnes, profitant de ma qualité d'étranger pour tout voir et tout explorer. C'est dans cet intervalle que je m'étais proposé de voir l'intérieur de la grande mosquée, celui des monuments de la ville qui excitait au plus haut point ma curiosité; malheureusement nous étions en plein ramadan, temps où le fanatisme des disciples du faux prophète se trouve surexcité et les rend fort peu accommodants à l'endroit des chrétiens : l'on me donna donc le conseil de renoncer à mon projet pour le moment et d'en renvoyer l'exécution après mon retour de Tlemcen.

En attendant, mes observations eurent pour objet principal les juifs qui forment le tiers environ de la population d'Oran. Ils descendent pour la plupart de ceux qui furent expulsés autrefois du royaume d'Espagne; ils conservent, en effet, quelques traditions de cette contrée relatives à la pratique des arts et des métiers, pour lesquels ils ont, en général, plus de goût et d'aptitude que les musulmans. Ils sont ingénieux, prévoyants, actifs, pleins de ressources et d'industrie; j'ajouterai que, à l'instar des autres peuples dont la principale occupation est le commerce, ils sont habiles à tromper, et qu'ayant vécu jusqu'à la conquête française, sous le régime de la crainte, du caprice et de l'arbitraire, ils sont rampants, souples, dissimulés et adulateurs, défauts qu'on leur reproche également en France et dans les autres États de l'Europe.

Dès mon arrivée à Oran, j'avais pu nouer des relations avec quelques-uns des disciples de Moïse; dans cette circonstance, la connaissance de la langue hébraïque me servit à merveille, car au bout de quelques jours j'eus visité leurs synagogues, leurs écoles, et feuilleté même leurs livres. Les enfants, qui m'avaient vu converser avec leurs maîtres ou entrer avec eux dans les lieux de prière, me prenaient pour un rabbin français, et quand ils me rencontraient dans les rues, ils s'approchaient de moi pour me baiser la main et me témoigner leur respect. Il faut dire que je me prêtais assez volontiers à leur innocente erreur, et, dans le secret de mon âme, qu'attristait la vue de ces jeunes brebis égarées de la maison d'Israël, je priais le Dieu d'Abraham, d'Isaac et de Jacob, d'illuminer enfin sa face sur eux et d'accomplir en leur faveur les promesses faites autrefois à ces saints patriarches.

Je voyais presque tous les jours deux jeunes israélites, dont l'un se destinait au commerce et l'autre au rabbinat. Ils avaient tous les deux un grand désir d'apprendre la langue française ; malheureusement ils ne trouvaient personne en état de la leur enseigner, car cela exigeait la connaissance de l'arabe et du français à la fois, connaissance qui, en Afrique, n'est pas aussi commune qu'on pourrait se l'imaginer. Dans l'espoir donc de trouver auprès de moi quelque secours pour cette étude, ils m'avaient demandé la permission de venir tous les jours passer quelques moments avec moi. Les entretiens que nous avions ensemble étaient également profitables de part et d'autre ; j'apprenais de leur bouche une foule de particularités de mœurs que j'eusse toujours ignorées sans leurs explications, et, de leur côté, ils ne se retiraient pas sans avoir couché sur leur calepin un certain nombre de mots français qu'ils écrivaient en caractères rabbiniques. Un jour, voulant sonder les dispositions de la nation juive à l'endroit de la France, je dis à mes jeunes israélites que, d'après les déclarations, ou plutôt les dénonciations de certains juifs français nouvellement convertis au christianisme, les prières que l'on récite dans les synagogues contiennent des malédictions contre les chrétiens. « Si cette inculpation est fondée, ajoutai-je, vous devez avouer avec moi que les enfants d'Israël méritent bien peu la protection que la France leur accorde avec tant de générosité et de bonne foi. »

A ces mots, ils protestèrent du fond de leur âme contre une telle incrimination ; ils crièrent à la malveillance et à la calomnie, et ils se retirèrent tout contristés, promettant de m'apporter, le lendemain même, une preuve irrécusable du contraire. En effet, le lendemain, étant venus me trouver à l'heure ordinaire, ils me remirent entre les mains un bout de papier sur lequel ils avaient transcrit la prière qui se récitait alors dans toutes les synagogues de l'Algérie, en faveur de la dynastie déchue.

Voici la transcription exacte de cette prière, qui appartient aujourd'hui au domaine de l'histoire :

: ברכ״ת המל״ך

"הנותין תשועה למלכים וממשלה לנסיכים ומלכותו מלכות כל עולמים
"הפוצה את דוד עבדו מחרב רעה" הנותין בים דרך" ובמים עזים נתיבה
"הוא יברך וישמור" וינצור ויעזור" וירוממים" ויגדיל" וינשא למעלה למעלה
"לאדוננו המלך" לווי פיליפ רווא די פראנצא ולכל אנשי השררה מלך
מלכי המלכים ישמרחו ויחייהו" ומכל צרה ונזק יצלהו בולך מלכי המלכים
ברחמיו ירים ויגביה כוכב מערכתו ויאריך ימום על ממלכתו מלך מלכי
המלכים יתן בלבו ובליב כל יועציו וישריו רחמנות לעשות טובה עמנו

ועם כל ישראל אחינו בימיו ובימינו תושע יהודה וישראל ישכון לבטח
ובא לציון גואל ונאמר אמן :

ע"ה
יצחק ן' סעיד
יצ"ו

C'est-à-dire :

BÉNÉDICTION POUR LE ROI.

« Que celui qui accorde le salut aux rois et l'empire aux princes (1), dont le règne est le règne de tous les siècles (2), qui a délivré David, son serviteur, du glaive funeste (3), qui a tracé un chemin dans la mer et un sentier au milieu des eaux impétueuses (4), bénisse, conserve, garde, aide, élève, exalte et porte très-haut notre seigneur, le roi *Loui Philip, roua di Frantsa*, ainsi que tous les princes. Que le roi des rois le conserve, qu'il lui accorde une longue vie et le préserve de toute angoisse et de tout mal. Que le roi des rois mette dans son cœur et dans celui de tous ses conseillers, de tous les hommes probes qui l'entourent, le sentiment de la compassion, afin que ce monarque nous fasse éprouver sa bienveillance, à nous et à tous les israélites, nos frères. Que durant son règne et pendant notre vie, Judah soit délivré avec Israël, et qu'ils habitent la terre avec toute sécurité (5), après que le Rédempteur sera venu à Sion (6). *On dit* amen.

Le serviteur de Dieu, Isaac ben Saïd. Qu'il soit gardé par son Rocher et son Rédempteur ! »

---

(1) Ps. CXLIV, 10.
(2) Ps. CXLIV, 13.
(3) Ps. CXLIV, 10.
(4) Isaïe, XLIII, 16.
(5) Jérémie, XXXIII, 15.
(6) Isaïe, LIX, 20.

C'est le nom du jeune rabbin qui avait copié lui-même la prière dans le but de me la faire connaître.

Lorsque j'en eus achevé la lecture et que je lui eus fait remarquer la manière fautive dont il avait orthographié les mots הנותן et בלב, qu'il avait écrits avec *iod*, הנותין et בליב, il me prit le papier des mains, et le lisant à haute et intelligible voix, il se mit à me commenter chaque phrase, chaque mot, comme un vrai docteur d'Israël assis sur la chaire de Moïse.

Mais il prononçait l'hébreu d'une façon si étrange et si nouvelle, que mes oreilles avaient grand'peine à reconnaître les mots qui leur étaient pourtant le plus familiers. C'est ainsi que dans sa bouche הנותן (*hannothen*) sonnait *hannoutsin*, דרך (*derekh*) *dirikh*, גואל (*goël*) *gouïl*, מלך (*melekh*) *milikh*. Je lui demandai si cette prononciation était particulière à lui, à son maître, à son école, ou bien si elle était commune aux juifs de la province d'Oran. Il me répondit qu'elle était en usage, non-seulement dans cette province, mais encore à Fez et dans le reste du Maroc. Voulant m'assurer par moi-même de la vérité de son assertion, j'allai, le lendemain même, consulter successivement un maître d'école israélite, le *khazan* ou chantre d'une synagogue, et un docteur de la loi. Je trouvai qu'ils suivaient dans la lecture de la Bible un système de prononciation uniforme, et que mon jeune rabbin ne m'en avait nullement imposé. Plus tard, à Tlemcen, j'eus l'occasion de faire les mêmes observations, et ma conviction arrêtée fut, dès lors, que la prononciation des juifs de la province d'Oran et de ceux du Maroc diffère considérablement de celle qui est usitée chez les juifs des autres contrées du monde.

Le soin que j'ai mis à étudier cette prononciation sur les lieux mêmes où elle est en vigueur, me permet de livrer avec confiance au public le résultat de mes observations sur ce point de philologie orientale. Le tableau suivant résume celles que j'ai faites relativement aux sons que les juifs maghrebins donnent aux points-voyelles marqués dans les Bibles :

אָ, אַ, אֲ A
אֵ, אֶ, אֱ I
אְ, אֱ, אֲי schewa mobile, I
אָ, אֻ, אוֹ, אֹ, אוּ Ou

Quant à la prononciation des consonnes, j'ai remarqué les particularités suivantes :

L'*aleph* א, quand il est mobile, équivaut à l'*élif hamzah* des Arabes.

Le *ghimel* ג est susceptible de deux prononciations : affecté du daghesch, il sonne comme notre *g* dur dans le mot *guérison*; privé du daghesch, il se prononce comme notre *r* grasseyée; exemple : יגון «douleur,» lisez *iarhoun*, يغون.

Le *hé* ה s'aspire comme dans les mots *haine, héros.*

Le *waw* sonne toujours comme le *w* anglais ou notre diphtongue *ou*; exemple : והארץ « et la terre, » prononcez *outhaaris.*

Le *hheth* ח trouve son équivalent dans le *hha* ح des Arabes. C'est une aspiration extrêmement difficile et que peu de gosiers européens parviennent à exprimer.

Le *teth* ט répond au *t* (ط) emphatique des Arabes.

Le *caph* ך se prononce comme notre *k*, quand il porte le daghesch, et comme le *kha* خ des Arabes quand il est sans daghesch; exemple : כנף *kanaph* « aile, » לך *lekha* « à toi. »

Le *aïn* ע fait entendre le même son que le *aïn* ع des Arabes. C'est la plus rude des aspirations des langues sémitiques, et partant la plus désagréable aux oreilles européennes. Il est impossible de s'en faire une idée, si on ne l' pas entendue de la bouche d'un Oriental.

Le *pé* ף se prononce tantôt comme notre *p*, tantôt comme notre *f*. Il a le son de notre *p* quand il est affecté du daghesch, et il se prononce comme *f* quand il ne porte pas ce signe orthographique.

Le *sadé* et le *koph* ne diffèrent point, quant à la prononciation, des lettres *sad* et *caf* ڨ des Arabes.

Enfin, la lettre *thav* ת se prononce toujours et partout comme *ts*; exemple : אתה *attsah* « toi. »

Les lettres ש, ר, ס, נ, מ, ל, י, ז, ו, ב se prononcent comme les lettres qui leur correspondent en français.

D'après les observations précédentes, le premier verset de la Genèse se lit de la manière suivante :

בְּרֵאשִׁית בָּרָא אֱלֹהִים אֵת הַשָּׁמַיִם וְאֵת הָאָרֶץ הָיְתָה תֹהוּ וָבֹהוּ וְחֹשֶׁךְ עַל־פְּנֵי תְהוֹם וְרוּחַ אֱלֹהִים מְרַחֶפֶת עַל־פְּנֵי הַמָּיִם :

Birichîts bará ilouhîm its haschamáïm ouïts haáris;

diffère considérablement de celle qui est usitée chez les juifs des autres contrées du monde.

Le soin que j'ai mis à étudier cette prononciation sur les lieux mêmes où elle est en vigueur, me permet de livrer avec confiance au public le résultat de mes observations sur ce point de philologie orientale. Le tableau suivant résume celles que j'ai faites relativement aux sons que les juifs maghrebins donnent aux points-voyelles marqués dans les Bibles :

אָ , אַ , אֲ A
אִ , אֵ , אֶ I
אְ , אֱ , אֲ schewa mobile, I
אֻ , אוּ , אֹ , אוֹ , אָ Ou

Quant à la prononciation des consonnes, j'ai remarqué les particularités suivantes :

L'*aleph* א, quand il est mobile, équivaut à l'*élif hamzah* des Arabes.

Le *ghimel* ג est susceptible de deux prononciations : affecté du daghesch, il sonne comme notre *g* dur dans le mot *guérison*; privé du daghesch, il se prononce comme notre *r* grasseyée; exemple : יגון « douleur, » lisez *iarhoun*, يغون.

Le *hé* ה s'aspire comme dans les mots *haine*, *héros*.

Le *waw* sonne toujours comme le *w* anglais ou notre diphtongue *ou*; exemple : והארץ « et la terre, » prononcez *outhaaris*.

Le *hheth* ח trouve son équivalent dans le *hha* ح des Arabes. C'est une aspiration extrêmement difficile et que peu de gosiers européens parviennent à exprimer.

Le *teth* ט répond au *t* (ط) emphatique des Arabes.

Le *caph* ך se prononce comme notre *k*, quand il porte le daghesch, et comme le *kha* خ des Arabes quand il est sans daghesch ; exemple : כנף *kanaph* « aile, » לך *lekha* « à toi. »

Le *aïn* ע fait entendre le même son que le *aïn* ع des Arabes. C'est la plus rude des aspirations des langues sémitiques, et partant la plus désagréable aux oreilles européennes. Il est impossible de s'en faire une idée, si on ne l' pas entendue de la bouche d'un Oriental.

Le *pé* ף se prononce tantôt comme notre *p*, tantôt comme notre *f*. Il a le son de notre *p* quand il est affecté du daghesch, et il se prononce comme *f* quand il ne porte pas ce signe orthographique.

Le *sadé* et le *koph* ne diffèrent point, quant à la prononciation, des lettres *sad* et *caf* ق des Arabes.

Enfin, la lettre *thav* ת se prononce toujours et partout comme *ts* ; exemple : אתה *attsah* « toi. »

Les lettres ב, ו, ז, י, ל, מ, נ, ס, ר, ש se prononcent comme les lettres qui leur correspondent en français.

D'après les observations précédentes, le premier verset de la Genèse se lit de la manière suivante :

בְּרֵאשִׁית בָּרָא אֱלֹהִים אֵת הַשָּׁמַיִם וְאֵת הָאָרֶץ וְהָאָרֶץ הָיְתָה תֹהוּ וָבֹהוּ וְחֹשֶׁךְ עַל־פְּנֵי תְהוֹם וְרוּחַ אֱלֹהִים מְרַחֶפֶת עַל־פְּנֵי הַמָּיִם׃

Birichits bará ilouhim its haschamáim ouïts haáris ;

ouïhadris haïtsah tsouhou ouabouhou, ouïhhouchikh hâl-pinî tsihoûm, outrouhh ilouhîm mirahhîfits hâl-pinî hammaïm.

Et le premier verset du psaume II :

לָמָּה רָגְשׁוּ גוֹיִם וּלְאֻמִּים יֶהְגּוּ־רִיק ׃

se lit et se prononce : *Lámmah raghechoû* (رَغَشُوا) *ghouîm* (غُويِم), *ouli'oummim ihgoû riq*.

L'on voit, par ce qui vient d'être exposé, que les juifs de la partie occidentale de l'Afrique ne reconnaissent dans l'hébreu que trois sons vocaux, bien que, dans l'écriture de cette langue, un plus grand nombre de points-voyelles se trouvent figurés. L'existence de ce fait est bien digne de remarque, car, d'un côté, il prouve le peu d'autorité dont les Massorèthes, inventeurs du système compliqué de points-voyelles communément adopté pour la lecture de la Bible, jouissent auprès des juifs africains ; et de l'autre, l'antiquité de la prononciation de ces derniers. En effet, les savants s'accordent à dire que c'est le propre des langues dites sémitiques de ne posséder qu'un fort petit nombre de sons vocaux, d'où ils infèrent que la langue hébraïque n'a dû avoir, dans le principe, que trois voyelles, comme cela avait lieu autrefois pour le syriaque, et comme cela se voit encore dans l'arabe (1). Du reste, la prononciation, tant des voyelles que des consonnes des mots hébreux, n'a jamais été uniforme chez les juifs, depuis que cette langue a cessé d'être

---

(1) Voyez mon *Rabbi Yapheth in librum psalmorum commentarii arabici specimen*, p. XVII.

vulgaire parmi eux ; de nos jours, comme du temps de saint Jérôme, il est vrai de dire que « comme les Hébreux n'écrivent que très-rarement les voyelles au milieu des mots, les mêmes mots se prononcent, suivant la volonté des lecteurs et la différence des pays, avec des sons et des accents qui ne se ressemblent pas (1). »

Il est même probable que, à l'époque où l'hébreu était encore une langue vivante, la prononciation n'était pas la même dans toutes les parties de la Palestine, mais que, à l'instar des autres langues ses sœurs, telles que l'arabe, le syriaque, le phénicien, il comprenait divers dialectes, et, par suite, des différences dans la prononciation des mots ; s'il en était besoin, l'on pourrait citer, à l'appui de cette conjecture, l'histoire des juifs de la tribu d'Éphraïm, qui se trahirent par la difficulté qu'ils montrèrent à prononcer la première lettre du mot שבלת *schibboleth* « épi. »

Les Massorèthes, qui ont voulu fixer d'une manière uniforme et invariable la prononciation de l'hébreu, n'ont pas tenu compte de ces différences primitives, et, en introduisant dans l'écriture les sept voyelles et les diphtongues de la langue grecque, plus tout l'attirail des signes dits orthographiques, tels que les accents, le *mappiq*, le *makkeph*, le *raphé*, le *daghesch*, etc., ils sont allés, non-seulement contre l'histoire, mais aussi contre le génie de la langue hébraïque. Si, par cette complication dans l'écriture, si, par la multi-

---

(1) Quum vocalibus in medio littoris perraro utantur Hebræi, et pro voluntate lectorum et pro varietate regionum, eadem verba diversis sonis et accentibus proferuntur. (*Oper.* t. II, p. 574, éd. Martian.)

plicité des règles qu'elle fait naître et des exceptions presque aussi nombreuses que les règles elles-mêmes auxquelles elles donnent lieu, ils ont eu l'intention de rendre l'étude de cette langue ardue, obscure, impossible aux non-juifs, il faut avouer que ce n'est pas leur faute s'ils n'ont pas atteint tout à fait leur but. Un hébraïsant qui n'a pas été élevé à l'école des rabbins trouvera toujours pénible la lecture massoréthique de la Bible. Il serait pourtant facile de la simplifier et de la rendre plus accessible aux étudiants : il suffirait pour cela de réduire les points-voyelles et de restituer à une foule de mots leurs *matres lectionis,* que les Massorèthes ou les copistes se sont permis de supprimer, sous prétexte que la présence des points-voyelles les rendait superflues.

A quelqu'un donc qui voudrait donner une nouvelle édition du texte biblique, je proposerais le système suivant de ponctuation et d'orthographe.

De tous les points et signes massoréthiques, l'on ne ferait usage que du *daghesch* pour doubler les lettres, et des quatre voyelles suivantes, savoir : — A, — E, — I et — O, qui seraient considérées comme voyelles brèves.

Les lettres י, ו, ה, א, quand elles entreraient dans un mot comme *matres lectionis,* auraient la valeur de voyelles longues, de telle sorte que l'*aleph* sonnerait *â,* le *hé ê,* le *waw oû* et l'*iod î.* L'on aurait soin, dans la nouvelle édition, de restituer au texte sacré toutes les *matres lectionis* que les rabbins ont jugé à propos de faire disparaître, mais que l'on retrouve encore dans les anciens manuscrits et dans les Bibles à l'usage des Karaïtes.

La première lettre d'un mot étant privée de points-voyelles, se prononcerait avec un *e* très-bref.

Parmi les lettres dites *begad kephath*, le ב *beth*, le ג *ghimel*, le ד *daleth* et le ת *thav* se prononceraient constamment comme les consonnes de notre alphabet *b*, *g* dur, *d* et *t*. Quant au פ *phé* et au כ *kaph*, le premier aurait toujours le son de notre *f* et le second celui de notre *k*. Le *daghesch* n'affecterait ces consonnes que pour marquer qu'elles doivent être doublées dans la prononciation.

Les divers accents toniques ou musicaux du texte sacré seraient remplacés dans les mots par un accent unique, savoir, notre accent aigu, qui fonctionne comme tel dans le latin de nos livres liturgiques.

Enfin, pour marquer les différentes pauses que la clarté du sens ou le besoin de respirer réclament dans la lecture, l'on ferait usage des signes de la ponctuation française. Ce système, que je ne fais ici qu'indiquer d'une manière générale, et auquel la réflexion et le temps apporteraient sans doute bien des améliorations ou des modifications, simplifierait à merveille la lecture du texte hébreu en faveur de ceux qui désirent étudier les livres saints dans la langue originale.

Avant de terminer ce que j'ai à dire sur cette matière, je demande au lecteur la permission de transcrire ici, suivant l'orthographe que je propose d'adopter, les passages hébreux qui ont été cités dans les pages précédentes.

בְּרֵאשׁוֹת בָּרֹא אֱלֹהִים אֶת הַשָּׁמַיִם וְאֶת הָאָרֶץ.
וְהָאָרֶץ הָיְתָה תֹחוּ וָבֹהוּ, וְחֹשֶׁךְ עַל פְּנֵי תְהוֹם,

וְרוּחַ אֱלֹהִים מְרַחֶפֶת עַל פְּנֵי הַמָּיִם.

לָמָּה רָגְשׁוּ גוֹיִם, וּלְאֻמִּים יֶהְגּוּ רִיק?

Je suis convaincu qu'une Bible imprimée d'après ce système d'orthographe serait un véritable service rendu aux études hébraïques. Mais il est temps que nous revenions à nos juifs, que nous avons oubliés pour nous occuper un instant des singularités que présente leur manière de lire le texte biblique.

Les écoles qu'ils possèdent à Oran sont au nombre de trois. Elles sont placées à côté d'autant de synagogues dont elles forment une dépendance. La prière et l'étude de la loi étant deux choses inséparables dans la religion judaïque, c'est avec raison que les édifices consacrés à ces deux objets sont ordinairement réunis dans le même lieu. Voici ce que j'ai observé dans l'une de ces écoles qu'il m'a été permis de visiter. Dans une salle sise au rez-de-chaussée, des enfants de tous les âges sont accroupis çà et là sur des nattes ou des tapis grossiers. Le pédagogue, assis sur un coussin placé contre le mur, surveille son troupeau d'un air grave et austère. Les élèves étudient à haute voix, en balançant la tête et le reste du buste d'arrière en avant. Quand par lassitude ou par négligence ils viennent à ralentir le son de leur voix, le maître, qui est toujours muni d'une longue canne, en donne un grand coup sur la terre, et incontinent toutes les voix remontent à leur premier diapason, et chacun se met à crier de plus belle. Il est vrai que, dans ce brouhaha, il lui serait difficile de savoir ce que psalmodient ses élèves, de distinguer si ce qu'ils chantent est une romance ou leur leçon; mais sa sollicitude ne va pas si loin : pour n'avoir rien à se reprocher, il lui suffit qu'ils crient à tue-tête, et c'est là tout ce qu'il croit devoir exiger de l'enfance.

Parmi les livres que l'on met entre les mains des élèves, j'ai remarqué des Heures hébraïques, des commentaires de la loi, des recueils de proverbes, des traités talmudiques, mais pas une seule grammaire. Vous croyez peut-être qu'on leur explique le contenu de ces livres : ils les lisent, ils les apprennent même par cœur ; mais il n'y a que les aspirants au rabbinat et au titre de docteur de la loi à qui on dévoile le sens des énigmes renfermées dans ces livres.

Un fait que je crois ne devoir pas passer sous silence, c'est l'ignorance des juifs relativement à l'histoire et à la littérature des musulmans, leurs compatriotes ; elle est si grande, que lorsque l'on dit à un juif qu'il a une origine commune avec les Arabes, il s'imagine que l'on veut se moquer de lui, et il s'enfuit en vous maudissant. Pour ce qui concerne les lettres, il est aussi rare de rencontrer un juif sachant lire et écrire l'arabe, qu'un musulman sachant lire et écrire l'hébreu. La cause de cette ignorance est difficile à deviner pour quelqu'un qui n'a pas voyagé dans les pays musulmans ; elle doit être attribuée à ce préjugé en vigueur chez les juifs, que l'écriture dans laquelle sont rédigés les livres sacrés d'une religion fait partie de cette même religion, et que, par suite, lire cette écriture ou se servir des caractères qui lui sont propres, c'est, quand cette écriture appartient à une fausse religion, souiller ses yeux ou ses mains, et se rendre coupable aux yeux des docteurs d'une sorte d'apostasie. C'est pour ce motif que les juifs n'étudient point la littérature arabe, et que, quand ils veulent écrire dans cette langue, ils font usage des caractères rabbiniques. Ce n'est pas tout, ils regardent la langue dont se servent les musulmans comme un idiome barbare et profane, et pour témoigner le peu de cas qu'ils en font, ils affectent, en le parlant, d'y entremêler des termes talmudiques tout à fait inintelligibles aux non-juifs ; ils se permettent même de dénaturer la prononciation des mots proprement arabes. De là est né un jargon moitié hébreu, moitié arabe, dont ils font usage quand ils ne veulent pas être compris par les autres (1). Au reste, il y a des juifs qui ne parlent pas d'autre langage, en sorte qu'il leur est presque impossible de se faire entendre au reste de la population africaine.

Les synagogues que nous avons dites être attenantes aux écoles, ne sont remarquables ni par la beauté de leur architecture, ni par la richesse de leur ornementation ; ce sont des chapelles dont les parois sont couvertes de boiserie ou peintes à la fresque. Une chaire carrée, soutenue par des pieds, s'élève au milieu de l'édifice et est destinée aux lecteurs de la *torah* et aux choristes. Dans une armoire revêtue de dorures l'on conserve le rouleau de la loi. Les jours de sabbat, l'on en sort ce rouleau que l'on porte ensuite processionnellement et aux chants des cantiques au haut de la chaire ; quand la lecture de la loi marquée pour chaque sabbat est achevée, l'on transporte ce rouleau dans son armoire avec les mêmes cérémonies qu'auparavant, et

---

(1) Ce jargon a son analogue dans le bas-allemand en usage chez les juifs d'Alsace et d'une bonne partie de l'Allemagne.

tout le monde baise avec respect les écharpes suspendues aux deux bâtons auxquels les extrémités du rouleau sont attachées. Le soir, le temple est éclairé par quantité de lustres et de bougies. Les Israélites d'Afrique ont, en général, pour le lieu consacré à leur culte, plus de respect que ceux de l'Europe, et on ne les voit pas dormir ou causer affaire, tandis que les chantres et les rabbins s'escriment à lire leurs *tephilloth* et à psalmodier sur tous les tons devant leur pupitre. Ils sont également plus rigides observateurs des prescriptions mosaïques, et pour une infinité de cas prévus par la loi, ils ont recours aux décisions de leurs docteurs. Le samedi est un véritable jour de fête pour toutes les classes de la nation juive ; ce jour-là chacun tire de sa garde-robe ses habits les plus magnifiques. Les hommes s'enveloppent dans leurs burnous bleus ornés de houppes de soie ; les femmes, la poitrine serrée dans un corset broché d'or et d'argent, et la tête artistement coiffée d'un riche foulard de l'Inde, laissent flotter leurs longues robes noires à manches courtes, et montrent une partie de leurs pieds à peine emprisonnés dans des *babouchs* sur lesquels brillent l'or et la soie ; les enfants, les cheveux et les ongles teints avec du *hinnah* (1), se réunissent sur les places de la ville pour se livrer aux jeux de leur âge. La propreté, la fraîcheur, l'élégance règnent dans toutes les toilettes, et sur toutes les physionomies est peint un air de bonheur et de joie que l'on cherche en vain sur les visages austères des musulmans.

---

(1) Le *hinnah* est un arbrisseau dont la feuille teint en jaune orangé, et dont les juives et les musulmanes font un grand usage dans leur toilette.

Aux heures de la prière, qui a lieu trois fois le jour, les synagogues, qui peuvent à peine contenir la foule, retentissent du chant des psaumes et des cantiques ; l'enfant mêle sa voix encore tendre et aiguë à celle du vieillard qui est grave et majestueuse ; le maître du chœur dirige de la voix et du geste l'assemblée entière, et se penchant tantôt en avant, tantôt en arrière, tantôt à droite et tantôt à gauche, il tient en haleine le chœur qui l'entoure, ou prélude aux chants que les autres doivent poursuivre. Les personnes qui ne savent pas lire, ce qui est rare chez les juifs, se contentent de répondre *amen* à la fin des prières et des bénédictions. A part les gestes excentriques et les intonations brusques du chef des choristes, tout le reste se fait avec une certaine décence, et l'on peut dire que le culte, tel qu'il est pratiqué en Afrique, a retenu quelque chose de sa majesté primitive et de la sainteté des prophètes auxquels il doit son origine. Puisse le Dieu des miséricordes se souvenir de son ancien peuple, et ramener dans le vrai bercail ces pauvres brebis égarées de la maison d'Israël ! Chrétiens, n'oublions pas que nous avons été entés sur une souche juive, et que c'est à l'incrédulité de ce malheureux peuple que nous devons d'avoir été appelés à la lumière de l'Évangile et à la participation du royaume céleste.

CHAPITRE III.

Trajet d'Oran à Tlemcen. — Description de la marche et des lieux parcourus. — Aventures et récits divers.

Cependant le jour de notre départ pour Tlemcen approchait. Seize jours s'étaient écoulés depuis notre arrivée à Oran; dans cet intervalle j'avais vu à peu près tout ce qui pouvait intéresser la curiosité d'un voyageur. Grâce aux ordres émanés de M. le général d'Arbouville, les apprêts du voyage furent bientôt faits. Il nous fallait une tente, des chevaux et des provisions de bouche pour cinq ou six jours; l'intendant militaire et le chef du bureau arabe à qui nous avions été recommandés, voulurent bien se charger de pourvoir à tout ce qui nous était nécessaire.

Le lendemain, 17 septembre, jour fixé pour notre départ, je me rendis avec mon compagnon de voyage, vers midi, devant le bureau arabe. Trois mille hommes attendaient le signal du départ hors des murs de la ville, dans le quartier *de la Mosquée.*

J'avais à peine monté le cheval qui m'avait été destiné, que tout à coup l'air retentit du son varié des trompettes et des clairons; les coursiers impatients frappent du pied et font voler la poussière; des cris confus s'élèvent de toutes parts; sous les feux ardents du soleil, les armes des soldats lancent des éclairs éblouissants ; mais déjà de nombreux cavaliers s'élancent au galop dans la route que doit suivre le convoi. Les milliers de prolonges qui portent les bagages et les munitions s'ébranlent ; le colonel chargé de protéger le convoi s'avance à la tête de son état-major, et nous partons accompagnés des vœux de nos amis et de toute la ville. A voir l'appareil formidable qui nous entourait, ces pièces de campagne que l'on traînait derrière nous, ces chariots chargés de plomb et de boulets, tout le monde courbé sous le poids des armes et des munitions de guerre, les civils même munis de sabres et de pistolets, l'on eût pris volontiers cette caravane pour une armée qui allait conquérir le monde ou du moins exterminer Abd el-Kader avec tous ses Arabes. Dans son développement sur la route, le convoi n'occupait pas moins d'une lieue de longueur. C'était la première fois de ma vie que je voyageais de la sorte et dans l'intérieur de l'Afrique. A mesure que nous nous éloignions de la ville, mon âme éprouvait des impressions que jusque-là elle avait ignorées : l'aspect sauvage des montagnes qui bordaient le chemin, et qui sont habitées par des panthères et des lions, ces groupes de bédouins au teint noirâtre et au regard farouche qui se tenaient sur les bords de la route, peut-être pour nous compter et nous vouer à la mort ; plus loin, ces troupeaux de bœufs qui, errant çà et là dans la plaine ou au fond d'un ravin, oubliaient un instant leur pâture, étonnés qu'ils étaient de voir ces endroits ordinairement si solitaires traversés par les bruyants escadrons des cavaliers et des artilleurs ; ce vaste lac salé que l'on nomme *Sebkhah* et qui, des hauteurs d'où je pouvais le contempler, paraissait un bras de l'Océan égaré au milieu des montagnes de l'Atlas ; les *zaouiah*, ces sanctuaires inviolables, ces élégants édifices qui se font remarquer de loin par la blancheur de leur coupole, que la piété musulmane a multipliés sur le sol africain et sur les sites élevés, afin de rappeler aux habitants des tentes voisines que là veille un anachorète dont les prières et les austérités attirent sur la terre les dons et les faveurs du ciel, la vue de tous ces objets jetait mon âme dans une douce mélancolie et lui imprimait un sentiment vague mêlé de plaisir et de crainte. En effet, de terribles souvenirs étaient attachés à la terre que nous foulions, et l'on se rappelait avec douleur qu'elle avait été plus d'une fois arrosée du sang de nos frères égorgés ; il y avait à peine cinq mois qu'elle avait cessé d'être le théâtre de la guerre et que la terreur avait fait place à un commencement de sécurité. Deux jours avant notre départ, des brigands arabes avaient enlevé, sur la route que nous parcourions, deux femmes européennes et coupé en quatre quartiers un malheureux voyageur espagnol. Malgré nos trois mille fusils et nos pièces de campagne, il ne fallait pas penser à s'écarter de la route, ni à dépasser de plus de cent pas la tête de la colonne, sans s'exposer à recevoir un coup de feu de quelque Arabe embusqué dans les broussailles épaisses qui bordaient la route.

Le cheval que le gouvernement m'avait procuré appartenait à un Arabe qui devait m'accompagner jusqu'à Tlemcen et retourner de là dans sa tribu. C'était un homme d'une taille moyenne, au teint brun et hâlé, aux yeux noirs et pleins de feu, au visage austère, à la démarche noble et fière ; il avait la parole grave, et il ne parlait que quand il était interrogé. Son corps était enveloppé dans une longue pièce d'étoffe de laine blanche qui lui tenait lieu de chemise, de culotte et de veste ; il savait si bien s'en draper, qu'elle lui servait même de coiffure. La nuit il ajoutait à cet habillement un vieux burnous fait en poils de chameau. Il allait toujours les bras et les jambes nus ; ses pieds étaient enfoncés dans des souliers jadis jaunes (*belghrah*), sans rebords au talon et d'une largeur démesurée, ce qui rendait sa marche lourde et embarrassée. Une branche verte de palmier dépouillée de ses longues feuilles lui servait de bâton et d'appui. Il cheminait silencieusement à côté du cheval qui me portait, quand, désirant savoir à quel personnage j'avais affaire, je me mis à lui adresser quelques questions. En m'entendant parler sa langue, sa figure s'épanouit tout à coup, et il jeta sur moi un regard qui exprimait le contentement et la joie. Je lui avais demandé son nom, sa patrie et sa profession. Il m'apprit qu'il s'appelait Ghânem ben-Sadoun (غانم بن صدون), qu'il était de la tribu des *Melouk* d'Aghbal, qui habitent deux douars composés chacun de quarante tentes ; que les Melouk sont une fraction de la tribu plus nombreuse des *Smalah* qui occupe le territoire s'étendant à l'est de la Sebkhah ; qu'il était marabout, ainsi que l'Arabe qui le suivait, Thâher ben-Sadoun (الطاهر بن صدون), fils de sa sœur Zohrah.

Je lui demandai si tout musulman pouvait se faire marabout, ou bien si ce titre était héréditaire.

Il me répondit que les marabouts étaient les descendants des premiers disciples du prophète Mahomet ; qu'en cette qualité ils jouissaient de la plus grande considération auprès de tous leurs correligionnaires, et qu'à leur ordre étaient attachés bien des prérogatives et des droits ; mais que ces avantages ne leur étaient assurés qu'autant que leur vie était conforme aux prescriptions du Livre, et qu'ils ne se livraient pas à d'autre profession qu'à celle de l'agriculture ; que, du reste, ils n'avaient pas besoin de beaucoup travailler, parce qu'on leur apportait toutes sortes de provisions, et qu'on leur donnait même des brebis et des chevaux ; qu'enfin tout le monde avait pour eux la plus grande vénération ; qu'on venait les consulter de toutes parts, et que les décisions qu'ils donnaient avaient souvent plus de poids que celles des jurisconsultes et même des muftis.

Quand il eut achevé ces paroles, je lui déclarai, de mon côté, que celui avec qui il s'entretenait était marabout comme lui, s'étant consacré dès son enfance à la prière et à l'étude de la religion. Je lui montrai en même temps mon bréviaire et le chapelet que je portais toujours sur moi. En entendant ces mots, il me tendit la main, qu'il retira aussitôt en la baissant en signe d'amitié et de confraternité. J'en fis autant de mon côté, et nous nous considérâmes dès lors comme deux bons amis. *Ya khouia* (ô mon frère!), *ya mahhboubi* (ô mon ami!), *ya âzizi* (ô mon cher!), *ya sahhebi* (ô mon compagnon!), telles étaient les appellations familières dont il se plaisait à me gratifier dans le cours de nos conversations.

Cependant nous approchions de Mizerguin. L'on apercevait au loin, du côté du midi, les cimes grisâtres des monts Tessala et Azedj ; au pied de cette chaîne de l'Atlas, s'étendait, dans la direction du levant au couchant, le vaste lit de la Sebkhah dont une grande partie était alors à sec ; sa surface aussi blanche que la neige ressemblait à une nappe que l'on aurait jetée sur une immense table, et l'on eût dit que notre caravane, qui se dirigeait de ce côté, avait été invitée à aller s'y asseoir. Il y avait quelques heures que nous avions perdu de vue les maisons blanches qui entourent la ville d'Oran et les forts redoutables qui défendent cette place ; les flots bleus de la mer qui fuyaient derrière les hauteurs du djebel Murdjadjo, avaient cessé de se montrer à nous, à travers les gorges et les vallées qui en divers endroits coupent cette montagne ; des sites nouveaux commençaient à se dérouler sous nos yeux ; de nouvelles impressions se préparaient pour nous.

Nous entrâmes enfin dans le village de Mizerguin. Trois ou quatre rangées de maisons blanches et à un seul étage y forment autant de rues ; à l'une de ses extrémités s'élève la vaste caserne des spahis, qui offre l'aspect d'une citadelle. Des figuiers, des cactus, des agaves et d'autres plantes hautes couvrent le sol qui entoure le village ; le reste du territoire est arrosé par un ruisseau qui va se jeter dans la Sebkhah. Mais ce qui mérite l'attention particulière du voyageur, c'est l'immense pépinière que le gouvernement y entretient avec un soin digne de tout éloge. En pénétrant dans cet enclos de verdure où surgissent avec une vigueur extraordinaire des milliers de végétaux de tous les climats, de toutes les régions de la terre, je me crus tout à coup transporté dans le jardin d'Éden nouvellement planté par la main du Créateur. Non loin de là s'étendait une plaine aride, jonchée çà et là de paille détériorée, de menu bois à demi consumé par le feu, et de petits morceaux de charbon abandonnés : c'était le lieu ordinaire des campements et des haltes des convois; c'était là aussi que nous devions passer la nuit.

Dans un instant les tentes se trouvèrent dressées, et de tous les points du camp s'éleva une fumée épaisse ; l'on entendait partout le bruit sonore des casseroles et des assiettes en fer blanc ; la flamme dévorait en pétillant les broussailles et les tiges sèches des plantes que l'on avait ramassées avec soin tout le long de la route ; chacun s'était mis à faire les apprêts de son dîner.

Comme nous n'étions qu'à deux pas du village, je ne voulus point ce jour-là goûter au dîner du bivouac ; je pensais avec raison que, durant les cinq ou six jours que nous avions à passer en route, je serais bien forcé de savoir ce que c'est qu'un repas de bivouac. Après avoir reconnu l'endroit où notre tente venait d'être dressée, afin de pouvoir la retrouver facilement à mon retour, je laissai là notre cuisinier avec son bœuf et ses pommes de terre, et je dirigeai mes pas vers une auberge qui s'était décorée du beau nom d'*Hôtel du Lion d'Or*. L'on me fit monter au premier étage de la maison : là, dans une longue salle, je trouvai une quinzaine d'hommes assis autour d'une table sans nappe ; ils parlaient une langue que je n'entendais point, et ils accompagnaient leurs paroles de gestes et d'intonations qui accusaient la menace et le désir de la vengeance ; ils brandissaient de temps en temps leurs couteaux de table : je tremblais à chaque instant qu'ils n'en fissent les uns contre les autres un sanglant usage ; ces inconnus avaient tous l'air de véritables brigands. Je songeais aux moyens de me sauver sans bruit de cette horrible taverne, quand un garçon à la taille élancée, au teint pâle et aux yeux caves, vint m'apporter sur une table à part une bouteille vide dans laquelle on avait planté une chandelle allumée. En déposant devant moi ce chandelier de nouvelle espèce, il me demanda ce que je désirais pour mon dîner ; or il n'y avait pas à choisir, et j'étais venu trop tard. L'on me servit dans une vaste marmite un morceau de bœuf enseveli sous une avalanche de carottes mêlées avec du lard ; une bouteille de vin sentant la colle de poisson et une gargoulette d'eau furent posées sur un coin de la table : c'est avec cette mesquine pitance qu'on me laissa là me débattre.

Cependant le soleil venait de disparaître derrière les montagnes qui, à l'occident, ferment la vallée de la Sebkhah ; la nuit commençait à s'avancer, et couvrait peu à peu de ses ombres tous les objets de la création ; le silence et le repos allaient succéder au mouvement et aux travaux bruyants de la journée : c'est, du moins, ce que tout semblait nous promettre. Je gagnai à la hâte le lieu du campement. Quand j'arrivai, mon compagnon de voyage, le curé nommé de Tlemcen, s'était déjà installé dans notre tente commune ; je le trouvai couché tout habillé sur une méchante couverture de laine qui lui servait et de matelas et de drap de lit. Il me dit que le maire de Mizerguin lui avait donné un dîner des plus splendides ; mon aventure du Lion d'Or que je lui racontai, ne l'égaya pas peu. Après avoir recommandé mon âme au Créateur, je m'étendis, à l'instar de mon confrère, sur une couverture de laine, et plaçai sous ma tête mon burnous roulé en guise d'oreiller. Il y avait à peine cinq minutes que j'étais dans cette position, quand je me sentis assailli par une armée de puces furieuses et avides de sang. Le curé, qui jusque-là n'avait trahi ses souffrances secrètes que par quelques légers soupirs que l'on pouvait prendre pour des aspirations vers le ciel, ne tenant plus à ce nouveau genre de martyre, se leva en sursaut et se mit à secouer fortement çà et là sa soutane et le reste de ses habits, de telle sorte qu'une bonne partie de ses hôtes devinrent incontinent les miens, sinon de droit, du moins de fait. Je ne me souviens pas si je remerciai alors le bon curé de sa très-gracieuse gratification. Dès ce moment, j'endurai des douleurs atroces : ces insectes, qui étaient à jeun depuis plus d'un mois, s'étaient attachés à mon corps comme à une proie unique dont il ne fallait rien perdre ; ils ne me lâchèrent pas de toute la nuit et firent de mon sang une ample provision. Ce tourment ne fut pas le seul à éloigner de moi la douceur du repos : des troupes innombrables de chacals et d'autres bêtes sauvages avaient entouré les abords du bivouac ; ils étaient à se disputer entre eux les débris des repas des militaires et des voyageurs, et ils faisaient entendre des hurlements auxquels les chiens des douars voisins répondaient par des aboiements continus et assourdissants. Durant la nuit entière les échos retentirent de ce concert effroyable ; les oreilles me tintaient comme si la foudre avait éclaté non loin de moi. Ce ne fut que vers trois heures du matin que le silence s'établit autour du camp. Il y avait à peine une demi-heure que j'avais fermé la paupière, lorsque les trompettes et les clairons sonnèrent la diane ou le réveil. J'oubliai tout à coup le sommeil et les maux de la nuit pour me disposer au départ. J'étais heureux en songeant que nous allions diriger nos pas vers l'antique capitale d'un royaume dont l'histoire ne m'était pas inconnue.

Il était trois heures et demie, et c'était à peine si l'aube commençait à poindre ; en présence de la lueur blanchâtre qui, du côté de l'orient, envahissait peu à peu les hauteurs de l'atmosphère, les étoiles semblaient redoubler leur éclat et vouloir rivaliser de splendeur avec le jour qui s'approchait. Cependant l'obscurité de la nuit était assez grande sur la terre pour empêcher de distinguer les objets tant soit peu éloignés ; me trouvant comme perdu au milieu de la foule compacte des hommes et des animaux qui partaient, je crus inutile de me mettre à la recherche de mon cheval et du marabout qui le gardait. Je pris le parti d'aller à pied et de suivre ceux qui se trouvèrent auprès de moi. Je marchai ainsi pendant deux heures, au bout desquelles je retrouvai enfin mon marabout. Il était alors grand jour : le soleil s'était levé et montrait à l'univers sa face éblouissante.

L'espace que nous avions parcouru et celui qui s'étendait devant nous, présentait, d'un côté, des montagnes et des collines verdoyantes, et, de l'autre, une immense plaine sur laquelle erraient librement des troupeaux de bœufs et de moutons ; le sol, d'une couleur rougeâtre, était tapissé de bouquets de palmiers *doum* et d'autres plantes vivaces qui servent à la nourriture des bestiaux. De nombreuses tentes rangées en cercles formaient çà et là des douars et signalaient la demeure des tribus arabes. De temps en temps l'on rencontrait, soit des cavaliers armés de pied en cap, soit des chameaux chargés de denrées destinées au marché d'Oran ou à celui de Mizerguin. Les Arabes qui les conduisaient étaient tous enveloppés dans leur burnous et tenaient un bout de leur *cambousch* ou voile placé au-dessous de leurs narines, pour ne pas respirer l'air frais et humide du matin.

Nous arrivâmes vers neuf heures et par un soleil ardent à *Aïn Bredia*. C'est une localité où l'on trouve plusieurs mares d'eau et où les bergers arabes ont coutume de venir abreuver leurs troupeaux. De nombreuses familles de grenouilles, de tortues et d'autres bêtes nageaient çà et là dans l'eau bourbeuse de ces mares dont les bords verdoyants étaient habités par les lézards, les serpents et les caméléons. Les voyageurs fatigués qui avaient trouvé dans ces lieux un abri et un lieu de repos à l'ombre d'un bouquet de joncs ou de palmiers nains, furent de temps en temps réveillés, soit par le bruit produit par un énorme lézard qui s'enfuyait brusquement dans un trou voisin, soit par le frôlement d'une couleuvre qui se glissait sous l'herbe en répandant tout autour l'odeur du musc. Quelques-uns même furent piqués par des serpents, et plus d'une fois moi-même, après m'être étendu au pied d'un arbuste, je sentis remuer au-dessous de moi quelques-uns de ces hideux reptiles, dont la présence me força de changer de place.

Du reste, l'on nous dit que leur morsure n'était pas très-dangereuse, et qu'un peu d'alcali suffisait pour en arrêter les effets, quels qu'ils fussent.

Comme au soir du jour précédent, le camp fut bientôt

transformé en une vaste cuisine. L'air frais du matin, la fatigue de la marche, et plus que cela, l'insomnie de la nuit précédente, avaient aiguisé à merveille les appétits les plus récalcitrants ; chacun se hâtait d'apprêter son déjeuner, la faim impatiente mettant en mouvement les bras les plus paresseux.

Tandis que tout le monde, militaires et civils, donnait pleine satisfaction aux exigences de son appétit, les musulmans, conducteurs de chameaux et autres, y compris mon marabout et son neveu Thâher, nous contemplaient de loin, avalant en silence la salive qui leur venait à la bouche. Comme nous l'avons déjà dit, nous étions en plein ramadan, et l'on sait que, durant ce mois, les disciples du faux prophète s'abstiennent de manger à partir de trois ou quatre heures après minuit jusqu'au lendemain après le coucher du soleil. En attendant l'heure du départ, ils faisaient paître dans les environs du bivouac, les animaux qu'ils s'étaient chargés de soigner jusqu'à Tlemcen.

Lorsque le moment de partir fut arrivé et que le marabout vint m'amener le cheval, je m'aperçus, non sans étonnement, qu'il affectait un maintien beaucoup plus grave que d'ordinaire. Il marcha plusieurs heures à côté de moi sans m'adresser la parole, et quand je l'interrogeais, il faisait semblant de ne plus me comprendre. A la fin, voulant pénétrer le motif de ce silence obstiné, je l'accablai de questions, tâchant de le retourner dans tous les sens : à tout cela il faisait la sourde oreille, et il ne tournait pas même la tête pour m'écouter. Reconnaissant alors que le silence était chez lui un parti pris et qu'il me serait impossible de lui faire desserrer les dents, je me décidai à le laisser tranquille et à attendre le moment où il jugerait convenable de se dérider. Piquant de l'éperon, je lançai mon cheval en avant et allai me ranger parmi les officiers qui marchaient à la tête de la colonne. Deux ou trois heures après, le marabout, qui n'avait pas perdu de vue son affaire, m'envoya son neveu qui me dit : « Chrétien, si tu veux que le marabout te parle et converse avec toi, il faut que tu lui promettes de l'argent. » A ces mots, je demeurai comme stupéfait, car, je l'avoue, il n'aurait jamais pu entrer dans ma tête que l'on eût voulu me faire payer les paroles d'une conversation que la nécessité et la nature de nos rapports semblaient devoir rendre gratuite. Mais les Arabes, dont l'avidité est devenue proverbiale, savent profiter de tout pour mettre à contribution la bourse des voyageurs, et l'on doit s'estimer fort heureux quand ils consentent à ne pas vous dévaliser.

Dès la veille j'avais eu une discussion avec le marabout et son neveu au sujet de leur nourriture. Le chef du bureau arabe m'avait assuré, avant mon départ, que le gouvernement se chargeait de nous fournir des chevaux et de payer aux Arabes les journées qu'ils passeraient avec nous ; que, par conséquent, nous n'avions à nous inquiéter de rien, et que si, à la fin, il y avait quelque compte à régler, ce serait avec lui et non avec les Arabes que nous aurions affaire. Cependant ceux-ci prétendirent que leur nourriture avait été laissée à notre charge, et ils firent auprès de nous tant d'instances, que, pour nous débarrasser de leur importunité, nous consentîmes à leur donner par jour une pièce de deux francs à titre de gratification. Cette concession de notre part fut regardée par eux comme étant de bon augure et comme le gage de plusieurs autres ; pour parvenir à leur fin, ils choisirent un moyen qui fait honneur à leur sagacité, sinon à leur désintéressement. Ils avaient remarqué en moi une grande curiosité, un vif désir d'apprendre et la manie de questionner sur tout et partout ; ils conçurent l'heureuse idée de tirer parti de mon faible et de tarifer leurs réponses. Le silence devait donner du prix à leurs paroles, et pour augmenter leur salaire, ils n'avaient pas besoin de se livrer à un rude travail : il leur suffisait de savoir tenir à propos la bouche fermée. Je répondis à cidi Thâher que les prétentions du marabout me paraissaient plus que singulières ; qu'ils avaient tort l'un et l'autre de ne pas se contenter de la somme que nous leur avions promise par pure générosité ; que, du reste, si le marabout persistait dans son mutisme, nous étions décidés, de notre côté, à retirer notre promesse et à cesser de lui donner de l'argent.

La fermeté de ma réponse eut le résultat que j'en attendais. Au bout d'une demi-heure je vis arriver cidi Ghânem ben-Sadoun, accompagné de son neveu. Après m'avoir fait, comme d'usage, un grand salamalek, il se mit à me dire, en accompagnant chaque mot par un éclat de toux, qu'il avait attrapé un rhume la nuit précédente, et qu'il éprouvait une douleur au gosier quand il lui fallait articuler ses paroles. Je fis semblant d'agréer ses explications, et pour lui montrer que je ne lui gardais pas rancune, je lui promis de lui offrir une tasse de café quand nous serions arrivés au lieu de la grande halte. Il oublia peu à peu son rhume et son mal de gosier, et, quoique à jeun et fatigué par la marche, il répondit d'assez bonne grâce aux diverses questions que je lui adressai.

Avant d'arriver à la grande halte où nous devions passer la deuxième nuit, nous vîmes plusieurs troupeaux de chameaux qui paissaient tranquillement et sans gardiens dans les plaines qui s'étendaient devant nous. De loin, ces hauts quadrupèdes ne ressemblaient pas mal à des montagnes ambulantes et errant sur les bords de l'horizon. Le sol, inculte et d'un aspect sauvage, n'offrait çà et là qu'un petit nombre de plantes sèches et épineuses, mais qui pouvaient suffire à la nourriture de ces animaux naturellement très-sobres.

A quatre heures, nous arrivions à la station des *Sept-Puits*. A l'exception d'un seul, tous ces puits contiennent une eau amère et saumâtre, mais pour laquelle les bêtes de somme et les bestiaux ne montrent aucune répugnance. Non loin de là il y avait une esplanade entourée d'un large fossé, et pouvant, au besoin, servir de refuge contre les incursions des cavaliers ennemis. Du côté du midi, l'on voyait deux grandes chaumières dont l'une était un café mauresque et l'autre une boutique où l'on vendait quelques denrées et des provisions de bouche. Vers le nord de l'esplanade s'élevait, au milieu d'un jardin, un édifice en maçonnerie qui servait d'auberge et de cabaret tout à la fois. A un quart de lieue des puits et dans la direction du nord-ouest, l'on apercevait un douar appartenant aux *Ahmian*. Je demandai à plusieurs Arabes qui étaient venus chercher de l'eau, si je pourrais sans aucun risque aller visiter leur village ; ils m'assurèrent que j'y serais le bienvenu ; mais ayant entendu un officier raconter le sort de plusieurs voyageurs imprudents qui, pour s'être écartés de quelques centaines de pas du lieu de campement, avaient été égorgés par les Arabes, je renonçai à mon dessein.

En retournant au camp qui n'était pas fort éloigné de là, je rencontrai mon marabout et son neveu qui m'attendaient avec impatience ; il leur tardait de savourer la tasse de café que je leur avais promise ; il y avait près d'une demi-heure qu'ils étaient à battre la campagne pour me découvrir et me sommer de tenir ma parole. Je leur donnai une pièce de cinquante centimes, pensant qu'avec cet argent ils auraient de quoi se faire servir cinq tasses au lieu de deux, y compris le sucre. Néanmoins, comme je ne leur avais parlé que de café, ils me prièrent de leur donner de quoi acheter du sucre ; afin d'éviter une nouvelle discussion, je cédai à leur désir et doublai la première somme. Il semble qu'après cette nouvelle gratification, ils auraient dû être tout à fait satisfaits et se décider enfin à mettre un terme à leur importunité et à leurs exigences : ce ne serait pas connaître le caractère des Arabes que de penser ainsi. Le marchand de denrées dont il a été déjà question, avait étalé devant sa boutique un tas de pastèques de la plus belle apparence ; le marabout, qui en passant par là avait jeté les yeux sur ces fruits magnifiques, s'était promis d'en manger un à son dîner, et cela à mes frais et dépens. Il commence par me dire qu'il aime les pastèques, que la fraîcheur de ce fruit achèvera de guérir son mal de gorge, que je possède beaucoup de *douros* et qu'une pastèque ne me ruinera pas ; il me presse, il me sollicite de toutes les manières; il ajoute que si j'accède à ses prières, il sera le plus fortuné des mortels. Considérant que le dîner de ce pauvre marabout se réduisait ordinairement à un morceau de pain noir et à quelques gorgées d'eau, je ne voulus pas lui refuser une chose d'aussi peu de valeur qu'une pastèque, et le priver de la jouissance qu'il s'en promettait. Je me mis à marchander l'un de ces fruits, le plus beau de tout le tas. Tout à coup le marabout s'interposant entre le marchand et moi, s'écrie que la pastèque n'est pas assez grosse et qu'elle ne fait honneur ni à mon choix ni à ma libéralité. A ces mots, je laissai là et le marabout, et les pastèques, et le marchand, et m'enfuis vers le camp.

En arrivant, je trouvai le comptable de l'ambulance qui partageait avec moi ses repas, en proie à de vives alarmes et racontant avec effroi à ceux qui l'entouraient les nouvelles les plus sinistres. Deux courriers arabes venaient d'arriver, porteurs de dépêches qu'ils avaient remises entre les mains de notre colonel. Le général d'Arbouville annonçait à celui-ci que cette nuit-là même nous devions être attaqués par les troupes d'Abd el-Kader, et il lui prescrivait de se tenir sur ses gardes pour n'être pas surpris par l'ennemi. Le colonel avait réuni autour de lui tout l'État-Major, pour délibérer sur les mesures à prendre dans une pareille circonstance. Le comptable venait de sortir de la tente du colonel quand il m'apprit cette fâcheuse nouvelle. D'après l'avis du conseil, les avant-postes furent doublés, on forma autour du camp une espèce de rempart avec les prolonges et les chariots; les pièces de campagne furent placées aux quatre coins du camp et les armes chargées avec soin. Pendant que les civils tremblaient en songeant aux dangers qui menaçaient leur vie, les militaires se livraient à la joie, se félicitant entre eux de leur bonne fortune et de la nouvelle occasion qui se présentait à eux de se mesurer avec les bédouins et de leur faire sentir la supériorité incontestable de leurs armes et de leur bravoure ; rangés autour d'un foyer improvisé, et attisant les broussailles vertes que la flamme dévorait en pétillant, ils faisaient les récits les plus burlesques sur leurs prochains exploits. Les officiers, plus graves et plus sérieux, s'entretenaient, de leur côté, à voix basse, et semblaient se promettre des croix et des décorations.

Cependant notre comptable, afin sans doute de relever son courage tant soit peu abattu, et en attendant que le dîner fût prêt, se mit à avaler un grand verre d'absinthe, après m'avoir invité à goûter moi-même de cette liqueur dont j'étais loin de connaître les qualités traîtresses. Ce jour-là, notre dîner fut triste et silencieux ; l'on semblait avaler les morceaux avec regret, c'était à peine si nous osions jeter les yeux les uns sur les autres. Je m'en souviendrai toute ma vie : l'on nous avait servi une soupe au lard et un énorme lièvre que nos chasseurs avaient tué le long de la route ; or c'était un jour de vendredi. Il est vrai que nous étions en voyage au milieu d'une vaste solitude, et sans autres ressources que nos petites provisions ; je savais qu'en pareil cas la loi de l'Église n'oblige point ; néanmoins, comme je n'avais jamais enfreint volontairement ses préceptes, j'éprouvais une certaine répugnance à toucher à ces aliments gras. M. le curé de Tlemcen, intrépide comme un Bourguignon, se leva, forma un grand signe de croix sur le lièvre, et, par son exemple, mit fin à tous mes vains scrupules. Autant qu'il m'en souvient, ce que je mangeai à ce repas, se réduisit à fort peu de chose ; mais en revanche, j'effrayai mes commensaux par les grands verres d'eau et de vin que j'avalais. L'absinthe avait allumé dans mes entrailles un feu dévorant, et j'éprouvais une soif dont rien ne pouvait tempérer l'ardeur. Plusieurs fois durant la nuit, je fus contraint de sortir de ma tente pour aller demander à boire au premier venu. A la vérité, les soldats à qui je m'adressai d'abord, me permirent volontiers d'emboucher leur bidon ; mais craignant de les priver eux-mêmes d'une chose aussi rare et aussi nécessaire que l'eau, je ne me désaltérais qu'à moitié, en sorte que bientôt après, je me trouvais de nouveau réduit à aller implorer la pitié de mes voisins. A la fin, fatigués de mon importunité, et ne croyant plus au besoin pressant que j'avais de boire, ils me renvoyèrent avec des paroles dures, en les accompagnant de jurons et d'imprécations. Décrire toutes les souffrances que j'endurai durant cette malheureuse nuit, ce serait pour moi chose impossible ; tout ce que je puis dire, c'est qu'elles furent atroces. Lorsque la fièvre causée par la soif fut quelque peu apaisée, et que je crus voir s'approcher le moment où il me serait permis de prendre un peu de repos, voilà que les chacals, s'entendant avec les dogues des bédouins, recommencèrent l'horrible vacarme de la veille ; au milieu de leurs hurlements épouvantables, il me semblait entendre les voix lamentables des morts qui avaient à se plaindre des vivants ; mes yeux appesantis par le besoin impérieux du sommeil, croyaient distinguer dans les nues sombres qui fuyaient vers l'horizon, des troupes innombrables de djinn, simulant des batailles et annonçant des désastres.

Cependant l'heure du commun réveil approchait ; bien que la nuit se fût passée sans accident, la crainte d'une attaque ne nous avait pas entièrement abandonnés ; des coups de feu tirés au loin et hors de notre portée présageaient une journée orageuse, car c'est par de tels divertissements que les Arabes ont coutume de préluder aux grandes batailles. De plus, nous avions à parcourir ce jour-là un long défilé qui porte le nom sinistre de *Défilé de la chair*. Suivant une tradition constante, une armée entière d'Espagnols y fut autrefois égorgée par les Arabes. Les corps de ces infortunés chrétiens devinrent la proie des hyènes et des chacals, et l'on rencontre encore çà et là dans ces funestes lieux les débris de leurs os que le temps a blanchis et que l'Arabe se plaît à fouler aux pieds. Il y avait trois siècles que le sang de nos frères criait vengeance, quand nos armes victorieuses parcoururent cette terre inhumaine et la soumirent à nos lois. Il nous restait à remplir une tâche presque aussi glorieuse que les premiers triomphes : c'était d'y fonder la sécurité des routes, et de purger la contrée de ces bandes de brigands, qui dévalisaient et massacraient impitoyablement les voyageurs, quand ceux-ci ne se trouvaient pas protégés par un convoi de deux ou trois mille hommes.

A trois heures et demie l'on sonna la diane, et à quatre heures nous étions en route. Comme de coutume, les spahis avaient pris les devants pour éclairer les chemins et les endroits par où nous devions passer.

Vers six heures, nous entrâmes dans le fameux *Défilé de*

la chair; les montagnes réflétaient les premiers rayons du soleil, et nous apercevions devant nous la blanche coupole de la *coubbah* de cidi Abd el-Kader.

Un chemin étroit et raboteux, courant sur le bord d'un ravin profond, nous conduit en montant dans une gorge hérissée de broussailles et de rochers pointus. Tout à coup l'on découvre sur les hauteurs voisines et en face de nous, une file de cavaliers habillés de rouge qui bondissent comme des chèvres et semblent se porter à notre rencontre. Le convoi arrête sa marche, le colonel braque son lorgnon sur les collines où les hardis cavaliers ont fait leur apparition. Le bruit se répand parmi les voyageurs que nous sommes menacés d'une attaque sérieuse, et que nous avons affaire avec les réguliers d'Abd el-Kader. Nous sommes déjà cernés de tous les côtés, et pas un de nous ne doit échapper au massacre; les femmes et les enfants se lamentent, les hommes s'assurent si leurs armes sont en bon état, si leurs pistolets et leurs fusils sont bien chargés : tout est prêt, l'on n'attend plus que la rencontre de l'ennemi.

Cinq minutes après, on vint nous annoncer que c'était une fausse alerte : les prétendus réguliers d'Abd el-Kader que l'on croyait avoir aperçus, étaient tout simplement les spahis qui formaient notre avant-garde et éclairaient notre route.

A cette nouvelle, l'anxiété fit place à l'espérance dans tous les cœurs, et nous continuâmes à remonter le terrible défilé.

Un peu plus loin, un spectacle tout à fait nouveau

vint nous arracher quelques instants à nos mélancoliques préoccupations. Une tribu d'Arabes se livrait au plaisir de la chasse. Armés de gros bâtons, ils frappaient çà et là sur les broussailles et les palmiers-doum ; les lièvres effrayés avaient hâte de gagner le large ; mais forcés de passer au milieu des chasseurs qui étaient dispersés sur une grande surface de terrain, ils échappaient rarement à leurs coups. C'était quelque chose d'effrayant d'entendre les cris rauques et sauvages que répétaient les Arabes pour s'avertir mutuellement du passage du gibier et de la direction dans laquelle il fuyait. Si la chose n'avait pas eu lieu en plein jour, nous aurions pu nous croire en présence d'une armée innombrable de bédouins prêts à nous exterminer.

Au bout d'une heure, nous aperçûmes au loin un énorme sanglier, que le bruit de notre marche avait épouvanté, et qui fuyait notre approche en dirigeant sa course vers le haut d'une colline où se trouvait apparemment son repaire. Nos cavaliers qui s'étaient mis à sa poursuite, ne purent l'atteindre, ni le découvrir au milieu des broussailles et des ravins qu'il leur fallut traverser.

Après avoir marché longtemps au milieu d'épais taillis, nous arrivons enfin sur les bords verdoyants du *Rio salado* que nous passons sur un pont de bois. C'est tout près de là, m'a-t-on dit, que le célèbre Barberousse fut défait et périt avec la plus grande partie de son armée. Son corps fut transporté à Alger et déposé dans le tombeau qui se trouve près de la porte *Bab-azoun*. L'endroit où nous venions de mettre le pied, avait été désigné par le colonel, pour y établir notre grande halte.

Pendant que les apprêts de notre déjeuner se faisaient, je descendis à la hâte dans le ravin qui servait de lit à la rivière. Le *Rio salado* coulait paisiblement à l'ombre des tamarix dont les branches touffues descendaient presque jusqu'à terre ; à l'extrémité de chaque feuille était suspendue une goutte de rosée que la nuit y avait déposée ; à chaque pas que je faisais, ces gouttes se détachaient par myriades des rameaux ébranlés par le contact de mon corps, et une pluie de perles aussi blanches que la neige, tombant sur moi, me faisait éprouver, à cette heure matinale, une indicible sensation de bien-être et de douce fraîcheur. Çà et là l'herbe avait été foulée, et des poils de couleur fauve abandonnés trahissaient le séjour momentané de quelque bête féroce dans ce lieu solitaire. Comme la rivière est appelée par les Espagnols *Rio salado*, c'est-à-dire, *rivière salée*, je voulus savoir si le nom répondait à la réalité ; ayant donc puisé de son eau dans le creux de ma main, j'en avalai une gorgée que je trouvai extrêmement saumâtre. Le *Rio salado* nourrit plusieurs espèces de poissons, ainsi que divers coquillages et des tortues. Cette rivière prenant sa source dans les montagnes des *Beni Amer*, reçoit dans son cours quantité d'affluents, et va se jeter dans la mer à travers un pays sauvage et inexploré.

Après deux heures de repos, nous poursuivons notre route. Le chemin est bordé de taillis presque impénétrables. A mesure que nous avançons la gorge se rétrécit de plus en plus ; à droite et à gauche nous sommes dominés par des hauteurs sur lesquelles l'on s'attend sans cesse à voir paraître des files d'ennemis. L'on marche en silence ; de temps en temps, le colonel braque son lorgnon sur les collines voisines. Trois cents bédouins, embusqués dans ces lieux dangereux, auraient suffi pour exterminer les trois mille hommes dont se composait le convoi.

Au bout d'une heure de marche, la route commence enfin à s'élargir, l'horizon s'étend devant nous ; nous apercevons au loin sur la cime des collines, deux ou trois chapelles veuves de leurs marabouts : pour ne pas subir la loi de l'infidèle, ceux-ci étaient allés chercher un refuge dans l'empire du Maroc ; c'est là qu'ils attendaient la venue du *Moula es-saah* ou maître du temps, lequel doit, dans un temps plus ou moins éloigné, affranchir la nation arabe du joug chrétien et chasser le Français de la terre d'Afrique.

De l'endroit où nous sommes à *Aïn Temouchent*, la distance n'est plus que de trois lieues ; comme la redoute qui défend cette localité tient en respect les Arabes des environs et que la crainte de tout danger est éloignée de mon esprit, je pique mon coursier de l'éperon, et il m'emporte avec la rapidité du vent bien loin au delà de la tête de la colonne ; il a bientôt aperçu au loin les chevaux de l'avant-garde, qu'il brûle d'atteindre ; dans son impétuosité, rien ne l'arrête, ni la voix ni le frein ; il traverse au grand galop l'escadron des spahis, et fier de la légèreté de ses pieds, il s'anime, il s'excite, il fait voler la poussière en l'air, et par des hennissements répétés il semble défier les coursiers des spahis qu'il laisse bien loin derrière lui.

Cependant je découvre dans le lointain un point blanchâtre qui, à mesure que je m'approche, s'étend, s'agrandit et finit par paraître ce qu'il est réellement, c'est-à-dire une redoute entourée d'un large fossé et renfermant un édifice en pierre, avec un grand nombre de tentes qui servent d'habitations aux soldats. J'avais sur le convoi l'avance d'une bonne heure ; avant son arrivée, j'eus le temps de visiter l'extérieur de la redoute et de prendre quelques renseignements sur la localité qui est connue sous le nom de *Aïn Temouchent*. Au fond du vallon que la redoute domine il y a plusieurs sources qui donnent origine à un ruisseau. Ce ruisseau, dont l'eau est fraîche et limpide, porte le nom de *Oued Sinan*. Le pays environnant, qui se nomme *Zeidour*, appartient aux *Ouled Khalfah*. Un Arabe de cette tribu me dit que Zeidour était le nom d'un roi romain qui avait régné autrefois sur la contrée. Il ajouta que, non loin de la redoute, il y avait des ruines qui témoignaient de l'existence, dans les anciens temps, d'une ville considérable, et que cette ville était peut-être la capitale du royaume de Zeidour.

Pendant que je recueillais ces traditions de la bouche de l'Arabe, un soldat vint me dire que, dans les environs de la redoute, l'on découvrait chaque jour des inscriptions latines que les maçons brisaient pour les faire servir de matériaux dans leurs constructions ; comme preuve de ce qu'il avançait, il me montra une pierre écrite sur laquelle un manœuvre avait déjà le marteau levé. Je courus aussitôt vers ce dernier en lui criant d'épargner l'inscription. Je fus obéi, et la pierre fut transportée, par les soins du chirurgien militaire du lieu, M. Hélye, dans l'enceinte de la redoute, où il me dit qu'il la conserverait.

L'inscription, qui est gravée sur une pierre tendre et de

forme carrée, est entière et se compose de trois lignes fort courtes ; de plus, elle présente trois trous, qui par leur position semblent former les trois coins d'un triangle. Il est bon aussi de remarquer que les lettres de la première et de la deuxième ligne sont soulignées. Voici, du reste, l'inscription telle que je l'ai copiée sur les lieux :

```
  ΔISCE
  ACEΔO
  OSIRI
```

Cette pierre, à en juger par les trois trous dont elle est percée, a dû être fixée sur un mur, et si je ne me trompe, placée sur le frontispice d'un temple consacré à Osiris, divinité dont le nom se lit dans l'inscription. J'ignore à quelle langue appartiennent les mots qui précèdent ce nom ; je laisse aux savants antiquaires le soin et l'honneur de les déchiffrer.

Le zèle que je déployai pour la conservation de ce monument, fut pour moi la cause d'une autre découverte non moins heureuse, car lorsque l'on vit que j'étais un amateur d'antiquités, l'on me fit descendre dans le fossé qui entoure la redoute, et l'on me montra, dans un coin de la partie orientale de ce fossé, l'inscription suivante qui était incrustée dans le mur :

```
   D.M.S.
  MARIVS CO
  SIDIVS. VV
 IXXXXX. VIPINI
   COSA. C
```

Cependant le convoi venait d'arriver. Le lieu de la grande halte avait été fixé dans une plaine qui, dominée par le canon de la redoute, s'étendait le long du Sinan.

Le jour commençait à décliner ; le souffle rafraîchissant de la brise du soir agitait avec un léger murmure les branches fleuries des lauriers-roses qui formaient un berceau au-dessus du courant de la rivière. Au loin l'on entendait les cris rauques des chameaux qui, accroupis sur leurs pieds, ruminaient à leur aise ; des feux nombreux brillaient dans l'enceinte du camp, où chacun apprêtait à la hâte un dîner que l'estomac affamé réclamait depuis longtemps.

En attendant, je retournai à la redoute où M. Hélye m'attendait pour me conduire à un quart de lieue de là et me montrer les ruines qui couvrent une surface carrée d'environ quatre cents mètres. Pendant que nos pas se dirigeaient de ce côté, le docteur s'arrêta tout à coup et me dit, en me montrant du doigt un lieu où la terre paraissait avoir été fraîchement remuée : « Voilà où a été inhumée avant-hier la jambe d'un infortuné voyageur que les bédouins ont coupé en morceaux. Le reste de son corps n'a pu se retrouver ; vraisemblablement il est devenu la proie des bêtes féroces qui abondent dans cette contrée. » Il ajouta que les maraudeurs arabes s'avançaient quelquefois jusque sous les murs de la redoute, et qu'il y avait danger pour la vie de s'éloigner de là seulement l'espace de cent mètres. Ces tristes pensées nous accompagnèrent jusqu'au lieu qui était le but de notre course. Là s'offrit à la curiosité de mes yeux et à la méditation de mon esprit, l'un de ces spectacles qui rappellent l'instabilité des choses de ce monde et les ravages du temps, qui de sa main inexorable change tout, détruit tout. De grandes pierres carrées, entassées çà et là les unes sur les autres, des pans de muraille encore debout avec des portes et des seuils, des dalles ayant servi de pavé et restant encore fixées dans le sol, des fragments de briques, de verre, et de vieux ustensiles gisant pêle-mêle au milieu des décombres et des buissons qui en dissimulaient une partie à la vue, étaient les seuls restes d'une ville fondée probablement par les Romains. C'était peut-être l'un de ces camps permanents (*castra stativa*) qu'ils établissaient au milieu des pays conquis, soit pour tenir en respect la population indigène, soit pour servir de refuge aux colons dans les cas d'attaque ou de guerre. Les inscriptions latines trouvées à *Aïn Temouchent* me font conjecturer que, sous la domination romaine, cette localité a dû n'être pas sans quelque importance. En comparant les données géographiques fournies par les anciens sur les villes de cette partie de l'Afrique avec la position de *Temouchent*, et en rapprochant ce nom de celui de *Timiké* que Ptolémée place non loin de *Kouiza* (aujourd'hui Oran), il est permis de reconnaître dans la moderne *Temouchent* la cité mentionnée par le géographe grec, conjecture que je me propose de confirmer dans l'un des chapitres suivants. Quant au nom de *Zeïdour* que porte le territoire, je crois y reconnaître une origine latine ou grecque, et si je ne me trompe, c'est le mot *Isidorus* défiguré par les Arabes et les Berbères. Cet Isidore était peut-être le gouverneur de cette contrée à l'époque où elle fut envahie par les Arabes, vers la fin du septième siècle de notre ère. Les recherches auxquelles je me livrai avec la plus grande ardeur ne furent suivies d'aucune nouvelle découverte ; il est vrai qu'elles ne furent pas longues, puisque je ne visitai pas les ruines dans toute leur étendue. Mon conducteur, qui savait tout le danger que l'on courait dans le lieu où nous nous trouvions, ne voulut pas s'écarter davantage de la redoute, et il me dit qu'il était prudent de se retirer. J'obtempérai à son avis, mais avec le regret dans l'âme, et me promettant de compléter mes explorations lors de mon retour de Tlemcen.

En arrivant au bivouac, j'appris que deux courriers arabes avaient apporté au colonel une dépêche datée d'Oran. Le général d'Arbouville y informait le colonel qu'ayant reçu la nouvelle que le convoi avait été attaqué au *Défilé de la chair* et que presque tout le monde avait péri, il était parti avec des troupes pour sauver ceux qui avaient échappé au massacre. Ce bruit d'un désastre général nous fit comprendre que si nous n'avions pas été inquiétés dans notre marche, nous n'en avions pas moins été menacés d'une attaque, car il était à croire que les Arabes ne se sentant pas assez forts pour se mesurer avec nous, avaient voulu du moins nous faire quelque mal en semant sur notre compte de fausses alarmes et en trompant les autorités militaires de la ville d'Oran. Ce faux bruit fut un avertissement que nous devions nous tenir sur nos gardes et continuer à marcher avec circonspection.

La nuit qui suivit l'arrivée des courriers se passa dans la plus grande sécurité : nos tentes étaient sous la protection de la redoute. Vers quatre heures, le convoi se mit en marche au son des trompettes et des clairons. En quittant *Aïn Temouchent*, le chemin, qui allait en montant, devint scabreux et difficile, mais l'on ne tarda pas à arriver sur un plateau où il changea d'aspect et où il était aussi beau qu'il pouvait l'être dans une région inculte et tout à fait sauvage.

Cependant le jour commence à renaître ; peu à peu les hautes montagnes qui bornent l'horizon à l'occident se révèlent à nos regards ; leurs cimes ardues semblent tressaillir à chaque nouvelle gerbe de rayons que leur lance le soleil levant : l'on dirait une armée de géants que l'ennemi vient de surprendre dans les bras du sommeil et qui, à peine éveillés, s'agitent tumultueusement pour retrouver leurs armes et repousser l'attaque. A mesure que nous avançons, le palmier-nain (doum) devient plus rare ; il est presque partout remplacé par le *sidrah*, ou jujubier sauvage, dont le fruit d'un rouge doré (*nebeq*) fait plier les branches flexibles. Le sol offre çà et là des traces récentes de culture ; les malheureux habitants ont abandonné leurs terres fertiles, pour fuir les calamités inséparables de la guerre et se soustraire au joug des infidèles. Rien ne serre plus le cœur que la vue de ces plaines immenses et sans fin, jadis couvertes de riches moissons, livrées maintenant à un entier abandon et dévorées sans profit pour personne par les plantes parasites. L'on n'y rencontre ni ville, ni hameau, ni tente, ni maison. Autrefois elles nourrissaient de nombreux troupeaux ; aujourd'hui elles sont devenues la propriété des bêtes féroces, qui s'y multiplient librement et d'une manière effrayante. L'on verra plus tard ce qu'il en coûtera pour se débarrasser de leur présence et de leur nombre. Combien de familles, en France et ailleurs, qui meurent de faim, et qui pourraient trouver l'abondance et le bonheur, si on leur donnait un coin de ces vastes terres abandonnées ! Mais la terreur plane encore sur cette malheureuse région, et les maraudeurs qui la sillonnent dans tous les sens massacreraient sans pitié une colonie naissante et éloignée du centre d'une grande population.

Tandis que ces réflexions occupaient mon esprit, ayant oublié de serrer les rênes de mon cheval, je me trouvai en un instant lancé bien loin au delà de la tête de la colonne. Mon coursier avait un défaut que quelques-uns regarderont peut-être comme une bonne qualité : c'est qu'il ne pouvait se souffrir à la queue des autres ; apercevait-il au loin un cavalier trottant ou galopant, il m'emportait malgré moi jusqu'à ce qu'il eût atteint son précurseur et qu'il marchât de pair avec lui ou même le devançât. Ces courses, souvent imprévues, presque toujours contraires à ma volonté, et périlleuses pour ma vie, n'avaient pas, comme vous pouvez le croire, beaucoup d'attrait pour une personne comme moi qui passe une grande partie de l'année assis devant un bureau, ou me promenant lentement dans les jardins publics de la capitale.

Or, pour mon malheur, mon bucéphale avait aperçu de loin les chevaux des spahis qui formaient l'avant-garde du convoi ; dans un clin d'œil ils furent atteints et même dépassés ; son ardeur faillit être fatale à son cavalier encore peu accoutumé à ces courses à perte d'haleine, et en se jetant au milieu de l'escadron, il mit un instant le désordre dans leurs rangs et troubla leurs chants religieux.

Le corps des spahis, à l'exception de leur colonel et de

quelques officiers qui sont français, se compose d'indigènes nés dans la religion musulmane. Le service militaire ne les dispense pas du devoir de la prière ; trois fois le jour et deux fois la nuit, ils élèvent leur âme vers le Souverain de l'univers. Rien d'aussi juste et d'aussi raisonnable. Tandis que le chrétien jure ou blasphème, non loin de là, le musulman fait retentir les louanges de l'Éternel, et le remercie de n'être pas du nombre de ceux qui marchent dans le sentier de l'erreur et que la vengeance divine attend dans un autre monde : tel est le sens de la prière qu'il doit réciter cinq fois dans l'espace de vingt-quatre heures et dans des temps réglés par le Coran.

Au moment où j'atteignis les spahis, ils venaient de commencer la prière du lever du soleil. Au milieu du silence profond de la nature, sous un ciel pur et serein, dans ces plaines immenses et désertes, c'était quelque chose de grave et d'étrange à la fois que ce chant monotone qui partait de tant de bouches différentes, que ces voix austères qui s'harmoniaient si bien avec l'aridité du désert, que ces intonations brusques qui de temps en temps venaient rompre la monotonie et déconcerter l'oreille, que ces gestes enfin de la tête et des bras qui de loin pouvaient faire prendre nos cavaliers pour des fantômes irrités qui se faisaient des menaces et étaient sur le point d'en venir aux mains. L'on aura peut-être une idée complète du spectacle singulier que j'avais sous les yeux, si l'on se figure des hommes à cheval, revêtus de burnous rouges ou blancs, au visage noir et hâlé, la tête couverte d'un voile blanc ou d'un chapeau (*modhel*) en feuilles de palmier, muni de larges rebords et orné tout autour de plumes d'autruche, des hommes armés de pied en cap, psalmodiant sur un ton barbare des paroles encore plus barbares et gesticulant tous ensemble avec la plus parfaite harmonie comme de véritables mannequins.

La prière terminée, je m'approchai d'un spahi que l'on me dit être décoré du titre de lieutenant. Un large chapeau garni de plumes couvrait sa tête qui était noire et maigre; il avait la barbe et les moustaches grises, les yeux ardents comme la flamme, et sur toute sa physionomie une expression sauvage et inspirant la terreur; la croix de la Légion d'honneur brillait sur sa poitrine. Le premier regard qu'il lança sur moi fut terrible comme toute sa personne. Quoique mes yeux fussent accoutumés à rencontrer de pareilles figures, ce regard fut pour moi comme un éclair dont l'apparition subite et rapide cause un saisissement involontaire. Les compliments que je lui adressai tout d'abord, ayant épanoui peu à peu les traits de son visage, je liai avec lui une longue conversation, dans laquelle il me raconta une partie de ses aventures. Il avait sillonné dans tous les sens les flots de la Méditerranée, fait un grand nombre d'esclaves, coupé des têtes et brûlé des navires. Depuis la conquête d'Alger, s'étant mis au service de la France, il avait mérité la décoration de la Légion d'honneur pour avoir enlevé trois enseignes aux Arabes, l'une dans la bataille où périt le fameux cidi Embarek ben-Eullel, les deux autres à la bataille d'Isly. Lion dans les combats, agneau sous la tente et durant la paix, il savait se faire craindre des ennemis et chérir de ses amis. « Je m'appelle, dit-il en terminant, Mohammed ben-Khouia el-Marhoub (*le redoutable*). »

Nous arrivâmes, vers neuf heures, dans un endroit appelé les *Deux-Marabouts* : ce sont deux chapelles musulmanes ou ermitages, surmontées d'une coupole. Elles étaient jadis desservies et habitées par des marabouts qui se sont réfugiés dans l'empire du Maroc. Étant entré dans l'une d'elles pour en connaître la structure intérieure, je trouvai, dans une petite niche pratiquée dans l'épaisseur du mur, un vase de terre vernissée, destiné, à ce que me dit ensuite mon marabout, à contenir de l'huile ou du beurre. Les Arabes lui donnent le nom de *Kouz* (كوز). Comme il avait été abandonné par son ancien possesseur, je crus pouvoir l'emporter comme souvenir et comme objet de curiosité. J'étais sur le point de sortir, quand j'aperçus sur le mur qui avoisine la porte, deux grands disques noirs qui pouvaient avoir un pied de diamètre ; ils semblaient avoir été charbonnés là pour servir de talismans et garder l'entrée de l'ermitage. Quel ne fut pas mon étonnement, quand m'approchant de plus près, je reconnus dans ces disques deux pelotons d'araignées qui s'étaient réunies par milliers et se trouvaient entassées les unes sur les autres ! C'était la première fois de ma vie que je voyais tant d'insectes de la même espèce rassemblés dans cet ordre et d'une manière si compacte.

Tout autour de ces deux édifices, il y avait quantité de pierres sépulcrales et des traces récentes de sépulture.

Les Deux-Marabouts dominent une vallée profonde et encaissée par des collines ; elle est traversée dans sa largeur par la route qui mène à Tlemcen. C'est au fond de cet entonnoir que fut établie notre petite halte. Le site ne pouvait être mieux choisi : une source d'eau fraîche et

limpide coulait dans le voisinage, à l'ombre de plusieurs
figuiers séculaires; cinq cents hommes auraient pu facilement
s'abriter sous leurs longues et tortueuses branches. Ces
arbres gigantesques couvrent de leur ombre des ruines ro‑
maines et un bassin presque entièrement conservé qui rete‑
nait autrefois l'eau de la source ; mais depuis longtemps,
l'eau s'est fait une issue à travers le mur du bassin, et elle
sort de la terre en bouillonnant à quelque distance de là.
Durant les ardeurs de l'été, la fraîcheur et l'ombre que l'on
trouve dans cet endroit en font un véritable paradis terres‑
tre. Je me reposai quelques instants à l'ombre de ces figuiers,
et je me souviens d'avoir prié en cet endroit le souverain
Créateur de répandre ses bénédictions sur cette terre qui
doit un jour nourrir quelque famille chrétienne et française.

A onze heures, les fanfares annoncèrent le départ. Dans
un instant tout fut prêt, les tentes pliées et les bagages char‑
gés. Nous continuâmes notre route par un chemin presque
impraticable ; le soleil tombant perpendiculairement sur
nos têtes nous grillait à la lettre ; l'air était enflammé comme
s'il fût sorti d'une fournaise ardente ; je nageais dans mes
habits trempés de sueur. Dans ce moment, quelqu'un
m'ayant montré, à quelques pas de la route, des ruines
qu'il me disait appartenir à une ancienne ville romaine du
nom de *Camarata*, je ne me sentis pas le courage d'aller
les explorer ; la crainte d'attraper quelque coup de soleil
me fit renvoyer la visite à mon retour de Tlemcen. Du reste,
ces ruines, que j'ai vues ensuite, n'offrent rien de remar‑
quable à la curiosité du voyageur. Sur une surface carrée
d'environ deux cents mètres, l'on voit çà et là des cailloux

et de grosses pierres de taille qui paraissent avoir été, dans le principe, réunies ensemble sans ciment ni mortier. Du côté du nord, il y a une source d'eau excellente qu'entoure un grand massif formé par des pierres de taille entassées, ce qui me porte à croire que ces ruines ont dû faire partie d'un château-fort destiné à protéger la source.

Après deux heures de marche par un chemin âpre et raboteux, tout à coup nous découvrîmes sur la hauteur vers laquelle nous dirigions nos pas, une foule innombrable d'Arabes qui semblait venir à notre rencontre : c'était une tribu qui, après avoir émigré dans le Maroc, rentrait tranquillement en Algérie. Quand elle passa près de nous, nous eûmes sous les yeux l'un des spectacles les plus étranges que l'on puisse s'imaginer : c'étaient des troupeaux de chèvres et de moutons qui remplissaient l'air de leurs bêlements répétés, des bœufs mugissant, de longues files de chameaux qui en s'avançant balançaient gracieusement leur tête et semblaient se plaire à saluer à droite et à gauche ; c'étaient des chevaux montés par des hommes au teint noirâtre, à l'œil menaçant, qui étaient armés de fusils et de yatagans, des femmes qui marchaient sans souliers, portant sur leur dos un ou deux enfants enveloppés dans une longue pièce de laine, tandis que d'autres, qui étaient à califourchon sur des ânes ou des mules, jetaient de temps en temps sur nous des regards furtifs, et dérobant aussitôt la vue de leur visage à l'indiscrète curiosité des militaires, le couvraient de leur *izar* ou large manteau blanc, sans prendre garde que c'était au préjudice de leurs jambes qu'elles mettaient ainsi à découvert.

Notre marche se poursuit par un chemin âpre et inégal. Nous traversons d'épais taillis de lentisques et autres arbrisseaux qui protègent la retraite des lions et des panthères. Puis nous arrivons sur un plateau d'où l'on découvre au loin les montagnes des *Beni Ournid*. A une lieue de là et en avant du convoi, les spahis qui éclairent la route gravissent une colline par bandes séparées, sondant les endroits qui pourraient servir d'embuscade aux bédouins armés, franchissant les fondrières et les ravins, montant, descendant au milieu des buissons et des rocs pointus, bondissant comme des chamois. Mon cheval, qui les a aperçus de loin, lève fièrement la tête, dresse les oreilles, gonfle ses naseaux, remplit l'air de ses hennissements répétés, et, n'écoutant que son ardeur, sans pitié pour son timide cavalier, il s'élance dans l'espace qui le sépare des autres coursiers; le sol tremble sous les coups redoublés de ses quatre pieds; un nuage de poussière me dérobe à la vue de mes compagnons de voyage que je laisse loin derrière moi; les buissons qui bordent le chemin, les ravins qui le traversent, passent comme des éclairs; le chemin lui-même s'enfuit derrière moi avec une rapidité effrayante; les torrents qui descendent des montagnes après l'orage, ne sont pas plus impétueux dans leur marche fougueuse. Dans un clin d'œil j'ai rejoint les cavaliers indigènes qui s'écrient en me voyant arriver au galop de charge et tout essoufflé : « O marabout, mais tu n'as donc pas peur ! *Ya merâbet, ella ma tekhafchi.* — Vraiment, leur répondis-je, je crois que quelque diable le pousse. *Bessahh nekhammem teradouh el-djân.* »

Après avoir chevauché ensemble une heure et demie,

nous descendons dans un vallon qui court dans la direction du nord-ouest au nord-est. Un ruisseau qui a nom *Aïn Takbeilet* le traverse dans sa longueur ; des milliers de plantes aromatiques et fleuries forment sur ses deux rives une ceinture de verdure. L'onde coule en murmurant à l'ombre des lauriers-rose, des tamarix et des roseaux qui s'enlacent au-dessus de son lit en guise de voûte. Au bruit causé par notre arrivée subite, les grenouilles criardes, cessant tout à coup leurs monotones concerts, désertèrent à l'envi le rivage pour plonger dans le ruisseau et s'enfoncer dans la vase, les serpents se glissèrent sous l'herbe, les tortues cachèrent leurs pieds et leur tête dans leur maison portative et restèrent immobiles à leur place. C'est dans la plaine voisine que notre campement de nuit avait été arrêté. Tandis que les spahis plantaient leurs tentes et apprêtaient leur dîner, le reste du convoi arriva, et chacun pensa à établir de son mieux le gîte où il devait passer la nuit.

Pendant ces apprêts, le lieutenant des spahis, Mohammed ben-Khouia, m'ayant aperçu en compagnie de M. le curé de Tlemcen, au milieu de son escadron dont nous admirions la bonne tenue et la mine guerrière, s'avança vers nous et nous invita amicalement à entrer dans son pavillon qui était d'une élégance remarquable et surmonté d'un croissant doré. Nous nous accroupîmes à côté de lui sur des peaux de mouton qui reposaient sur un large tapis algérien. La conversation roula successivement sur plusieurs sujets, tels que le jeûne du ramadan qui allait finir, le carême des chrétiens, les lois et les préceptes de l'Évangile. Le *tesbihh* ou chapelet qu'il égrenait entre ses doigts et qu'il faisait tourner de temps en temps autour de son index, fournit à M. le curé l'occasion de lui montrer celui qu'il portait toujours sur lui et de lui parler de la vierge Marie, mère de notre seigneur Aïça. « Nous aussi, dit alors ben-Khouia, nous professons une grande vénération pour *lella Mariam;* car il est écrit dans le livre de Dieu : *Mariam, fille d'Ymran, qui conserva sa virginité et dans le sein de laquelle nous soufflâmes de notre souffle. Elle crut aux paroles de son Seigneur, ainsi qu'aux livres sacrés, et elle fut du nombre des âmes pieuses* (1). » Comme M. le curé tenait son bréviaire sous le bras, ben-Khouia demanda à voir ce livre, qu'il ouvrit et referma aussitôt, en avouant qu'il n'entendait rien à cette écriture. Nous lui apprîmes que ce livre contenait les prières que les marabouts chrétiens récitent chaque jour et à certaines heures. Il finit par nous demander s'il était vrai que les marabouts chrétiens faisaient vœu de renoncer au mariage. A cela nous lui répondîmes que non-seulement les marabouts, mais une infinité de jeunes chrétiennes vouaient à Dieu leur virginité, et que ce qui était impossible à l'homme abandonné à ses propres forces, lui devenait possible et même facile avec l'aide de Dieu. Ces paroles le jetèrent dans une espèce d'ébahissement; ses regards restèrent fixes et immobiles; son esprit flottant entre ses anciens préjugés et l'adhésion à notre témoignage, semblait comme frappé de stupeur.

---

(1) Surate LXVI, 12.

Revenant ensuite à lui-même, il nous dit : « Marabouts, il me serait agréable de pouvoir vous offrir la pipe et une tasse de café ; mais le ramadan n'est pas encore fini, et la loi nous défend de rien prendre jusqu'après le coucher du soleil. Nous nous reverrons à Tlemcen, s'il plaît à Dieu (*in cha Allah*). » Sur ces paroles, qui étaient une manière honnête de nous congédier, nous lui donnâmes le *salam* et nous prîmes le chemin de nos tentes.

Cependant le jour déclinait sensiblement ; l'ombre de la montagne au pied de laquelle nous campions, s'étendait déjà fort loin derrière nous ; peu à peu les derniers rayons que réflétaient vers nous les hauteurs opposées à l'occident, les abandonnèrent pour aller dorer encore quelques instants les nues blanchâtres dont le firmament était sillonné.

En arrivant au bivouac, nous trouvâmes le dîner servi. Vers la fin du repas, l'on vint nous informer que dans la soirée une danse mauresque serait exécutée dans le quartier des soldats du train. Il fallut promettre que nous y assisterions. A l'heure convenue, nous nous rendîmes sur les lieux, à la lueur des feux des bivouacs. Autour d'une flamme vive alimentée par des broussailles sèches et de la paille, une foule bruyante et joyeuse dansait la ronde. L'on n'y voyait figurer ni les nymphes, ni les faunes : le coryphée était un vieux officier à moustaches grises, revêtu d'un burnous blanc, et tenant d'une main une épée qu'il brandissait et de l'autre un tison allumé et flamboyant. A quelques pas de là, un jeune moricaud, accroupi sur l'herbe courte qui tapissait l'endroit, battait la mesure sur une vieille casserole, et s'accompagnait du son rauque d'une flûte faite de roseau, le tout en dépit de Minerve et d'Apollon. Il me serait impossible de décrire ici toutes les folies dont cette soirée fut témoin ; les lazzis, les bons mots, les calembourgs si chers aux Parisiens ne furent pas épargnés dans cette fête de bivouac, et la gaieté française y prit ses ébats en toute liberté. On oublia pendant quelques moments que l'on campait dans un pays ennemi, et que, sur les hauteurs voisines, il y avait peut-être, à cette heure-là même, des traîtres qui méditaient contre nous une attaque nocturne. C'est sous l'empire de ces graves pensées que je quittai le théâtre de la joie et des divertissements des militaires, pour me diriger vers mon gîte que j'eus beaucoup de peine à retrouver au milieu des ténèbres de la nuit. Des feux presque entièrement éteints et semés çà et là servirent tant bien que mal à guider mes pas dans cette obscurité profonde ; toutefois, avant d'arriver, je bronchai plus d'une fois contre les piquets auxquels étaient attachées les cordes des tentes, et dans mes secousses, je faillis me renverser sur les soldats qui dormaient à la belle étoile. Aucun accident ne troubla le silence de la nuit, à l'exception des aigres glapissements des chacals qui vinrent s'abreuver au courant d'eau voisin, et de quelques coups de fusil qui retentirent au loin et hors de notre portée.

Le lendemain, 24 septembre, le convoi se mit en marche dès quatre heures du matin ; les voiles de la nuit couvraient encore la face de la terre. Privé de mon coursier, que je n'avais pu retrouver au milieu de la cohue et du désordre du départ, je suivais en tâtonnant les prolonges et les soldats du train. Tout le monde s'attendait à une attaque dans les alentours de Tlemcen, et nous n'en étions guère plus éloignés que d'une journée de chemin. La veille, un malheureux soldat qui était resté un peu trop en arrière du convoi, avait eu la tête tranchée par les Arabes. Chacun s'avançait en silence ; lorsque quelqu'un venait à broncher ou à faire un faux pas, ni plainte, ni murmure ne trahissaient un premier mouvement d'impatience ; chacun se contenait et souffrait son mal en silence.

Mais l'aurore ne tarda pas à paraître, et son éclat matinal vint dissiper les craintes et les anxiétés de la nuit : il n'y a rien, en effet, que le soldat redoute comme de se voir assailli dans les ténèbres, sans savoir de quel côté partent les coups, ni contre qui il a à se défendre, exposé qu'il est à mourir ainsi sans gloire et sans vengeance.

Après avoir gravi pendant deux heures une montagne entrecoupée de ravins, nous arrivons enfin sur un plateau qui domine une vaste vallée. Au delà et en face de nous s'étend une haute chaîne de montagnes dont le pied plonge encore dans l'ombre. Peu à peu les rayons du soleil levant éclairent leurs flancs mystérieux : des maisons blanches, des tours élevées, des remparts qui semblaient nager dans les flots d'une lumière vaporeuse, des paysages d'une richesse magnifique se révèlent à la curiosité de nos regards. Nous avons devant nous l'antique capitale du Maghreb moyen, la porte du *Gharb*, la clé de l'Occident, la première résidence des princes Édrissites, le siége d'un empire célèbre dans les fastes de l'Afrique septentrionale, enfin une cité dont les ruines sont dignes, au plus haut degré, des études et des explorations de la science. Cette apparition qui a lieu précisément au moment du réveil de la nature entière, et dans un lointain où les objets paraissent revêtus de formes vagues et incertaines, me semble tenir plutôt du rêve et de l'illusion que de la réalité et de l'évidence. Pour arriver au terme de notre voyage, il n'y avait plus qu'un espace de dix lieues à parcourir ; mais il avait été arrêté que nous passerions encore une nuit sous la tente. Mon impatience était donc grande.

Nous descendons le flanc méridional de notre plateau par une pente assez rapide. Peu à peu l'horizon se rétrécit autour de nous et le rideau des collines qui nous entourent nous dérobe la vue des paysages lointains.

A six heures et demie, l'on franchit les bords escarpés de l'Icer, l'*Assara* de Ptolémée. Cette rivière, qui prend naissance dans les hautes montagnes des *Beni Smiel*, se jette dans la Tafna, à huit ou dix lieues du littoral de la Méditerranée, après avoir reçu dans la longueur de son parcours une multitude d'affluents. Les Français avaient construit un pont dans cet endroit ; mais il fut détruit par les Arabes, en 1844, lors du grand soulèvement de la province de l'ouest.

La petite halte se fit dans une plaine voisine de l'Icer, où abonde une espèce de buisson qui par ses feuilles et son fruit offre beaucoup de ressemblance avec notre jujubier ; les Arabes l'appellent *sidrah*. Le fruit, qui est à noyau et de forme ronde, présente, quand il est mûr, une couleur qui semble un mélange de jaune et de rouge ; il a une saveur douce et mielleuse et se nomme *nebek*. Du reste, cet arbrisseau est très-commun dans tout le nord de l'Afrique.

Des voyageurs m'ont dit en avoir vu en Égypte, et je crois même qu'il croît dans l'Orient ; car j'ai lu dans el-Bokharii (1), que Mahomet, lors de son ascension nocturne, aperçut dans le jardin céleste un *sidrah* dont les fruits étaient gros comme des cruches au large ventre (*kaennahou qilal hodjor*), et dont les feuilles ressemblaient, tant par leur forme que par leur dimension, à des oreilles d'éléphant (*kaennahou edhàn foyoul*) ; ce qui suppose qu'il avait vu de ces arbrisseaux dans les pays qu'il avait parcourus, c'est-à-dire dans la Syrie et l'Arabie, car sans cela il ne les aurait peut-être pas rêvés.

Si je ne me trompe, quelques savants ont soutenu que le sidrah n'est rien autre que le lotus dont il est parlé dans Homère. Ce poëte semble, en effet, placer ses Lotophages dans une contrée de l'Afrique où le sidrah est encore aujourd'hui extrêmement commun. J'ignore la saveur des nebeks des autres régions d'Afrique ; mais à en juger par ceux dont j'ai goûté dans la province d'Oran, les Lotophages d'Homère, s'ils n'avaient pas d'autre nourriture, étaient, à mon avis, condamnés dans ce monde à faire une bien triste chère. Quant aux bienheureux du paradis de Mahomet, qui pendant toute l'éternité mangeront des nebeks aussi gros que des cruches, je ne crois pas qu'aucun chrétien soit jamais tenté d'envier leur sort.

La halte sur les bords de l'Icer dura près de quatre heures : chacun eut le temps de se reposer, et même de faire

---

(1) Voy. le *Sahih*, art. des *Anges*.

quelque excursion dans les lieux environnants ; quelques-uns allèrent se baigner dans la rivière, d'autres se livrèrent au plaisir de la pêche, car l'Icer nourrit plusieurs espèces de poissons, tels que des truites, des barbots, des anguilles et autres dont je ne connais pas le nom.

Vers midi, les trompettes et les clairons sonnèrent le départ ; dans un clin d'œil les tentes furent abattues, roulées et chargées. Le convoi se mit en marche dans un chemin encaissé des deux côtés par des collines arides et d'un aspect monotone. Des torrents de feu pleuvaient sur nos têtes ; l'air que nous respirions semblait être sorti d'un four ardent ; les objets qui étaient autour de nous réflétaient un éclat si vif, si éblouissant, que, forcé de tenir les yeux presque entièrement fermés, j'avais de la peine à diriger ma monture.

Nous arrivâmes de bonne heure au lieu de la grande halte. Nous étions sur le territoire des *Médiounah Chéragas*. Le bivouac fut établi le long d'un ruisseau que les Arabes appellent *el-Eumaieur* et qui est l'un des mille affluents de l'Icer. Les Français, qui estropient presque tous les mots d'origine étrangère, l'ont baptisé du nom d'*Amiguier*. Dans un pays dévoré une grande partie de l'année par la sécheresse, sous un ciel de feu, un arbre qui répand autour de lui un peu d'ombre et de fraîcheur, une source qui jaillit de la terre et arrose une zone de verdure, le moindre filet d'eau qui s'échappe du fond d'une grotte rocailleuse et va se perdre à quelques pas de là dans le sable aride, sont des bienfaits de la nature qui pénètrent le voyageur fatigué du sentiment de la plus vive reconnaissance.

Quand j'arrivai sur les bords ombragés de l'Amiguier après une marche de trois heures sous les feux du soleil d'Afrique, il me sembla avoir mis le pied dans le paradis d'Éden. Abandonnant mon coursier aux soins intelligents du marabout, son maître, j'allai m'étendre à l'ombre d'un tamarix séculaire dont les branches touffues et pendantes formaient au-dessus de ma tête un immense parasol; à mes pieds coulait sur un lit de graviers et de mousse le paisible ruisseau. Tout près de moi gisait la dépouille armée de dards d'un hérisson. Après une heure de repos et de douces rêveries, la pensée me vint de grimper la colline voisine pour m'y livrer, en attendant le repos du soir, à l'étude de la flore africaine. J'étais à poursuivre mes paisibles explorations à travers les lentisques et les genêts épineux, quand tout à coup un coup de fusil éclate de l'autre côté du vallon sur la hauteur qui s'élevait vis-à-vis de moi. Un jeune homme effaré descendait la montagne, courant à toutes jambes, sautant par-dessus les broussailles, franchissant les ravins, passant par-dessus les rocs qui se rencontraient sur son passage, et entraînant après lui une avalanche de cailloux et de pierres qu'il déplaçait dans la précipitation de sa fuite. Arrivé sur l'un des bords du ruisseau, il le franchit d'un seul bond, et courant toujours devant lui sans regarder ni à droite, ni à gauche, sans savoir si l'ennemi est loin ou le serre de près, il entre dans le camp, inondé de sueur, tout haletant, les yeux égarés, les habits en lambeaux; il tombe sans force à l'entrée de la tente. L'on accourt, il est interrogé; l'émotion l'empêche d'articuler un seul mot. On lui apporte un verre d'eau fraîche qu'il avale. Quand il a repris ses sens : « Un cavalier maure, dit-il, un bédouin, un maraudeur qui se tenait en embuscade là-haut, m'ayant aperçu tout seul et sans armes, a couru sur moi à fond de train. Un buisson épais dans lequel je me suis enfoncé, m'a d'abord servi d'asile et m'a dérobé à sa vue ; mais il a passé à deux pas de ma cachette, et peu s'en est fallu qu'il ne m'ait dépisté, car les bédouins ont le nez fin comme les lévriers. Tapi dans le lieu peu sûr de ma retraite, et tremblant sans cesse d'être trahi par quelque mouvement involontaire de ma part, par le bruit d'un rameau rompu ou par toute autre cause, je n'osai presque pas respirer et ne bougeai pas plus que le mont Atlas. Quand le maraudeur s'est trouvé à la distance d'environ cent pas de mon buisson, m'avisant qu'il faisait mine de retourner sur ses pas, je suis sorti précipitamment de ma cachette et ai confié mon salut à la légèreté de mes jambes ; c'est alors qu'un coup de fusil a été tiré sur moi ; heureusement le ciel n'a pas permis que je fusse atteint ; me voilà sauvé. »

C'était mon naïf compagnon de voyage, charmant jeune homme que l'envie de voir des pays nouveaux avait arraché aux bras d'une tendre mère, et qui était allé, à mon insu, aventurer ses pas vagabonds sur les hauteurs voisines.

A peine venait-il d'achever ce récit, que le bédouin en question arriva au milieu du groupe et demanda à notre jeune homme des nouvelles de ses jambes. Celui-ci, comprenant sur le champ qu'il avait été victime d'une mystification, tâcha de prendre la chose en bonne part, et voulut bien lui-même rire le premier de sa panique.

L'auteur de cette mauvaise plaisanterie, car on ne saurait la qualifier autrement, faillit être condamné aux arrêts pour huit jours. C'était un lieutenant du train que sa bonne humeur avait rendu cher à ses supérieurs dans la hiérarchie militaire, sur cette terre d'Afrique où la vie du soldat est si pénible et si méritoire. Pour se déguiser, il s'était enveloppé dans un burnous blanc, avait caché sa tête dans le capuchon et mis par-dessus un large chapeau garni de plumes d'autruche, qu'il avait emprunté à un chef des spahis. Sous cet accoutrement, il était bien difficile qu'il fût reconnu; il avait compté aussi, il faut le dire, sur le trouble que son apparition subite et imprévue devait jeter dans l'âme de notre jeune touriste.

Cette farce fut le grand événement du jour; elle devint le sujet de toutes les conversations autour des feux du bivouac, et la malignité se promit même de broder quelque peu l'aventure et d'en envoyer le récit plaisant à un journal de France.

Dans ce moment le jour avait considérablement baissé; le soleil venait de cacher son disque radieux derrière les hauteurs qui dominaient notre camp comme une immense forteresse; elles étaient couronnées d'une auréole dont les teintes de rose s'affaiblissaient à chaque instant; l'azur remplaça bientôt la nacre et l'opale du crépuscule, et les étoiles, comme autant de fidèles sentinelles, s'avancèrent de l'Orient pour veiller sur la terre et protester par leur silencieuse présence contre les crimes qui se commettent à la faveur des ténèbres.

Le ciel était magnifique; un calme profond régnait tout

autour de nous ; seulement le hennissement des chevaux venait par intervalle rompre le silence de la nuit. Nous n'entendîmes ni les cris des bêtes féroces, ni des coups de fusil. Cependant le sommeil fuyait mes paupières : c'était en vain que j'invoquais Morphée ; sourd à mes vœux, il s'obstinait à se tenir à l'écart. Il est vrai que le lendemain je devais toucher au terme de ma course ; cette pensée me remplissait de joie et m'empêchait de fermer l'œil. A la fin je m'endormis, mais ce fut pour peu de temps.

A trois heures et demie la diane fut sonnée, et à quatre heures nous étions en route.

Les lueurs blanchâtres qui devancent l'aurore nous annoncent bientôt une journée des plus belles ; les montagnes se couvrent peu à peu d'un manteau lumineux et éclatant ; enfin le père du jour fait son apparition à l'orient, et du sommet du Djebel el-Hadid il verse obliquement sur nos têtes un fleuve d'or.

L'on marche dans une plaine légèrement ondulée et où se déploie une végétation riche et puissante ; puis nous entrons dans un taillis épais et vigoureux. Deux gazelles paissaient non loin de la route dans un pré fleuri : effarouchées par le piétinement de nos chevaux qui arrivent en galopant, elles se sont élancées dans la plaine voisine où elles fuient avec une célérité qui semble défier les vents. Autant qu'il est permis de les distinguer de loin, l'une a les cornes plus hautes et le corps plus grand ; l'autre est d'une taille moindre, et sa course paraît être une suite de bonds de cabri : dans celle-là je crois reconnaître la mère, dans celle-ci son jeune faon. Bien loin de pouvoir les poursuivre, c'est à peine si nos cavaliers eurent le temps de les apercevoir; dans un clin d'œil elles eurent disparu dans les fourrés qui terminaient la plaine du côté de l'ouest. La route est bordée à droite et à gauche de bosquets de lentisques et de térébinthes d'une dimension prodigieuse.

Plus loin, nous traversons sur un pont de construction mauresque une rivière qui porte le nom de *Safsef*. Je crois que c'est la même que les Arabes appellent *Satfécyf*. Du reste, le nom de *Safsef* signifie *tremble*; il a été peut-être donné à ce courant d'eau à cause des arbres de cette espèce qui abondent sur ses bords, si toutefois il n'est pas une abréviation du mot *satfécyf* qui me paraît appartenir à la langue berbère. Le pont dont il est question, est entouré de constructions en ruines parmi lesquelles est encore debout une chapelle musulmane. Ce sont là peut-être les restes de quelque moulin; car, dans l'histoire des rois de Tlemcen, par Yahia ben-Khaldoun, et dans le *Messalek* d'Abou Obéid el-Bekrii, il est dit qu'il existait autrefois des usines de ce genre sur la Satfécyf. Cette rivière, descendant des montagnes des *Beni Ournid*, situées au sud de Tlemcen, coule d'abord dans la direction du sud-ouest au nord-est, puis tournant vers le nord-ouest, elle arrose le territoire de cette ville et va mêler ses eaux à celles de la *Sickak*, l'un des principaux affluents de l'Icer, après un parcours d'environ trente lieues.

De cet endroit, l'œil distingue sur un plateau ménagé sur les dernières pentes d'une montagne escarpée l'antique reine du Maghreb. On la reconnaît facilement à ses blancs minarets (*soumaah*), à la couronne de tours et de créneaux qui l'entoure, à ses vieux remparts qui tombent en ruines ; d'immenses vergers d'oliviers, une forêt de figuiers, de noyers, de térébinthes et d'autres arbres l'environnent de toutes parts et forment autour d'elle une vaste ceinture de verdure. A chaque pas que nous faisons, le panorama se rétrécit devant nous, les édifices disparaissent et se cachent dans l'ombre ; l'on n'aperçoit plus que les créneaux du minaret de la grande mosquée qui lève encore la tête au-dessus de cette verte enceinte et que de ma place je serais tenté de prendre pour un vaste nid d'oiseau perché sur la cime d'un arbre.

Au levant de Tlemcen et à la distance d'une demi-lieue s'élève, au milieu des arbres et des jardins, le pittoresque hameau de Cidi bou-Médin (1), avec sa grande mosquée, son minaret élégant et ses blanches maisons. Site délicieux! charmante retraite ! C'est là que les souverains de Tlemcen, oubliant un instant les affaires sérieuses, venaient jadis converser familièrement avec les anachorètes qui peuplaient cette montagne ; c'est le lieu que choisit le célèbre historien Abd'el-Rahman ben-Khaldoun, pour s'adonner tout entier, loin du tumulte du monde, à l'étude des sciences et à la contemplation des choses divines.

Du côté de l'ouest et à la naissance d'une grande plaine, je découvre une tour dont le sommet va se perdre dans l'azur des cieux ; à ses pieds s'étend un rempart qui sem-

---

(1) La véritable prononciation de ce mot est *Abou Median*.

ble former l'enceinte d'une cité rivale de Tlemcen. La couleur rougeâtre de la tour et du rempart contraste agréablement avec la sombre verdure qui couvre le sol environnant : c'est là, me dit quelqu'un, la solitaire *Mansourah*.

A notre droite, la route longe un tertre couronné de prairies et de frais vergers ; çà et là des cabanes construites en terre et recouvertes de branchages surgissent à l'ombre des grenadiers, des orangers et des cédrats. Une source d'eau vive qui jaillit, non loin de la route, au pied d'un rocher, alimente un immense réservoir, ou plutôt un étang où nagent à l'envi une multitude de poissons aux couleurs brillantes, aux mouvements lestes et gracieux. Le sol est émaillé de milliers de fleurs qui exhalent au loin les parfums les plus suaves ; vous diriez le jardin des Hespérides. Des jeunes filles arabes, vêtues de robes rayées de pourpre et de jaune, les pieds à moitié emprisonnés dans des babouches de maroquin rouge, accourent en folâtrant sur les bords du chemin pour voir défiler nos cavaliers et viennent presque compléter l'illusion : il ne manque à ce tableau que l'hydre ou le dragon, gardien de l'arbre aux pommes d'or.

Suivant la légende que j'ai recueillie sur les lieux, Djaafar était fils d'un roi de Tlemcen. Ce jeune prince courant un jour après une gazelle, parvint jusqu'à cette délicieuse oasis. La fille du seigneur de l'endroit se baignait dans ce moment sur les bords de l'étang. Surprise et poursuivie, c'est en vain qu'elle demandait grâce ; Djaafar ne voulait écouter que la passion qui le transportait. Aïchah, car c'est le nom de la jeune fille, se voyant sur le point d'être saisie, plongea sans hésiter dans les profondeurs de l'onde, où elle resta métamorphosée en poisson aux couleurs mélangées d'or, de nacre et d'argent. Telle est l'origine du nom que porte la localité, car elle s'appelle *Aïn houts*, c'est-à-dire *Fontaine du poisson*.

Cependant le terme de notre voyage approche ; nous marchons à l'ombre d'un bois immense d'oliviers. Tlemcen avec ses hauts édifices se cache derrière cette enceinte verdoyante que la nature elle-même a formée ; un chemin étroit et qui va en montant nous mène dans une plaine poudreuse ou plutôt dans un vaste champ en jachère, au milieu duquel s'élève un marabout qui tombe en ruines. L'air est brûlant, l'éclat du soleil nous aveugle, la poussière nous suffoque ; les chevaux impatients remplissent l'air de leurs hennissements répétés, tandis que les chameaux las et accroupis promènent çà et là leurs regards où se peint la plus parfaite bonhomie ; ils attendent avec patience qu'on vienne les délivrer de leurs pénibles fardeaux. Les piétons et les cavaliers, les militaires et les civils arrivent pêle-mêle. Le convoi se trouve sous les remparts de l'antique Tlemcen. Il est dix heures.

CHAPITRE IV.

Arrivée à Tlemcen. — Les juifs de cette ville; leurs synagogues et leur cimetière.

Une demi-heure après, j'entrai par la *porte d'Oran* dans l'antique cité, précédé d'un robuste Maure qui s'était chargé, moyennant finance, de transporter ma valise et mon burnous. Quant à moi, muni de ma canne, et le bréviaire sous le bras, je m'engageai dans les rues tortueuses de Tlemcen, cédant à l'impatience de ma curiosité et laissant à mes regards avides de nouveautés une libre carrière. Après cinq jours de marche dans les montagnes ou les plaines désertes, j'étais heureux de retrouver enfin dans l'enceinte de ces murs des signes de la vie sociale et une ombre de civilisation. Mais à mesure que je m'enfonçais dans l'intérieur de la ville, un sentiment vague de tristesse et de mélancolie s'emparait de mon âme, à la vue des ruines, des décombres qui s'offraient partout sur mon passage, et des misérables bâtisses que la main des Européens élevait sur les débris des maisons élégantes des Maures. Çà et là l'on voyait les murs tapissés de bouses de vache, qui desséchées servent de combustible aux gens pauvres du pays; les rues étaient couvertes d'une couche de poussière épaisse et blanche qui, sous les rayons du soleil en plein midi, réflétait un éclat à vous faire perdre la vue; la solitude et le silence régnaient au milieu de ces ruines ; l'on eût dit que nous étions dans une cité du sombre empire, dans le sein d'une véritable nécropole : c'était l'heure solennelle de la sieste et du repos.

M. le curé de Tlemcen m'avait promis de me donner l'hospitalité tout le temps que je resterais à Tlemcen : le portefaix maure me conduisait donc au presbytère dont il connaissait l'adresse. Après avoir serpenté quelque temps dans un labyrinthe de rues étroites, nous débouchâmes enfin sur la place du *Méchouar*, dans le voisinage de laquelle était située notre future demeure. C'était un édifice *hybride*, c'est-à-dire moitié mauresque, moitié européen. Une cour pavée de dalles de marbre et entourée d'une galerie était ombragée par une treille d'où pendaient des grappes vermeilles prêtes à être cueillies ; derrière la maison était un jardin planté en arbres fruitiers et orné d'un jet d'eau ; dans les autres dépendances de l'édifice l'on voyait un puits, une fontaine et un bassin.

Dans un pays aussi brûlé par les ardeurs du soleil que l'Afrique, ces avantages nous parurent d'un prix infini ; mais au moment de notre arrivée, il nous fallait autre chose que de la fraîcheur et des eaux abondantes : avant tout nous avions besoin de quelques meubles, et nous ne trouvâmes pas même un lit. Quand la nuit arriva, il me fallut chercher un gîte dans le quartier du Méchouar habité par la population européenne.

Autrefois, c'est-à-dire dans le quatorzième et le quinzième siècle, Tlemcen, suivant le témoignage de Léon l'Africain, possédait deux fondoucs ou hôtelleries pour les Génois et les Vénitiens qui venaient débarquer chaque année à Mersa'l-Kébir ou à Honein, et se rendaient de là à Tlemcen pour y trafiquer avec les marchands de cette ville. Le *fondouc*, mot qui est tiré du grec πανδοχεῖον, auberge, est un grand édifice carré, ayant une cour intérieure (*aula*) et des chambres ou plutôt des cellules qui reçoivent le jour de cette cour ; des tapis, des matelas très-minces ou des peaux de mouton étendus par terre y servent de lit aux voyageurs. L'Arabe, accoutumé à voyager sur une selle de bois et à dormir sur la dure, trouve délicieuse une couche pareille ; mais à nous Européens, qu'une éducation molle et féminine a amollis et énervés, elle doit paraître nécessairement incommode et insupportable : cependant à l'heure qu'il était et grâce au besoin impérieux que j'éprouvais de me reposer, si j'avais trouvé un fondouc, je n'eusse pas hésité à m'y installer cette nuit-là.

A force de chercher et de demander, je parvins à découvrir une maison où l'on voulut bien me louer une chambre et un lit pour une nuit ; le locataire, qui n'avait pas d'autre gîte, fut obligé de s'en passer et d'aller dormir sur la terrasse, comme font la plupart des gens du pays.

Le lendemain, l'intendant militaire de la place m'accorda un lit militaire, et je pus dès lors m'établir au presbytère et y dormir, sinon mollement, du moins en toute sûreté, à l'abri des balles et des maraudeurs, loin des cris sauvages des chiens et des chacals. Seulement, au milieu du silence profond de la nature, durant le repos de tous les humains, mon oreille était frappée du chant lugubre du muezzin qui du haut du minaret de la grande mosquée, avertissait les musulmans de se mettre en prière et d'adorer Allah le très-haut. Cette voix qui venait me réveiller toutes les nuits, était pour moi, au milieu des pensées vagues qui m'assiégeaient dès les premiers moments de ce réveil forcé, comme un écho lointain du ciel qui, retentissant dans ce qu'il y avait de plus intime dans mon âme, me rappelait l'idée de Dieu et celle de l'éternité.

Dieu seul est grand, *Allah akbar*, disait le Maure sur sa tour aérienne ; oui, je répondais en moi-même, Dieu seul est grand ; le mouvement des astres qui marchent avec tant d'ordre et d'harmonie dans les hauteurs célestes, les révolutions de ce bas monde soumis à une main invisible et providentielle, les beautés et les merveilles de la nature, les lois constantes et admirables qui président à la reproduction et au remplacement des êtres, tout le prouve et le public hautement. Dieu seul est grand, et hors de lui tout n'est qu'erreur et vanité ; car les richesses et les plaisirs matériels, les honneurs et la gloire n'ont pas plus de consistance et de durée que cette voix humaine qui vient d'expirer dans les airs et que l'aile rapide du temps a déjà emportée loin de moi.

Le jour qui suivit notre arrivée répondait au premier schewal, jour où les musulmans célèbrent la fête du *Fithr* ou rupture du jeûne.

Dès l'aurore, des milliers de cavaliers arabes étaient venus des tribus voisines se réunir dans la plaine où nous avions débarqué la veille. Tous les habitants de Tlemcen, grands et petits, étaient sortis de la ville en habits de fête pour être témoins des exercices bruyants de la *fantasia*.

Les Européens ne pouvaient assister à ce spectacle qu'armés. Dans un pays ennemi et toujours prêt à lever l'étendart de la révolte, cette précaution n'était pas inutile, et la défiance, dit le proverbe, est la mère de la sûreté. A la vérité, je n'avais guère envie de me munir d'un sabre ou d'un fusil, car c'eût été la première fois de ma vie que j'eusse porté des armes. Cette défense me permit d'ailleurs de prolonger un repos qui m'était nécessaire. Du reste, je dirai ici d'avance que, avant mon départ de Tlemcen, il me fut permis de voir une fantasia que je raconterai dans son lieu.

Dans cette même journée j'avais un devoir doux à remplir : c'était une visite au gouverneur de la cité que j'étais venu explorer. Le digne et brave général Cavaignac nous accueillit, mon compagnon de voyage et moi, avec une franche cordialité et une bienveillance dont je ne perdrai jamais le souvenir. Le gouverneur par *interim* de la province d'Oran lui avait adressé en notre faveur une lettre de recommandation. Quelques jours après, il nous fit l'honneur de nous inviter à dîner, et nous pûmes nous convaincre qu'à la bravoure et au courage dont les officiers supérieurs de l'armée d'Afrique font preuve dans toutes les circonstances, il joignait encore l'amour de la science et une sympathie manifeste pour ceux qui consacrent leur vie aux études sérieuses. Le général nous déclara qu'il comprenait le but de mon voyage, et me promit de seconder mes vues et mes recherches. Les faits ne tardèrent pas à me prouver que ces promesses n'étaient pas de vaines paroles.

Comme mon but, en étudiant les mœurs et l'esprit des habitants, était aussi de découvrir des livres et des inscriptions, j'appris de la bouche d'un officier français qu'il y avait à Tlemcen un juif qui possédait des manuscrits rares et curieux. Il s'agissait pour moi de faire la connaissance de ce précieux personnage : je me décidai à lui faire une visite sous les auspices même de l'officier qui était lié avec lui d'une manière assez particulière. Sa maison était à deux pas de la place du Méchouar. Je le trouvai assis avec sa famille au milieu de la cour de la maison, sous une cabane de verdure formée avec des palmes et des branches d'olivier entrelacées les unes dans les autres : c'était l'époque de la fête des Tabernacles. Pour me montrer les livres en question, on m'introduisit dans une salle où une table toute servie ne semblait plus attendre que les convives. La qualité des mets qui y étaient étalés avec ordre et symétrie, leur nombre et leur quantité n'excitèrent pas peu mon étonnement. La table couverte d'une ample nappe occupait presque toute la salle. Le long de ses bords s'étendaient deux files convenablement espacées d'assiettes de faïence, pas plus grandes que les soucoupes de nos tasses à café : les unes contenaient des radis épluchés, les autres des piments verts, les autres des tranches de pastèque ou de melon ; dans quelques-unes l'on voyait des grains de grenade, dans d'autres du beurre ou du lait aigri ; ici vous aviez des olives confites, là des figues de cactus, plus loin des jujubes et des nebeks ; au centre de tous ces plats disparates, s'élevait une pyramide de galettes, élément principal de cet étrange service. J'aurais donné beaucoup, non pour être invité au repas de la famille, mais pour être témoin de son appétit et aux prises avec une assiette de nebeks ou de grains de grenade. Mais l'heure du dîner n'avait pas encore sonné, et je n'étais venu là que pour examiner des livres et des manuscrits. Cidi Samouel, c'était le nom du maître de la maison, ouvrit devant moi une vieille armoire d'où, je le dirai par parenthèse, il sortit tout à coup un énorme rat qui sauta sur la table et de là s'enfuit à travers les jambes des assistants effrayés dans l'escalier de la maison. Le premier livre qui me fut exhibé, était un *in-folio* imprimé sillonné par les mites et dont le titre avait été emporté : c'était un ouvrage de casuistique rabbinique, à peu près comme notre dictionnaire de Pontas, mais rédigé en forme de demandes et de réponses (*scheouloth ou teschouboth*), et que je connaissais pour en avoir vu vendre à Paris un exemplaire au poids et à la livre ; le second était un volume contenant plusieurs traités de la *Mischnah*; le troisième portait pour titre : ספר תפלת ישרים : c'était un livre d'heures hébraïques, imprimé à Livourne *con approvazione;* les autres étaient, ou des parties de la *Ghemarah,* ou des commentaires rabbiniques sur l'Écriture sainte. Au demeurant, tous avaient été imprimés en Europe, et dans le nombre il n'y avait pas un seul manuscrit. Mon désappointement ne fut pas petit. Pour me consoler, il me dit, au moment où je lui donnai le *schalom* (salut) pour prendre congé de lui, qu'à Tlemcen je ne trouverai pas de manuscrits hébreux, mais que dans le cimetière de sa nation il y avait quantité d'inscriptions romaines qu'il m'engageait à aller voir.

La nuit suivante, je ne fis presque que rêver aux précieuses découvertes que je m'étais promis de faire le lendemain sur le dire de notre juif.

Le lendemain donc, dès neuf heures du matin, l'on voyait un *roumi*, malgré les feux d'un soleil ardent, arpentant le champ de repos des enfants d'Israël, lequel s'étend au nord-ouest de la ville, se courbant de temps en temps sur les grandes pierres carrées qui recouvrent les tombeaux et y cherchant des mots et des caractères. Vains efforts ! toutes les pierres étaient muettes. Si vous cherchez des épitaphes (*ketouboth*), me dit un passant qui me vit en besogne, vous saurez que le génie a fait tailler les pierres qui en présentaient, et que ces pierres ont servi à la construction de ce pont que vous voyez là-bas. En disant ces mots, il me montrait du doigt un pont neuf qui traverse un ravin, au nord de Tlemcen, et sur lequel passe le chemin qui mène de Nedromah à cette dernière ville. Du reste, ce n'est pas seulement à Tlemcen que des inscriptions et d'autres restes précieux des temps antiques ont disparu par le fait des messieurs du génie : à Constantine, à Sétif, à Guelmah et dans mille autres endroits, des actes pareils de vandalisme et de barbarie ont été commis par les ordres d'officiers de ce corps. J'ai même ouï dire que quelques-uns d'eux se sont vantés d'avoir anéanti ces souvenirs des âges passés et de les avoir ainsi soustraits aux conjectures ridicules des antiquaires, aux inductions vaines et hasardées de l'histoire.

Désespérant du succès de mes recherches, j'avais pris le parti de regagner les murs de la ville, quand j'aperçus à une certaine distance de moi un groupe de personnes réunies autour d'une fosse. M'étant approché du lieu, je vis que l'on était occupé à rendre les derniers devoirs à un juif défunt. La cérémonie finie, un rabbin qui m'avait aperçu, s'avança vers moi et me demanda d'un air humble et patelin le motif de mon excursion dans ces tristes lieux. Je lui répondis que j'étais venu là dans l'espoir de découvrir des inscriptions latines, mais que mes explorations avaient été infructueuses. *Bischim adounaï ilohi Israïl* (par le Seigneur Dieu d'Israël), me dit-il, je vous jure que les inscriptions ne manquent pas ; j'en ai vu moi-même plusieurs, et je sais un endroit qui en est tout plein. Sur cela, il m'invite à le suivre et à vérifier la vérité de son assertion.

Tandis que nous marchions à une certaine distance l'un de l'autre, je le voyais de temps en temps s'arrêter devant certains tombeaux, se courber, porter la main droite sur les pierres qui les recouvraient, puis baiser cette même main en accompagnant ce geste de la récitation de quelques paroles que je n'entendais pas. « Sans doute, lui dis-je, vous voulez, par ces marques extérieures de vénération, honorer la mémoire de personnes chères à votre cœur. — Oui, cidi, me répondit-il ; ce que vous m'avez vu faire est une manière de témoigner notre respect pour le souvenir de nos parents ou de nos maîtres dont les cendres reposent sous ces pierres. Puisse, ajouta-t-il, leur âme être liée dans le faisceau de la vie ! (*Tsihi nafscham sirourah bisirour hahhaïm.*) »

Plus loin, je lus sur une pierre cette inscription tracée en caractères rabbiniques mêlés de quelques caractères hébreux carrés :

זה קִבְרְךָ שֶׁל הָחכם השלם כהרר יהודה ששפורטוש
שנת במבחר קברינו :

*Ceci est le tombeau du hhakham accompli, la gloire du
Seigneur, rabbi Yehoudah Schaschportosch. L'an* BMBHR
de nos tombeaux.

Les deux derniers mots sont tirés de la Genèse (XXIII, 6)
où il est dit que les Héthéens parlèrent ainsi à Abraham
qui leur avait demandé le droit de sépulture chez eux :
*Seigneur, nous savons que tu es un grand prince; ense-
velis donc ton mort* (Sarah) *dans le plus magnifique* (be-
mibhhar) *de nos tombeaux.* Les lettres numériques conte-
nues dans le mot במבחר produisent le nombre 252, lequel,
d'après le petit comput (פרט קטון) répond à l'an du monde
5252 et à l'an 1552 de l'ère chrétienne.

Comme chaque fosse était couverte d'une de ces grandes
pierres carrées, je voulus en savoir la raison, et je demandai
à mon rabbin des explications à ce sujet. « Sans cette précaution, me dit-il, les hyènes et les chacals qui infestent
ces lieux, creuseraient la terre de nos fosses fraîchement
remuée et dévoreraient les corps de nos frères décédés ;
puisse leur âme reposer dans le paradis d'Éden ! (*Tsanouhh
nischmatsam bighann Eidin.*) »

Nous arrivons enfin au lieu qui recélait les trésors à la
recherche desquels je courais depuis plusieurs heures. Le
rabbin examine avec moi les pierres, il en regarde les quatre faces latérales, il se baisse même pour en scruter le
dessous : d'inscriptions, point. Nous portons nos pas plus
loin ; il réitère ses investigations, il promène ses regards à

droite, à gauche, dans tous les sens; j'en fais autant de mon côté : d'inscriptions, point. Alors, plus désappointé que moi : « Il faut, me dit-il, que les pierres que nous cherchons soient maintenant scellées dans les piles de ce pont que vous voyez construit sur le ravin. Ce qui m'afflige, ajouta-t-il, c'est que l'on n'ait pas plus de respect pour nos morts, et que l'on nous enlève, sans même nous en prévenir, des pierres que les Turcs et les Arabes nous ont fait bien chèrement payer. »

En disant ces mots, il se tourna du côté de la ville, où nous nous dirigeâmes tous les deux. Chemin faisant, il m'apprit que Tlemcen avait donné naissance à un grand nombre de savants et pieux rabbins, et que si je voulais bien l'accompagner jusque chez lui, il me ferait voir un livre où plusieurs de ces savants étaient honorablement mentionnés ou cités. J'acceptai sa proposition avec reconnaissance, parce qu'elle me fournissait l'occasion de connaître le quartier des juifs dont je n'avais parcouru jusque-là qu'un fort petit coin.

Je l'avouerai ici, quoique prévenu contre la nation juive pour tout ce qui concerne l'amour de l'ordre et de la propreté en général, j'étais loin cependant d'avoir une juste idée de la réalité. Imaginez-vous des files de maisons basses et obscures dans lesquelles on descend d'abord comme dans une cave, puis un escalier de plusieurs marches, des murs lézardés en plusieurs endroits et tombant en ruines, tapissés extérieurement de bouses de vaches et percés de deux ou trois trous en guise de fenêtres; ajoutez à ce tableau des enfants sales et plus qu'à moitié nus se chamaillant dans les cours des maisons ou dans les coins des rues et faisant aboyer les chiens. D'un autre côté, suivez-nous, si vous le pouvez, dans ce dédale de rues et d'impasses où l'on ne rencontre ni boutique, ni homme, ni bête ; traversez avec nous ces longs passages couverts où pour marcher il faut ôter son chapeau et se courber presque jusqu'à terre, si l'on ne veut pas se rompre la tête contre les solives et les poutres des maisons superposées. L'existence de ces rues presque inaccessibles, l'intérieur de ces maisons qui ne ressemblent pas mal à des cavernes de brigands, en un mot, l'aspect misérable que présente ce *ghetto*, puisqu'il faut appeler ce quartier par son nom, s'explique quand on se rappelle les avanies et les vexations de toute espèce que les juifs étaient forcés de subir sous l'empire des beys turcs, et même antérieurement sous le règne des sultans de Tlemcen. L'histoire nous apprend qu'à la mort du roi Abou abd-Allah, l'an 923 de l'hégire, le quartier des juifs fut saccagé, et que depuis cette fatale époque, ils ont presque toujours été en proie à la misère et à la détresse. S'il y en avait dans le nombre qui possédassent des richesses, ils avaient soin de les soustraire à l'avarice des dominateurs du pays, en affectant les dehors de la pauvreté. Aujourd'hui encore, malgré leur affranchissement politique et la sécurité que leur assure l'égalité des droits avec les musulmans, leurs anciens oppresseurs, ils conservent des restes de cette habitude qu'ils ont contractée sous les terreurs de la tyrannie : barricadés dans leur affreux quartier, ils se ressentent peu des salutaires influences de la civilisation française ; à leurs yeux nous sommes des impies et des infidèles ni plus ni moins que les disciples du faux prophète ; ils usent des avantages de la liberté qui leur a été donnée, pour exploiter avec plus de facilité et leurs anciens tyrans et leurs nouveaux et trop crédules bienfaiteurs.

Mais laissons là ces pénibles réflexions et revenons à notre officieux rabbin. Je le suivais en tremblant dans les coupe-gorge dont je viens de vous donner une esquisse, lorsque tout à coup il s'arrête devant une porte et me dit : « Nous voici arrivés. » Nous montons par un escalier délabré dans une chambre plus longue que large où je trouvai un lit placé sur une estrade et entouré d'une balustrade en bois, une femme occupée à laver le parterre et qui en me voyant entrer laissa son travail pour venir me baiser la main, un enfant au maillot qui se vautrait par terre et dans l'eau, deux poules juchées dans un coin et une liasse de piments rouges (*felfel*) appendus au mur : c'était tout l'avoir du docteur d'Israël. Après cela, n'allez pas me demander où était la cuisine, la bibliothèque ou le jardin : la chambre qui nous réunissait, tenait lieu de toutes ces pièces.

Parmi les livres qu'il me montra et qui étaient entassés sur une étagère poudreuse, j'en remarquai un dont le titre était : ספר עומר השכחה, c'est-à-dire, *Traité de la gerbe de l'oubli,* ou, pour parler français, *Traité contenant le sommaire des choses que l'on peut oublier,* par Abraham, fils du hhakham accompli, le médecin Yacob Gabischon, de Grenade. Livourne, 1748. C'est dans cet ouvrage imprimé en caractères rabbiniques que le docteur me fit lire les noms de plusieurs savants juifs qui étaient cités ou mentionnés avec éloge, noms, du reste, dont j'ai entièrement perdu le souvenir et que le lecteur peut-être ne regrettera pas beaucoup de ne pas voir figurer ici dans ces pages.

Quand je fis mine de vouloir me retirer, notre juif se mit à me débiter une longue jérémiade dans laquelle il m'exposa en termes pathétiques les misères de sa profession et la pauvreté à laquelle il se trouvait réduit. Il me dit que le nombre des rabbins était trop considérable à Tlemcen ; que depuis l'occupation française le prix des vivres avait quadruplé ; que les aumônes et les dons des fidèles n'avaient pas augmenté à proportion des nouveaux besoins ; que loin de là, leur revenu avait considérablement été réduit, parce que la crainte de Dieu s'affaiblissait tous les jours dans le cœur des Israélites ; qu'ils ne vendaient presque plus des *tephillin*, des amulettes, des *mézouzoth*, ni des *tsitsit*; qu'en un mot, ils étaient presque réduits à mourir de faim. C'était une manière comme une autre de me demander la charité. Je me sauvai de chez lui comme je pus, et, après avoir erré quelque temps dans les rues abominables de ce quartier, je débouchai enfin, à mon grand contentement, sur la place du Méchouar.

Je me souviens que le lendemain de ce jour à jamais mémorable, c'était le sabbat. Le hazard voulut que je rencontrasse sur la même place le juif dont j'avais fait la connaissance en premier lieu. Il me conduisit à une synagogue où il me promit de me présenter au grand rabbin de Tlemcen, rabbi Mouschi el-Scharkii, natif de Jérusalem. La synagogue portait le nom d'un savant rabbin, auteur de plusieurs ouvrages manuscrits, et mort il y a plus de cent ans, appelé rabbi Eullel ben-Sidoun.

Quand j'entrai dans le temple, l'office n'était pas encore commencé, mais il y avait des juifs qui faisaient des prières préparatoires et qui, accroupis par terre ou sur des marches, marmottaient de l'hébreu entre leurs dents, tandis qu'ils balançaient leur corps dans le sens d'arrière en avant ; d'autres étaient debout et en contemplation ; quelques-uns se tenaient profondément inclinés devant le *aron hakodesch*, l'armoire sainte, dans l'attitude de l'adoration de la majesté divine ; à deux pas de là, trois se demandaient tout haut des nouvelles de leur commerce et s'entretenaient du prix des marchandises qui étaient arrivées par la dernière caravane.

Comme monsieur le grand rabbin n'arrivait plus, et que je me sentais déplacé au milieu de tous ces pharisiens et docteurs de la Loi, je pris le parti de me retirer. Un vieux juif qui m'avait reconnu pour un *nazaréen*, se trouvant sur mon passage près de la porte, jeta sur moi, au moment où je sortais, un regard indéfinissable de colère, d'horreur et d'indignation ; il bredouilla même quelques mots qu'il ne me fut pas possible d'entendre.

En quittant ce lieu, je m'engageai dans une rue où je découvris une autre synagogue presque entièrement en ruines. Le mur de la façade, ainsi que le toit de la partie antérieure de l'édifice, étaient tombés, en sorte que l'on y était comme en plein air. Par-dessus une estrade qui s'élevait au milieu des décombres, était assis sur une espèce de trône un vieillard à longue barbe blanche qui était sans doute le président de l'assemblée. M'ayant aperçu sur le seuil de la porte du temple, il me fit signe plusieurs fois d'entrer et de prendre place parmi les fidèles : il m'avait pris pour un israélite français qui venait remplir les devoirs du sabbat. Le refus obstiné que j'opposai à ses pressantes invitations, finit par lui faire comprendre que je n'étais venu là que pour donner carrière à ma curiosité. En effet, son regard qui jusque-là avait brillé doux et bienveillant, s'assombrit tout à coup comme la tempête, et de temps en temps il en jaillissait des foudres et de tacites malédictions. J'eus le courage de soutenir jusqu'à la fin des chants et des prières, ce feu roulant du zèle rabbinique. Je fus alors témoin d'une cérémonie qui me toucha beaucoup et qui me donna une idée de la piété filiale des juifs envers les auteurs de leurs jours, et du respect qu'ils portent à la vieillesse et aux anciens de leur nation : avant de sortir du temple les fils venaient baiser respectueusement la main de leurs pères ou de leurs aïeuls, puis tant les pères que les fils montaient successivement sur l'estrade où le patriarche, assis sur la chaire de Moïse, leur donnait sa main droite à baiser. Quand tout fut fini, il prit lui-même le chemin de la porte que je n'avais pas quittée, et venant à passer près de moi, il détourna dédaigneusement la tête comme pour me dire : Qu'ont à faire ici les chiens de chrétiens? C'est toujours le même esprit, le même faux zèle qui anime ce peuple. C'est lui qui a fait mourir le fils de Dieu, lapidé les apôtres, persécuté les justes et les saints de la primitive Église ; il ne dépend pas de lui qu'il ne commette de nos jours les mêmes crimes, les mêmes excès. Tant que le rabbinisme règnera sur eux, tant que la loi de Dieu sera remplacée chez lui par les abrutissantes et absurdes prescriptions des hommes, le juif restera un être dégradé et maudit des autres peuples. La religion qu'on lui enseigne dans le secret de ses écoles et dans les mystères d'une langue inintelligible, est incompatible avec les progrès de notre civilisation, et il n'aura pas le droit de se plaindre des défiances dont il est l'objet, tant qu'il n'aura pas fait le sacrifice de ses pratiques ridicules et de ses chimériques espérances, au pied de l'autel de la patrie.

Dès mon arrivée à Tlemcen, j'avais contracté l'habitude d'aller chaque jour passer quelques heures dans un café maure. L'on sait qu'en Afrique, c'est un des moyens les plus connus quand on veut étudier les mœurs des indigènes, de se mêler avec eux et de prendre part à leur conversation.

L'on m'avait vu entrer dans le quartier des juifs et m'entretenir familièrement avec eux sur la place publique. « Pourquoi, me dit un Arabe qui était accroupi dans un coin du café, pourquoi, vous qui appartenez à la grande nation française, et nous paraissez un marabout de qualité, fréquentez-vous des fils de charogne, *beni djifah?* » Comme je ne comprenais point le sens de l'allusion, il se mit à me raconter la légende suivante, pendant que les autres Arabes, groupés autour de nous, fumaient gravement leur pipe et remplissaient le lieu d'épais nuages de fumée et de l'odeur musquée du tabac.

« Un jour, dit-il, un chameau, par la permission du Dieu très-haut, parla et prononça distinctement le témoignage : *La ilah ill' Allah, ou Mohammed reçoul Allah* (il n'y a de dieu qu'Allah, et Mahomet est l'envoyé d'Allah). Les juifs, qui dans ce moment contestaient entre eux la mission divine de notre prophète, entrèrent en fureur, assommèrent la pauvre bête de coups de bâton, puis la chargeant de pierres, de plomb et de tout ce qui leur tomba sous la main de plus dur, ils la plantèrent là, croyant qu'elle ne pourrait plus se relever et qu'elle mourrait sur la place même. Mais Dieu (soit-il exalté!) prenant pitié du chameau qui avait rendu témoignage à la vérité, brisa la sangle qui retenait la *rahlah* (selle) sur le dos de l'animal, et le chameau s'enfuit à Médine où se trouvait alors notre seigneur Mohammed (que Dieu répande ses bénédictions sur lui, sur sa famille et sur ses vénérables compagnons!). Les enfants d'Israël, aveuglés par la passion, refusèrent de reconnaître le doigt de Dieu dans ce second miracle; ils réunirent toutes leurs tribus et marchèrent sur Médine qu'ils assiégèrent, réclamant non-seulement le chameau, mais exigeant aussi qu'on leur livrât Fatimah, fille de l'envoyé de Dieu. En présence du danger qui menaçait la ville: « Que devons-nous faire, dit Mohammed (que Dieu le bénisse et le salue!) à ses compagnons consternés? — Apôtre de Dieu, répondit le lion de Dieu, Aly, fils d'Abou-Tâleb, si vous m'en croyez, je sortirai contre les enfants d'Israël, et ils seront exterminés. »

« Aly, armé de son terrible *dhou'l-fécar*, sortit de la ville et se ruant sur les ennemis, en fit un tel massacre que pas un seul n'échappa: il n'y eut que les femmes d'épargnées. Alors celles-ci vinrent tout éplorées trouver notre seigneur Mohammed (que Dieu le bénisse et le salue!) et lui dirent: « Hélas! seigneur, qu'allons-nous devenir sans maris et sans postérité? — Allez, leur dit le prophète, allez sur le champ de bataille, que chacune de vous reconnaisse son mari et se couche à son côté. » Les femmes obéirent, et s'étant endormies chacune à côté de son mari, elles se réveillèrent cinq heures après enceintes et heureuses.

« Telle est, ajouta le narrateur, l'origine impure des

juifs actuels : ils ne sont pas des fils d'hommes, *beni adam*, mais des fils de charognes, *beni djifah*.

« Au surplus, dit-il en terminant son récit, c'est une femme juive qui a donné la mort à notre seigneur Mohammed (sur qui Dieu répande ses bénédictions !) en lui servant une épaule de mouton empoisonnée. »

Cette histoire est claire et n'a pas besoin de longs commentaires ; elle montre, d'un côté, le profond mépris que les musulmans de l'Algérie professent pour la nation juive, et, de l'autre, dans quelle mesure et jusqu'à quel point les Français doivent user de l'intermédiaire des Israélites, soit dans les affaires commerciales, soit dans les relations de la vie civile, soit dans les négociations diplomatiques. Assurément nous avons été trahis bien des fois ; ce n'est pas notre faute, si nous ne l'avons pas été davantage.

Après un discours pareil, je compris qu'il me fallait rompre avec la juiverie, si je tenais à être bien venu auprès des musulmans et avoir accès dans leur société. D'un autre côté, les juifs ayant reconnu que je n'étais ni un commerçant, ni un des leurs, évitèrent désormais de se mettre en contact avec moi.

Pour compléter ici ce que j'ai à dire de cette nation, j'ajouterai que les synagogues qu'elle possède à Tlemcen sont au nombre de cinq et qu'elle forme une population d'environ 1,585 âmes.

Des juifs il est naturel que je passe aux chrétiens, nos correligionnaires.

CHAPITRE V.

Église de Tlemcen. — Histoire abrégée du christianisme dans cette ville. — Inscriptions chrétiennes découvertes dans le quartier d'*Agadyr*.

Le lendemain de notre arrivée, nous n'eûmes rien de plus pressé que d'aller prendre possession de l'église où nous devions célébrer les saints mystères. Elle était située non loin du Méchouar et avait sa façade sur la place de ce nom, où elle s'élevait du côté du couchant. Nous y entrâmes en descendant quelques marches, le sol de l'édifice étant plus bas que le niveau de la place : c'était une salle carrée ayant trois nefs séparées par des arcades ; petite et étroite, elle avait bien plutôt l'apparence d'une chapelle que celle d'une église ; mais entourée de maisons mauresques, de synagogues et de mosquées, sa position la rendait intéressante aux yeux du visiteur chrétien, heureux de trouver dans cette ville et sur un tel emplacement un lieu de prières et de recueillement. Elle n'avait ni fenêtres, ni vitraux, et le jour lui arrivait obliquement par une ouverture pratiquée à la naissance de la voûte et dans le sens de la longueur du bâtiment. L'autel était dressé au fond du temple, en face de la porte, dans une niche qui rappelait le *mihrab* des mosquées. A la droite de l'autel s'ouvrait une porte qui menait à la sacristie. Là, nous trouvâmes une grande statue en terre cuite, qui, par son attitude grave et menaçante, semblait avoir été placée en cet endroit pour faire la garde du trésor du temple. C'est dans ce modeste sanctuaire que nous devions les jours suivants rompre le pain de bénédiction et lever nos mains vers le ciel pour lui demander la conversion des musulmans, des juifs et des chrétiens. N'ayant ni suisse, ni bedeau, ni sacristain, le curé remplissait lui-même toutes ces fonctions, sonnait la cloche, et préparait les ornements sacrés; à défaut d'enfant de chœur, nous nous servions l'un l'autre à l'autel. Les jours de dimanche, la garnison, ayant en tête l'état-major de la place, venait assister au service divin, pendant lequel on exécutait des symphonies en l'honneur du Saint des Saints. A ces signes extérieurs de notre religion, les Arabes, qui regardent en général les Français comme des impies, pouvaient se convaincre que nous adorons Dieu et lui rendons un culte quelconque. A part les soldats, les officiers de la garnison et les employés du corps du génie, le nombre des ouailles du nouveau pasteur n'était pas considérable, car c'est à peine si la population chrétienne qui se trouvait alors à Tlemcen comptait deux cents individus, dont la plupart étaient des Italiens ou des Espagnols mal famés et surveillés par la police du lieu. Gardez-vous pourtant de croire que ces gens-là eussent perdu tout sentiment religieux. Dès que l'arrivée du curé fut connue dans la ville, ils vinrent le féliciter et lui demander de chanter une messe pour le repos de l'âme des défunts qui les intéressaient. Ce service fut célébré avec toute la pompe et la solennité qui fût possible dans une paroisse nouvelle et pauvre: point de tentures sur les murs, ni de catafalque au milieu du temple, mais une assistance nombreuse et recueillie, où des dames espagnoles se faisaient remarquer par le luxe de leur toilette et leurs mantes noires dont elles se voilaient la tête. Ces dames occupaient le milieu de la nef principale, sur les côtés étaient des officiers français dans l'attitude de la tristesse et de l'affliction. Malheureusement, le chœur était désert : le chantre qui y figurait seul était un pauvre Génois, vieux et édenté, dont la voix aigre et nasillarde faisait vibrer désagréablement les vitres de la basilique ; ancien choriste d'une confrérie de son pays natal, il ne se souvenait plus que d'une manière vague des airs d'église ; avec la voix il avait perdu tout ce qu'il savait autrefois de plein-chant. Il orna le *Dies iræ* de tant de notes tremblantes et de *fioritures,* que l'oreille avait de la peine à reconnaître le thème primitif, et que le chant avait la physionomie d'une extravagante improvisation, au lieu d'être une reproduction fidèle de la note et de l'air connu. Pendant que notre *maestro,* usant de son privilége d'étranger, extravagait au lutrin, faisant entendre sans cesse des *tché,* des *sché* et des *ou,* l'officiant, se tenant gravement debout devant l'autel, lui répondait d'une voix fausse et mille fois discordante. Au milieu du sérieux que commandait la sainteté du lieu et le souvenir de la mort présent à ce service funèbre, il était visible que plusieurs personnes de l'assemblée luttaient péniblement contre l'envie de rire. Sans doute, le curé aurait mieux fait de célébrer une simple messe basse.

Du reste, la venue du nouveau pasteur ne fut pas seulement accueillie avec joie par les chrétiens et ceux qui étaient naturellement ses ouailles ; il reçut également des marques de respect et de vénération de la part des musulmans, et même de leurs chefs : le fait suivant que je choisis entre plusieurs autres, en est une preuve manifeste. Quelques jours après notre arrivée, j'allai de compagnie avec le curé faire une visite au directeur du bureau arabe de la ville. Nous rencontrâmes dans la cour du diwan plusieurs chefs arabes ; il y avait des cheïkhs, des imam et des alfakih. Le président du bureau, vénérable vieillard à barbe blanche, drapé de son haïk, à la façon des héros d'Homère, s'étant approché de nous, nous demanda poliment qui nous étions. Me faisant alors l'interprète de mon confrère qui ne savait pas l'arabe : « Celui qui m'accompagne, lui répondis-je, est le nouveau marabout des chrétiens de cette cité et l'imam des disciples de notre seigneur Aïça (sur qui Dieu répande ses bénédictions!). » Lorsqu'il entendit ces paroles, il s'inclina profondément devant le curé, et prenant la main droite de celui-ci, il la baisa avec respect : « Respectable kacis (prêtre), lui dit-il, soyez le bienvenu ; priez le maître des mondes pour votre serviteur, pour sa famille et ses amis. »

Ce sentiment de vénération pour les prêtres chrétiens n'était pas une chose particulière à ce vénérable vieillard, mais l'on peut dire qu'il est commun à tous les musulmans qui craignent Dieu, car il est fondé sur ces paroles du Koran :

« Tu trouveras que ceux qui nourrissent la haine la plus
« violente contre les vrais croyants, sont les juifs et les ido-
« lâtres. Tu trouveras, au contraire, que les plus disposés
« à les aimer sont ceux qui disent : Nous sommes chrétiens.
« C'est parce qu'ils ont des prêtres et des moines, hommes
« exempts de tout orgueil (Surate V, 85). » Ce passage a été ainsi commenté par le savant Beydhawy :

للين جانبهم ورقّة قلوبهم وقلّة حرصهم على الدنيا وكثرة اهتمامهم بالعلم والعمــل ٭

« Les chrétiens sont les plus disposés à aimer les musulmans, à cause de la douceur de leurs mœurs, de la bonté de leur cœur, de leur détachement des plaisirs de ce monde, et de leur grande application à l'étude de la religion et à la pratique des bonnes œuvres. » (Voyez Beydhawy, édition de Fleischer, page 270.)

Lorsque j'arrivai à Tlemcen, cette ville, qui avait été la dernière conquise par les armes françaises, ne jouissait que depuis quelques années, des bienfaits de la religion chrétienne. C'est en 1845 qu'elle vit entrer dans ses murs pour la première fois le premier pasteur du diocèse d'Alger, Monseigneur Dupuch. Les os des chrétiens ensevelis depuis des siècles dans cette terre infidèle durent tressaillir de contentement sous les pas du nouvel apôtre de l'Afrique. Le saint sacrifice fut offert par lui en plein air dans les jardins du Méchouar, ancienne demeure des rois maures et siége de l'islam. Après avoir visité les hopitaux, consolé les malades et rempli les autres fonctions de son ministère, il quitta les murs de la ville, emportant les bénédictions et les regrets des chrétiens aussi bien que des musulmans. Ceci se passait vers la fin du mois d'avril 1845. Deux mois après, le 6 juillet, le culte catholique était inauguré dans une synagogue que l'on avait appropriée à cet effet et qui sert encore aujourd'hui d'église. Le nouveau curé fut installé par un vicaire général du diocèse d'Alger, en présence des autorités militaires, au son des instruments de musique et au bruit du canon. Le pasteur de Tlemcen ne devait pas faire un long séjour au milieu de ses ouailles désolées : sept mois après cette solennelle installation et ces fêtes magnifiques, on le voyait se promener dans les rues de Paris, loin du tumulte des combats et des balles homicides des bédouins : l'Algérie entière s'était soulevée contre la domination des *roumis* et avait levé l'étendart de la révolte. Bou-Maazah avait prêché la guerre sainte contre les infidèles ; Abd el-Kâder, après avoir ravagé la province de l'ouest et s'être fait proclamer sultan et commandant des moslim, avait mis le siége devant Tlemcen et tenait les troupes françaises bloquées dans cette place habilement défendue par le général Cavaignac. Après six mois de siége et de souffrances, elle fut enfin délivrée par des secours venus du dehors ; mais le curé ne jugea pas à propos de rester plus longtemps dans une ville exposée sans cesse aux attaques des Arabes, et il prit le parti de la retraite. A la suite de cette fuite inattendue, l'église de Tlemcen resta veuve et sans pasteur. Lorsque son successeur arriva avec moi, le 22 septembre de l'année 1846, il y avait neuf mois qu'elle se trouvait dans ce malheureux abandon ; dans cet intervalle des enfants vinrent au monde qui ne furent point régénérés par les eaux du baptême ; des mariages se contractèrent que l'Église ne put consacrer par ses bénédictions ; nombre de malades rendirent le dernier soupir en réclamant en vain les secours et les consolations de la religion, et chacun enterra ses morts comme il l'entendit. En arrivant, le nouveau pasteur s'empressa de conférer le baptême aux enfants qui ne l'avaient pas encore reçu, et il fit de son mieux pour engager les personnes qui s'étaient mariées en l'abence du curé, à se présenter à l'église.

Après avoir fait connaître l'état de la population chrétienne de Tlemcen à l'époque où je visitai cette ville, qu'il me soit permis de jeter un coup d'œil rapide sur l'histoire de cette Église, et de recueillir chez les auteurs anciens les témoignages qui s'y rapportent, témoignages d'autant plus précieux, qu'ils sont rares et en général fort peu connus.

Tlemcen, dont le nom romain était, comme nous l'avons vu plus haut, *Pomarium* ou *Pomaria*, était, sous Gordien le Jeune, une cité importante, puisqu'elle possédait un corps de cavalerie commandé par un préfet, personnage consulaire, et chargé d'éclairer les mouvements des tribus ennemies; mais il est probable que déjà, sous l'empire de Claude, elle comptait parmi les colonies militaires et qu'elle jouissait des prérogatives attachées à ce titre. C'est vers cette époque que Tlemcen a dû entendre les messagers de la Bonne-Nouvelle et embrasser la foi chrétienne. Quoique l'origine de son Église, aussi bien que celle des autres Églises d'Afrique, soit couverte d'incertitude et de ténèbres, cette ville fut vraisemblablement une des premières à être érigée en siége épiscopal et placée sous la primatie des évêques de Carthage. Si je ne me trompe, l'évêque de Tlemcen figure dans la liste des *Evêchés d'Afrique,* sous le nom de *Pamariensis* (episcopus), qui est mis sans doute pour *Pomariensis*.

Les temps qui suivirent l'établissement du christianisme dans cette contrée, ne nous sont pas mieux connus; nous n'avons là-dessus que des conjectures à proposer, mais il y a toute apparence que l'Église de Tlemcen n'eut pas un sort différent de celui des autres Églises du nord de l'Afrique, et que, sous la domination romaine, comme sous celle des Vandales et des empereurs de Constantinople, elle éprouva les mêmes péripéties, les mêmes vicissitudes de prospérité et de malheur.

Ce que nous pouvons dire de sûr touchant ces diverses époques, c'est-à-dire l'intervalle qui s'écoula entre les dernières années du quatrième siècle et la seconde moitié du sixième, c'est que la population chrétienne de Tlemcen était alors très-considérable ; ce fait est attesté par le grand nombre d'épitaphes découvertes de nos jours dans l'enceinte du quartier d'Agadir et portant soit des formules qui révèlent une main chrétienne, soit des dates où cette religion était incontestablement déjà établie dans ce pays. Nous allons les transcrire ici, pour ne rien omettre de ce qui regarde l'histoire de l'Église de Tlemcen, histoire pauvre et obscure s'il en fut jamais.

N° I. INSCRIPTION DOUBLE.

```
   D M S            D M S
   VALER            AVRE
   IA SAR           LIVS IA
   DOI VI           NVARI
   XIT AN           VS VIXI
   NIS IXX          T ANN XXX
   H S R            BARI
```

D. M. S. *Valeria Sardoi vixit annis septuaginta. Hic sita requiescit.*

D. M. S. *Aurelius Januarius vixit annis triginta.* Bari.

Ces inscriptions, bien qu'elles portent les lettres D. M. S., nous paraissent néanmoins avoir une origine chrétienne, car nous pensons avec le savant M. Hase que c'était par un reste d'habitude que l'on inscrivait quelquefois ces lettres sur les tombeaux des fidèles ; il peut aussi se faire qu'aux yeux des chrétiens elles n'eussent pas le même sens qu'aux yeux des payens. Du reste, on les trouve également en tête d'épitaphes qui sont évidemment chrétiennes.

N° II. INSCRIPTION PARTAGÉE PAR LE MILIEU, ET LES LIGNES SE SUIVANT.

D M S	D M S
AHIA E	MERITA
VIX ANI	S LXXXV CVI
FIL ET NE	PC FECER D
M ETERN	NO P CCCCXXX

D. M. S. *Ælia Emerita vixit annis octoginta quinque, cui filii et nepotes fecerunt domum eternalem, anno provinciæ quadringentesimo tricesimo.*

Quant à l'ère provinciale dont il est question dans cette épitaphe et dans celles qui vont suivre, M. Hase avait d'abord adopté le sentiment de M. Dureau de la Malle, d'après lequel cette ère commencerait l'an **721** de la fondation de Rome, trente-trois ans avant la naissance de Jésus-Christ (1), lorsque la Mauritanie Césarienne fut réduite en province romaine ; mais après un nouvel examen, il a cru devoir changer d'opinion, et dans une note qu'il a bien voulu me

---

(1) Voyez *Recherches sur l'histoire de la régence d'Alger à l'époque de la domination romaine*, etc.

communiquer, il a déclaré admettre comme point de départ de l'ère en question, la réduction définitive de la Mauritanie Césarienne en province romaine, événement qui eut lieu sous la domination de l'empereur Claude, l'an 42 de l'ère chrétienne, après la mort du roi Ptolémée, fils de Juba. Cependant le sentiment de M. Dureau de la Malle ayant été confirmé par M. le colonel de Caussade dans sa *Notice sur les traces de l'occupation romaine dans la province d'Alger* (p. 58 et suiv.), et s'appuyant sur des raisons qui me paraissent péremptoires, je l'ai adopté pour la fixation des dates inscrites sur nos épitaphes. D'après cela, l'année de la province mentionnée dans l'inscription ci-dessus, répondrait à l'an 397 de notre ère.

N° III.

D. M. S.
IVL CECILIA VIX
ANNIS LLI M XI CVI
VIR ET FILII FEC DO
MVM ETERNA
M P CCCC LVXXVII

Julia Cecilia vixit annis quinquaginta uno, mensibus undecim, cui vir et filii fecerunt domum eternalem, (anno) provinciæ quadringentesimo octogesimo septimo.

L'année de la province 487 répond à l'an 454 de l'ère vulgaire.

N° IV.

VA MAT...
VIXIT AN....

CVI FILI E NEP..
FEC ⸗ + -ERN
A⟂N : PR CCCCXCVIII

Valeria Matrina vixit annis...... cui filii et nepotes fecerunt domum eternalem, (anno) provinciæ quadringentesimo nonagesimo octavo.

L'année 498 répond à l'an 465 de J.-C.

N° V.

D M S
TV MONINA VIX
AN XXX CVI NE FE
D..... MERLAPO
d V

Julia Monina vixit annis triginta (?), cui nepotes fecerunt domum eternalem, anno provinciæ quingentesimo quinto.

Le chiffre XXX a paru altéré à M. Hase, qui pense également qu'il faut lire *Monima* au lieu de *Monina*.

L'année 505 répond à l'an 472 de l'ère vulgaire.

N° VI.

D M S
IVLIVS FRVGI
NVS VIXT PLVS
VVS LXXX CVI FLEE
CI DOMM ETERN
ANIS PIC dXI

D. M. S. *Julius Fruginus vixit plus annis* (plus minus?) *octoginta, cui filius fecit domum eternalem, annis provinciæ* DXI.

Telle est la lecture que propose M. Hase.

L'année de la province 511 répond à l'an 478 de notre ère.

N° VII.

Δ M ∽
IV⊥IV∽ IAΔ
IR VICXIT AN
∽ LXX CVI FI⊥I
FECERVNT
ΔOMVM ET
ERNALE
PROVICIE ∂XV

Diis Manibus sacrum. Julius Jadir vicxit annis septuaginta, cui filii fecerunt domum eternalem, anno provinciæ DXV.

Cette épitaphe, comme le fait observer M. Hase, est mal gravée, et ses caractères, qui tiennent du grec, attestent l'influence de l'empire d'Orient où dominait cette langue. Le nom de *Jadir* que portait le personnage à la mémoire duquel ce monument funèbre avait été érigé, n'étant ni grec, ni romain, semble indiquer que le défunt était d'origine punique ou numide. Un nom presque semblable, *Jadar*, figure dans la liste des évêques qui assistèrent au concile de Carthage tenu par saint Cyprien, à l'occasion de la question du baptême des hérétiques.

L'année 515 de l'ère de la province répond, d'après ce qui a été établi plus haut, à l'an 482 de J.-C.

N° VIII.

```
     D M S.
     VALERIA
   MANNICA VIX
    T ANIS XLV
    C . GENER..
    .. R ... SSD
   M ETERNALE
     VVU ♂XC
```

Valeria Mannica vixit annis quadraginta quinque, cui gener et fratres (?) fecerunt domum eternalem, anno provinciæ **DXC.**

L'année de la province 590 répond à l'an 557 de l'ère chrétienne.

N° IX.

```
       D M S
    VALERIA MATRI
    NA VIXIT ANNIS
   XXXV CVI VIR I FE
     CIT DONVM ET
   ERNALE ANN POR
        ♂XCI
```

Diis Manibus sacrum. Valeria Matrina vixit annis triginta quinque, cui vir pius fecit domum eternalem, anno provinciæ **DXCI.**

L'année de la province 591 répond à l'année 558 de l'ère vulgaire.

M. Hase, qui a publié et expliqué toutes ces épitaphes dans

le *Journal des Savants* (cahier de juillet 1837), les accompagne de quelques réflexions qui méritent d'avoir ici leur place, attendu qu'elles nous paraissent fort justes et très-propres à notre sujet. « Ces épitaphes, dit-il, appartiendraient, suivant M. Dureau de la Malle, aux années de J.-C. 454, 465, 472, 478 et 482. C'est l'époque de la grande persécution où les Vandales, étant ariens, eurent la cruauté et l'imprudence de vouloir forcer les opinions religieuses d'une nation entière. Sans doute, la foi triomphait déjà depuis longtemps dans la cité latine dont nous ignorons encore le nom (1); mais nul ne peut dire quelles furent alors les conditions de son existence et ses rapports avec les conquérants maîtres de la Numidie, de la Bizacène et de l'Afrique proconsulaire. Située à l'extrémité de la province, dans un bassin isolé, protégée de tous côtés par de hautes montagnes ou par les nombreux affluents de la Tafna, cette ville, dont la population devait être catholique orthodoxe, était-elle entièrement soumise aux rois vandales résidant à Carthage, ou bien avait-elle, grâce à sa position, conservé une sorte d'indépendance? Et, dans ce cas, n'est-il pas probable qu'elle ait servi d'asile à beaucoup de catholiques, à une partie du moins des indigènes opprimés qui, pour se soustraire aux traitements les plus cruels, fuyaient vers les côtes de l'Espagne (comme les habitants de Tipasa. Victor Vitensis, *De persecutione Afric.*, v. 6 : *Omnis simul civitas*

---

(1) Ce nom est aujourd'hui connu : c'est *Pomarium* ou *Pomaria*, comme l'a établi M. le colonel de Caussade, dans sa *Notice sur les traces de l'occupation romaine dans la province d'Alger.*

evectione navali de proximo ad Hispaniam confugit) et jusqu'à Constantinople ? Cet accroissement de la population explique-t-il le nombre considérable d'épitaphes appartenant à une époque de décadence dont les monuments, en Afrique, sont assez rares ? Car il serait possible que les inscriptions nos 17 et 6, dont il conviendrait d'examiner de nouveau les dernières lettres, fussent aussi du même temps (1). Si, au contraire, les chiffres 590 et 591 se trouvent réellement sur la pierre, ces deux monuments appartenant aux années 557 et 558 de l'ère vulgaire, prouveraient que la ville romaine existait encore après la destruction de l'empire des Vandales. Il est vraisemblable qu'elle reconnaissait alors l'autorité de Mastigas, roi des Maures, ou celle de ses successeurs, puisque Césarée fut la seule place, dans cette partie de la Mauritanie, dont Bélisaire put s'emparer après avoir pris Carthage, en 533. »

C'est à cette époque qu'il faut, selon moi, rapporter un précieux débris des antiquités religieuses de la contrée : c'est une brique carrée, arrondie seulement dans sa partie supérieure, et présentant sur l'une de ses deux faces la figure d'une croix. Cette croix repose sur une base dont le haut se termine en triangle et sur laquelle se voit une autre croix de moindre dimension. Les deux figures sont moulées en

---

(1) Nous pensons que ces lettres sont tracées exactement et que les chiffres qu'elles donnent se rapportent, pour la première de ces deux inscriptions, c'est-à-dire la dix-septième (n° 7 dans notre travail), à l'an 557 de J.-C.; et pour la sixième (n° 3, p. 114), à l'an 558 de la même ère.

relief, et la brique entière est recouverte d'une couche de vernis ou de chaux blanche. Elle offre 0,004 m. d'épaisseur, 0,008 m. de large dans sa partie moyenne, et environ 0,015 m. de long. Un trou percé au-dessous et dans l'épaisseur de la brique semble indiquer la destination de ce petit monument, qui avait été sans doute fait pour être placé au-dessus d'un autel, d'une chapelle ou d'un tombeau chrétien. Il fut trouvé le 15 mai 1845, à Lella Maghrnia, par un officier de l'armée d'Afrique (1), et se trouve aujourd'hui en la possession d'un capitaine d'artillerie, M. Azéma de Montgravier, chez qui je l'ai vu en octobre 1846, lors de mon passage dans la ville d'Oran. L'on peut en voir le dessin de grandeur naturelle à la fin de ce volume parmi les pièces justificatives.

Les évêques de Tlemcen, comme ceux des cités voisines, telles que Timici, Quiza, Xenitana, Tigava, Arsennaria et autres, durent être en butte à la persécution des ariens et souffrir sous le règne cruel de Hunéric (484) pour leur attachement à la foi orthodoxe. La paix rendue aux catholiques à la suite des armes triomphantes de Bélisaire, profita, sans doute, à l'église de Tlemcen, quoique très-éloignée de la métropole ecclésiastique, et il est probable qu'alors la chaire épiscopale de cette ville fut occupée de nouveau par un pasteur légitime. Environ cent ans plus tard, lorsque l'Afrique septentrionale tomba au pouvoir des musulmans, beaucoup de chrétiens s'embarquèrent pour l'Espagne, la Grèce ou l'Italie, disant un éternel adieu au sol de la patrie; cependant le

---

(1) M. Mackintosh.

nombre de ceux qui n'abandonnèrent pas leurs foyers fut plus considérable, car un écrivain arabe qui florissait à Cordoue en 352 de l'hégire (963 de J.-C.), Abou Obéid al-Bekry, nous apprend que de son temps, parmi les monuments antiques que l'on remarquait à Tlemcen, il y avait des églises fréquentées par les chrétiens (وبها اثار عادية وكنائس بالنصارى معمورة حتى الان) (1), ce qui suppose une nombreuse population professant cette religion, et un clergé suffisant pour l'exercice du culte.

Ce fait n'étonnera personne, quand on saura qu'environ cent ans plus tard, du temps de Léon IX, en 1053, l'ancienne province proconsulaire, devenue alors l'un des foyers du mahométisme les plus ardents, comptait néanmoins cinq évêques, lesquels se disputaient la dignité de primat d'Afrique (2); que vingt ans après, sous le pontificat de saint Grégoire VII, cet ennemi infatigable de l'hérésie et des tyrans, Cyriaque, primat de Carthage, se distingua par son zèle pour le maintien de la discipline ecclésiastique et mérita les éloges du Saint-Siége (3); que, vers la même époque, c'est-à-dire en 1076, il y avait sur le siége d'Hippone, un évêque du nom de Servandus, que le Souverain Pontife avait sacré lui-même et envoyé à cette Église sur la prière du sultan de Bougie, Al-Nâcir ben-Ala el-Nès (4); qu'enfin

---

(1) Yahia ibn-Khaldoun, *Histoire des Beni abd el-Wâdy* (manuscrit de ma collection, fol. 4 r°).
(2) Voyez Baronius, ann. 1053, n° 41; et Labbe, t. ix, p. 971.
(3) Labbe, t. x, lib. 1, epist. 22.
(4) Voyez *Aperçu historique sur l'Eglise d'Afrique*, p. 15 et suiv.

en 1114, sous le règne d'Al-Aziz Billah, arrière-petit-fils du sultan Al-Nâcir, il y avait encore à Kaleah, capitale des Beni-Hammad, une église et un évêque (1) ; qu'enfin, la ville de Tunis a eu des évêques pendant tout le moyen âge. Quant à la partie occidentale de l'Afrique qui obéissait aux rois de Maroc, le nombre des chrétiens n'y était pas moins considérable, comme le prouvent les faits suivants. En 1233, le pape Grégoire IX érigea dans la capitale de cet empire un siége épiscopal en faveur des catholiques qui se trouvaient parmi les infidèles. En 1246, Innocent IV, ayant appris que le sultan du Maroc était fort bien disposé pour les chrétiens de ses états, lui adressa une lettre pour le prier de leur accorder des places de sûreté contre leurs ennemis. Il le remerciait en même temps de ce que, à l'exemple de ses prédécesseurs, il favorisait l'Église dans ses états et avait même doté libéralement l'évêché de Maroc : « *Prædecessorum tuorum*, lui disait-il, *vestigia imitando, qui Marochitanam Ecclesiam multis libertatis privilegiis munierunt, plurimorumque bonorum largitione dotarunt* (2).

Il est certain que jusqu'à la fin du quinzième siècle, les sultans du Maroc eurent à leur solde des troupes chrétiennes commandées par des officiers chrétiens : c'est ce qui est attesté par tous les historiens arabes et par les bulles mêmes des Souverains Pontifes. A l'appui de ce fait, qu'il me soit permis de citer un document très-peu connu, dont le texte a été publié récemment pour la première fois dans la *Bi-*

---

(1) Pagi, année 1114, n° 3.
(2) Wadding, *Annales Minorum*, t. III, ann. 1246, § 16, p. 151.

bliothèque de l'école des Chartes (1). C'est une bulle de Nicolas IV, de l'année 1290. La voici :

Nicolaus, episcopus, servus servorum Dei, dilectis filiis nobilibus viris baronibus, proceribus, militibus, et ceteris stipendariis christianis, Marrochitanni, Tunitii et Tremisceli regum servitio constitutis.

Etsi omnes qui christiane fidei cultum tenent, ut suas Deo lucrifaciant animas ad recte vivendi regulam dirigi cupiamus, illos tamen, qui in regione infidelium et cum infidelibus conversantur, ut fide, opere ac virtute perfecti se incontaminatos coram Deo et hominibus exhibentes, laudabilis vite meritis, exemplis infideles etiam protrahant ad salutem, potiori desiderio exoptamus, omnem in se ipsos justitiam, rectitudinem et modestiam adimplere, ipsosque abstinere ab omnibus per que fidei christiane religio possit in populis blasphemari. Sane cum illius, licet immeriti, vicem gerentis in terris, qui pro generis humani salute de suo solio Majestatis a summo celo in medium exterminii nostri terram exiliens, trabea nostre humanitatis assumpta, ut temporali morte legem mortis aboleret eterne, pro nobis dignatus est proprio sanguine fuso mori, et diros crucis perpeti cruciatus, ad animarum profectum intentionis nostre aciem totaliter dirigamus, et pro incredulis convertendis, apostatis revocandis, confirmandis nutantibus, et fidelibus roborandis omni sollicitudine laborantes, quia repugnante natura presentialiter diversis locis simul adesse non possumus, venerabilem fratrem nostrum Rodericum, Marrochitanum episcopum, virum utique providum et discretum, ad partes Africe, commisso sibi plene legationis officio, destinemus, nobilitatem vestram rogamus, monemus et hortamur attente, quatinus eundem legatum, et nuntios ejus devote recipientes et honeste tractantes, eis in hiis que ad cultum divini nominis pertinent ampliandum, im-

---

(1) Douxième série, t. III, juillet-août 1857, sixième livraison. Article de M. Mas-Latrie, p. 517 et suiv.

pendatis consilium et auxilium opportunum, et verba vite eterne que vobis proponent cum gaudio audientes, eorumque salubribus consiliis acquiescentes, christiane professionis propositum firmo ferretis animo et constanti, ut sic inter incredulos vos exhibere vita et conversatione probabiles studeatis, caritate magistra, et pietate perduce, in divinis beneplacitis vos jugiter exercendo, ac abstinendo ab omnibus per que detrahi valeat nomini christiano ; quod tam fideles qui in partibus ipsis degunt, quam etiam infideles, ad frugem melioris vite vestro proficiant, et informentur exemplo ; et nos in vestris laudibus delectabiliter in Domino gloriantes, vobis pro vestre devotionis et fidei sinceritate, reddamur favorabiles et benigni.

Datum Rome, apud Sanctam Mariam Majorem, V Idus Febr. anno secundo.

TRADUCTION.

Nicolas, évêque, serviteur des serviteurs de Dieu, à ses fils bien-aimés, hommes nobles, barons, seigneurs, soldats, et à tous autres chrétiens qui reçoivent une paye au service des rois du Maroc, de Tunis et de Tlemcen.

Si nous ne désirons rien tant que de donner de bonnes règles de conduite à tous ceux qui professent la foi chrétienne en vue de la sanctification de leur âme, nous souhaitons néanmoins d'un désir plus ardent que les chrétiens, domiciliés au pays des infidèles et vivant au milieu d'eux, se montrent d'une vie pure devant Dieu et devant les hommes par leur foi, leurs œuvres et leurs vertus, par la pratique de la justice, de la droiture et de la modestie, et s'abstiennent de tout ce qui pourrait être à ces peuples un sujet de blasphémer la religion chrétienne, pour que les mérites et les exemples de leur bonne vie soient un moyen de sauver les infidèles. Tout indigne que nous soyons assurément de tenir, ici-bas, la place de Celui qui est descendu du trône de la majesté pour le salut du genre humain, et du haut des cieux a volé au milieu de notre exil, s'est revêtu de notre humanité, a daigné répandre son sang et souffrir le cruel supplice de la croix afin d'abolir la loi de la mort éternelle par sa mort temporelle, nous devons cependant pourvoir, de toute la force de notre volonté, à l'avancement des âmes dans les voies de leur salut, travailler avec une grande sollicitude à convertir les pécheurs, à ramener les apostats, à affermir ceux qui chancellent et à fortifier les fidèles. Notre personne ne pouvant être présente en divers lieux à la fois, nous avons envoyé tous les pouvoirs de légat, pour la province d'Afrique, à notre vénérable frère Rodéric, évêque de Maroc, homme prudent et instruit. Nous avertissons donc, exhortons et prions vos nobles personnes de recevoir et traiter honorablement le susdit légat et ses messagers ; de les aider de vos conseils et de votre assistance pour étendre le culte du nom divin ; d'écouter avec joie les paroles de la vie éternelle qu'ils vous exposeront ; de vous soumettre à leurs bons avis, afin que, professant la foi chrétienne avec un esprit de force et de persévérance, vous portiez tous vos soins à vous montrer parmi les incrédules, d'une conduite et d'une conversation parfaites sous les inspirations de la charité chrétienne ; et qu'à l'aide d'une véritable piété, vous n'ayez rien tant à cœur que de faire constamment la divine volonté du Seigneur, d'éviter tout ce qui pourrait faire mépriser le nom chrétien. C'est ainsi que les fidèles qui habitent ces contrées, et les infidèles eux-mêmes, seront amenés et confirmés dans une meilleure vie par vos bons exemples. Quant à nous, en nous glorifiant dans le Seigneur des louanges que vous mériterez, nous récompenserons la sincérité de votre dévotion par nos faveurs et nos bienveillances.

Donné à Rome, à Sainte-Marie Majeure, le 5 des ides de février, l'an II de notre pontificat.

Cette bulle, qui se rattache particulièrement à notre sujet, puisqu'il y est question de troupes chrétiennes enrôlées au service des rois de Tlemcen, contient cependant une erreur de fait que je crois devoir faire remarquer. En effet, à l'époque où elle fut rédigée, il y avait près de trente-six ans que les rois de Tlemcen n'admettaient plus à leur service des troupes commandées par des chrétiens : c'est Yahia ibn-Khaldoun qui nous apprend le fait et la cause de cette exclusion. « Yaghmorâcen Ier, roi de Tlemcen, dit cet historien, avait à sa solde un escadron de deux mille cavaliers chrétiens qu'il avait tirés des pays soumis à l'empire des Almohades. Le destin voulut qu'il passât un jour en revue toutes ses troupes hors des murs de sa capitale : c'était un mercredi, rebie second de l'année 652. Quand il fut arrivé aux chrétiens, qui formaient les derniers rangs de l'armée, ceux-ci le trahirent et tuèrent son frère Mohammed. Le chef de leurs officiers, s'étant alors jeté sur le roi, le saisit par le corps. Heureusement Yaghmorâcen, plus vigoureux que son adversaire, parvint à se débarrasser de lui ; il appela à son secours les gens de sa tribu, qui dégaînant leurs épées, coururent attaquer les chrétiens, et en firent un tel massacre, qu'il n'en échappa pas un seul. C'est là, ajoute Yahia ibn-Khaldoun, la raison pour laquelle les rois de sa dynastie n'ont plus voulu depuis prendre les chrétiens à leur solde (1).

Quand l'historien que je viens de citer écrivait ces paroles, il y avait plus de quatre-vingts ans que le fait s'était accompli et que durait l'exclusion dont il s'agit ; il y a donc apparence que le pape Nicolas, lorsqu'il rédigea sa bulle, ignorait l'existence de cette exclusion. Quoi qu'il en soit, nous voyons par la teneur de ce curieux document,

---

(1) Ibn-Khaldoun, *Histoire des Beni abd el-Wâdy* (manuscrit de ma collection, fol. 14 r°). Voyez mon *Aperçu historique*, p. 29.

qu'il y avait alors, dans la capitale des rois du Maroc, un évêque avec le titre de légat du Saint-Siége et ayant juridiction sur les chrétiens, tant de cet empire, que de celui de Tlemcen et de Tunis.

Le malheureux événement rapporté par Yahia ibn-Khaldoun dut avoir des conséquences fâcheuses pour la population chrétienne établie à Tlemcen et attirer sur elle bien des avanies et des maux; il est probable que l'une des premières mesures que le fanatisme inspira contre elle, ce fut d'ordonner la fermeture des églises et d'interdire aux chrétiens l'exercice de leur culte; il est même permis de croire que ces églises, qui s'élevaient dans l'enceinte de la vieille ville, c'est-à-dire dans le quartier d'Agadyr, furent alors démolies, et que le roi Yaghmorâcen, qui était très-dévot, se servit de leurs débris dans la construction de la grande mosquée qu'il érigea dans la nouvelle Tlemcen. C'est à cette triste époque que se rapporte, sans doute, ce fait que j'ai lu quelque part, que des pères de la Rédemption, appartenant à la nation espagnole, ayant été envoyés à Tlemcen pour y racheter des esclaves, furent eux-mêmes retenus prisonniers et expirèrent ensuite dans les fers. Au commencement du quinzième siècle, les commerçants de Gênes et de Venise s'étant mis en relation avec ceux de Tlemcen, vinrent s'établir dans cette ville, où ils établirent des hôtelleries pour eux et leurs correspondants chrétiens; ils obtinrent également l'autorisation d'y construire deux églises pour y pratiquer leur religion comme dans les autres villes musulmanes où ils possédaient des établissements.

Ces églises furent visitées en 1581, par un évêque irlandais du nom de Thomas, qui avait été fait esclave par les pirates algériens, et racheté ensuite par les soins du Souverain Pontife, et elles existaient encore au commencement du dix-septième siècle (1).

Avant de terminer ce qui rapporte à l'état de la religion chrétienne dans l'ancienne capitale des Beni-Zéian, il ne sera pas inutile de faire remarquer en général que les églises dont nous venons de parler n'appartenaient pas toutes aux catholiques étrangers qui séjournaient plus ou moins longtemps en Afrique, mais que quelques-unes aussi étaient affectées aux descendants des anciens chrétiens du pays qui suivaient le rite mozarabe et qui dans leur liturgie faisaient usage de la langue arabe, car jusqu'à la fin du seizième siècle, il y a eu dans le nord de l'Afrique des chrétiens mozarabes, comme le prouve ce que Belleforêt rapporte dans sa *Cosmographie,* savoir que, du temps de Charles-Quint et de Philippe II, quelques-uns de ces chrétiens passèrent en Espagne pour exposer à ces princes le malheureux état où les musulmans les avaient réduits, et les engager à venir à leur secours (2). Que sont devenus dans la suite ces vénérables débris d'une Église illustrée par la science et les vertus des Cyprien, des Augustin et de tant d'autres grands noms dont se glorifie le catholicisme? Hélas! ils ont dû s'éteindre peu à peu sous le souffle incessant de la haine et de la persécution musulmane, et finir par disparaître entièrement

---

(1) J.-B. Grammaye, *Africa illustrata*, p. 56 et suiv.
(2) Voyez J.-B. Grammaye, *Africa illustrata*, cap. VI, p. 57.

du sol africain ; en effet, à partir de la fin du seizième siècle, bien des voyageurs européens ont parcouru en observateurs intelligents ces contrées désolées dont ils nous ont décrit les ruines et les monuments antiques ; aucun n'a rencontré sous ses pas vestige d'église, ni ombre de population chrétienne indigène. Je serais porté à croire que cette population, déjà réduite à un très-petit nombre de familles, sous la domination des Barberousse et des Turcs d'Alger, se réfugia ensuite en partie dans les villes du littoral conquises par les armes d'Espagne, où elle se confondit avec les catholiques latins, et en partie dans la péninsule même, et principalement à Tolède, où ils pratiquèrent leur rite qui s'est conservé jusqu'à nos jours.

CHAPITRE VI.

Excursion à Sebdou. — Entretien avec un bédouin. — Défense
de ce poste par les Français en 1845.

Le 28 septembre, je me trouvais chez le gouverneur
de Tlemcen, qui avait bien voulu me convier à dîner avec
plusieurs officiers de la garnison. Le lendemain un convoi
devait partir pour aller ravitailler le poste de Sebdou. C'était
pour moi une occasion fort belle de visiter les montagnes
des Beni-Ournid et de pénétrer sans danger jusqu'à la
frontière du Maroc et à la limite du petit Saharah. Le général
m'ayant demandé si je ferais volontiers cette excursion,
j'acceptai sa proposition avec empressement, et des ordres
furent donnés aussitôt pour me faciliter le voyage : une tente,
un mulet, un cheval et deux Arabes furent mis à ma disposition ; le lieutenant Mackintosch se chargea des vivres, et
au fourrier Si-Hammou fut confié le soin de me protéger et
de pourvoir à tous mes besoins pendant tout le temps que
durerait le voyage.

Dans la soirée, les deux Arabes en question vinrent au
presbytère, amenant le cheval et le mulet qui devait porter
les bagages ; après avoir fait leurs dispositions pour le lendemain, ils s'étendirent par terre en véritables bédouins,
et enveloppés dans leurs burnous, ils s'endormirent à côté
de leurs bêtes, dans un coin de la cour.

A trois heures du matin tout était déjà prêt pour le départ. Nous nous dirigeons, à la lueur vacillante des étoiles, vers la *Porte de Fer*, باب الحديد (*Bab el-Hadid*), au couchant de la ville. Lorsque nous franchissons l'enceinte des murs, la tête du convoi s'est mise en marche depuis près d'une demi-heure ; l'air retentit au loin du son éclatant des trompettes. Bientôt le soleil vient éclairer de ses rayons naissants la scène mouvante que nous avons sous les yeux : ce sont des soldats pesamment armés qui s'avancent avec ordre, des escadrons de cavaliers dont les armes brillent comme des éclairs, de longues files de chameaux qui balancent leur corps comme des navires agités par la houle.

Nous longeons le mur méridional de la vieille Mansourah avec ses créneaux détruits et sa tour merveilleuse. Plus loin, nous passons sous une antique porte, qui a nom *Porte de Khamys*, باب الخميس (*Bab el-Khamys*). A notre gauche et du côté du midi, s'élève le mont *Sakharataïn* (*les deux rochers*) (1). Cette crête a été ainsi appelée par les Arabes, parce que, vis-à-vis de Tlemcen, elle est coupée par une vallée profonde au fond de laquelle roule le *Wed-Barram*. Sur la cime du Sakharataïn est perchée la *cobbah* ou marabout de Lella Setti, qui a donné son nom à cette partie de la montagne (*djebel Lella Setti*). Pour éviter les regards profanes des mortels, cette sainte du calendrier musulman était allé fixer sa demeure dans la région des aigles et des grues. La légende ne dit pas si, comme la Magdeleine de la Sainte-Baume, elle était transportée sept fois le jour dans

---

(1) Edrissy, *Géographie*, III⁰ climat, 1ʳᵉ partie.

les hauteurs célestes entre les bras des Chérubins. Du haut de cet escarpement se précipite avec fracas une nappe d'eau plus blanche que la neige, qui reçue dans un large ruisseau, faisait tourner autrefois une douzaine de moulins dont on voit encore les ruines, le long de la colline qui sert de contrefort à la montagne de Lella Setti.

Cette cascade, que l'on nomme مصب الكبير *Mçob el-Kebir*, ou grande cascade, cascade de la *Mansourah*, cascade de *Lella Setti*, est formée par un ruisseau auquel donne naissance une source située non loin du marabout. Cette source, qui se trouve dans un endroit rocailleux, est ombragée par un figuier séculaire. Les Arabes lui donnent le nom de *Fewwârah*, eau jaillissante (فوّارة). Elle a été chantée par les poëtes, entre autres par Mohammed ben-Youcouf el-Kaïcii el-Andolsiy, qui a dit :

واقصد بيوم ثالث فوّارة ،، وبعذب منهلها المبارك فانهل
تجري على درّ لجينها سائلا ،، احلى واعذب من رحيق سلسل

(Mètre kamil.)

Le troisième jour dirige tes pas vers la Fewwarah, et étanche ta soif avec l'eau limpide de sa source bénie.

Elle roule sur un lit de perles ses flots d'argent, plus douce et plus agréable au goût qu'un vin généreux, frais, délicieux (1).

Du pied de la montagne les eaux étaient amenées en partie dans la Mansourah où elles alimentaient les fontaines, et en partie dans le *Sehridj*, ou grand réservoir, dont

---

(1) *Histoire des Beni Abd' el-Wâdy*, fol. 3 r°.

nous parlerons plus tard (1). Un peu plus loin, et à l'est de la Mansourah, se jette également du haut de la montagne un autre ruisseau dont l'eau se perd dans la terre, au milieu des broussailles de la colline; les Arabes nomment cette cascade *Meçob es-Saghir* (مصب الصغير).

La route est bordée des deux côtés de lentisques et de jujubiers (زفيزف). Après avoir contourné la montagne par un chemin rude et escarpé, nous arrivons sur un plateau qui domine au nord le vaste territoire de Tlemcen. De cette hauteur l'œil découvre au loin, du côté du levant, le Pinacle du Corbeau (شرف الغراب, *Scharf el-Ghorab*), immense roc qui porte fièrement sa tête conique au-dessus de toutes les crêtes environnantes. Au nord et au couchant se détachent les hautes montagnes des *Trara* qui forment un épais rempart entre la mer et les plaines fertiles de l'inrérieur : c'est en vain que mes regards cherchent à découvrir dans cette direction les flots bleuâtres de la Méditerranée. Nous nous trouvons sur le territoire des *Beni-Ournid*. La route traverse une magnifique forêt d'oliviers sur la lisière de laquelle est assis un *dacherah* (دشرة), ou village habité par une fraction de cette tribu. Il se compose d'une trentaine de tentes noires rangées en cercle et semblables en tout aux *mapalia* des anciens Maures et des Numides. *Atar* (اثر) est le nom que les indigènes donnent à cette localité. Les Beni-Ournid exercent presque tous la profession de

---

(1) Je crois que le ruisseau de la Fewwârah est le même que celui qui est désigné par Edrissy (IIIe climat, 1re partie) sous le nom de *Wâdy el-Nosrany* (وادي النصراني), rivière du Chrétien.

bûcherons et de charbonniers, et ils vivent du produit de leur industrie. Les anciens rois de Tlemcen retiraient de cette contrée un revenu qui allait jusqu'à douze mille dinars. Le territoire des Beni-Ournid, qui abonde en sources et en ruisseaux, est assez bien cultivé en plusieurs endroits, produit du froment, de l'orge, de l'avoine et d'autres grains, et l'on y voit quantité d'arbres fruitiers, tels que le figuier, le cerisier, le noyer et l'olivier.

A ce magnifique plateau en succède un autre où l'on arrive par un chemin à peine tracé dans le sol qui est partout hérissé de rocs et d'arbustes épineux. Nous étions à gravir péniblement le flanc de la montagne, quand le signal de la petite halte fut donné. Je profitai de ce moment de repos pour contempler à travers les échancrures profondes des montagnes qui bornaient au loin l'horizon du côté du nord, la mer qui réflétait sur une large zone bordée d'azur les rayons éblouissants du soleil arrivé au quart de sa course diurne.

Nous touchons enfin à l'extrémité de la montée ; la plaine succède à la montagne, le chemin uni aux sentiers rudes, les champs et les prairies aux stériles broussailles de la colline. Nous foulons sous nos pas le plateau de *Terni* traversé dans sa longueur par la *Safsef,* aujourd'hui aride et désolée, demain torrent impétueux et bruyant. C'est dans cette plaine qu'eut lieu, au mois de mars de la même année, le fameux combat de Mohammed ben-Abd' Allah. Ce marabout, qui se posait en rival de Bou-Maazah et d'Abd' el-Kâder lui-même, était venu à bout de persuader à ses ignorants compatriotes qu'il était le véritable *maître de l'heure (moulé es-sahah*), le libérateur promis par Aly, Cidi Benna et autres prophètes de l'Islam. Il vendait à tout le monde des recettes magiques, des prières cabalistiques de son invention qui guérissaient toutes les maladies, éloignaient tous les malheurs, et il avait le cou, la poitrine, les bras et les jambes presque entièrement couverts d'amulettes et de grigris (حرز). Moyennant cet arsenal de préservatifs et quelques paroles barbares, il se croyait à l'abri des balles et des coups de sabre des Infidèles. Il avait attiré autour de lui une foule innombrable de dupes et de fanatiques, et il avait établi son campement dans les environs de *Aïn Bel-Ghâfer*, sur la lisière occidentale du plateau de Terni.

Un jour il envoya au gouverneur de Tlemcen un petit bout de papier sur lequel on lisait :

« Au taghiah (tyran) des Roumis, résidant à Tlemcen, que Dieu nous la restitue !

« Louange au Dieu unique ! Que Dieu répande ses bénédictions sur notre seigneur Mohammed, sur sa famille et ses compagnons, et qu'il les salue !

« L'empire appartient à Dieu et à celui à qui il veut bien l'octroyer. Il déteste l'infidélité et ceux qui professent l'erreur. C'est en son nom que je t'appelle à la lumière de la direction et que je t'invite à me reconnaître pour ton maître et souverain. Si tu écoutes ma voix, tu en recevras la juste récompense de la part de ton Seigneur ; sinon, je t'attends demain dans la plaine de Terni pour te faire éprouver la force de mon bras et goûter le châtiment que Dieu te réserve. Salut.

« Écrit par l'ordre de l'humble serviteur de son Seigneur, Mohammed ben-Abd' Allah. »

A cette insolente sommation le général Cavaignac répondit en marchant le lendemain même contre le marabout, à la tête d'un escadron de hussards, d'une compagnie de spahis et d'un bataillon de chasseurs d'Orléans.

Mohammed avait promis à ses sectateurs une victoire complète sur les Roumis; il leur avait assuré que durant le combat il les rendrait invisibles à l'ennemi, que tous leurs coups porteraient, et que les génies soumis à son pouvoir répandraient le trouble et le désordre dans les rangs des Infidèles. Mais à peine les Français furent-ils arrivés sur le champ de bataille, que, par l'ordre du général, ils fondirent sur les Arabes et en firent un massacre effroyable. Persuadés qu'ils n'étaient ni invulnérables, ni invisibles, ils cherchèrent leur salut dans la fuite; mais atteints par les spahis qu'on avait lancés à leur poursuite, ils n'en mordirent pas moins la poussière. Grâce à la vitesse de son cheval, Mohammed ben-Abd' Allah parvint à échapper à une mort certaine; il disparut avec ses talismans et ses amulettes, et, dans la crainte d'être assassiné par ceux qu'il avait trompés, il alla cacher sa honte dans les montagnes inhospitalières du Rif et du Maroc. La sévérité de cette leçon produisit sur l'esprit des Arabes un excellent effet, car depuis cette affaire, les imposteurs ont pris le parti de rester tranquilles, n'ayant pas le courage d'entreprendre une nouvelle équipée.

La grande halte fut établie à l'extrémité méridionale de

la plaine, dans un lieu appelé *Aïn Tesrameramet* dans la langue du pays. C'est le nom d'une source et des filets d'eau auxquels elle donne naissance. Elle jaillit au pied d'un tremble séculaire صفصف (*safsef*) qui étend ses larges branches et son ombre bienfaisante sur la modeste naïade. Dans les environs il y avait un champ où l'on avait planté des navets لفت (*left*), et une espèce de millet que les Arabes nomment *el-beschnah* (البشنة) (1). Les hauteurs de *Cidi Afîf* terminaient la plaine du côté du couchant. La contrée que nous avions choisie pour lieu de campement n'était rien moins que sûre; les bédouins, que le souvenir de leur défaite récente humiliait, nourrissaient dans leur cœur une haine implacable contre les Français. Des bandes de maraudeurs parcouraient le pays dans tous les sens, suivaient de près ou de loin les caravanes et les convois qui se mettaient en marche, tranchaient la tête aux soldats et aux voyageurs imprudents qui s'écartaient tant soit peu de leurs compagnons de voyage, entretenaient même des intelligences avec les Arabes qui s'étaient mis sous la protection de notre drapeau, et par l'intermédiaire de ces traîtres ils n'ignoraient presque rien de ce qu'il leur importait de savoir, comme le but de nos excursions, la direction de nos armes, le nombre de nos soldats et l'importance des forces qui étaient mises sur pied. Quand leurs vengeances ne pouvaient atteindre les Infidèles, ils s'attaquaient aux Arabes eux-mêmes qui avaient embrassé notre parti et voulaient jouir des bienfaits de la paix.

---

(1) Le *beschnah* est le gros millet blanc qui est connu aussi sous le nom de *calamboche*.

C'est ce qui se passa le jour même de notre arrivée dans cet endroit; le fait eut lieu presque sous mes yeux. Un Arabe soumis à notre domination labourait son champ non loin de notre bivouac. Un maraudeur à cheval qui l'a aperçu de loin, court sur lui, lui tire un coup de fusil et le blesse à la cuisse. On le transporte au camp où les chirurgiens français, après s'être consultés, décident qu'il n'y a pas de salut pour le blessé, si on ne lui ampute tout de suite la jambe. Les Esculapes arabes, car il s'en trouve encore dans ce pays, sont d'un avis contraire. Après une discussion où l'on parla beaucoup sans se comprendre, le malheureux bédouin fut abandonné aux docteurs de sa nation qui firent sans doute usage de leur remède ordinaire en pareil cas, je veux dire le feu, qu'ils appliquent sur les blessures de ce genre et dont ils obtiennent des guérisons presque incroyables.

Depuis notre départ, le vent du nord n'avait pas cessé de souffler ; mais à mesure que la nuit approchait, il devenait plus furieux, et rien ne pouvait nous mettre à l'abri de ses caresses glaciales. Il dispersait les feux des bivouacs, et des étincelles ardentes volant çà et là dans le camp nous menaçaient d'un incendie général. Ce n'est qu'avec une peine infinie que les soldats vinrent à bout de faire cuire la viande qui devait servir à leur modeste repas.

En attendant l'heure du dîner, je voulus tenter une petite excursion autour du campement, et je me dirigeai du côté de la source de Tesrameramet. Je trouvai là, accroupi sur l'herbe verte, un bédouin qui se rapetissait le mieux qu'il pouvait en cachant sa tête entre ses genoux, afin que son corps donnât moins de prise aux rafales et aux froides bouffées de la bise. Malgré la modestie de sa posture et la pauvreté des haillons dont il était couvert, quand il entendit le bruit de mes pas, il leva la tête et jeta sur moi un regard superbe et presque menaçant. Sans me déconcerter, je m'approchai de lui en lui donnant le salam et en lui adressant les compliments d'usage. Quand il m'entendit parler sa langue, ses yeux commencèrent à se radoucir, puis il s'abaissa jusqu'à répondre à mes salutations. Nous liâmes conversation; la curiosité attira bientôt dans cet endroit des Arabes qui m'avaient aperçu de loin et qui vinrent se ranger en cercle autour de nous, afin de mieux entendre nos paroles au milieu du bruit et des sifflements de la tempête.

« Je voudrais bien savoir, me disait le bédouin d'un ton un peu railleur, pour quelle raison les Roumis ont traversé la grande mer, et sont venus s'emparer d'une contrée que nous avons hérité de nos pères. »

« Les Français, lui répondis-je, n'eussent jamais songé à faire la conquête de l'Algérie, si leur drapeau n'avait pas été insulté par votre nation, si les maux que vous faisiez endurer aux esclaves chrétiens, si vos pirateries et vos brigandages n'avaient pas réclamé de notre part un prompt et terrible châtiment. »

« Vous oubliez sans doute, reprit le bédouin, que l'Arabe, né sous la tente, n'a jamais aimé la mer ni les expéditions maritimes, et que c'est aux Turcs et aux maudits Koroughlis que vous deviez adresser vos plaintes et vos griefs. »

« Puisque les Turcs étaient les maîtres du pays, répliquai-je, nous avons dû hériter de leurs droits, du moment que leur domination a cessé d'exister et que leur place est devenue vacante. Du reste, la contrée n'appartient de droit naturel, ni à vous, ni aux Turcs, mais aux Berbers qui sont les véritables indigènes et les plus anciens possesseurs. Vaincus et assujettis à la loi du plus fort, ils ont successivement passé sous la domination des Romains, des Vandales, des Grecs, des Arabes et des Turcs; aujourd'hui ils subissent avec vous le joug chrétien qu'il ne dépend que de vous de rendre doux et léger. Certes, la terre entière appartient à Dieu, dit votre livre, et il en donne l'empire à qui il lui plaît. »

« Vous venez de dire, ajouta le bédouin, que dans la succession des dominateurs du pays, aux Romains succédèrent les Vandales, aux Vandales les Grecs, aux Grecs les Arabes et les Turcs; pourriez-vous maintenant m'apprendre quel peuple doit succéder aux Roumis, car vous avez sans doute lu cela dans quelqu'un de vos savants livres? »

« Quelque savants que soient nos livres, lui répondis-je, ils ne le sont pourtant pas autant que les vôtres, car vous en possédez qui vous dévoilent l'avenir, et vos marabouts parlent d'un certain *moulé es-sahah* qui, d'après leur calcul, ne tardera pas de paraître. C'est lui, disent-ils, qui chassera les Infidèles de la terre d'Afrique et fera triompher sur eux la cause de l'Islam. »

A ces mots inattendus, un frémissement se fit entendre dans le groupe qui m'entourait : les Arabes avaient cru jusque-là que leurs secrètes espérances étaient ignorées des

Chrétiens ; mais ce que je venais de leur dire leur prouvant le contraire, il s'était élevé dans leur cœur un sentiment de dépit que trahissaient leur silence affecté et leur mine peu rassurante. Je crus prudent d'interrompre là le dialogue et de prendre le chemin du bivouac.

Nous passâmes la nuit transis de froid et réveillés de temps à autre par le bruit de l'ouragan. Vers le matin, le mauvais temps ne fit que s'agraver, et quand le convoi se mit en marche, nous eûmes à braver à la fois, et les trombes du vent qui venait en face, et une pluie fine mêlée à des flocons de neige qui se fondait en tombant.

Cependant il nous fallait gravir une haute montagne par un sentier horrible et glissant. Après une heure de lutte et d'efforts, nous atteignons enfin la crête de la montagne, et un troisième et dernier plateau s'étend devant nos pas. Peu à peu le ciel s'éclaircit et les nuages sont chassés au loin par le vent qui continue à souffler, mais avec moins de violence.

Notre marche se poursuit sur un terrain inculte et pierreux, mais ombragé par une forêt de lentisques, d'yeuses et de chênes blancs aux glands doux, laquelle s'étend fort au loin, tant du côté du levant où s'élèvent les montagnes du Nador, que vers l'occident dans le pays des *Beni-Hédiel*. Je demandai à un officier français si les arbres de cette forêt, du moins les chênes verts, ne pourraient pas servir à la construction des navires. Il me répondit que le bois en était trop cassant, et que le meilleur usage que l'on pût en faire, c'était de le convertir en charbon. Nous rencontrons çà et là le long de la route de ces arbres à demi-brûlés et des troncs gisant sur la terre, consumés par un bout, le reste ayant été noirci par le feu et presque carbonisé. Le bédouin transi de froid et grelottant, croit ne pouvoir mieux faire, pour dissiper la souffrance du moment, que de mettre le feu à un arbre à la formation duquel plusieurs siècles ont quelquefois travaillé; en cela il ne montre pas plus de prévoyance que le sauvage qui, pour avoir le fruit d'un arbre qu'il a de la peine à atteindre, croit nécessaire de le couper au pied.

Nous descendons par une pente rapide et à travers un vallon ombragé, vers la plaine de Sebdou.

A une certaine distance de la route et sous un roc qui forme la voûte, jaillit à gros bouillons une source que les Arabes nomment *Aïn Hebalet* (عين حبالت). Il en dérive un ruisseau qui arrose le vallon que nous descendons : c'est un des nombreux affluents de la Tafna ; mais avant de mêler ses eaux à celles de ce fleuve, il reçoit dans son lit le *Wed-Sebdou* (وادي سبدوا) et prend le nom de *Wed-Tsafrawah* (وادي تفراوة).

Nous arrivons sur un plateau qui domine la vaste vallée de Sebdou : c'est là que nous établissons la grande halte. Le vent du nord, que nous sentions à peine quand nous étions encaissés dans le vallon, redouble ici sa furie et semble regagner sur nous le temps pendant lequel les montagnes nous avaient soustraits à son empire. Plus que jamais il désole les broussailles, tourmente les arbres les plus vigoureux, soulève les tentes, brise les cordages qui les fixent au sol et mugit au loin avec un fracas épouvantable. Inutile d'ajouter que les soldats tentent vainement de fixer la flamme dans leurs foyers improvisés ; c'est à peine s'ils réussissent à se tenir eux-mêmes debout et à résister à la violence des trombes qui ravagent le camp. Cependant, au bout de deux heures, il calme tout à coup, comme s'il était las de tant de fureur.

Du lieu de notre campement au poste de Sebdou, il y avait une distance de deux bonnes lieues. Les hommes qui le gardaient, se trouvaient là depuis près de trois ans, séparés du reste de l'armée et vivant dans une solitude aussi dangereuse que peu agréable. Sans cesse observés par l'ennemi, ils ne pouvaient s'écarter de deux cents pas de la redoute, sans s'exposer à recevoir des coups de feu. Il ne fallait pas moins de cinquante soldats pour garder les troupeaux que l'on nourrissait pour la consommation de la garnison. Malgré cette précaution, il arrivait souvent que les bédouins enlevaient des bêtes, en faisant, comme ils disent, parler la poudre contre les Roumis. Ces hommes allaient, à leur très-grand contentement, être remplacés par une partie des militaires qui avaient accompagné notre convoi. Comme le départ de ces derniers ne devait s'effectuer que fort tard dans l'après-midi et qu'il était certain qu'ils n'arriveraient pas à Sebdou avant la nuit, je demandai au colonel chargé de conduire le convoi, la permission de partir plus tôt, ce qu'il m'accorda non sans peine, à cause du peu de sûreté que présentait la route. Cinq cavaliers arabes reçurent l'ordre de m'escorter et de se tenir prêts à partir ; mais avant de quitter le camp, je voulus en explorer le site et les alentours.

Mes pas se dirigèrent donc vers le Tsafrawah dont je trouvai les bords ombragés par d'épais bouquets de lauriers-rose fleuris et par les rameaux de mille autres arbustes qui, s'enlaçant les uns dans les autres, formaient une haie de verdure le long de la rivière. En suivant les sinuosités de son cours qui se bifurque en quelques endroits pour dessiner des îles ou des amas de sable, j'arrivai jusqu'à l'extrémité du plateau d'où l'on descend par une pente rapide dans la riante vallée de Sebdou. Sur les gradins de cet escarpement, je découvris des traces de culture, des murs en pierre sèche, des restes d'habitation et des arbres que la main des hommes avait plantés, tels que des figuiers, des cerisiers et des abricotiers; plus bas, l'on voyait un moulin presque entièrement conservé. C'était là, sans doute, la demeure de quelque tribu arabe ou berbère que la guerre avait forcée d'émigrer dans le Maroc, et qui, comme tant d'autres, avait préféré la terre étrangère à la patrie opprimée et désolée par les ghazias.

L'heure de mon départ pour Sebdou s'approchant, je ne crus pas devoir pousser plus loin mon excursion; je retournai au bivouac où m'attendaient les cinq cavaliers arabes qui avaient été désignés pour me servir d'escorte. Dès qu'ils m'aperçurent, ils vinrent au devant de moi pour m'annoncer qu'ils étaient à mes ordres. L'on m'amène mon bucéphale et nous partons.

Nous descendons au pas l'escarpement qui domine la vallée de Sebdou. Au loin et au fond de la plaine, se détachent comme deux points blancs, d'un côté les constructions du poste vers lequel nous tendons, de l'autre, la *zaouiah* de cidi Tahar. Nous arrivons enfin dans la plaine, qui est couverte d'un fourré de verdure et où s'élèvent çà et là des arbres de haute futaie.

Pendant que je chevauche tranquillement à une centaine de pas environ de mes cavaliers, je remarque qu'ils s'entretiennent à voix basse, et que de temps en temps ils se retournent de mon côté, ayant l'air de craindre d'être entendus de moi. Une pensée de défiance surgit dans mon esprit ; je me rappelle le sort tragique de certains voyageurs qui ont été pillés et massacrés par les bédouins auxquels ils avaient cru pouvoir confier leurs pas. Tout à coup je lance mon cheval au milieu de leur groupe, et interrompant brusquement leur conversation suspecte, je leur adresse des questions insignifiantes, puis prenant les devants, je me mets à galoper sur la route de Sebdou ; je traverse successivement le Wed-Tsafrawah, le Wed-Sebdou, et arrive au bout d'une demi-heure dans la cour du poste militaire de ce nom. Je me trouvais sur le territoire des *Oulad-Ouriahh*. Le commandant du fort avait été prévenu, je ne sais comment, de ma prochaine arrivée. L'accueil qu'il me fit, quand je me présentai à lui, fut des plus bienveillants. Il me fit visiter les constructions intérieures du poste, les casemates et les écuries, les silos qui servaient de prison et les magasins qui renfermaient les munitions de guerre ainsi que les provisions de bouche. Le commandant, qui était chef de bataillon au 41e, s'appelait Brachet. Il voulut bien, sur ma demande, me raconter l'action qui lui avait valu son grade. « Il y a un an, me dit-il, que ce poste avait pour commandant le chef de bataillon, M. Billot, du 41^e

comme moi. Le caïd des Beni-Snous, homme d'un caractère faux et profondément dissimulé, comme le sont tous les Arabes, avait fini par gagner son amitié, et il avait coutume de venir chaque jour jouer aux échecs avec lui. Un jour, après avoir joué une partie de son jeu favori, il sort en disant qu'il va bientôt revenir. Cependant il se fait attendre ; il ne paraît point. Des sentinelles viennent annoncer que l'on a aperçu des cavaliers sur les hauteurs voisines. Le commandant, qui ne se défiait de rien, part avec un petit nombre des siens et se dirige vers la colline où les Arabes s'étaient montrés. Tout à coup des nuées de cavaliers fondent sur lui et le cernent. Il crie à la trahison, frappe à droite, à gauche, se bat comme un lion ; mais à la fin il est blessé, tombe et expire. Le même sort atteint un lieutenant des zouaves attaché aux affaires arabes, M. de Dombasle, officier aussi brave qu'instruit et bien élevé. Une armée innombrable de cavaliers arabes vient alors assiéger le poste qu'ils attaquent de tous les côtés, et principalement du côté du nord où il n'est défendu que par un simple mur de terre battue et durcie. Deux pièces de campagne braquées dans les deux angles sont là heureusement pour ralentir la fougue des cavaliers ennemis, ce qui permet d'ailleurs à nos soldats d'exhausser le mur avec des sacs remplis de terre, et de tirer à couvert sur les Arabes qui tentent de franchir et de renverser ce faible obstacle. En apprenant la mort du commandant, mes compagnons d'armes m'avaient mis à leur tête ; grâce à leur courage et à ma présence d'esprit, les Arabes furent mis en fuite et le fort ne tomba point sous le pouvoir de l'ennemi. Ceci se passait en septembre 1845 : vous voyez qu'il y a maintenant juste un an. C'est à la suite de cette défense que le gouvernement m'a conféré le grade de chef de bataillon, grade que je crois avoir assez mérité. Depuis cette attaque perfide, nous ne cessons de nous tenir sur le qui vive avec les Arabes, et nous n'agissons plus avec eux qu'avec une extrême défiance et beaucoup de précaution. »

Quand il eut achevé son récit que j'avais écouté avec le plus vif intérêt, je le priai de me donner quelques renseignements sur l'origine du fort de Sebdou. Il m'apprit que ce poste avait été créé par l'émir Abd el-Kâder, mais que les Français, après s'en être emparés, l'avaient considérablement agrandi, fortifié et rendu tel, en un mot, qu'on le voyait actuellement. Après ces explications, je lui demandai encore si la contrée était fertile en antiquités. A cela il répondit qu'il ne connaissait pas d'autres antiquités que celles que l'on voyait à El-Ghor, à une journée environ de marche à l'est de Sebdou, chez les Ouled Aly ben-Hamel ; que, du reste, il ne les avait pas visitées lui-même, et qu'il ne pourrait, par conséquent, me fournir des renseignements bien précis.

Vers cinq heures arrivèrent les deux cents hommes qui venaient relever la garnison. A huit heures, le commandant Brachet nous fit servir un dîner aussi splendide qu'il pouvait l'être dans ces lieux sauvages et privés des ressources des grandes villes. Le capitaine Saunière qui était à mes côtés me donna des preuves d'une attention et d'une urbanité dont je ne perdrai jamais le souvenir. Comme la conversation vint à tomber sur la perfidie des Arabes qui l'année précédente avaient fait périr le commandant Billot et le lieutenant de Dombasle, il me dit que l'on avait dressé un petit monument sur leur tombe, et il m'engagea à aller le bénir après le dîner. Je lui fis observer que n'ayant ni rituel, ni ornements sacrés, ni rien de ce qu'il fallait pour procéder à cette cérémonie conformément aux règles de l'Église catholique, j'éprouvais le regret de ne pouvoir répondre à sa pieuse intention; seulement je lui promis de me souvenir d'eux, lorsque j'offrirais le saint sacrifice. Le banquet se prolongea fort avant dans la nuit. Une magnifique peau de panthère était appendue au mur de la salle : « Voilà, me dit le commandant, la dépouille d'une bête que j'ai tuée à la chasse ; je vous prie de l'accepter comme un souvenir de votre passage dans ces lieux solitaires. » Je le remerciai du cadeau qu'il voulait bien me faire, et j'ajoutai que l'accueil hospitalier et bienveillant dont il m'avait honoré, ne s'effacerait jamais de ma mémoire.

L'heure du silence et du repos étant enfin arrivée, il me montra lui-même le lit qu'on m'avait préparé : c'était un matelas étendu sur trois planches que deux bancs supportaient ; le tout était disposé dans un coin de la salle où nous venions de dîner. « Il y a trois mois, me dit-il au moment où il se retirait, que Monseigneur le duc d'Aumale s'est reposé sur cette même couche ; puisse-t-elle vous porter bonheur ! — Merci du bon souhait ! lui répondis-je. Puisse le ciel protéger partout et toujours les pas du noble prince que vous avez accueilli sous ce toit hospitalier ! »

Il y avait à peine quatre heures que je m'étais jeté dans les bras du sommeil, que le poste entier était déjà en mouvement et se disposait au départ. Nous nous mîmes en marche au clair de la lune. A la pointe du jour, nous avions rejoint le reste du convoi que la veille nous avions laissé sur le plateau voisin. De là nous reprenons la route de Tlemcen. Après quatre heures d'une marche pénible et à travers les montagnes des Beni-Hédiel, nous arrivons dans la plaine de Terni, où le convoi bivouaque de nouveau. Pendant que l'on apprêtait le déjeuner, le lieutenant Mackintosch était allé faire une excursion dans les collines voisines où il avait aperçu un nuage de fumée. A son retour, il nous rapporta qu'il avait trouvé derrière ces hauteurs le commandant Bazaine, chef du bureau arabe de Tlemcen, avec un corps de cavaliers, et qu'il avait vu étendus sur un rocher les cadavres de trois maraudeurs arabes à qui l'on avait tranché la tête. Il me demanda si je n'étais pas désireux de voir ce spectacle. Je lui répondis que je frémissais d'horreur rien que d'y penser, et que je ne concevais pas d'ailleurs ces exécutions à la turque. Il tâcha de les justifier en disant que dans un pays où les brigands étaient si nombreux et si dangereux, ces exécutions étaient nécessaires, et que la vue de ces cadavres exposés nus sur les rochers, de ces têtes pendues aux branches des arbres, était seule capable de les épouvanter et de leur faire mettre un terme à leur vie de brigandages et de crimes. « L'Arabe, ajouta-t-il, ne connaît que le sabre et le bâton. La raison est la loi des peuples civilisés ; mais les barbares qui ne distinguent pas sa voix ou la méconnaissent, ne peuvent et ne doivent être menés que par la force. Nous serions dupes de nous-mêmes, si pour les réduire, nous employions un autre moyen. — Triste et dur moyen, lui dis-je en terminant, si toutefois il est le seul vrai, le seul efficace ! »

Après une halte de plusieurs heures, nous poursuivons notre route à travers le plateau de Terni ; puis, descendant les gradins que forment les montagnes des Beni-Ournid, nous rentrons à Tlemcen au moment où le soleil disparaît à l'occident.

Trois jours avaient suffi à cette intéressante excursion ; j'avais traversé le Tell dans toute sa largeur, et effleuré la région des hauts plateaux au delà desquels s'étend un océan de sable, une plaine sans bornes, un désert sans fin. J'étais heureux d'avoir visité des contrées jusque-là peu connues, recueilli quantité d'observations et de faits qui, étant pour moi tout à fait nouveaux, étendaient le cercle de mes connaissances. Mais pour remplir entièrement le but de mon voyage, il me restait encore beaucoup à faire, et je prévoyais non sans regret que le temps dont je pouvais disposer serait trop court pour explorer avec soin et profit la ville et ses alentours. Nous étions déjà au premier jour d'octobre.

CHAPITRE VII.

Agadyr ou l'ancienne Tlemcen. — Sa topographie et son histoire. — Inscriptions latines qu'on y voit encore.

Tlemcen (1) se composait autrefois de deux villes séparées l'une de l'autre par l'espace d'un jet de pierre et dont chacune était environnée d'une enceinte de murs (2). La plus ancienne était appelée *Agadyr*, et la seconde, qui est la moderne Tlemcen, portait le nom de *Tagrart*. Agadyr est aujourd'hui un quartier entièrement désert, et il a été converti en grande partie en jardins et en vergers. C'est, après Ghelma, la localité qui a fourni en Algérie le plus grand nombre d'inscriptions; les ruines qu'elle renferme sont dignes de toute l'attention des voyageurs. « Cette mine si riche en objets d'antiquités, dit M. Hase dans un mémoire publié dans le *Journal des Savants* (3), semble loin d'être épuisée; et nous engageons les amis de la science que leurs fonctions appellent dans l'ouest de l'Algérie, à y continuer, avec persévérance et avec zèle, des explorations

---

(1) Suivant l'auteur du *Meracid el-Ittilâa*, le nom de cette ville, Tilimcen, se trouve écrit quelquefois avec un *noun*, c'est-à-dire *Tinincen*.

(2) *Meracid el-Ittilâa* ; *Histoire des Beni Abd' el-Wady*, par Yahia ben-Khaldoun, fol. 4 r° de mon manuscrit.

(3) *Journal des Savants*, 1837, page 653.

qui, de jour en jour, peuvent devenir plus intéressantes pour l'histoire et pour la géographie comparée. »

Agadyr est située en dehors de la ville actuelle, du côté du levant. Impatient de visiter un quartier aussi curieux, je voulus, le lendemain même de mon arrivée de Sebdou, satisfaire mes justes désirs. Mais avant de décrire ma course et de faire connaître les observations auxquelles elle donna lieu, je crois utile de m'arrêter un instant sur le nom que porte ce quartier (1). Je ferai donc remarquer que l'orthographe du mot *Agadyr* n'est pas la même chez les auteurs arabes ; les uns, tels que Yahia ben-Khaldoun, dans son *Histoire des Beni Abd' el-Wâdy* (fol. 4 r° et fol. 14 r° de mon manuscrit), écrivent اجادير avec *djim*; les autres avec *djim* affecté de trois points, et quelques-uns الغدير (*el-ghadyr*), tels que Abd' Allah Mohammed ben-Omar ben-Khamys, dans une pièce de vers citée par le même Yahia ben-Khaldoun (fol. 2 v°). Dans le *Meracid el-Ittilâa* (*Supplément arabe*, n° 891, page 134), le copiste a omis les points diacritiques de ce mot. Quoi qu'il en soit de ces diverses manières de figurer la prononciation de ce nom de lieu, je crois que ce mot n'est rien autre que le berbère اغادير (*aghadyr*), qui signifie *murailles d'une ville, remparts*, et qui est peut-être le pluriel de تغادرت *forteresse, château*. Cette dénomination convient parfaitement à la loca-

---

(1) Il y a deux autres villes de ce nom, *Agadyr* située à 18 milles de Macyla, et *Agadyr* ou *Santa-Cruz* sur la côte de l'Océan, dans le Maroc. Dans les *Annales Regum Mauritaniæ*, p. 168, ce mot est écrit الغدير, اكادير et گادر.

lité dont il s'agit, car elle est encore de nos jours entourée d'immenses remparts, et tout semble indiquer qu'elle renfermait autrefois une citadelle, comme nous le prouverons plus loin. Si je ne me trompe, اجادير est une altération du mot arabe جدر *muraille,* ou de جدير qui signifie *entouré d'une muraille.* Il est possible aussi que ce mot ait une origine phénicienne ou carthaginoise, car dans la langue hébraïque, sœur du phénicien, גָּדֵר *gâder,* et avec l'article הַגָּדֵר, signifie également *muraille* et *mur d'enceinte* (1).

Escorté par quatre Koroughlis armés de pied en cap, je dirigeai mes pas vers le quartier d'Agadyr, en sortant de la ville par la porte de Cidi bou-Médyn. Avant d'arriver à Agadyr, il faut traverser un chemin, puis un espace d'une cinquantaine de pas, tout rempli de décombres : ce sont les ruines du rempart d'Agadyr qui a été démoli à une époque plus ou moins éloignée de nous.

Arrivé dans l'enceinte d'Agadyr, je remarquai dans sa partie méridionale et non loin de la porte *Derb el-Semmâr,* un grand réservoir dont la destination primitive était, sans contredit, de fournir de l'eau aux divers établissements de ce quartier. Comme il est d'une parfaite conservation, il serait facile d'y amener de nouveau les eaux qui sortent d'une source voisine appelée عين الرباط *Aïn el-Ribat,* et de le faire servir à l'irrigation des jardins qui occupent aujourd'hui

---

(1) Voyez *Grammaire et dictionnaire abrégés de la langue berbère,* par Venture de Paradis. Paris, 1844, p. 189 et 197. A la p. 231, Venture assure qu'*aghadyr* ou *taghadyr* signifie aussi un pays montagneux.

l'emplacement des anciennes constructions. Ce réservoir est appelé par les gens du pays صهريج الرباط *le bassin du Ribat.*

Cette dénomination jointe à des ruines qui gisent à quelque distance de cet endroit, me porte à croire qu'il y avait là autrefois un *ribat* ou forteresse construite par les premiers conquérans arabes, afin de tenir le pays en respect. L'on sait que dans le principe les ribats servaient de retraite ou de garnison aux musulmans qui voulaient remplir le devoir de la guerre sacrée et se livrer en temps de paix aux exercices de la prière et de la piété, ainsi qu'à l'étude de la religion. Dans la suite, lorsque les pays où ils avaient été élevés, furent entièrement soumis et que toute crainte de révolte eut cessé, la plupart de ces postes militaires furent convertis en couvents et en établissements purement religieux. Dans quelques endroits ces ribats sont devenus des villes ou des places de guerre importantes, telle que la ville de Ribat dans l'empire du Maroc.

Après avoir traversé plusieurs jardins fort bien cultivés, j'arrivai au pied d'une grande tour carrée dont la hauteur, à vue d'œil, pouvait être de cinquante à soixante mètres. La porte, qui s'ouvrait sur le côté méridional, donnait entrée à un escalier dont les premières marches tombaient en ruines; il n'était éclairé par aucune lucarne le long du mur. Malgré l'assurance que me donnèrent les Koroughlis, que je pouvais sans crainte monter jusqu'au sommet de la tour, je refusai de tenter une pareille ascension, à cause de l'obscurité sans fin dans laquelle il aurait fallu m'engager. La tour entière reposait sur une base élevée de plus de six mètres au-dessus du sol. Les matériaux qui avaient servi à la construction de cette partie de l'édifice, étaient des pierres de taille carrées plus ou moins grandes, plus ou moins cubiques ou oblongues; mais toutes avaient dû faire partie d'un monument plus antique et certainement antérieur à l'invasion musulmane. Ce qui le prouve, ce sont les inscriptions latines qui sont incrustées dans ses murs et qui sont au nombre de cinq. Quoique je ne sois pas le premier à les avoir remarquées, le lecteur ne sera peut-être pas fâché de les trouver transcrites ici.

I.

D M S
M . TREBIVS
ZABVLLVS VIX .
AN . XLV M TRE
BIVS IANVARIVS
FRATRI PIISSIMO
FECIT

Diis Manibus sacrum. Marcus Trebius Zabullus vixit annis quadraginta quinque. Marcus Trebius Januarius fratri piissimo fecit.

Cette copie, que j'ai faite avec le plus grand soin, diffère de celle qui a été donnée par le voyageur anglais Shaw et d'après laquelle l'inscription gravée sur un autel porterait ABVLLVS, AN. LV et CARISSIMO. Elle ne s'accorde pas tout à fait avec celle qui a été publiée dans le *Moniteur algérien* (27 mai 1836, n° 233), qui porte ZABVLEIVS au lieu de ZABVLLVS, ni avec celle qui a été envoyée au savant M. Hase par M. Mangay, capitaine du génie à Alger, et qui offre la même leçon. (Voyez *Journal des Savants,* juillet 1837, page 432.)

II.

D . M . S .
IO/ OCATO PATRI OVI.....N
IETVNIÆ CONTENTÆ MATRI
XXX M VI D XI BENE MER.... Ivv
FELICIANVS FILIVS FECIT

M. Hase lit cette inscription de la manière suivante :

Diis Manibus sacrum. Jovino (?) *Vocato patri, qui vixit annis.... mensibus.... diebus quatuor, et Juniæ Contentæ matri, quæ vixit annis triginta, mensibus sex, diebus undecim, bene merenti.... Felicianus filius fecit.*

III.

D . M . S
Q MARCO RVS
TICO FERRO PE
TITO QVI VIXIT
ANN XXXIII
M III D XXI H V
MAECII AFRI
KANVS ET DO
NATVS FRA
TRI INNOCEN
TISSIMO

Diis Manibus sacrum. Quinto Marco Rustico, ferro petito, qui vixit annis triginta tribus, mensibus tribus, diebus uno et viginti, horis quinque. Mæcii Africanus et Donatus fratri innocentissimo.

Cette inscription appartient au troisième siècle de notre ère. Elle a été expliquée par M. Lebas dans le *Journal général de l'Instruction publique* du 7 août 1836.

IV.

D M S
L . MARIVS
NAMPHAMO
V . A . N . I . XXXV ME II
M . ET RFP . B . ME
FIL . F . H . S . C . E

D. M. S. *Lucius Marius Namphamo vixit annis septuaginta octoginta* (?) *quinque, mensibus duobus, (de) municipio et republica bene meritus. Filius fecit hoc sepulcrum cum* (h)*eredibus.*

V.

D M S
AEMILIA DOMNA VI
XIT ANIS XVIII CVI
MARITVS CRICINVS
F B M

D. M. S. *Æmilia Domna vixit annis decem et octo, cui maritus Cricinus fecit, bene merenti.*

Les trois dernières inscriptions ont été trouvées dans le cimetière des Juifs, situé en dehors de la ville, du côté du couchant, mais elles proviennent des ruines de la mosquée d'Agadyr où les Israëlites de Tlemcen allaient chercher autrefois les pierres qu'ils plaçaient, selon leur coutume, sur les tombes de leurs coreligionnaires.

VI.

L'inscription suivante, qui me paraît être la plus importante, est placée en travers dans l'angle du mur qui fait face au nord, du côté du couchant et à la hauteur de trois mètres environ au-dessus du sol. Elle a été publiée dans le *Journal des Savants*, par M. Hase, à qui un des officiers d'Afrique en avait envoyé une copie. Elle a été reproduite depuis par M. Azéma de Montgravier, capitaine d'artillerie à Oran, dans un mémoire intitulé : *Excursion archéologique d'Oran à Tlemcen* (Toulouse, 1846, page 17), et outre la copie que j'ai eu soin de faire moi-même sur les lieux, j'en possède une autre qui m'a été donnée en Afrique par M. de Caussade, commandant au 15° léger. La voici :

```
       DEO
     SANCTO
    AVLISVÆ
    FL . CASSI
    ANVS PRÆ
     FC . LAE
    EXPLOR...
      TOR..
     POMARI
     ENSIVM
      S....AE
```

C'est-à-dire :

Deo Sancto Aulisvæ Flavius Cassianus profectus alæ exploratorum Pomariensium susceptum votum solvit libens merito.

Comme l'on voit, c'était un autel votif consacré à Aulisva, dieu tutélaire de la localité. Le nom de cette même divinité se lit sur une autre inscription gravée sur une pierre de marbre noir, de forme cubique allongée, servant aujourd'hui de banc dans la cour du beylick à Tlemcen. Elle porte :

DEO INVICTO
AVLISVAE
MIL......
FL.......
ALAE EX NEPO
MAR. GORDIA
NAE ET PROC

Dans la copie qui en a été donnée dans le *Moniteur algérien* (8 juillet 1836, n° 239) et dans le *Journal des Savants* (juillet 1837, page 431), au lieu de AVLISVAE et de EXNEPO, on lit AVVSVAE et LXLLIO ; mais, suivant M. Azéma de Montgravier, qui a vu lui-même l'inscription et l'a reproduite dans son *Excursion archéologique,* p. 17, la véritable leçon est AVLISVAE.

Le mot POMARIENSIVM qui occupe les deux avant-dernières lignes de l'inscription n'a pas été transcrit exactement dans la copie qui a été envoyée à M. Hase (Voy. *Journal des Savants,* 1337, p. 432), car cette copie porte IOMARTENSIW. Celle qui a été publiée par M. Azéma de Montgravier, quoique moins fautive, n'en est pas moins inexacte : il a lu ROMARIENSIVV. Comme de la lecture de ce mot dépend une découverte géographique très-importante à mes yeux, puisqu'il peut nous faire connaître le nom que les

Romains donnaient à la localité où était cantonné le corps de cavaliers mentionné dans l'inscription, je présenterai ici l'état exact de ce mot sur la pierre, afin que le lecteur puisse juger lui-même de la valeur de ma rectification et de ma lecture.

Pomariensium se trouve gravé sur deux lignes, la neuvième et la dixième, de la manière suivante :

POMARI
ENSIVV

Il est évident que le premier caractère de la neuvième ligne est un **P**, car il est entier, sauf la partie supérieure de la boucle qui est tronquée. Le reste du mot ne présente aucune difficulté, et M. Azéma de Montgravier a lu avec raison **OMARI**. S'il avait examiné plus attentivement la lettre initiale de ce mot, il aurait vu qu'entre elle et la suivante, il n'y a pas de trace indiquant la disparition de la queue d'un **R**.

Ainsi, d'après le texte de l'inscription qui nous occupe, il y avait à Tlemcen un corps de cavalerie auquel était confiée la mission d'éclairer les mouvements de l'ennemi, *ala exploratorum*, et ces *explorateurs* portaient le nom de *Pomarienses*, c'est-à-dire natifs de Pomaria ou résidant à Pomaria. Or, il est certain que Pomaria était un nom de lieu, car il se trouve dans l'inscription suivante qui a été découverte à Lella Maghrnia et dont M. de Caussade, commandant au 15ᵉ léger (1), m'a donné une copie à Oran :

---

(1) Aujourd'hui lieutenant-colonel.

```
        IMP . CAES
         M AVREL
          SEVERV
        . . . . . . .
        PIVS FELIX
        A/G . MILI
        ARIA POSV
        PER P . FL .
        CLEMENTE
        PROC . SAX
        A/ SVR . POMAR
         MP . XXVIIII
        SIG MP. XXXVI .
```

Imperator Cæsar Marcus Aurelius Antoninus pius, felix, augustus, miliaria posuit per Publium Flavium Clementem, procuratorem suum, antistitem Severianum. Pomaria, M.P. xxix. *Siga,* M. P. xxxvi, ou vii, viii, viiii.

De Lella Maghrnia à *Siga,* ville bien connue, la distance était donc de trente-six à trente-neuf milles, et de la même localité à Pomaria l'on en comptait vingt-neuf, ce qui fait environ douze de nos lieues, distance qui sépare en effet ce poste militaire de la ville moderne de Tlemcen, et par conséquent d'Agadyr. L'empereur Marcus Aurelius Severus Antonin, plus connu sous le nom de *Caracalla,* a régné entre les années 211 et 217 de notre ère.

Le nom de *Pomaria,* qui en latin signifie *vergers,* fut sans doute donné à la colonie de Tlemcen à cause du magnifique bois d'oliviers, des arbres de toute espèce, des sources et des jardins qui faisaient de cette localité comme un vaste verger.

Pomaria devait être dans le principe un camp romain fixe, *castra stativa*, avec ses portes prétoriennes et décumanes, son *vallum*, son prétoire, son *forum* et son *quæstorium*, tel en un mot que ceux dont on voit les ruines à Lella Maghrnia, à Nédromah, à Ouchdah. Il est probable que ces constructions militaires sont restées debout jusqu'à l'invasion musulmane ; il est même permis de conjecturer que les Arabes s'en sont servis à leur tour pour tenir le pays en respect, et que le ribat ou citadelle dont on voit encore les ruines à Agadyr, n'est rien autre que l'ancien camp romain.

C'est dans l'enceinte de la ville romaine que le dieu Aulisva avait probablement son temple, car c'est là qu'ont été découvertes les deux inscriptions qui portent son nom. La première ne contient aucune indication de l'époque, même approximative, où elle dut être gravée ; il n'en est pas ainsi de la seconde. Les mots ALAE... GORDIANAE qui désignent un corps de cavaliers, de la *ala gordiana*, connue par d'autres monuments (voyez *Journal des Savants*, juillet 1837, page 431), nous indiquent que le monument n'est pas antérieur au règne des Gordiens (238-244), ni probablement postérieur à celui de Constantin le Grand.

Le minaret dans la base duquel sont incrustées les cinq inscriptions qui viennent d'être relatées, fut construit entre les années 637 et 681 de l'hégire (1239 et 1282 de J.-C.) par les ordres de Ghamorâcen, premier roi de Tlemcen.

Yahia ben-Khaldoun (1) et Mohammed el-Tenessy (2) racontent que lorsque l'édifice fut achevé, on demanda à Ghamoràcen s'il voulait que l'on inscrivît son nom sur le monument. « Non, répondit-il dans la langue des Zénètes, *houhou yssents Reubbi,* Dieu le sait (3) », voulant témoigner par là que, comme il n'avait fait ériger le minaret qu'en vue de la gloire de Dieu, il n'attendait aussi sa récompense que de lui : réponse bien digne de ce grand prince et qui montre la solidité de sa piété et la profondeur de sa modestie.

Nous ferons remarquer en passant que l'architecte musulman qui a présidé à la construction du minaret, a fait preuve d'intelligence en plaçant dans le mur les inscriptions latines, de manière à pouvoir être lues, car il aurait pu cacher dans la partie intérieure du mur le côté de ces pierres sur lequel ont été gravés les caractères, et la science

---

(1) *Histoire des Beni Abd' el-Wâdy,* fol. 14 r° de mon manuscrit.
(2) *Tohhfet el-Molouk,* p. 84 de mon manuscrit.
(3) La langue des Zénètes est la même que le berber, auquel appartiennent effectivement les mots que nous avons cités d'après Yahia ben-Khaldoun. Dans le *Dictionnaire de la langue berbère,* de Venture de Paradis, p. 152, la troisième personne masculine du verbe *savoir* est écrite يسين *isin* et يَسَنْ *isen* (racine يسين); mais, d'après celui qui a été composé et publié par les ordres du ministre de la Guerre (Paris, 1844), ce même mot s'écrit et se prononce يسَّنْ *issen* ou *issin* avec deux *sin*, ce qui est conforme à l'orthographe de mon manuscrit. Le ت *td* qui termine le mot est le pronom masculin de la troisième pers. sing. Les Berbers de *la province de l'Est de l'Algérie* exprimeraient la proposition : *Dieu le sait,* par ربّي اكّ يسّنت *reubbi ag issent.*

historique eût été peut-être à jamais privée des données utiles fournies par la lecture de ces antiques monuments.

Derrière le minaret s'élevait jadis une mosquée dont il ne reste plus aujourd'hui que quelques pans de muraille. C'est en 1845, à ce que m'ont assuré les gens de mon escorte, et pendant le siége de Tlemcen, que cet édifice fut rasé par les Français; mais il est certain qu'avant cette époque la mosquée était abandonnée depuis longtemps et qu'elle tombait en ruines faute de réparations et d'entretien.

Parmi les décombres de ce monument, je découvris l'inscription suivante que je crois inédite :

```
       D . M . S .
      AREL . IVLIA
    VIXIT AN . XII CVI
     MATER . FECIT....
      ...ERNAAL . AN .
        PRO CCCCXX
```

Diis Manibus sacrum. Aurelia Julia vixit annis duodecim, cui mater fecit domum eternalem anno provinciæ quadringentesimo vigesimo.

L'année 420 répond à l'an 387 de l'ère chrétienne.

Suivant la tradition des habitants de Tlemcen, cette mosquée serait la plus ancienne de la ville. En effet, je lis dans un historien arabe, Abou-Mohammed Saleh ibn-Abd' el-Halim, de Grenade, auteur du Cartas (1), que cette mosquée fut

---

(1) Édition de Tornberg, texte arabe, p. 8.

fondée par Édris ben-Abd' Allah, le premier des Édrissites qui régna sur le Maghreb. Ce prince avait fait graver sur le *minbar* ou chaire de la mosquée l'inscription suivante :

بسم الله الرحمن الرحيم هاذا ما امر به الامام ادريس بن عبد الله بن الحسن بن الحسين رضى الله عنهم وذالك فى شهر صفر سنة اربع وسبعين وماية

Au nom de Dieu clément et miséricordieux. Ce minbar a été fait par les ordres de l'imam Edris, fils d'Abd' Allah, fils de Haçan, fils de Hoceïn (que Dieu soit satisfait d'eux!), et cela, à la date du mois de Safar de l'an 174.

C'est à une année avant cette époque, c'est-à-dire l'an 173 de l'hégire (789 de J.-C.), qu'il faut faire remonter la fondation de la grande mosquée d'Agadyr ; car ce fut cette année-là même que l'autorité d'Édris fut reconnue à Tlemcen, et que pour récompenser la prompte soumission de ses habitants, il leur fit construire une mosquée.

D'après les expressions de l'historien arabe qui dit qu'Édris fit ériger la mosquée de cette ville, il est permis de croire qu'elle est la première qui ait été érigée à Tlemcen ; car autrement il se serait servi d'une autre tournure et il aurait écrit simplement que l'on construisit une mosquée, et non la mosquée de Tlemcen à Tlemcen.

Elle fut construite, ainsi que le minaret, avec des débris de monuments romains, et peut-être sur l'emplacement qu'avait occupé auparavant le temple érigé en l'honneur du dieu local Aulisva.

La mosquée d'Agadyr ayant été fort endommagée durant les guerres qui suivirent l'élévation d'Édris au trône du Maghreb, elle fut restaurée, vingt-cinq ans après sa fondation, par le second des rois Édrissites, qui, de plus, fit faire un nouveau minbar pour remplacer le premier qui ne pouvait plus servir. Le nom du prince fut gravé sur une planche ou tablette que l'on voyait encore dans la mosquée d'Agadyr vers le milieu du douzième siècle de notre ère. Ce fait est démontré par une citation que je trouve dans l'histoire des souverains du Maghreb par Abou-Mohammed el-Saleh (page 27). La voici : « Abou-Merouan Abd' el-Warrak dit : L'an 555 (1160) j'entrai dans la mosquée de Tlemcen ; là, je lus sur une planche que l'on avait clouée sur la corniche du minbar, et qui avait appartenu à un autre minbar plus ancien, l'inscription suivante : Cet ouvrage a été exécuté par les ordres de l'imam Édris, fils d'Édris, fils d'Abd' Allah, fils de Haçan, fils d'Hoceïn, fils d'Aly. — Que Dieu soit satisfait d'eux ! —Dans le mois de moharram de l'année 199 (814). »

« Les vestiges d'Agadyr que j'ai sous les yeux, dit M. Azéma de Montgravier en parlant des restes de cette mosquée, proviennent peut-être d'un monument réédifié, car rien n'est plus facile que de les mettre en œuvre : ce sont des pierres tumulaires et des matériaux enlevés aux monuments romains que l'invasion arabe trouva debout à la fin du septième siècle. Les antiquaires peuvent y enrichir leurs collections d'inscriptions presque toutes inédites ; car on en retrouve tous les jours de nouvelles, et la mine en paraît inépuisable. Les Turcs en faisaient commerce ; ils les vendaient aux juifs, qui, les trouvant toutes préparées pour servir de pierres sépulcrales, les rendaient à leur destination primitive et en ornaient leurs tombeaux. »

Malgré le vif désir que j'éprouvais de continuer mes explorations dans cet endroit si fécond en objets d'antiquités ; malgré les richesses que me promettait cette mine jusque-là peu exploitée, d'un côté l'impatience des *turcos*, qui ne comprenant rien à l'intérêt de mes recherches, me pressaient de porter ailleurs mes pas, de l'autre, le peu de temps qui me restait pour visiter les autres curiosités de ce quartier, me déterminèrent à me séparer de ces ruines, mais non sans bien me promettre d'y revenir un autre jour. Je me dirigeai donc vers la porte dite d'Agadyr, au grand contentement de messieurs les turcos qui avaient eu l'air de craindre que je ne restasse pétrifié pour toujours au milieu de ces décombres.

La porte d'Agadyr, ainsi appelée par les Français, porte chez les Arabes le nom de *porte de cidi Daoudy* (باب سيدي داودي), à cause de la mosquée de ce nom qui s'élève dans le voisinage. Elle appartient au style mauresque, et elle est d'un aspect le plus gracieux et le plus charmant qu'on puisse imaginer. Pour en donner une idée au lecteur, je transcrirai ici la description élégante qui en a été faite par M. Azéma de Montgravier dans son *Excursion archéologique*. « Cette porte, dit-il, faisait partie de l'enceinte générale de Tlemcen, sous les rois arabes. Elle est, ainsi que tout le reste des remparts, construite en pisé, mais revêtue de briques en dedans et au dehors ; elle affecte la forme gracieuse de l'ogive renflée vers le milieu, rentrante à sa partie inférieure. Son soubassement colossal, en saillie sur le reste de la fortification, est formé de matériaux romains jetés pêle-mêle, avec un abandon fort piquant pour l'artiste, mais désespérant pour l'antiquaire, qui reconnaissant la forme d'un cippe funéraire ou d'un autel votif, ne peut s'empêcher de maudire l'architecte sarrazin, dont la fantaisie a souvent placé les inscriptions de manière à forcer l'archéologue intrépide à adopter la position la plus gênante pour les déchiffrer. »

Les remparts qui entouraient autrefois Agadyr sont encore debout, excepté du côté du couchant et du côté du midi où ils sont en grande partie tombés en ruines. Ils sont construits en pisé, comme il vient d'être dit, et ils paraissent avoir été primitivement enduits, tant à l'intérieur qu'à l'extérieur, d'une couche de plâtre ou de chaux.

L'on descend par la porte d'Agadyr dans une plaine où s'élève la *cobbah* ou marabout de cidi Daoudi dont on verra plus loin la biographie. Non loin de la porte, l'on remarque un puits construit en briques cuites et surmonté d'une margelle qui est d'une seule pierre creuse taillée en forme de cylindre.

Avant l'année 462 de l'hégire (1069 de J.-C.), la ville de Tlemcen ne s'étendait pas au delà de l'enceinte du quartier d'Agadyr ; c'est pour cela que les auteurs qui ont écrit postérieurement à cette époque la nomment l'*ancienne cité* المدينة القديمة (1). Il résulte de ce fait que c'est à Agadyr qu'il faut appliquer les événements qui se sont passés à

---

(1) *Meracid el-Ittilâa*, p. 84.

Tlemcen dans les temps antérieurs à cette date, d'après le récit des historiens.

Quelques auteurs arabes veulent que Tlemcen soit une des plus anciennes cités du monde, car, suivant eux, c'est d'elle qu'il s'agirait dans ce passage du Koran : « Ils se mi-
« rent tous les deux en route et ils marchèrent jusqu'à ce
« qu'ils fussent arrivés aux portes d'une ville. Là ils de-
« mandèrent à manger aux habitants, mais ceux-ci leur
« refusèrent l'hospitalité. Les deux voyageurs trouvèrent
« un mur prêt à tomber ; l'inconnu le releva. » (Koran, surate XVIII, 76). Et dans celui-ci : « Or le mur était l'hé-
« ritage de deux garçons orphelins de cette cité, et sous
« ce mur était caché un trésor qui leur appartenait. Leur
« père était un homme de bien. Ton Seigneur a voulu qu'ils
« atteignissent l'âge de puberté pour leur rendre le trésor. »
(Koran, surate XVIII, 81).

Les deux voyageurs en question sont Moïse et le prophète El-Khidr qui, d'après les traditions orientales, allèrent ensemble dans l'Occident. Suivant les mêmes traditions, El-Khidr aurait acquis le don de l'immortalité en buvant des eaux de la fontaine de vie. Il s'appelait Balya ben-Malkan. Les uns disent que c'était Phinéas, fils d'Éléazar, fils d'Aaron ; les autres, Élie, et les autres, saint Georges ; mais suivant quelques-uns, ce serait Phinéas dont l'âme aurait passé successivement dans le corps de ces trois derniers personnages. Les commentateurs du Koran affirment qu'il avait reçu l'inspiration divine et le don de prophétie (1). El-Khidr

---

(1) Beydawy, *Commentaires sur le Koran*, surat. XVIII, verset 64.

releva le mur en question, suivant les uns, en le touchant seulement du doigt, suivant les autres, en l'étayant d'un pilier, suivant quelques-uns, en y faisant les réparations nécessaires, suivant d'autres enfin, en le reconstruisant sur de nouveaux fondements (1). Kazouïny, dans son ouvrage intitulé : *Adjaïb el-boldan,* les merveilles des pays, rapporte une opinion d'après laquelle ce mur aurait été fort élevé et d'une grande épaisseur, mais incliné en avant et menaçant ruine (2).

Quoi qu'il en soit, si nous en croyons certains traditionnaires, la ville dont il est question dans le passage du Koran précité, n'est autre que Tlemcen, et son origine remonterait, par conséquent, au delà de l'époque de Moïse et d'El-Khidr, c'est-à-dire environ quinze cents ans avant l'ère vulgaire. Si nous ne savions le cas qu'il faut faire, en général, des calculs et des dates apportées par les ignorants et trop crédules auteurs ou inventeurs des hadiths et des traditions musulmanes, ce serait le cas de dire ici que l'origine de Tlemcen, comme celle de bien d'autres villes, se perd dans la nuit des temps.

Ce que l'on peut conjecturer de plus raisonnable touchant l'antiquité de Tlemcen, c'est qu'elle ne doit pas aller beaucoup au delà du règne des Antonins. Auparavant, c'est-à-dire avant de devenir colonie romaine, Tlemcen était peut-être la résidence de quelque chef indigène, ou un centre de population appartenant aux *Maghrawa* (Μαχουρέβιοι des

---

(1) Beydawy, surat. xviii, verset 76.
(2) Manuscrit de la Bibliothèque Impériale, n° 899, article *Tilimcin,* p. 109.

géographes grecs et les *Macurebi* de Pline, liv. V, 1), branche de la tribu des Zénâtah (1), connus des anciens sous le nom de Massyliens (*Massylii*) et de Massésyliens (*Massæsylii*). Diodore de Sicile nous apprend que les chefs africains n'avaient pas de villes sous leur obéissance, mais seulement des tours où ils renfermaient leurs richesses. Les indigènes aimaient à se grouper auprès de ces tours, et ils vivaient là dans des cabanes ou dans des grottes. Le château (*el-kalaah*) qui s'élève sur le flanc de la montagne *Sakharataïn*, à une demi-lieue au midi de Tlemcen, a été probablement construit avec les débris et sur l'emplacement de l'un de ces antiques édifices ; les nombreuses cavernes que l'on voit encore dans le voisinage de ce château (2) ont dû servir de demeure aux premiers habitants de la localité, car plusieurs tribus kabyles du voisinage habitent encore les grottes qui furent le séjour de leurs ancêtres. Dans ces temps reculés, Tlemcen était donc une bourgade troglodyte,

---

(1) Les Zénâtah, qui se divisaient en tribus innombrables, occupaient la partie nord de l'Afrique comprise entre Tripoli d'un côté, Sodjelmessa et le mont Auras, de l'autre.

(2) Le nom de cette citadelle, qui est d'origine berbère, se lit dans l'*Histoire des rois de la Mauritanie*, par Abou-Mohammed el-Salehh, de Grenade. Dans la traduction portugaise de cet ouvrage par José de Santo Antonio Moura (*Historia dos soberanos mahometanos*, etc., page 320), ce nom est écrit *Tameradit*. Tornberg (*Annales regum Mauritaniæ*, etc., page 195), qui a consulté plusieurs manuscrits où il a trouvé تامرزدت, تامرديت et تامزبردجت, قلعة تامرجودت, تامرجديّة, a admis, dans le texte qu'il a publié de cette histoire, la leçon تامرجديّة *Tamerdjidiiah*. Abou-Mohammed el-Salehh rapporte que ce fut dans cette citadelle que Ghamorâcen, premier roi de Tlemcen, fut assiégé par El-Sâid, roi des Almohades, en 640 (1242).

comme le conjecture avec raison M. Azéma de Montgravier dans le savant mémoire que nous avons eu plusieurs fois l'occasion de citer.

Nous venons de voir que, d'après les traditions musulmanes, El-Khidr et Moïse son disciple, dans leur pérégrination occidentale, s'arrêtèrent quelque temps dans les murs de l'antique Tlemcen. Ce ne sont pas les seuls personnages illustres par qui cette ville se vante d'avoir été visitée : selon les mêmes traditions, le grand Salomon, fils de David (sur qui soit le salut!), voyagea également dans le nord de l'Afrique et vint séjourner un an à Tlemcen (1). Plus tard, c'est-à-dire dix-sept cents ans après le roi d'Israël, cette cité eut l'honneur de donner l'hospitalité à El-Ménizer l'Africain, l'un des compagnons du prophète des Arabes, lequel cependant n'y fit que passer. Postérieurement à l'année 174 de l'hégire (780 de J.-C.), elle donna asile à Souleyman ben-Abd' Allah, frère d'Édris, premier roi de la dynastie qui porte son nom. Souleyman fixa son séjour à Tlemcen, où il laissa une nombreuse postérité (2).

Ces avantages, qui, aux yeux d'un vrai croyant, placent Tlemcen infiniment au-dessus de toutes les autres villes d'Afrique, seraient, sans contredit, parfaits, si ce n'était l'existence d'un fait qui forme en quelque sorte une ombre à la gloire de notre cité. Je veux parler de ces sorciers abominables qui, dans leurs conjurations, invoquaient le Pharaon submergé, et qui se sont perpétués longtemps

---

(1) *Histoire des Beni Abd' el-Wâdy*, fol. 4 r°.
(2) Abou-Mohammed es-Salehh, de Grenade, page 4.

dans la ville de Tlemcen, en la souillant de leur présence et en y opérant leurs horribles maléfices (1).

A partir de cette époque, c'est-à-dire la fin du cinquième siècle de notre ère jusqu'à l'invasion musulmane, le nom de Tlemcen n'est plus mentionné dans les historiens, soit grecs, soit latins ; il est néanmoins probable qu'après l'expulsion des Vandales par Bélisaire, elle reconnut la domination des Romains d'Orient, quoiqu'il ne soit pas certain que le général de Justinien ait poussé ses conquêtes jusque dans cette contrée de l'Afrique septentrionale.

Je trouve dans El-Kairowany que le premier guerrier arabe qui s'empara de Tlemcen, fut El-Mohhadjer, lieutenant d'Ocba ben-Nâfie, événement qui s'accomplit dans la quarante-deuxième année de l'hégire. Elle resta placée sous la domination des khalifes d'Orient jusqu'au règne du célèbre Haroun al-Raschid, c'est-à-dire jusqu'à l'année 173 de l'hégire (789 de J.-C.), qu'elle tomba au pouvoir du fondateur de la dynastie des Édrissites. C'est à ce prince, comme il a été dit plus haut, que la grande mosquée d'Agadyr doit son existence (2).

Ibn-Haucal, qui écrivait du temps des Édrissites, entre les années 331 et 366 de l'hégire, parle de Tlemcen l'ancienne en ces termes :

« A une courte journée d'Alouyin se trouve Tlemcen, ville très-ancienne, arrosée par plusieurs ruisseaux qui font

---

(1) *Histoire des Beni Abd'el-Wâdy*, fol. 4 r°.
(2) Voyez plus haut, page 165.

tourner des moulins. Elle est entourée d'une forte muraille et possède des terres cultivées d'un grand rapport : cette fertilité est due à l'irrigation. Les fruits y abondent. »

Le célèbre géographe arabe Abou-Obéïd el-Bekry, qui florissait en Espagne dans la seconde moitié du cinquième siècle de l'hégire, nous a laissé des renseignements précieux sur la ville d'Agadyr, l'ancienne Tlemcen : « Agadyr, dit-il dans son *Messâlek* (1), est une ville environnée de murs, située au pied d'une montagne plantée de noyers. Elle a cinq portes, dont trois regardent le midi ; savoir : la porte des Bains (باب الحمام), la porte de *Wahab* (باب وهب) et la porte au Guichet (باب الخوخة) (2). A l'orient, il n'y a

---

(1) Le titre entier de cet ouvrage est المسالك والممالك *Les Routes et les Empires*, qui est aussi celui de plusieurs traités de géographie, entre autres de celui d'Ibn-Haucal.

(2) الخوخة, que je traduis par *guichet*, signifie entre autres choses une ouverture pratiquée au milieu d'une porte. M. Quatremère (*Notices et extraits des manuscrits*, etc., t. XII, page 535) a lu الخوخة *fosse*. L'ouvrage d'El-Bekry se trouve parmi les manuscrits de la Bibliothèque Impériale (ancien fonds, n° 580). Cet auteur mourut en Espagne, l'an 487 de l'hégire (1094 de J.-C.).

Si nous nous en rapportions à une note qu'on lit à la marge d'un manuscrit arabe de la Bibliothèque Impériale (n° 703), l'autorité d'Abou-Obéïd el-Bekry ne serait pas d'un très-grand poids ; car, d'après l'auteur de cette note, *El-Bekry n'est rien moins que l'imam des imposteurs et des menteurs, et l'on ne doit tenir nul compte de ce qu'il rapporte* :
البكري امام اهل الوضع والكذب فلا عبرة بشي مما يأتي به البتة

Outre le *Messâlek*, Abou Obéïd a composé un dictionnaire géographique intitulé : كتاب معجم ما استعجم *kitâb moodjem ma istaadjem*.

qu'une porte qui est celle que l'on nomme porte de la Montée (باب العقبة); la porte qui porte le nom d'Abou-Korrah (باب أبي قرة) regarde l'occident (1). Cette ville renferme des monuments en ruines qui remontent à une très-haute antiquité, et l'on y voit encore de nos jours des églises fréquentées par les Chrétiens. Dans ces ruines on découvre souvent des trésors cachés. L'eau est amenée à Tlemcen de la source *Lourit* qui est située à six milles de distance. Non loin de la ville coule une rivière appelée *Satfécyf*, qui descend de la montagne voisine et fait tourner plusieurs moulins. Tlemcen est la capitale du Maghreb *el-aoussat* (le Maghreb-Moyen). Elle possède des marchés, des mosquées, dont une *djâmie*, et des plantations d'arbres fruitiers. Siége de l'empire des Zénâtah, patrie d'une foule de savants, de traditionnaires et d'hommes vertueux, rendez-vous des tribus berbères, Tlemcen est aussi un point de réunion pour les marchands de tous les pays. Mohammed, fils de Souleyman, fils d'Abd' Abd' Allah, fils de Haçan, fils d'Aly, fils d'Abou-Taleb (que Dieu soit satisfait d'eux !), y fixa son séjour ; son petit-fils, Abou 'l-Aisch Aïça, fils d'Édris, fils de Mohammed ibn-Souleyman, la gouverna en qualité de roi. Abou 'l-Aisch Aïça, autrement dit Hacen ibn-Abou 'l-Aisch, se laissa enlever la souveraineté de Tlemcen par Abou 'l-Afia, gouverneur de Tihart et du Maghreb-Central pour les Fatimites. »

---

(1) Dans l'*Histoire des Beni Abd' el-Wâdy* (manuscrit de ma collection, fol. 4 r°), on lit ينسب الى قورت ; mais je crois que c'est une faute de copiste, et qu'il faut lire avec M. Quatremère, ينسب الى أبي قرة.

L'auteur de l'ouvrage intitulé : *Djaghrafiya*, cité par Yahia ben-Khaldoun (1), dit en parlant de Tlemcen l'ancienne : « Tlemcen est le siége d'un empire. C'est une cité antique et fort grande ; elle jouit d'une température excellente, abonde en fruits, en céréales, possède plusieurs sources et commande à de nombreux districts. Les hivers y sont rigoureux, à cause de la quantité de neige qui y tombe durant cette saison. Les habitants sont notés en bien par les tribus voisines. »

Vers cette époque la domination des Édrissites était battue en brèche par deux puissances rivales, les Fatimites, d'un côté, et les khalifes de Cordoue, de l'autre. Ces princes se disputaient la possession de Tlemcen et s'enlevaient tour à tour cette ville avec ses dépendances. C'est ainsi qu'en 344 (955 de J.-C.), elle fut enlevée aux Fatimites par les troupes d'Abd' er-Rahman en-Nâçir Lidin Allah, roi de Cordoue (2). Ce khalife fit réparer le dôme de la grande mosquée de Tlemcen, et ordonna que l'on mît sur le comble

---

(1) L'on connaît deux ouvrages qui portent le titre de *Djaghrafiya* (géographie) : l'un est une traduction de la géographie de Ptolémée, faite par Abou-Youssouf Yacoub el-Kendi, qui vivait sous le khalifat de Haroun al-Raschid (Voyez le *Dictionnaire bibliographique* de Hadji-khalifah, au mot جغرفيا, t. II, p. 632, et *Bibliothèque de l'Escurial*, par Casiri, t. I, p. 349); l'autre, qui est intitulé : كتاب الجغرفيا (manuscrit de la Bibliothèque Impériale, ancien fonds n° 596), reconnaît pour auteur Ibn-Abd' Allah Mohammed, fils d'Abou-Bekr el-Zohrii الزهري.

Il est évident que c'est ce dernier auteur que Yahia ben-Khaldoun a cité.

(2) *Histoire des Beni Abd' el-Wâdy*, fol. 4 r°.

de l'édifice l'épée d'Idris ben-Idris, fondateur de Fez, rendant ainsi hommage à la mémoire de celui dont il dépouillait les descendants (1).

Sous le dernier des princes Édrissites, Hacen ben-Guennoun, Tlemcen, qui obéissait, à cette époque, aux khalifes Fatimites, ayant levé l'étendart de la révolte, attira sur elle les armes de ces princes qui firent marcher contre elle leur émir Boulogguin ben-Zéiry, chef des Sanhadjah. A son approche, les habitants de la ville effrayés s'empressèrent de prévenir par une prompte soumission (2) le châtiment qu'ils méritaient, et ouvrirent leurs portes à Boulogguin (362=972). L'émir voulut bien leur épargner la vie ; mais il détruisit Tlemcen et en transporta la plupart des habitants à Aschir (3). Ceux-ci, pour conserver la mémoire de leur ancienne patrie, élevèrent, non loin d'Aschir, une nouvelle ville à laquelle ils donnèrent le nom de Tlemcen.

Tlemcen, après avoir reconnu tantôt l'autorité des Fatimites et tantôt celle des Oméyades d'Espagne, passa définitivement sous la domination des émirs Maghrawah, qui régnèrent en se reconnaissant les vassaux des rois arabes de Cordoue.

C'est vers cette époque qu'eut lieu l'envahissement de

---

(1) *Annales regum Mauritaniæ*, etc., page 85 de la traduction.
(2) *Histoire de l'Afrique et de l'Espagne sous la domination des Arabes*, par Cardonne, tom. II, pag. 83.
(3) Aschir fut fondé en 324 (935) par Boulogguin, fondateur de la dynastie des Zéirites, sous le règne de Kaïm Biamr-Allah le Fatimite. Cette ville était située dans la province de Bougie.

l'Afrique par les tribus nomades de l'Arabie. Jusque-là le pays avait été seulement occupé militairement par les vainqueurs ; ils s'étaient contentés de placer des garnisons dans les villes principales et d'ériger des ribats dans les localités les plus accessibles aux attaques de l'ennemi. Les khalifes n'avaient jamais permis aux peuples nomades de la péninsule arabique de quitter le sol de la patrie pour aller porter ailleurs leurs pénates errants. Mais au milieu du cinquième siècle de l'hégire (440), El-Moez ben-Bâdis, le Sanhadjiote, ayant levé l'étendart de la révolte contre le khalife fatimite El-Mostancer Billah, celui-ci, se conformant au conseil de son vizir, fit marcher contre le rebelle les Hillel, les Riahh, les Zoghbah, une portion des Beni-Amer, la grande tribu de Selim ben-Mansour, de la postérité d'Adnan, et autres tribus nomades, au nombre de cinquante mille combattants, qui se ruèrent sur l'Afrique, saccagèrent Tripoli, Cabès et les autres villes voisines, s'emparèrent de Kairowan au bout de huit mois de siége, puis se partageant les plaines et les montagnes de la contrée, s'y établirent en vainqueurs, exigeant des habitants des tributs onéreux et ne vivant que de vols et de brigandages.

Ils restèrent dans la province d'Ifrikia jusqu'au temps d'Abou-Youcef Yâcoub ben-Youcef el-Mansour, quatrième roi de la dynastie des Almohades, qui leur ouvrit le chemin de l'occident en 584 (1188 de J.-C.), et les installa dans le Maghreb-Moyen et dans le Maghreb-Extrême. C'est à cette époque qu'il faut faire remonter l'établissement des Haschem, des Beni-Amer, des Beni-Râched, des Hamian et des ramifications de ces grandes tribus dans les contrées qui dans la suite firent partie du royaume de Tlemcen (1).

En 410 (1019 de J.-C.) et sous le règne d'El-Moezz ben-Zeïry ben-Atya, Areschgoul ayant été ruinée, Tlemcen reçut dans ses murs les malheureux habitants de cette ville et s'accrut ainsi de ses débris (2).

En 472 (1079 de J.-C.), le sultan Abou-Yakoub Youssouf ben-Teschifin, premier roi de la dynastie des Almoravides ou Marabouts, envoya son général Mazdaly à la tête de vingt mille hommes, pour faire la conquête de Tlemcen. Celui-ci s'étant emparé de la ville, la saccagea et y fit mettre à mort le fils du gouverneur, Maâla ben-Yaâla le Maghrawy.

Le quartier d'Agadyr était encore très-peuplé dans le quatorzième siècle (3); mais les guerres presque continuelles que les rois de Tlemcen eurent à soutenir contre les princes des États voisins, ayant considérablement affaibli la population de cette ville, les Tlemcinois, qui se trouvèrent trop au large dans la vaste enceinte d'Agadyr, abandonnèrent peu à peu ce quartier, pour se grouper autour de la

---

(1) Voyez Abd' el-Wâhed, *Histoire des Almohades*, page 253 ; Léon l'Africain, *Description de l'Afrique*, Anvers, 1556, liv. I, pag. 11-16; *Histoire de l'Afrique* de Mohammed ben-Abi 'l-Raïni el-Kairouani, Paris, 1845, page 142, et *Annales regum Mauritaniæ*, page 191.

(2) *Annales regum Mauritaniæ*, page 92 du texte et 126 de la traduction.

(3) Meracid el-Ittilâa, page 134. L'auteur de ce dictionnaire géographique dit, en parlant d'Agadyr : « واسم القديم اقادير يسكنها الرعية le nom de l'ancienne ville est Agadyr, qui est habitée par les gens du peuple ».

citadelle construite dans la nouvelle Tlemcen. Sous la domination turque qui succéda à celle des Beni-Zéyan, la plupart des habitants se retirèrent dans le royaume de Fez et dans le Maroc, et Agadyr désolé se vit transformé en une triste solitude ; les matériaux des anciens bâtiments servirent à la construction des nouvelles habitations ; les Juifs enlevèrent les grandes pierres taillées qui avaient appartenu aux monuments romains, et les transportèrent dans leur cimetière pour en couvrir leurs tombeaux ; à l'exception des murs de la grande mosquée et du minaret de cette mosquée, l'on peut dire qu'il n'y resta plus pierre sur pierre. Cette désolation dure encore; seulement les remparts, qui sont restés debout, avec leurs créneaux et leurs vieilles tours, semblent attendre de nouveaux habitants, une nouvelle population chrétienne avec ses temples et ses pontifes.

Mes explorations dans le quartier d'Agadyr étant terminées, je rentrai dans Tlemcen, où mes conducteurs prirent congé de moi, après avoir touché chacun une gratification proportionnée à mes faibles moyens.

Je me dirigeais tranquillement vers mon gîte, quand un spectacle inattendu et nouveau pour moi sollicita mon attention et ma curiosité. C'était un jeune homme à cheval et revêtu d'un riche burnous blanc, que la foule entourait, avide de contempler les traits de sa figure ; mais celui-ci, la tête couverte du capuchon de son manteau, tâchait de dérober son visage aux regards importuns des spectateurs en laissant pendre la houppe du capuchon jusqu'au-dessous du nez. On le conduisait en pompe à la demeure de sa nouvelle épouse. Il était précédé d'une troupe de musiciens qui chantaient son épithalame en s'accompagnant tant bien que mal de divers instruments nationaux, et il avait derrière lui et à ses côtés un cortége assez nombreux qui se composait de ses compagnons d'âge et de ses plus proches parents. La pompe s'arrêtait de temps en temps au milieu de la rue, et alors les musiciens arabes, se rangeant en cercle autour d'un lustre portatif orné de fleurs et portant des cierges, entonnaient en chœur les louanges du jeune époux. Inutile de faire observer que l'on ne voyait dans le cortége ni filles, ni femmes, la loi musulmane n'admettant pas dans les cérémonies publiques les personnes du sexe. Les parentes de la jeune mariée réunies avec quelques matrones dans la maison de cette dernière la préparaient de leur mieux à l'arrivée trop lente de son bien-aimé. Lorsqu'il fut parvenu devant la maison, la porte s'étant ouverte, il fut reçu dans la cour intérieure avec force acclamations et des *youyou* mille fois répétés (1) ; les poëtes et les musiciens, redoublant de verve et d'entrain, firent résonner leurs instruments de plus belle : c'est qu'ils étaient arrivés au terme de leur besogne, et que, par cette recrudescence de zèle et de tintamarre, ils espéraient faire monter le taux de la rémunération qui leur avait été promise et laisser dans l'esprit de ceux qui les avaient appelés, une idée avantageuse de leur musique et de leur rare talent.

---

(1) *Youyou* est un mot qui répond à notre *bravo*. Il est usité en Algérie, dans la régence de Tunis et au Maroc.

CHAPITRE VIII.

Tagrart ou la nouvelle Tlemcen. — Sa topographie et son histoire.

Le lendemain et les jours suivants, mes explorations eurent pour objet le quartier de *Tagrart* ou nouvelle Tlemcen. L'orthographe de ce mot n'est pas constante chez les auteurs arabes. Dans le *Meracid el-Ittilâa* (1), on lit تاقررت avec un ق *qaf;* mais Yahia ben-Khaldoun écrit تاجررت avec un *djim* (2), et un manuscrit cité par Tornberg (3) présente la leçon تاچررت avec un *djim* affecté de trois points.

Tagrart fut fondé par le roi Almoravide Youssouf ben-Teschifin dans l'endroit où il avait établi son camp pendant le siége qu'il fit de Tlemcen, en 462 de l'hégire (1069 de J.-C.). C'est de là que ce quartier fut appelé du nom de Tagrart, qui signifie *camp* dans la langue des Zénâtah (4). L'on sait qu'il y avait dans le Maghreb une autre ville de

---

(1) Page 134.
(2) *Histoire des Beni Abd' el-Wâdy,* fol. 4 r°.
(3) *Annales regum Mauritaniæ,* page 230 de la traduction.
(4) Yahia ben-Khaldoun, *Histoire des Beni Abd' el-Wâdy,* fol. 4 r°. D'après Venture de Paradis (*Grammaire et Dictionnaire de la langue berbère,* page 197), le mot تغرارت *taghrart,* qui ne me paraît qu'une manière différente d'écrire تاچررت, voudrait dire *bagage.*

ce nom, laquelle devint la capitale des Mechassah (1) après la ruine de Méquinez par les Almohades, en 543 de l'hégire (1148 de J.-C.).

Tlemcen, étant tombée au pouvoir du sultan Youssouf ben-Teschifin, en 474, eut pour gouverneur Mazdaly, ce qui dura jusqu'à l'année 508 de l'hégire (1114 de J.-C.), que ce caïd périt en Espagne dans une expédition contre les Chrétiens.

En 539 de l'hégire (1144 de J.-C.), Teschifin ben-Aly, avant-dernier roi de la dynastie des Almoravides, poursuivi par Abd' el-Moumen, chef de la dynastie des Almohades ou Unitaires, se renferma dans les murs de Tlemcen, où son rival vint l'assiéger. Abd' el-Moumen avait établi son camp au midi de la ville, sur le versant du mont *Sakharataïn*. Le prince Almoravide, réduit aux abois, sortit secrètement de Tlemcen et se réfugia à Oran, où il périt d'une manière malheureuse, étant tombé avec son cheval dans un précipice pendant l'obscurité de la nuit. Le quartier de Tagrart ayant été pris par les assiégeants, les Almoravides se renfermèrent dans Agadyr (2), où ils se maintinrent l'espace

---

(1) *Annales regum Mauritaniæ*, page 166.

(2) Le manuscrit dont s'est servi José de Santo Antonio Moura pour sa traduction, porte بجاية *Bedjàiah* (Bougie); mais il est évident que c'est une faute de copiste, car cette ville ne fut prise par les Almohades que trois ans plus tard, c'est-à-dire en 547 de l'hégire (1152 de J.-C.), comme le rapporte Mohammed ben es-Salehh lui-même (*Historia dos soberanos mohametanos*, page 212 et 213). Deux manuscrits, cités par Tornberg, offrent les leçons كادر *Gadir* et اكادير *Agadyr* (*Historia regum Mauritaniæ*, page 168 de la traduction). Ce savant orientaliste, qui a

de quatre ans, c'est-à-dire jusqu'à l'année 544 de l'hégire (1149 de J.-C.). Agadyr fut alors emporté d'assaut par les Almohades, et le parti des Almoravides se trouva anéanti pour toujours à Tlemcen.

C'est à Tlemcen que prit naissance l'empire des Almohades (1). Le fondateur de cette dynastie, ou plutôt de cette secte, car ils étaient schiyites ou partisans d'Aly, s'appelait, comme tous les imposteurs qui avant ou après lui ont affiché les mêmes prétentions (2), Mohammed ben-Abd' Allah, et il se disait issu du prophète par Fatime, fille d'Aly.

---

adopté la première de ces deux leçons, dit, dans une note qui se trouve à la page 403 du dernier volume, qu'il s'agit de Gadir ou El-Ghadyr الغدير, ville qui est mentionnée par Edrissy, tom. I, p. 238, et qui était située à 18 milles de Mecylah, qui est par conséquent à une distance de plus de 120 lieues à l'Est de Tlemcen. Une autre ville du nom d'Agadyr se trouvant à deux pas de la moderne Tlemcen, il est difficile de supposer que l'historien arabe ait voulu parler d'une autre ville de ce nom, parce que, dans ce dernier cas, il aurait eu soin d'en avertir le lecteur. D'ailleurs, d'après le récit de Mohammed ben es-Salehh, les Almohades ne marchèrent à la conquête des villes de la Mauritanie orientale que vers l'an 546 de l'hégire (1151 de J.-C.). Par conséquent, il n'a pu être question de l'Agadyr voisine de Mecylah avant cette dernière époque.

(1) Il s'était installé dans la grande mosquée d'Ubbed, à une demi-lieue à l'Est de Tlemcen.

(2) Le fameux Bou-Maazah, qui se disait le *Moulé es-Sahah*, ou maître du temps, autre nom que les Arabes donnent à leur futur *Mahdi*, porte aussi le nom de Mohammed ben-Abd'Allah. Nous avons vu ailleurs que le marabout qui envoya un défi au général Cavaignac, alors gouverneur de Tlemcen, ne s'appelait pas autrement. C'est que, d'après la tradition, le Mahdi se nommera effectivement Mohammed ben-Abd' Allah.

Il commença par déclamer contre les Almoravides, qui étaient de la secte des Sonnites, puis il s'annonça comme l'*Imam* prédit par les prophètes et comme le *Mahdi* qui doit, à l'approche de la fin du temps, paraître parmi les fidèles pour rendre à la religion musulmane sa pureté primitive et faire régner la justice à la place de l'impiété qu'il anéantira pour toujours (1). Tlemcen fut témoin du succès des pre-

---

(1) *Annales regum Mauritaniœ*, page 150 de la traduction, et Abd' el-Wâhid, page 132.

L'on peut voir, sur le *Mould el-Sahah* et les diverses prophéties qui le concernent, un ouvrage très-intéressant intitulé : *Étude sur l'insurrection du Dhara*, par Charles Richard. Alger, 1846, pag. 89 et suiv.

Suivant les musulmans, le Mahdi a été annoncé par notre seigneur Aïça, qui a dit dans son Évangile : نحن معاشر الانبياء ناتيكم بالتنزيل واما التاويل فسياتي به البارقليط الذي سياتيكم بعدي « Nous sommes des troupes de prophètes qui vous apportons des révélations. Quant à l'explication, elle vous sera donnée par le *Paraclet* qui viendra après moi. » Comparez ces paroles avec celles de saint Jean, chap. XIV, 16 et 26, XVI, 13, 14.

Le Mahdi expliquera également les mystères et les secrets renfermés dans le *Djefr* ou livre des décrets éternels et de la prédestination divine, livre composé par Aly et conservé par sa famille. (Voyez *Lexicon Bibliographicum*, etc., tom. II, pag. 932. Leipzig, 1837.) La Société Asiatique de Paris possède un exemplaire manuscrit de cet ouvrage curieux ; il est rempli de tables cabalistiques et du grimoire à l'usage des sorciers et des magiciens.

Longtemps avant Mohammed ben-Toumart et sous le règne d'Yahia ben-Mohammed l'Edrissite, en 237 (851-52 de J.-C.), il avait déjà paru à Tlemcen un autre imposteur dont le rôle, beaucoup plus modeste que celui du fondateur de l'empire des Almohades, ne fut rien moins qu'heureux. Il remplissait dans la banlieue de la ville les fonctions de moueddhin

mières prédications de Mohammed, et c'est dans cette ville qu'il attacha pour toujours à sa fortune le célèbre Abd' el-Moumen, qui devint l'héritier de sa doctrine et de son pouvoir.

En 540 (1145 de J.-C.), Abd' el-Moumen ordonna de réparer les fortifications de l'ancienne ville, d'en exhausser les remparts, d'entourer d'un mur le quartier de Tagrart et d'y construire une *djâmie* ou grande mosquée (1). Tagrart ainsi fortifiée fut transformée en citadelle, et elle servit de demeure d'abord au gouverneur almohade et à ses officiers, et plus tard aux rois de la dynastie des Beni Abd' el-Wâdy et des Beni-Zéyan, ainsi qu'à leurs troupes régulières et aux personnes attachées à leur cour (2). Cette citadelle, ou palais, fut ensuite appelée du nom de *Méchouar*, qui signifie *lieu où l'on tient conseil*, parce que

---

ou de crieur sacré, lorsqu'il conçut le projet insensé de se faire passer pour prophète et pour réformateur de la religion musulmane.

Dans un pays où la population est toujours disposée à prêter une oreille docile à la voix du premier fanatique ou enthousiaste qui se présente, le moueddhin ne tarda pas à se voir entouré de nombreux partisans. Comme ses prédications et les rassemblements dont elles étaient l'occasion, causaient de l'inquiétude au gouverneur de Tlemcen, celui-ci ordonna d'arrêter le novateur qui eut le temps de prendre la fuite et de s'embarquer pour l'Espagne. Là, sa réputation et sa doctrine lui firent bientôt un grand nombre d'adeptes. Le khalife de Cordoue, après l'avoir vainement engagé à renoncer à ses prétentions et à ses erreurs, prit le parti de se défaire du nouveau prophète et le condamna au supplice ignominieux de la croix.

(1) *Annales regum Maurit.*, pag. 123 du texte.
(2) *Meracid el-Ittilâa*, pag. 134.

c'était là que les rois de Tlemcen réunissaient leurs ministres pour délibérer sur les affaires de l'Etat.

Le premier gouverneur almohade de Tlemcen fut le cid Abou-Hafs, fils d'Abd' el-Moumen, à qui son père donna pour collègue et pour conseiller Abou-Mohammed Abd' el-Hack Oueddyn, et pour secrétaire, Abou 'l-Hacen Abd' el-Melik ben-Ayâsch, lequel devint ensuite chancelier d'Abd' el-Moumen et de son successeur Youssouf el-Açariyi.

Sous l'administration d'Abou-Hafs, Tagrart vit croître sa population et s'élever dans son enceinte de nombreux édifices. Mais celui à qui la nouvelle cité fut redevable de son plus grand développement, ce fut Abou-Imran Mouça, fils du prince des croyants Youssouf el-Açariyi, et gouverneur de Tlemcen. Mouça, qui affectionnait le siège de sa résidence, s'appliqua à embellir Tagrart et à augmenter sa population ; il y fit ériger quantité d'édifices et de monuments, recula les limites de sa circonscription et fit entourer le tout d'un nouveau mur d'enceinte qui fut commencé en 566 de l'hégire (1164 de J.-C.).

Il eut pour successeur le cid Abou 'l-Hacen, fils du cid Abou-Hafs, premier gouverneur de Tlemcen. Celui-ci fit également preuve de zèle pour l'agrandissement de Tagrart, et il acheva de fortifier les remparts de ce quartier commencés sous son prédécesseur, ce qui eut lieu en 584 de l'hégire (1185 de J.-C.). Ce qui contribua à hâter l'exécution de ces travaux, ce fut surtout la vue du danger et la crainte d'une attaque de la part des Beni-Ghaniah, derniers représentants du parti almoravide, qui de l'île de Majorque dont ils étaient les seigneurs, avaient fait une descente dans les provinces de l'Est de l'Afrique et s'étaient emparés successivement de Bougie, d'Alger, de Médeah et de Milianah, menaçant d'envahir le reste du Maghreb et de ruiner l'empire naissant des Almohades.

Abou 'l-Hacen, sans perdre un seul instant, mit la nouvelle cité en état de défense, restaura les vieux remparts d'Agadyr qui en quelques endroits tombaient en ruines ou présentaient des brèches, y ajouta des travaux de fortification, creusa tout autour un fossé, et fit ainsi de Tlemcen la place la plus forte de tout le Maghreb.

Les villes de Tihart et d'Areschgoul (1), les deux principaux boulevarts des Zénâtah, ayant été saccagées et détruites par les Beni-Hillel (2), pendant la longue et cruelle guerre des Beni-Ghaniah contre les Almohades, les habitants se réfugièrent pour la plupart dans les murs de Tlemcen dont ils triplèrent ainsi la population. Cette ville fut dès lors considérée comme la capitale des Zénâtah et devint la place la plus importante du Maghreb-Moyen.

Le schérif Édrissy, qui florissait sous le règne des Almoravides et au commencement de celui des Almohades (3),

---

(1) Tihart était située entre le Rif et le Saharah, à quatre journées au Sud de Tlemcen. Areschgoul ou Raschgoun était bâtie sur les bords de la mer Méditerranée, près de l'embouchure de la Tafna.

(2) La tribu arabe de Hillel, qui habitait d'abord la province d'Ifrikia, fut envoyée contre les Zénâtah par Içhak ben-Ghaniah en 598 (1202 de J.-C.). Elle envahit le Maghreb-Moyen, où elle mit tout à feu et à sang, et finit par s'établir entre Oran et Tlemcen, où elle est encore fixée.

(3) Il termina sa géographie en 548 (1154 de J.-C.).

nous fait connaître l'état de Tlemcen tel qu'il était vers la fin de la première moitié du douzième siècle de notre ère. Voici ce qu'il nous apprend : « Tlemcen est une ville très-ancienne, entourée d'une forte muraille et divisée en deux quartiers qui ont chacun leur rempart. Son territoire est arrosé par une rivière qui vient de *Sakharataïn*, montagne où s'élève un fort qu'avaient fait construire les Masmoudis, c'est-à-dire les Almohades qui étaient de la tribu berbère de Masmouda, et où ils résidaient avant de s'être rendus maîtres de Tlemcen. Cette rivière passe à l'Est de la ville (1), fait tourner plusieurs moulins et arrose les champs situés sur ses bords. On trouve à Tlemcen toutes choses en abondance, et surtout de la viande excellente. On y fabrique des objets d'un débit facile et on s'y livre avec succès au commerce. Ses habitants sont les plus riches du Maghreb, en exceptant toutefois ceux d'Aghmat-Warikah et de Fez : il est vrai que Fez possède un territoire plus vaste, des ressources plus étendues et des édifices plus importants (2). »

« La ville de Tlemcen, dit-il dans un autre endroit, peut être considérée comme la clef de l'Afrique occidentale ; c'est un lieu de passage des plus fréquentés par les voyageurs (3). »

Sous le long règne des princes Almohades, la prospérité

---

(1) Il s'agit de la rivière qui s'appelait autrefois *Satfecyf*, et que l'on nomme aujourd'hui *Safsef*.
(2) *Géographie d'Edrissy*, traduite de l'arabe en français par Amédée Jaubert. Paris, 1836, tom. I, pag. 226 et 227.
(3) Ibid., page 228.

et la gloire de Tlemcen allèrent toujours croissant, le nombre des édifices se multiplia, et l'enceinte de la ville se trouva trop étroite pour contenir tous les habitants.

Les guerres continuelles que Ghamorâcen, premier roi de Tlemcen, eut à livrer ou à soutenir, soit contre les derniers princes de la dynastie des Almohades, soit contre les Beni-Mérin, rois de Fez, arrêtèrent pendant la durée de son règne, qui fut très-long, le développement de la prospérité de Tlemcen et la réduisirent même à la fin à l'état le plus déplorable. Voici comment un voyageur africain, Abou-Mohammed el-Abdowiyi, qui visitait cette ville en 688 de l'hégire, au commencement du règne d'Othman, fils et successeur de Ghamorâcen, nous la peint : « Ensuite nous arrivâmes à Tlemcen. Nous trouvâmes que c'était une ville où demeurait, pour ainsi dire, la mauvaise fortune, et où l'on avait reçu, comme des hôtes, les plus grands malheurs. Elle était semblable à un vase dont même les restes de lait ont disparu et dont on ne peut pas même tirer une seule goutte pour rafraîchir les entrailles de l'homme altéré par la soif. J'ai vu plus de mille de nos pèlerins qui s'adressaient au roi de la ville, pour lui demander un seul *dinâr*, comme les bédouins vont chercher de l'eau à un ruisseau ; mais il ne pouvait leur donner ce seul dinâr... En un mot, cette ville est très-belle à voir et elle contient de très-belles choses ; mais ce sont des habitations sans habitants, des maisons sans propriétaires, des lieux que personne ne visite. Les nuages pleurent les malheurs de cette ville en versant leurs eaux ; les colombes sur les arbres déplorent sa chute en poussant des gémissements. Si un hôte s'y arrête, cette ville lui donne le malheur pour nourriture ; si un homme pauvre s'y trouve, elle lui donne le manteau de la mauvaise fortune pour vêtement (1). »

Cependant, au commencement de son règne, Ghamorâcen avait fait construire la *soumdah* ou minaret de la grande mosquée d'Agadyr, de même que celle de la grande mosquée de Tagrart (2) et le dôme sculpté à jour de cette dernière. Les successeurs de ce prince, voulant réparer les malheurs de la guerre, appelèrent à Tlemcen les habitants des localités voisines qui la peuplèrent ; de plus, ils l'embellirent par la construction de palais et d'hôtels qui étaient ornés de jardins, de fontaines et de jets d'eau, et ils tâchèrent d'en rendre le séjour utile et agréable, en y fondant des collèges, des temples, des marchés, et en favorisant surtout les sciences et les arts. Sous leur domination, Tlemcen devint l'une des plus belles capitales de l'empire musulman et l'un des sièges les plus importants de l'autorité souveraine et du khalifat. Suivant le témoignage de Léon l'Africain, elle comptait alors plus de seize mille feux. Cela dura jusqu'à la prise de Tlemcen par les Beni-Mérin, rois de Fez, événement qui s'accomplit en 735 de l'hégire (1334 de J.-C.). A partir de cette époque jusqu'en 785, la gloire de la capitale du Maghreb-Moyen s'éclipsa en grande partie. Les guerres presque incessantes qu'elle eut à soutenir alors contre les Mérinites, éternels ennemis des Beni Abd' el-

---

(1) Voyez *Journal Asiatique*, mai 1844, pag. 394 et 395.
(2) Yahia ben-Khaldoun, *Histoire des Beni Abd' el-Wâdy*, fol. 14 r°, et *Tohfet el-Molouk* de Mohammed el-Tenessy, pag. 84.

Wâdy, bannirent de ses murs la sécurité nécessaire à la culture des sciences et à la prospérité du commerce ; la population s'affaiblit considérablement, et la ville vieille devint presque déserte. Cependant elle parvint à se relever peu à peu de l'humiliation à laquelle elle avait été réduite, et après avoir été plusieurs années vassale des rois de Fez, elle fleurit de nouveau sous le gouvernement paternel des Beni Abd' el-Wâdy qui remontèrent sur le trône de leurs ancêtres et régnèrent sous le nom de *Beni-Zéyan*.

Après le rétablissement de cette dynastie, Tlemcen vit renaître son ancienne splendeur ; les lettres y furent cultivées avec succès, et les savants accueillis avec faveur et distinction. L'on fonda exprès pour eux des écoles et des colléges, et les rois ne dédaignaient pas de venir eux-mêmes les entendre et de se mêler à la foule des étudiants. Les études y fleurirent surtout sous Abou-Hammou Mouça, qui était un poëte très-distingué (1), et sous Al-Motawekkel, ami et protecteur de Mohammed el-Tenessy, auteur de l'histoire des Beni-Zéyan (2).

---

(1) Le célèbre historien Abd' er-Rahman ben-Khaldoun passa quelque temps au service de ce prince. Son frère Yahia, auteur d'une *Histoire des Beni Abd' el-Wâdy* dont je possède un exemplaire, le seul, je crois, qui existe en Europe, était attaché à la cour d'Abou-Hammou en qualité de secrétaire ou d'écrivain.

(2) Il y a à la Bibliothèque Impériale un exemplaire manuscrit de cet ouvrage, mais en fort mauvais état et incomplet. Tornberg, qui en a donné de longs extraits dans son édition du *Cartas*, appelle fautivement notre auteur *Tunesanus*, Tunisien, car Mohammed était originaire, non de Tunis (تونس), mais de Tenez (تنس). A Tlemcen, sa patrie, il n'est connu que sous le nom de *El-Tenaciyi* (التنسي). *Tunisien* se dit en

Sous le règne d'Abou-Saïd Othman, fils et successeur de Ghamorâcen, Tlemcen fut assiégée par Youssouf Abou-Yakoub, roi de Fez. Ce siége, l'un des plus longs dont il soit fait mention dans l'histoire, dura plus de huit ans, c'est-à-dire depuis l'an 698 (1298-99 de J.-C.) jusqu'en 706 (1306-7). Il finit à la mort du prince Mérinite, qui fut tué dans son lit par un de ses eunuques. Les habitants avaient été en proie à la plus horrible famine et réduits au nombre d'environ deux cents personnes et de mille combattants; le reste de la population avait péri par le feu ou par la faim; une bonne partie s'était sauvée dans les montagnes et dans les villes voisines. Le siège ayant été levé par les Mérinites, le mur d'enceinte et les ouvrages de fortification, qui avaient beaucoup souffert des attaques des assiégeants, furent restaurés par le roi Abou-Hammou, premier de ce nom, qui fit également nettoyer les fossés de la place et la pourvut de munitions de toute sorte.

En 735 (1336 de J.-C.), la capitale des Beni-Zéyan fut de nouveau assiégée par les Mérinites. Abou 'l-Haçan Aly commença le blocus le 11 schéoual de l'an 735 de l'hégire. Il avait établi son camp tout près des remparts, à l'Ouest de la ville. Comme le siége traînait en longueur et qu'il voulait se mettre, lui et ses troupes, à l'abri de l'intempérie de l'air, il bâtit dans le même endroit une cité. Tlemcen, livrée à la famine la plus horrible et réduite aux abois, fut enfin emportée d'assaut un mercredi, 28 de ramadan,

---

arabe التونسي El-Touneciyi. (Annales regum Maurit., volumen posterius, pag. 361 et passim.)

l'an 735, après trente et un mois de résistance et de souffrances. Le malheureux roi Abou-Teschifyn, dont le courage n'avait pu sauver la ville, voulut au moins vendre chèrement ses jours et mourir d'une manière glorieuse : s'étant posté avec ses enfants et ses vizirs sur la place qui s'étendait devant la porte de son palais, il combattit avec ses compagnons jusqu'à ce qu'il fût tué par les ennemis (1). L'on dit que sa tête fut coupée et promenée ensuite sur une pique dans toutes les contrées du Maghreb. Avec lui finit le règne des Beni Abd' el-Wády de la branche aînée. Les princes de cette famille qui, dans la suite, occupèrent le trône à Tlemcen, prirent le nom de *Beni-Zéyan.*

La ville bâtie par Abou 'l-Haçan n'eut pas une longue existence, car lorsque les Beni-Zéyan furent rentrés en possession de leurs États, ils ne voulurent point que l'ouvrage de l'ennemi de leur famille restât éternellement debout ; ils démolirent peu à peu les nouveaux édifices, abattirent les fortifications et les remparts et firent passer la charrue sur le sol qui avait porté la ville mérinite. Du temps de Mohammed el-Tenessy, vers le milieu du neuvième siècle de l'hégire, elle avait depuis longtemps fait place à un champ (مزرب) qui était livré à la culture (2). C'est dans ce champ que campent aujourd'hui les convois qui arrivent d'Oran. L'on y voit, à l'extrémité Nord, une grande porte qui date de l'époque d'Abou 'l-Haçan, et, dans la partie Ouest, des restes de fortifications et des pans de

---

(1) Yahia ben-Khaldoun, fol. 11 v°.
(2) Mohammed el-Tenessy, *Histoire des Beni-Zéyan*, page 89.

murs à demi-rasés. La terre s'y trouve partout mêlée à des fragments de verre et à des débris de toute sorte. En parcourant ce champ semé de ruines, on sent que l'on marche sur un sol que des souvenirs historiques ont consacré.

Dans le cours de l'année 752 (1351 de J.-C.), Othman s'étant fait proclamer souverain à Tlemcen, le roi Mérinite Fâris abou-Inan (1) lui déclara la guerre. Tlemcen fut emportée d'assaut et Othman tué avec son frère Abou-Thabit. D'après Léon l'Africain, Tlemcen comprenait à cette époque environ douze mille feux.

Sous le règne d'Abou-Hammou II, Tlemcen ayant été occupée par le sultan Mérinite Abd' el-Aziz, fut ensuite reprise sur lui par Abou-Hammou (2).

Yahia ben-Khaldoun, qui florissait sous le règne de ce prince, nous a laissé une description de Tlemcen qui nous fait connaître l'état de cette ville à l'époque où il vivait. J'en donnerai ici la traduction :

« Cette capitale, dit-il, située dans le Maghreb, entre le Saharah et le Tell, est appelée *Tilimcin* dans la langue des Berbères, mot composé de *tilim* qui signifie *elle réunit*, et de *cin* qui veut dire *deux*, c'est-à-dire le Tell et le Saharah, suivant l'explication de notre chéikh, le docte Abou Abd' Allah el-Abiliyi, qui connaissait parfaitement la langue parlée par le peuple. Tlemcen est aussi appelée *Telschan*,

---

(1) Abd' er-Rahman ben-Khaldoun remplit quelque temps les fonctions de secrétaire auprès de ce sultan.

(2) Yahia ben-Khaldoun, frère d'Abd' er-Rahman, fut secrétaire particulier de ce sultan.

mot composé de *tell,* terre haute, par lequel on entend Tlemcen, et de *schan,* honneur, dignité, c'est-à-dire *qui possède l'honneur.* C'est une ville solidement construite, jouissant d'une température agréable, pourvue d'eaux douces et possédant un territoire fertile et riche en productions. Placée sur le flanc d'une montagne, elle s'étend, dans sa longueur, d'orient en occident ; l'on dirait une jeune épouse assise mollement sur son lit nuptial. Les branches des arbres qui s'élèvent au-dessus de ses édifices sont comme les fleurons d'une couronne qui brille sur un front majestueux. Du flanc de cette montagne, elle développe sa largeur sur une vaste plaine appropriée à la culture, dont les ondulations pareilles à des bosses de dromadaires, sont déchirées par le soc de la charrue, dont la houe ouvre les entrailles, après que les nues ont versé sur la terre leur rosée bienfaisante. Des hauteurs voisines de Tlemcen se précipitent des ruisseaux qui fournissent aux habitants l'eau qui leur est nécessaire. Cette eau leur est amenée pure et limpide par plusieurs canaux et conduits souterrains, et elle est ensuite distribuée aux colléges et aux mosquées par le moyen des fontaines et des bassins. Elle passe également dans les maisons des particuliers et dans les établissements de bains, où elle est reçue dans des citernes et des réservoirs ; l'excédant va arroser en dehors de la ville les vergers et les champs.

« Par la réunion de ces avantages, Tlemcen est une cité dont la vue fascine l'esprit, dont la beauté séduit le cœur. Ceux qui veulent la célébrer ne sont pas embarrassés pour trouver des sujets de louange ; aussi a-t-elle été longuement chantée et fourni matière à des poésies charmantes et suaves... »

Yahia ben-Khaldoun, poursuivant la description de Tlemcen, parle de la fertilité du territoire de cette ville en ces termes :

« Tlemcen est située dans une contrée qui possède de nombreux villages peuplés par un mélange de Berbères et d'Arabes. Son territoire abonde en arbrisseaux et est remarquable par les espèces d'animaux qu'il nourrit, la nature des plantes qui y croissent, la richesse de sa végétation et l'abondance de ses produits. Il arrive souvent qu'un seul arpent de terre rend jusqu'à 400 grands *moudd* (le grand moudd contenant 60 berchals, et le berchal 18 *rotl*) de froment, d'orge et de fèves d'Égypte, comme cela conste par les registres de l'an 758. »

Yahia ben-Khaldoun donne ensuite les détails topographiques suivants :

« Tlemcen a cinq portes, savoir : la porte El-Djiad (*des Coursiers*), au midi ; la porte El-Akabah (*de la Montée*), au levant ; la porte El-Halwa (*de la Pâte sucrée*), et la porte El-Kermedéin (*les deux Tuiles*), au nord ; enfin la porte Kachoutah, au couchant. Elle se compose de deux cités que renferme maintenant un seul mur d'enceinte (1). »

Le célèbre géographe et historien Abou 'l-Féda, contemporain d'Yahia ben-Khaldoun, abrégeant suivant sa coutume ce qui avait été écrit avant lui, se contente de dire en parlant de Tlemcen :

---

(1) Yahia ben-Khaldoun, *Histoire des Beni Abd' el-Wády*, fol. 4 r°.

« Tlemcen est une ville célèbre, entourée de murailles et située au pied d'une montagne. Elle a treize portes, et l'eau lui est amenée d'une source qui est à la distance de six milles (1). Hors de son enceinte, il y a des courants d'eau et des arbres. Une rivière (2) qui se jette dans la mer et à l'embouchure de laquelle entrent de petits bâtiments, serpente au midi et au couchant de cette ville dont le sol est excellent et extrêmement productif. Tlemcen est la capitale d'un royaume où il y a beaucoup de ports et de places fortes (3). »

Je ferai remarquer que le savant géographe se trompe quand il donne treize portes à Tlemcen ; nous venons de voir par le témoignage de Yahia ben-Khaldoun, que cette ville n'en comptait pas plus de cinq. En supposant qu'il n'ait mentionné que les principales, le nombre de treize me semblerait encore au-dessus de la vérité.

Dans les temps qui suivirent le règne d'Abou-Hammou, les querelles et les divisions qui éclatèrent parmi les princes de la dynastie des Mérinites, l'affaiblissement progressif de leur pouvoir et la décadence manifeste de leur empire, ne leur permirent plus de continuer leurs attaques contre la capitale des Beni-Zéyan. Délivrée des ennemis du dehors, Tlemcen fut déchirée par les dissensions intestines ;

---

(1) L'auteur veut sans doute parler ici de la source Fewarah qui est située à peu près à cette distance de la ville, du côté du levant.
(2) La Tafnah.
(3) *Takouim el-Boldan*, IVe climat, commencement du Maghreb-Extrême, frontière du Maghreb-Moyen.

les rois y étaient détrônés par l'ambition criminelle de leurs fils ; les fils se disputaient à leur tour l'héritage de leur père ; ces luttes presque incessantes, ces prétentions au trône qui étaient toujours soutenues les armes à la main, bannirent de la ville l'ordre et la sécurité et affaiblirent insensiblement le pouvoir des Beni-Zéyan.

Pendant la dernière période de leur existence, ils ne vinrent à bout de maintenir leur autorité chancelante qu'au prix de concessions fort humiliantes ; ils se virent peu à peu dépouillés des places les plus fortes de leur royaume ; les Turcs leur enlevèrent Alger avec toutes ses dépendances ; la riche Oran tomba au pouvoir des Espagnols ; tantôt vassaux des uns, tantôt tributaires des autres, ils ne possédèrent bientôt plus que l'ombre de la puissance royale. Vers le commencement de l'année 1551, Tlemcen ouvrit ses portes à Mohammed el-Arraniyi, fils du schérif Mouley Mohammed (1) ; mais l'année suivante, ayant été attaquée de nouveau par les Turcs, elle fut forcée de capituler (2). Enfin, Mouley Haçan, dernier roi de Tlemcen, fut chassé de son palais par les Turcs et mourut trois ans après à Oran, où il était allé chercher un refuge. Elle fut définitivement annexée avec tout son territoire à la régence d'Alger, en 1560, sous Haçan ou Barberousse III.

---

(1) A cette époque, les schérifs venaient de succéder aux Beni-Ouattas dans le royaume de Fez et de Maroc. Les Beni-Ouattas, qui régnèrent depuis 1471 jusqu'en 1550, étaient une branche cadette des Beni-Mérin ou Mérinites. Certains historiens en font une dynastie distincte de celle des Mérinites.

(2) *Relation de l'origine et succès des Schérifs*, etc., par Diego de Torrès, traduite en français. Paris, 1636, pag. 285 et suiv.

Léon l'Africain, qui visita Tlemcen au commencement du seizième siècle, nous a laissé une description de cette ville extrêmement curieuse et qui montre l'importance dont elle jouissait encore à cette époque. En la transcrivant ici, je demande la permission de faire usage de la traduction de Jean Temporal, contemporain de notre auteur, traduction dont le style, bien que suranné et gothique, est empreint d'une certaine naïveté qui lui fera trouver grâce, je l'espère, aux yeux du lecteur.

« .... Telensin est une grande et royale cité.... Tous les marchands et artisans sont séparés en diverses places et rues, comme nous avons dit de la cité de Fez ; mais les maisons ne sont pas si belles, ni de telle étoffe et coutanges. Outre ce, il y a de beaux temples et bien ordonnés, et pour le service d'iceux, sont députés plusieurs prêtres et prédicateurs. Puis se trouvent cinq colléges d'une belle structure, ornés de mosaïques et d'autres ouvrages excellents, dont aucuns furent édifiés par les rois de Telensin et autres par ceux de Fez. Il y a encore plusieurs étuves, et de toutes sortes... Il s'y trouve, davantage, un grand nombre d'hôtelleries à la mode africane, entre lesquelles il en est deux où logent ordinairement les marchands genevois et véniciens ; puis une grande rue en laquelle demeure un grand nombre de juifs, jadis fort opulents, qui portent un turban jaune en tête, afin qu'on les puisse discerner d'entre les autres ; mais ils furent une fois saccagés à la mort du roy Abu Habdilla (Abou Abd' Allah), en l'an neuf cent vingt et trois de l'hégire ; au moyen de quoi ils en sont pour le jour d'hui réduits à toute extrême pauvreté. Plusieurs fontaines s'écoulent dans la cité, mais les sources sont au dehors, de sorte que facilement les ennemis en pourrayent détourner l'eau. Et sont les murailles merveilleusement hautes et fortes, donnant l'entrée par cinq portes très-commodes et bien ferrées, joignant lesquelles sont les loges des officiers, gardes et gabeliers. Hors laquelle ville se voient de belles possessions et maisons (de campagne), là où les citoyens ont accoutumé en temps d'été demeurer pour le bel ébat qu'on y trouve, pour ce qu'entre la plaisance et bel assiète du lieu, il y a des puits et fontaines vives d'eau douce et fraîche; puis au dedans le pourpris de chacune possession sont des treilles de vigne qui produisent des raisins de diverses couleurs et d'un goût fort délicat, avec des cerises de toutes sortes et en si grande quantité, que je n'en vei jamais tant en lieu où je me sois retrouvé. Outre ce, il y croît des figues douces, qui sont noires, grosses et fort longues, lesquelles on fait sécher pour manger en hyver, avec pêches, noix, amandes, melons, citrouilles et autres espèces de fruits. Sur un fleuve nommé Sefsif, distant de la cité par l'espace de trois milles, y a plusieurs moulins à blé, et dautres aussi plus prochains d'icelle en un côté de la montagne *Elcalha*.

« Du côté du midi, retournant devers la ville, demeurent plusieurs juifs, advocats, notaires, lesquels soutiennent et plaident les causes. Il y a plusieurs lecteurs et écoliers en diverses facultés, tant en la loy comme aux mathématiques, et ont leurs provisions ordinairement des colléges. »

Sous la domination tyrannique des Turcs, Tlemcen ne tarda pas à déchoir du haut rang qu'elle occupait parmi les villes du Maghreb-Moyen; un grand nombre d'habitants ne pouvant supporter le joug de ces étrangers, passèrent dans le Maroc où ils s'établirent pour toujours. Tlemcen ne fut plus considérée alors que comme la troisième ville de la régence d'Alger ; elle fut comprise dans le ressort du beylick d'Oran et confiée au gouvernement d'un simple caïd.

Vers l'an 1670, ayant pris parti pour les Marocains contre le bey Haçan, elle fut presque entièrement détruite par les Turcs vainqueurs.

Le voyageur anglais Shaw, qui visita Tlemcen vers le milieu du dix-huitième siècle, affirme qu'à cette époque il n'existait guère plus qu'un sixième de l'ancienne cité.

En 1834, Tlemcen, dont la population était encore d'environ vingt mille âmes, fut vainement assiégée pendant un mois par Abd' el-Kâder ; les Turcs et les Koroughlis, qui ne voulaient pas se soumettre à l'émir, ni reconnaître la domination française, s'étaient renfermés dans le Méchouar d'où ils pouvaient défier impunément l'ennemi (1).

Deux ans après, Tlemcen ouvrit ses portes à l'armée française, qui y fit son entrée le 13 janvier 1836.

Le 12 juillet de l'année suivante, elle fut évacuée par les Français en vertu du honteux traité de la Tafna. Abd' el-Kâder en fit alors la capitale de la province du Gharb et y créa un khalifah pour la gouverner. Mais le 30 janvier 1842, Tlemcen fut de nouveau occupée par les troupes françaises et elle devint le centre d'une subdivision militaire.

---

(1) *Oran sous le commandement du général Desmichels*. Paris, 1835, page 163.

Lors du soulèvement général de la province de l'Ouest en 1845, Tlemcen ne dut son salut qu'à la défense habile et ingénieuse du général Cavaignac, son gouverneur. S'étant renfermé avec ses troupes dans le Méchouar, il s'y maintint pendant cinq mois, malgré les attaques quotidiennes des Arabes qui étaient maîtres du reste de la cité (1).

Pendant cette guerre, Tlemcen a vu s'accumuler ses ruines, et sa population, qui n'était pas déjà trop nombreuse, a été réduite presque de moitié. Lorsque j'ai visité cette ville, six mois après, elle comptait 2,670 Koroughlis, 2,070 Hadhars, 1,585 Israélites et 500 Européens, en tout 6,826 habitants. Je ne parle pas des soldats de diverses armes qui formaient la garnison, ni des malades tant civils que militaires qui remplissaient les hôpitaux.

---

(1) L'on m'a raconté à Tlemcen que lorsque les Français assiégés dans le Méchouar avaient épuisé leurs provisions de bouche, ils tiraient quelques coups de canon contre le minaret de la grande mosquée, et qu'alors les Arabes, qui craignaient que cet édifice sacré ne fût détruit, s'empressaient d'apporter des vivres à la porte du Méchouar pour faire cesser la canonnade.

CHAPITRE IX.

Promenade dans le quartier des Hadhars. — Leur commerce et leur industrie dans les temps modernes et dans les temps anciens. — Leurs relations avec le pays des Noirs.

Le surlendemain de mon arrivée de Sebdou et les jours suivants furent consacrés à explorer le quartier des *Hadhars*, que je ne connaissais pas encore. Ce quartier, qui occupe toute la partie septentrionale de la ville, présente un aspect vraiment curieux et digne d'être étudié. Les Arabes qui l'habitent sont les descendants des premiers conquérants de l'Afrique et les débris de cette population industrieuse et commerçante dont la réputation de probité et de bonne foi était connue autrefois du monde entier. Les traits délicats de leur figure, la fierté de leur regard, leur front grave et majestueux, tout dans leur physionomie rappelle la noblesse de leur origine et la prospérité de leurs ancêtres. Cette dignité est d'autant plus remarquable, qu'elle n'est pas toujours justifiée par la position ou la fortune des personnes, et qu'elle se rencontre même sous les haillons et le manteau de la misère. J'ai remarqué aussi que le type de la nation arabe s'est conservé à Tlemcen plus pur qu'à Oran et à Alger : cela vient de ce que le mélange avec les autres races y a été en proportion beaucoup moindre.

Autrefois la population se divisait en quatre classes distinctes, savoir : les marchands, les artisans, les militaires et les gens de loi.

Le commerce et l'agriculture ont été dans tous les temps les deux sources principales de la prospérité de Tlemcen. Aujourd'hui comme autrefois, on y apprête une grande quantité de pelleteries et on y fabrique des haïks, des tapis, des kessah et des bernous d'une finesse remarquable. Cette habileté dans l'art de tisser la laine est, en quelque sorte, héréditaire chez les Tlemcinois. Yahia ben-Khaldoun, qui florissait vers la fin du quatorzième siècle, parle d'eux en ces termes :

« Ils excellent dans la fabrication des étoffes de laine, qui sont d'une finesse inimitable. Ils confectionnent des kessah et des bernous qui pèsent à peine huit onces, et des ceintures dont le poids n'est que de cinq onces. De nos jours comme dans les temps anciens, ajoute-il, les Tlemcinois jouissent d'une réputation bien méritée pour la perfection à laquelle ils ont fait parvenir cette industrie : aussi leurs étoffes sont-elles exportées dans les villes lointaines, tant en Orient qu'en Occident. »

L'on y confectionne également des objets de sellerie qui sont recherchés dans toute l'Afrique, ainsi que les ouvrages de ses éperonniers.

Avant l'année 1833, Tlemcen, par sa population, qui était d'environ 20,000 âmes, et sa proximité du Maroc, était la première ville de la province d'Oran, et l'entrepôt de tout le commerce de l'Algérie avec les tribus de l'Ouest (1).

Sous le règne des Beni-Zéyan, Tlemcen était comme le centre du commerce qui se faisait alors entre l'Europe et l'intérieur de l'Afrique. Chaque année, les Vénitiens et les Génois venaient à Mers' el-Kébir ou au port de Honéin avec leurs navires chargés de marchandises précieuses et y trafiquaient avec les négociants de Tlemcen, qui leur donnaient en échange les riches productions de la Barbarie et du Soudan.

Il y avait dans cette ville deux fondouks affec aux négociants européens. Une caravane partait tous les ans pour le pays des Noirs avec diverses marchandises fabriquées en Europe ou dans le royaume de Tlemcen, et elle en rapportait de la poudre d'or, de l'ambre gris, des plumes d'autruche, de la civette, des esclaves et autres objets de commerce. Un ou deux voyages suffisaient pour enrichir un marchand, et cet espoir lui faisait braver les feux du tropique et les sables éternels du Sahara.

El-Makkariyi, auteur arabe natif de Tlemcen, dans un passage qu'il cite d'après l'auteur de l'*Ihhâtah*, le vizir Liçan ed-Dyn, nous fournit des données précieuses sur les relations commerciales de cette ville avec l'intérieur de l'Afrique vers le milieu du treizième siècle de notre ère. Comme ce passage n'a pas encore été remarqué, je vais en donner ici le texte et la traduction :

---

(1) Voyez *Oran sous le commandement du général Desmichels*. Paris, 1835, page 164.

ثم اشتهرت ذريته على ما ذكر من طبقاتهم بالتجارة فمهدّوا طريق الصحرآ بحفر الابار وتأمين التجار واتخذوا طبلًا للرجل وراية تقدم عند المسير وكان ولد يحيى الذين احدهم ابو بكر خمسة رجال فعقدوا الشركة بينهم في جميع ما ملكوه او يملكونه على السوآء بينهم والاعتدال فكان ابو بكر ومحمد وهما ارومتا نسبى من جميع جهات اتى وابى بتلمسان وعبد الرحمن وهو شقيقهما الاكبر بسجلماسة وعبد الواحد وعلى وهما شقيقاهم الصغيران بايولاتن فاتخذوا بهذه الاقطار الحوائط والديار وتزوجوا النسآء واستولدوا الامآء وكان التلمساني يبعث الى الصحراوى بما يرسم له من السلع ويبعث اليه الصحراوى بالجلد والعاج والجُوزة والتبر والسجلماسى كلسان الميزان يعرفهما بقدر الخسران والرجحان ويكاتبهما باحوال التجار واخبار البلدان حتى اتسعت اموالهم وارتفعت في الضخامة احوالهم ولمّا افتتح التكرور كورة ايولاتن واعمالهم اصيبت اموالهم فيما اصيب من اموالهم بعد ان جمع من كان بها منهم الى نفسه الرجال ونصب دونها ودون مالهم القتال * ثم اتصل بملكهم فاكرم مثواه ومكنه من التجارة بجميع بلاده وخاطبه بالصديق الاحب والخلاصة الاقرب ثم صار يكاتب من بتلمسان يستقصى منهم ماربه فيخاطبه بمثل تلك المخاطبة وعندى من كتبه وكتب ملوك المغرب ما يبيّن عن ذلك فلمّا استوثقوا من الملوك تذللت لهم الارض للسلوك فخرجت اموالهم عن الحد وكادت تفوت الحصر والعد لان بلاد الصحرآ قبل ان يدخلها اهل مصر كانت يجلب اليها من المغرب ما لا بال له من السلع فتعاوض عنه بما له بال من الثمن

اى مدير دنيا ضمّ جنبا ابى حمّ (1) وشمل ثوباه كان يقول لولا الشناءة لم انزل بلادى تاجرًا من غير تجار الصحرآ الذين يذهبون بخبيث السلع وياتون بالتبر الذى كل امر الدنيا له تبع ومن سواهم يحمل منها الذهب ويآتى اليها بما يصحل عن قريب ويذهب ومنه ما بغير من العوايد ويجير السفهآء الى المفاسد ولمّا درج هولآء الاشياخ جعل ابناوهم ينفقون ممّا تركوا لهم ولم يقوموا بامر التشمير قيامهم وصادقوا توالى الفتن ولم يسلموا من جور السلاطين فلم يزل حالهم فى نقصان الى هذا الزمن فها انا ذا لم ادرك من ذلك الا اثر نعمة اتخذنا فضوله عيشًا واصوله حرمةً ومن جملة ذلك خزانة كبيرة من الكتب واسباب كثيرة تعين على الطلب فتفرغت بحول الله عزّوجلّ للقراة فاستوعبت اهل البلد لقآء واخذت عن بعضهم عرضًا والقآءَ سوا المقيم القاطن والوارد الظاعن *

« Ensuite les enfants de celui-ci (il s'agit de l'un des ancêtres de l'aïeul d'El-Makkariyi) acquirent dans la profession du commerce le haut rang dont nous venons de parler. Ils facilitaient la route du Sahara, soit en creusant des puits, soit en procurant la sécurité aux marchands voyageant en caravane, et ils se faisaient payer une certaine redevance pour les guides qu'ils fournissaient aux voyageurs, et aux avis de qui ces derniers devaient se conformer pendant la route. Les enfants d'Yahia, parmi lesquels il faut compter Abou-Bekr, étaient au nombre de cinq. Ils avaient mis leurs biens en commun et formé une association d'après laquelle ils se partageaient d'une manière égale le produit de leurs opérations commerciales respectives.

---

(1) ابى حمّ est ici écrit irrégulièrement, car, dans les autres auteurs que j'ai lus, le mot حَمُّو ou حَمُّوا ne se trouve jamais décliné.

« A Tlemcen s'établirent les deux frères Abou-Bekr et Mohammed, souches, l'un et l'autre, de mon origine tant du côté de mon père que du côté de ma mère. Abd' er-Rahman, leur frère utérin et l'aîné de la famille, alla s'installer à Sidjilmessah. Enfin Abd' el-Wâhid et Aly, leurs frères cadets, choisirent Youalâten pour y fonder leur maison de commerce. Dans ces contrées ils firent l'acquisition d'enclos et de maisons; ils y épousèrent des femmes et eurent des enfants de leurs esclaves. Le Tlemcinois expédiait au Saharien les marchandises que celui-ci lui demandait, et le Saharien expédiait au Tlemcinois des peaux, de l'ivoire, des noix (1) et de la poudre d'or. Quant à celui qui résidait à Sidjilmessah, tel que le poids de la balance, il leur faisait connaître la hausse et la baisse des prix, les tenait au courant des affaires des négociants et leur mandait toutes les nouvelles du pays qui pouvaient les intéresser. Grâce à cette association et à cette correspondance, la fortune des cinq frères s'accrut d'une manière considérable; en fort peu de temps ils atteignirent un haut degré d'opulence et de bien-être.

« Lorsque Tocrour, ville des Youalâten, et les autres districts dépendant de ce peuple eurent été conquis, ceux d'entre les frères Makkariyi qui se trouvaient dans ces contrées, ayant réuni auprès de soi tous leurs combattants, établirent une lutte entre leurs marchandises et les objets de commerce des Youalâten, et cette lutte tourna à l'avantage des cinq frères associés.

---

(1) Il s'agit des *gourous* ou *kolla*, espèce de noix décrites par le capitaine Lyon dans la relation de son voyage du Fezzan. « Ce fruit, dit-il, est de la grosseur d'une noix et de la forme d'une fève. Sa saveur est d'une amertume agréable et rappelle celle de l'artichaut, quand on boit après en avoir mangé. On le cueille dans le Dagomba et les autres pays à l'ouest de Timboktou. C'est un objet de luxe. A Mourzouk, on en vend quatre pour une piastre. On en offre à ceux qui viennent en visite, comme on présente du café sur les côtes de Barbarie. Bien des gens appellent cette noix *le café des Nègres.*» *Voyage dans l'intérieur de l'Afrique septentrionale*, traduit de l'anglais. Paris, 1842, pag. 159 et 160.

« Ensuite les Makkariyi se rendirent auprès du souverain de ce peuple, qui leur fit l'accueil le plus honorable et le plus hospitalier, leur accorda l'autorisation de commercer dans toute l'étendue de ses États et leur donna les noms d'*amis très-chers et de quintessence des familiers*. Dès lors ce prince se mit en correspondance avec les frères établis à Tlemcen; il s'adressa à eux pour ses commissions, et il leur donna dans ses lettres des noms d'amitié, tels que ceux qui viennent d'être mentionnés.

« J'ai en ma possession quantité de lettres écrites soit par lui, soit par les rois du Maghreb, qui contiennent la preuve de ce que j'avance. Lorsque les frères Makkariyi eurent, à l'aide de pactes et de traités, obtenu de la part des rois aide et protection pour leur commerce, ils parcoururent librement toutes les routes et acquirent des richesses immenses : c'est à peine si on pouvait les calculer et en connaître la valeur. C'est qu'alors les marchands de l'Égypte ne connaissaient pas encore le chemin du Sahara, que le Sahara tirait du Maghreb une quantité prodigieuse de marchandises, et que les Maghrébins en retiraient le prix qu'ils voulaient, en sorte que ce commerce procurait au trésor du roi Abou-Hammou des sommes énormes et enrichissait ses États. Ce prince avait coutume de dire : Si je ne craignais de faire une chose odieuse, je ne souffrirais pas d'autres marchands que ceux qui trafiquent avec le Sahara, car ils exportent des marchandises de vil prix, et ils importent de la poudre d'or, métal auquel tout obéit en ce monde ; les autres marchands, au contraire, exportent notre or et nous donnent en échange des objets dont les uns s'usent promptement et disparaissent, dont les autres finissent au bout de quelque temps par n'être plus de mode, ou bien servent à corrompre les mœurs des sots et des imprudents.

« Après la mort de ces chéikhs, leurs enfants se mirent à dépenser follement une partie du riche héritage qui leur avait été légué; ils ne s'appliquèrent pas à faire fructifier leurs biens; les guerres continuelles qui agitèrent ensuite les pays de leur résidence vinrent entraver leur commerce, et ils se trouvèrent livrés à la merci de sultans capricieux et oppresseurs. Depuis lors, leur prospérité commerciale est toujours allée en déclinant, et elle décline encore.

« Quant à moi, de tous ces grands biens, il ne m'est revenu qu'un peu d'aisance qui est comme un faible vestige de la prospérité de mes ancêtres. Notre famille use des débris de cette immense fortune pour ses besoins quotidiens, mais elle conserve le souvenir de l'origine du peu qu'elle possède comme un sujet de considération et de gloire pour elle.

« Parmi les biens dont j'ai hérité, j'ai trouvé une riche bibliothèque et tous les objets nécessaires à quelqu'un qui veut se livrer à l'étude. Je me suis donc adonné à la lecture. J'ai suivi les cours de tous les savants de la ville et ai pris des leçons particulières auprès de plusieurs maîtres, tant auprès de ceux qui étaient établis dans la ville et y avaient leur résidence, qu'auprès de ceux qui, étant en voyage, n'y faisaient que passer (1). »

---

(1) Manuscrit de la Bibliothèque Impériale, n° 758, fol. 60 v°. Abou Abd' Allah Mohammed el-Makkariyi, aïeul de l'auteur de la Vie du vizir Liçan ed-Dyn, était né à Tlemcen sous le règne d'Abou-Hammou Mouça. Il mourut à Fez, où il avait été nommé cadhi de la communauté par le sultan Mérinite Abou-Inan. Sa vie a été recueillie par l'un de ses amis, Ibn-Marzouk, dans un ouvrage intitulé : النور البدري في التعريف بالفقيه المقري *Éclat de pleine lune propre à faire connaître le fakih El-Mokriyi* (lisez *El-Makkariyi*). Abou Abd' Allah avait composé deux ouvrages, dont l'un avait pour titre : نظم اللآلي في سلوك كتاب النجم الثاقب فيما لاولياء الله من المناقب, et l'autre : الأمالي. Ils ont été tous les deux cités par l'auteur de l'*Ihhâtah* et par El-Makkariyi (Voy. Manuscrit de la Bibliothèque Impériale, n° 758, fol. 63 r° et v°, et n° 759, fol. 131 v°). Le passage que nous avons traduit et qui contient les paroles d'Abou Abd' Allah lui-même, est vraisemblablement une citation de l'un de ces deux ouvrages. Nous donnerons plus loin la biographie plus détaillée du savant aïeul d'El-Makkariyi, d'après l'historien Yahia ben-Khaldoun et le biographe de Liçan ed-Dyn.

Telles sont les paroles d'Abou Abd' Allah Mohammed el-Makkariyi, aïeul de l'historien d'où ce passage curieux est extrait.

Comme on voit, Sidjilmessah était le point intermédiaire qui reliait le Soudan au Maghreb. Cette ville, qui est aujourd'hui en ruines, était située sous le même méridien que l'embouchure de la Moulouya, et paraît avoir été la capitale du Tafilelt. On s'y rendait de Tlemcen par deux routes : l'une passait par Outchdah, Tézâ, Fez, puis, descendant vers le midi, elle traversait les villes de Soforou, Tadelah, Aghmat, où elle franchissait le grand Atlas ; elle tournait ensuite vers l'orient, et aboutissait à Sidjilmessah, après avoir traversé l'Oued-Derâa : c'était la route la plus sûre et la plus généralement fréquentée par les marchands de Tlemcen. L'autre, beaucoup plus directe, mais plus difficile, passait également par Outchdah (1), franchissait ensuite le mont Tamerit, situé à deux journées de marche au sud de Tlemcen, traversait l'Oued-Guir et aboutissait à Sidjilmessah, qui était à peu près sous le même méridien que la ville de Outchdah. Il fallait aux caravanes une quinzaine de jours pour la parcourir (2).

De Sidjilmessah à Youalâten, premier lieu des dépendances du Soudan, il y avait, suivant Ibn-Batouta, environ

---

(1) Il paraît que l'on se rendait aussi au mont Tamérit par le chemin qui traverse les montagnes des Beni-Ournid, au sud de Tlemcen, et passe par Sebdou ; car, de nos jours, cette route est encore pratiquée par les caravanes qui se rendent du Tafilelt à Tlemcen.

(2) *Géographie d'Edrissy*, t. I, p. 228.

deux mois de marche. Ce célèbre voyageur, qui avait lui-même parcouru ces contrées, nous apprend que, de son temps, les conducteurs des caravanes étaient pris parmi les Messoufites, branche de la grande tribu des Tchanôgah, qui connaissaient les endroits du désert où l'on trouve de l'eau en creusant dans le gravier jusqu'à une certaine profondeur (1).

De Youalâten, les caravanes se transportaient à Tocrour, ville très-commerçante et capitale d'un royaume de ce nom, suivant le schérif Edrissy, qui en donne la description et la place sur les bords du Niger, à quarante journées de marche au sud de Sidjilmessah (2).

L'aïeul d'El-Makkariyi, au contraire, s'exprime d'une manière à faire regarder Tocrour comme un cité dépendante de Youalâten, et cette dernière, comme la capitale d'une tribu nègre de ce nom. D'un autre côté, Ibn-Batouta, qui florissait à la même époque qu'Abou Abd'Allah Mohammed el-Makkariyi, dit positivement que Youalâten était une ville dépendante du royaume de Melli. Un moyen de concilier ces diverses assertions des historiens, ce serait peut-être de supposer que Youalâten, d'abord ville indépendante et chef-lieu de la tribu de ce nom, fut conquise, plus tard, par les rois de Tocrour, et qu'ensuite ces deux États tombèrent sous le pouvoir des souverains de Melli. Quoi qu'il en soit de cette supposition, nous savons que de

---

(1) Les Arabes appellent ces endroits *Hiça*.
(2) Dans les *Nouvelles annales des voyages*, 7ᵉ année, p. 383, il est dit que cette ville est identique avec Timboktou, ce qui est une erreur.

Youalâten à cette dernière capitale, l'on comptait vingt-quatre jours de marche forcée. Ibn-Batouta raconte que, lorsqu'il arriva à Melli, il reçut la visite de l'alfakih Abd' el-Wâhid el-Makkariyi (1).

Si je ne me trompe, ce dernier était un des arrière-petits-fils de Abd' el-Wâhid el-Makkariyi ou de son frère Aly, qui étaient allés fonder une maison de commerce à Youalâten. A cette observation j'ajouterai celle-ci : Ibn-Batouta nous apprend, dans la relation de son voyage, que, sous le règne d'Abou-Inan le Mérinite (753 de l'hégire, 1352 de J.-C.), les étoffes d'Égypte étaient très-communes dans le royaume de Melli, et que les habitants de Takkéda, capitale d'un royaume nègre, faisaient tous les ans le voyage d'Égypte pour y chercher de belles étoffes et d'autres marchandises, commerce qui leur procurait une grande aisance (2). En rapprochant ces deux assertions des paroles de l'aïeul d'El-Makkariyi, qui affirme qu'à l'époque où les frères Abd' el-Wâhid et Aly trafiquaient dans le pays des Noirs, les relations commerciales n'étaient pas encore ouvertes entre l'Égypte et le Soudan, je conclus que cela se rapporte au milieu du règne d'Abou-Hammou, et à quelques années avant le voyage d'Ibn-Batouta.

Il ne paraît pas que ces relations entre le Nord de l'Afrique et l'intérieur aient jamais été interrompues. De nos jours, comme dans les temps anciens, des caravanes partant,

---

(1) *Journal Asiatique*, mars 1843, p. 203.
(2) *Journal Asiatique*, mars 1843, p. 233.

d'un côté, de Tripoli, et, de l'autre, de Fez, se dirigent chaque année vers les oasis du désert et le pays des Noirs.

« Presque tous les riches négociants de Fez, dit le général Daumas (1), y ont des succursales de leurs maisons de commerce, tenues par des chargés d'affaires, par des représentants intéressés qui, du Maroc, sont allés là chercher fortune. »

Assurément, il ne dépend que de la France de rétablir les relations qui existaient jadis entre l'Algérie et le Soudan. Son commerce, autant que sa politique, y est intéressé. Rien ne lui serait plus facile que de rappeler à Alger, à Oran, à Tlemcen, une bonne partie des affaires, qui se font maintenant par nos rivaux, les Anglais (2). Tout le monde sait qu'ils ont accaparé d'une manière ou d'une autre le commerce de l'intérieur de l'Afrique, où ils font écouler leurs

---

(1) Le *Sahara algérien*. Paris, 1845, p. 297.

(2) Les Arabes de la province d'Oran viennent de renouer leurs anciennes relations avec le Soudan; car je lis dans le *Mobaschschir*, journal arabe publié à Alger par le gouvernement, n° du 22 djomady 'l-awel 1256 (15 mai 1849), la nouvelle suivante, à la rubrique de Sebdou :

ان قافلة بمايتين دابة قدمت من تافيلالت الى سبدو حاملة السلع كالحايك والبلغة والفيلالي الجيّد وغير ذلك وكان مسيرهم ٢٢ يومًا وذكروا ان قوافل اخرى واردة في اثرهم فهذا دليل عافية نواحيهم ٭

« Il est arrivé à Sebdou, venant du Tafilelt, une caravane composée de deux cents bêtes de somme, et portant, entre autres marchandises, des haïks, des belghrah (souliers arabes), et des peaux tannées d'excellente qualité. Elle a mis vingt-deux jours pour arriver. Les voyageurs assurent qu'ils sont suivis par d'autres caravanes. Cela prouve que la tranquillité règne dans ces contrées. »

marchandises par les ports de Tunis, de Tripoli, de Ribat, de Tétouan, de Tanger et de Mogador.

Tandis que l'Algérien vaincu, mais non soumis, regarde le Français avec un sentiment de défiance et d'antipathie, il se montre plein de prévenances et d'attentions envers le marchand anglais, qui vient lui vendre bien cher son sucre avarié, ses indiennes ou ses calicots. Je me souviendrai toute ma vie d'une aventure qui m'arriva à Tlemcen, et qui me révéla le fond du cœur du peuple arabe, naturellement si dissimulé.

Il y a dans le quartier des Hadhars une rue que l'on nomme *Soueïkah* ou petit marché. Elle est occupée dans toute sa longueur par des ateliers de toutes sortes, des boutiques et des magasins; l'on y vend des armes, telles que des yatagans, des canardières et des couteaux-rasoirs; des objets de sellerie et d'éperonnerie; des vêtements, comme des cambouchs, des ksah, des bernous; des chaussures, telles que des kabkab, des babouchs, des belghrah, etc., etc. C'est là que les habitants de la ville et ceux de la campagne viennent faire leurs emplettes; c'est là, mieux que partout ailleurs, qu'il est permis à un étranger d'étudier le caractère, les costumes, les usages et les mœurs de toutes les classes des indigènes, de toutes les professions.

J'allais presque tous les jours, après mon déjeuner, me promener en amateur dans cette rue, qui est d'ailleurs assez longue et parfaitement abritée contre les ardeurs du soleil. J'achetais de temps en temps quelque bagatelle, quelque curiosité du pays, pour me procurer l'occasion de converser avec les marchands et leur adresser mille questions qui pouvaient leur paraître frivoles, mais qui étaient pour moi du plus vif intérêt. Un jour donc que je me trouvais devant un magasin à examiner les diverses marchandises qui y étaient étalées, un Arabe qui s'était approché de moi dit tout bas à l'oreille de son voisin : *Had'er-radjeul Englizy,* c'est-à-dire, cet homme est un Anglais. «Tu te trompes, cidi, lui dis-je en me retournant vivement vers lui (car j'avais entendu ses paroles), je ne suis pas Anglais. — Oh ! tu ne veux pas l'avouer, me répondit-il, mais ton habillement et ton chapeau te trahissent. » Le chapeau que je portais était, en effet, noir et rond, et c'était, je crois, le seul de cette forme qui se trouvât alors à Tlemcen, car les militaires se coiffaient avec leurs schakos et leurs képis, et les civils se contentaient de porter des casquettes ou de larges chapeaux de paille. Peu flatté de la méprise de mon interlocuteur, je lui répète avec un peu d'humeur que je n'ai rien de commun avec les Anglais. « Si, si, me réplique-t-il en me souriant agréablement et en me montrant ses dents aussi blanches que le lait ; tu es de nos amis et tu voudrais nous le cacher. Dis-nous si tu viens nous vendre de ton excellent sucre ou de tes superbes mouchoirs ; dis, ne crains pas. » J'ai beau protester contre son erreur, il persiste à me croire un John Bull ; il me serre la main en signe d'amitié ; il s'apprêtait même à m'appliquer un baiser sur le front, lorsque je fis un pas en arrière pour échapper à cette marque d'indiscrète familiarité. Une foule d'indigènes, attirés par la curiosité, s'étaient attroupés autour de nous ; une dispute s'était élevée entre eux à mon sujet ; les uns soutenaient que j'étais Anglais, les autres le niaient. Pour mieux s'assurer du fait, il y en avait qui voulaient me voir de plus près, qui palpaient mes habits et mon chapeau, et me toisaient des pieds à la tête. En vérité, je ne savais plus comment faire pour me sauver des mains de ces anglomanes, ni à quel saint du Paradis me recommander. Cependant un jeune homme, qui était habillé en Koroughli, perce la foule, et s'adressant à ceux qui m'entouraient : « Détrompez-vous, leur dit-il ; j'ai voyagé en France ; j'ai demeuré à Marseille, à Toulouse, à Montpellier, et connais parfaitement le costume des Français : tout le monde, excepté les militaires, porte chez eux des chapeaux comme celui que vous voyez sur la tête de ce monsieur. » Ce témoignage, joint à mes protestations, que je réitérai, finit par ouvrir les yeux à nos bédouins. Dans un clin d'œil ils eurent disparu. Tout d'un coup je me trouvai au milieu de la rue, seul et abandonné comme par l'effet d'un enchantement. Pour le moment, ne croyant pas sage de rester davantage dans le quartier des Hadhars, je pris le chemin qui menait directement à ma demeure, où je racontai ma singulière aventure. Comme on pense bien, les commentaires ne manquèrent pas, et, pendant plusieurs jours, les Anglais servirent de thème à nos propos de table et à nos conversations.

Autrefois, chaque rue avait ses magasins, ses boutiques et ses ateliers particuliers ; chaque profession était localisée dans un quartier différent. Aujourd'hui, les marchands et les artisans sont presque tous concentrés dans le quartier de la Soucïkah ; quelques-uns seulement ont conservé le nom et le souvenir des professions et des métiers qui y étaient exercés. Ce quartier n'a pas toujours été occupé, du moins en entier, par les commerçants et les gens de métier ; car l'auteur du *Meracid el-Ittilâa* rapporte que de son temps *Tagrart*, ou la nouvelle ville, était la demeure des troupes en garnison et des personnes attachées à la cour du sultan (1). Cet auteur écrivait vers le milieu du neuvième siècle de l'hégire. C'est sans doute à partir de cette époque que les habitants d'Agadyr commencèrent à déserter leur quartier, et s'établirent peu à peu dans le centre de la nouvelle ville et dans les rues habitées par les gens de guerre et les Grands du royaume.

Je ne crois pas me tromper en faisant remonter à la même époque l'établissement des marchands juifs dans le voisinage du Méchouar, au Nord et à l'Ouest de ce château. Haïs et détestés par les Musulmans, les Juifs se rencontrent cependant partout à côté de ces derniers ou mêlés à leur société. Cela vient, à mon avis, de ce que l'esprit de la religion musulmane réprouve certains arts de luxe, le trafic de certaines étoffes précieuses, et que, d'un autre côté, l'Arabe, essentiellement ami du luxe et de la splendeur, soit pour ses armes, soit pour ses habillements, ne fait pas scrupule d'acheter des objets prohibés, quand ces objets ont été fabriqués par des non-musulmans. Les Juifs, en habiles spéculateurs, tentent le mieux qu'ils peuvent la convoitise de leurs ennemis ; ils leur demandent le double ou le triple de la valeur des marchandises, et, moyennant ce lucre, ils leur pardonnent volontiers la haine dont

---

(1) تافرارت يسكنها الجند واصحاب السلطان. Supplément arabe, n° 891, page 134.

ils les gratifient. C'est de cette manière que leur commerce avait acquis un haut degré de prospérité du temps des Beni-Zéyan, et que leur quartier était devenu un des plus riches et des plus peuplés de la ville ; mais ces richesses, qui étaient un objet d'envie pour les Musulmans, attirèrent sur la tête des Juifs plus d'une persécution, et ils furent pillés par les Arabes, d'abord en 923 de l'hégire, lors de la mort du roi Abd' Allah, et ensuite par les troupes du comte d'Alcaudette, en sorte que, depuis cette époque fatale, ils n'ont jamais pu se relever du coup qui avait été porté à leur commerce. De nos jours, l'on trouve pourtant encore quelques familles aisées autour du Méchouar. La quincaillerie et la bonneterie sont la partie du commerce que les Juifs choisissent de préférence à toutes les autres ; ils vendent aussi des calicots et des foulards de fabrique anglaise, qu'ils font venir de Tétouan ou de Tanger. En général, tous ces marchands vivent de fraudes et de tromperies, et ils ont là, comme ailleurs, une réputation qu'ils ne démentent pas. Les Maures, au contraire, passent pour des hommes de droiture et de bonne foi. Ce que Yahia ben-Khaldoun dit, dans son histoire, des habitants de Tlemcen, est aussi vrai aujourd'hui qu'à l'époque où vivait cet auteur.

Voici ses propres paroles :

ويعمر كليهما من البشر ناس اخيار اولوا حياء ووفاء بالعهد ومفاء ودين واقتصاد فى المعاش واللباس والسكنى على هدى السلف الصالح رضى الله عنه .... ومع ذلك فهم معدن العلماء الاعلام والاولياء المشاهير نجابة فى الدرس والعبادة تشهد بذلك المزارات المحجوجة

من الاقطار النائية خارج بلدهم فالاخبار المتواترة على لسان الخاص والعام (1)

« Les deux quartiers de la ville (2) sont habités par des gens de bien et d'honneur, fidèles à leurs engagements, chastes et pieux, simples dans leur nourriture aussi bien que dans leur vêtement et l'ameublement de leurs demeures. Ils suivent en cela les traces de leurs vertueux ancêtres..... Leur cité est une mine de savants du premier ordre et de saints qui se sont illustrés par l'excellence de leur doctrine et l'éminence de leur piété, ce qui est attesté par leurs tombeaux que l'on vient visiter des contrées les plus lointaines, et par leurs nombreuses légendes que répètent à l'envi la langue des Grands et la langue des Petits. »

---

(1) Yahia ben-Khaldoun, *Histoire des Beni Abd' el-Wâdy*, fol. 4 r° de mon manuscrit.

(2) Agadyr et Tagrart.

CHAPITRE X.

Cy Mahfoudhy, mufti du bureau arabe de Tlemcen. — Lettres qu'il a adressées à l'auteur du présent ouvrage.

C'est une opinion généralement reçue en Europe que les Arabes de l'Algérie et du reste du Nord de l'Afrique, ont perdu depuis longtemps le feu sacré de la science, et qu'il ne reste plus chez eux de leur ancienne gloire littéraire ni vestige, ni souvenir. Je suis persuadé, pour mon compte, que si les voyageurs qui ont visité ces contrées, avaient été versés tant soit peu dans les langues orientales, leurs récits n'auraient pas donné lieu à formuler sur les indigènes un jugement aussi absolu, aussi sévère. Il est vrai que le gouvernement français a envoyé une fois des orientalistes de grand renom, pour faire des recherches dans les bibliothèques des mosquées et se mettre en rapport avec les ulémas du pays; mais ces messieurs, qui n'étaient jamais sortis de Paris, ne savaient pas un mot de la langue vulgaire des indigènes, et quand ils ont voulu se mettre en rapport avec ces ulémas, ils ont été contraints de recourir à l'intermédiaire des interprètes, dont la plupart, je ne crains pas de le dire, sont plus étrangers à l'histoire et à la littérature des Arabes, que les gardiens de chèvres et de chameaux. Ces explorations faites aux frais du gouvernement et avec beaucoup de fracas, ont donné naissance à de très-savants mémoires, à des rapports brillants et magnifiques, à des livres même qu'on lit avec curiosité ; mais tous ces ouvrages se taisent sur le mérite littéraire des Arabes modernes, ou s'ils en disent un mot, c'est sur la foi de leurs ignorants devanciers ou pour se livrer à de fausses appréciations. Quand j'arrivai à Tlemcen, je croyais, comme tout le monde, que les traditions littéraires s'étaient entièrement perdues parmi les indigènes, et que ce serait en vain que je chercherais à retrouver au milieu d'eux quelques débris de leur ancienne civilisation. Je regrettais de n'être pas venu au monde trois ou quatre siècles auparavant, pour être témoin de l'éclat que la culture des sciences et des arts avait jeté sur cette région fortunée, et pour assister à l'une de ces réunions d'hommes de lettres, à ces *medjles,* où brillait la fine fleur de l'esprit arabe, où la poésie joûtait avec la poésie, où la prose harmonieuse, élégante et cadencée, l'emphatique *khitâbah,* alternait avec les récits simples et naïfs de la fable ou de l'allégorie. Une circonstance tout à fait inattendue vint m'arracher à mon erreur et diminuer la mesure de mes regrets.

J'allai un jour, sur l'invitation d'un jeune officier français, visiter le bureau arabe de Tlemcen. L'on appelle ainsi, en Algérie, un tribunal supérieur mixte, c'est-à-dire composé d'indigènes et de Français, mais présidé par un officier de notre nation ; il décide de toutes les questions graves et importantes, soit de police, soit d'administration locale, et sa juridiction s'étend sur toutes les dépendances de la ville où il est établi : c'est une des plus sages institutions que notre gouvernement ait créées dans nos possessions africaines. La sévérité inexorable des lois musulmanes adoucie et interprétée par l'esprit qui a présidé à la composition de notre Code, la vénalité des juges indigènes refrénée par la présence et l'impartialité bien connue de nos officiers, la sagesse des décisions de ce tribunal, le recours continuel et efficace qu'il offre à chacun contre les injustices et les vexations dont il peut avoir à se plaindre, tous ces avantages, que sentent vivement les Arabes, leur font aimer notre administration et leur donnent une idée favorable de nos lois et de notre civilisation.

Arrivé au local ou siègent les membres de ce respectable tribunal, je fus successivement présenté à chacun d'eux et puis invité à m'asseoir sur un tapis. La conversation s'engagea naturellement sur le but de mon voyage et les impressions qu'avait produites en moi la vue de l'Afrique et de ses habitants. Bientôt après, le plus ancien du tribunal, magistrat aussi vénérable par son âge que par la gravité de ses manières et de tout son maintien, appela un serviteur du diwan et lui commanda de m'apporter une tasse de café. Je le remerciai de sa politesse en formant des vœux pour la prolongation de ses jours et le bonheur de sa famille : « Que le Très-Haut, lui dis-je, multiplie vos années comme il multiplie à chaque printemps les palmes du dattier, et qu'il fasse croître autour de vous vos fils et vos petits-fils comme les jeunes pousses de l'olivier au pied du tronc qui leur donne la vie ! »

A peine ces souhaits venaient-ils de sortir de ma bouche, qu'un jeune homme, enveloppé dans un ample haïk, dont la blancheur rivalisait avec celle de la neige, se leva de sa place et s'avançant vers moi, me récita ces vers qu'il venait d'improviser sur le mètre bacyt :

تحييى بكم كل ارض تنزلون * كانكم فى بقاع الارض امطار
وتشهى العين فيكم منظرا حسنا * كانكم فى عيون الناس اقمار
لا اوحش الله قلبى من زيارتكم * يا من له فى الحشا والقلب تذكار

Partout où vous mettez le pied, vous semez le bonheur et la vie.

Pareils, en cela, à la pluie bienfaisante qui tombe sur un sol altéré.

L'œil trouve en vous un spectacle dont il aime à se repaître.

Et vous êtes, aux yeux des hommes, comme autant de lunes resplendissantes.

Puisse Allah ne pas priver longtemps mon cœur de votre aimable visite!

O vous dont le souvenir est gravé à jamais dans notre mémoire et notre cœur!

Il me remit ensuite la feuille de papier sur laquelle il les avait tracés, et qui portait, avec la date du 14 schewal de l'année courante 1262, la signature du poëte. Son nom était écrit de la manière suivante :

عبد ربه الطاهر المحفوظى المفتى لطف الله به

Le serviteur de son Seigneur, Tâher el-Mahfoudhi, mufti. Que Dieu lui accorde ses faveurs!

Tout compliment demande une réponse. La difficulté pour moi était d'en faire une qui ne fît pas trop déshonneur à mes connaissances en littérature orientale, ni à mon pays, que je croyais être en cause dans cette circonstance; malheureusement, l'astre qui a présidé à ma naissance ne m'a pas formé poëte, et c'est à peine si je m'entends à fabriquer de la mauvaise prose en arabe. Comme pourtant il était convenable que ma réponse fût faite en vers, je frappai de toutes mes forces à la porte de mes souvenirs, et à l'instant la mémoire, me servant à souhait, me fournit ce distique que j'avais lu dans un historien même de Tlemcen :

ما جنة الخلد الا فى دياركم * وهذه ككت لو خيرت اختار
لا تتقوا بعدها ان تدخلوا سقرا * فليس تدخل بعد الجنة النار

Ce n'est que dans votre patrie, ô Tlemcinois! que se trouve le paradis de l'éternité.

S'il m'était permis de choisir, soyez-en sûrs, je n'en choisirais pas d'autre.

Que craignez-vous d'être jetés dans le noir abîme? N'êtes-vous pas en paradis? Une fois en paradis, l'on n'a plus rien à redouter des feux de l'enfer.

Je ne sais si le fond même de mon compliment fut tout à fait du goût du mufti et de ses dignes collègues, car, après l'avoir prononcé et en avoir bien moi-même pesé tous les termes, je craignis que les oreilles pieuses de ces hommes de loi n'eussent été scandalisées du souhait que je venais de formuler, et qu'au lieu d'un compliment flatteur et agréable, je n'eusse prononcé devant eux qu'un blasphème horrible. Les félicitations nombreuses que je reçus après avoir débité mon distique, dissipèrent mes craintes; ce qui les avait frappés par-dessus tout, c'était la texture de mes vers qui étaient du même mètre et offraient la même rime que ceux qui avaient été récités par le mufti. Comme je voyais qu'ils se trompaient sur leur véritable auteur et qu'ils avaient l'air de me les attribuer : « Vous me faites trop d'honneur, leur dis-je, le distique est dû à la plume de l'un des plus célèbres poëtes de l'Espagne, Abou-Yçhak Ibrahim ben-Khefâdjah (1). »

Cet aveu, qui était un hommage rendu indirectement à la mémoire des poëtes de leur nation, sembla les flatter bien plus que le compliment lui-même : aussi se levèrent-ils tous de leur place pour s'approcher de moi et me serrer affectueusement la main. Craignant que ma présence ne finît par leur devenir importune et ne les empêchât d'expédier les affaires pour lesquelles ils s'étaient réunis, je profitai de ce moment pour prendre congé d'eux. Ils m'engagèrent à venir les voir souvent, et ils m'offrirent de me fournir tous les renseignements dont je pourrais avoir besoin pour compléter mes explorations. Je me retirai content des Arabes, de moi-même et de toute ma journée.

Le lendemain, j'expédiai les lignes suivantes au mufti El-Mahfoudhi, tant pour le remercier du bon accueil qu'il m'avait fait la veille, que pour lui témoigner l'estime que j'avais conçue pour sa personne et la haute idée que je m'étais formée de son mérite.

---

(1) Poëte arabe de Cordoue, auteur d'un diwan ou recueil de poésies. Il se distingua surtout dans la satire. Suivant Ibn-Khallican, dans sa *Vie des hommes illustres*, il naquit en 450 et mourut en 533 de l'hégire. Hadji Khalifah, dans son *Dictionnaire bibliographique*, fait mention du diwan de Ben-Khéfâdjah. Casiri (*Biblioth. ar.-hisp. Escur.*, t. I, p. 112) nous apprend que les poésies de cet auteur, formant trois volumes, se trouvent dans la Bibliothèque de l'Escurial. Voyez au surplus *Anthologie grammaticale arabe* de Silvestre de Sacy, p. 445, et les auteurs cités dans cette note. Le distique que j'ai cité de ce poëte se trouve dans l'*Histoire des Beni Abd el-Wâdy* de Yahia ben-Khaldoun, fol. 4 r° de mon manuscrit.

بهٰ تعالىٰ تحظىٰ هذه المألكة بمطالعة الفقيه العالم والمفتى الفاهم السيد الطاهر المحفوظى ايّده الله امين يا ايها الطاهر عقلا والظاهر علما وادبا اعز الناس لدىّ وفريد العصر وشمس الدنيا وقمر اللياليٰ ان نور وجهك السنىّ قد ابهج مقلتىٰ وحسن محاضرتك ونجابة مخاطبتك فانها عجبتنىٰ ثم بما تفوز حضرتك من الاخلاق الجليلة والمناقب النبيلة ارتقيت الىٰ ذرىٰ الفضل رتبةً وفي فلك الفقهاء انجليت جلاء الثريا فطنا وحكمة فمن مشاهدنى اياك يا المفتى النبيه رقمت حروف اسمك علىٰ فوادى تذكارا وطبعت اثار شخصك الموقر فى صحايف خيالى افتكارا ادام الله تبارك طول ايامك المرضية وحرس بالتوفيق والرفاهة ذاتك الشريفة لاكسرية امين   عبد ربه وراجى رحمته

تحريرا فى تلمسان   القس برجيص

بتاريخ ٣ من شهر اكتوبر عام ١٨٤٦   وفقه الله تعالىٰ

Par la faveur du Très-Haut, cette lettre jouira du bonheur d'être lue par le savant alfakih et intelligent mufti, le cid Tâher el-Mahfoudhi. Que Dieu le fortifie ! Amen.

'O vous qui êtes doué d'une intelligence pure (*tâher*) et qui brillez (*dhâher*) par votre savoir et votre éducation libérale ; le plus cher des hommes auprès de moi ; celui que je considère comme la perle de ce siècle ! O vous qui, tel qu'un autre soleil, répandez la lumière dans les esprits et dissipez leurs doutes, comme les rayons de la lune dissipent l'obscurité de la nuit ! certes, l'éclat de votre resplendissante face a fait naître dans mon cœur la joie la plus vive et la plus sereine ; j'ai été ravi aujourd'hui des charmes de votre conversation et enchanté du choix et de l'élégance des expressions qui sont sorties de votre bouche. A mes yeux, la noblesse de votre caractère et l'éminence de vos vertus vous élèvent au premier rang des hommes de mérite, et par votre prudence, ainsi que par votre sagesse, vous brillez dans la sphère des jurisconsultes de l'éclat des Pléiades au firmament. Depuis que j'ai eu le bonheur de vous contempler, ô éminent mufti ! votre nom s'est gravé dans mon cœur en lettres ineffaçables, et les pages de ma mémoire ont reçu l'empreinte fidèle des traits distingués de votre physionomie. Puisse le souverain Créateur prolonger l'existence de vos jours dans le contentement ! Puisse-t-il conserver votre noble et précieuse personne, en lui accordant une protection spéciale et tout ce qui constitue le bien-être !

Le serviteur de son Seigneur et celui qui espère en sa miséricorde, le cacis Bargès. Que Dieu le comble de ses faveurs !

Tlemcen, 3 octobre 1846.

Cette lettre, que j'avais tâché de rédiger dans le goût des Orientaux, c'est-à-dire avec l'emphase qui caractérise leurs compositions littéraires, me valut une réponse remarquable par l'hyperbole de l'expression et les citations en vers dont elle est ornée. Comme ce n'est pas une des pièces les moins curieuses que j'aie rapportées de mon voyage, j'en donnerai ici la traduction, en priant toutefois le lecteur de vouloir bien croire que je n'accepte ni le tiers, ni le quart des pompeux éloges que l'on m'y prodigue, et que je repousse les qualifications honorifiques et exagérées dont on me gratifie.

Voici donc cette réponse dont on trouvera le texte autographié à la fin de ce volume :

Au magnifique, très-fortuné, très-glorieux cid, le chéikh Bargès. Que Dieu par sa grâce fasse prospérer sa grandeur !

Que Dieu conserve sa seigneurie, le chéikh magnanime, le savant profond, l'honneur des érudits, le pôle de la sphère des sages, l'éloquent, le disert, le spirituel, l'homme doué d'un mérite éclatant, celui qui est issu d'une famille honnête, qui est orné de qualités éminentes et se distingue par des actions généreuses ; celui qui réunit dans sa personne le savoir, l'esprit, la douceur, le pouvoir et la dignité de chef, les avantages d'une bonne éducation et une vie sans reproche ; celui qui jouit de l'estime commune, qui est revêtu de la robe du savoir la plus belle et la plus précieuse, le chéikh Bargès, professeur d'hébreu à Paris. Qu'il glorifie votre rang très-brillant, auguste, très-mérité! Salut à vous, salut respectueux, suave, pur, sincère et parfait, qui vous soit porté sur les ailes saintes et vénérables des anges! Que la miséricorde de Dieu et ses bénédictions se multiplient et se succèdent sur vous!

Bénie soit votre soirée! car nous avons reçu votre chère lettre et votre superbe écrit. Quant à la déclaration que vous nous y faites que votre cœur s'est épris d'affection pour nous et que vous nous avez voué toute votre amitié, vous saurez que nous partageons à votre égard les mêmes sentiments. En effet, depuis le moment où j'ai eu le bonheur de vous rencontrer, mon cœur est tellement plein de vous, qu'il a oublié tous les autres objets de son affection. Dieu a tracé dans la pupille de nos yeux l'image de votre personne, et cette image nous est toujours présente, en sorte que ni le repos, ni le sommeil n'ont plus de douceur pour nous, et que nous ne trouvons plus de plaisir ni à boire, ni à manger. J'éprouve toutes les amertumes de la séparation, et ma pensée se reporte vers vous à chaque heure, à chaque instant. Jamais de ma vie je n'ai rencontré votre pareil, car vous possédez toutes les qualités louables, et personne ne saurait vous être comparé ni pour l'esprit, ni pour l'instruction, ni pour tous les autres avantages de ce genre. Dieu mettrait le comble à mon bonheur, s'il me réunissait de nouveau à vous, afin de porter un soulagement à l'ardeur qui me consume. Combien s'est exprimé avec vérité celui qui a dit :

« Que vous soyez présent ou absent, mon cœur ne rêve que de vous.

« Votre souvenir ne me quitte pas, même au milieu des piques et des escadrons ! »

C'est dans le même sens qu'un autre a dit :

« Ton souvenir m'est présent, dans le temps même où les lances s'abreuvent dans mon corps, et où les sabres de l'Inde dégouttent de mon sang. »

Sachez donc que je vous aime et que je me sens pour vous l'affection la plus sincère, laquelle ne changera, ni ne s'altèrera jamais. Non, jamais je ne vous oublierai, lors même que je serai privé de la douceur de votre présence ; une heure de séparation me paraît aussi longue qu'une année entière. Dieu sait que si des affaires graves et de nombreux obstacles ne s'étaient présentés, je me serais déjà fait un plaisir de vous aller trouver, pour offrir à votre seigneurie les devoirs de l'amitié et vous donner des marques de mon affectueux dévouement. Il est vrai que ce sont là des excuses banales, et que les excuses, en général, ne méritent pas plus de créance que les proverbes et les dictons populaires (1) ; mais ceux qui connaissent le fond des choses pourront vous attester la vérité de mon assertion.

Nous supplions Dieu qu'il vous indique une route facile, vous donne le bonheur pour compagnon, ne vous prive pas des soins de sa Providence et réalise au plutôt nos souhaits ; car nous lui demandons en même temps qu'il ne mette pas entre nous une longue séparation, mais qu'il nous réunisse de nouveau : c'est là l'objet de notre espoir. Que Dieu nous fasse parvenir les nouvelles les plus heureuses de sa majesté le sultan très-auguste et très-puissant, et qu'il lui facilite l'accomplissement de tous ses devoirs ! Qu'il vous conduise au bonheur et agrandisse votre gloire ! Une personne comme vous a le droit de dire aux autres : Ne courez pas après la caille, car dans le ventre de l'onagre se trouve toute espèce de gibier (2). Si vos occupations vous le permettent, faites-nous savoir

---

(1) Allusion au proverbe arabe : ان المعاذير يشوبها الكذب *Certes, les excuses sont toujours mêlées de mensonge.* El-Meydaniyi, prov. XIX.

(2) C'est un autre proverbe arabe dont on peut voir l'origine dans Erpénius (*Arabicæ linguæ tirocinium*, Lugduni Batavorum, 1654, adagium XXXVII, pag. 54). *Quod dictum*, dit ce savant grammairien, *vul-*

votre heureuse arrivée, car les amis, quand ils se séparent de corps, ne se séparent pas d'esprit, et quand leurs corps sont séparés, leurs volontés restent réunies.

Le 15 schewal 1262.

Le serviteur de son Seigneur, Tâher el-Mahfoudi. Que Dieu lui accorde ses faveurs!

Qu'il soit béni de Dieu celui qui a dit :

« Que ta visite soit longue ou fugitive, sois toujours la bienvenue, ombre chérie de mon ami (1)!

« Absent ou présent, sache que, s'il le fallait, je donnerais pour toi ma vie, ô toi dont l'image se montre à moi pendant la nuit!

« Crois-tu que ma paupière s'abandonne au sommeil comme la tienne?

« Non, je ne dors point; mais pendant que ton image habite auprès de moi, mes yeux lui rendent leurs hommages et la contemplent en l'adorant. »

Un autre a dit :

« L'amour que je me sens pour toi me fait endurer des tourments inouïs. Le seul remède à mes maux, c'est de verser un torrent de larmes. »

Votre lettre nous a été remise par notre frère en Dieu, celui qui est aimé de Dieu, l'ami accompli, le réis très-fortuné, M. Eskousbou (Susboué), interprète en chef.

En sortant du bureau arabe je m'étais bien promis de ne pas rester longtemps sans renouveler ma visite et profiter des lumières des membres qui le composaient. En effet, au bout de quelques jours je revins dans le même lieu, croyant

---

gato usu in cos obtinuit, qui res suas ut summas jactant, quæ alienis longè sint inferiores.

(1) L'ombre, ou image des amants, joue un grand rôle dans les poésies des Arabes. Voyez *Journal Asiatique*, avril 1830, pag. 376 et suiv.

y rencontrer le mufti et ses dignes collègues. Au lieu de ces personnages je trouvai un officier employé au bureau et deux chefs indigènes qui étaient venus là pour régler quelques affaires. L'un était l'agha des Beni-Snous et l'autre le caïd des Ouled-Riahh. Le premier avait nom cidi Mohammed ben-Abd' Allah, et l'autre, cidi bel-Hadj. Ils étaient accompagnés du fourrier cidi Hammou, de Tlemcen, le même qui avait été mis à ma disposition lors de mon voyage à Sebdou. Ces hommes qui, dans maints combats, s'étaient fait remarquer par leur ardeur guerrière et dont le nom répandait l'épouvante parmi les brigands de la montagne et les ennemis de notre domination, étaient doux comme des agneaux en notre présence; ils semblaient ne respirer qu'à demi entre les quatre murs qui nous renfermaient : c'est qu'à ces hommes à demi sauvages et nés la plupart sur le sol libre du désert ou de la plaine, il faut le grand air, le ciel avec son vaste horizon, la terre avec ses plaines immenses et ses montagnes, refuge et abri de l'indépendance; ils se trouvent à l'étroit dans nos maisons les plus commodes, dans nos palais les plus grands et les plus somptueux; nos villes et nos capitales sont pour eux comme d'étroites prisons. Je m'approchai des deux chefs arabes pour les saluer et lier conversation avec eux. Ils me prirent tout d'abord pour un personnage revêtu de quelque haute dignité civile ou militaire; leur étonnement ne fut pas petit quand ils apprirent de ma propre bouche qu'ils conversaient avec un marabout chrétien, avec un humble serviteur d'Aïça, fils de Lella Mariam, à qui soient le salut et la bénédiction de Dieu ! Ils me demandèrent alors si mon père vivait encore, et quel était son nom. Après avoir répondu à ces questions, qui étaient de pure politesse, je les priai de me laisser comme gage de leur souvenir quelques lignes de leur écriture. Pour accéder à mon désir, l'agha des Beni-Snous, ayant demandé un kalam et une feuille de papier, traça en arabe quelques phrases dont voici la traduction :

Louanges à Dieu unique ! Il n'y a de permanent que son empire.

A la seigneurie de notre ami, le plus cher des hommes auprès de nous, Monsieur Yousouf, fils de Bodros (Joseph, fils de Pierre). Que Dieu vous fasse prospérer, vous accorde sa faveur, vous aide et vous conduise dans le bon chemin ! Salut à vous, ainsi que la miséricorde de Dieu !

Nous n'avons rien autre à vous dire qu'à vous demander comment vous vous portez et comment vont vos affaires. Puissent-elles marcher d'une manière conforme à vos désirs ! Maintenant, si vous voulez bien vous informer de l'état de notre santé, nous vous dirons que, grâce à Dieu ! nous allons bien et que notre santé promet de se maintenir. Sur ce, salut !

Le serviteur de son Seigneur, Mohammed ben-Abd'Allah ben-el-Djilani. Que Dieu lui accorde sa faveur ! Amen (1).

Ayant pris de ses mains la feuille de papier, je la présentai au caïd des Ouled-Riahh, qui, à son tour, écrivit les mots suivants :

Louange à Dieu unique ! Il n'y a d'éternel que sa face.

A notre ami, le plus cher des hommes auprès de nous, le cid Yousouf, fils de Bodros. Que la paix de Dieu, sa miséricorde et ses bénédictions reposent sur vous ! Nous vous prions de vous joindre à notre demande. Ensuite, nous désirons de votre part que vous fassiez des vœux pour notre bien, parce que vos prières sont toujours bien accueillies par le Seigneur (2).

---

(1) Voir le texte arabe autographié à la fin du volume.
(2) Voir le texte arabe autographié à la fin du volume.

Quand il eut achevé d'écrire, je repris la feuille de papier, et remerciant les deux chefs arabes de la marque d'amitié qu'ils venaient de me donner, je leurs dis que je garderais cette feuille comme un trésor précieux et que je la mettrais souvent sous mes yeux, « parce que, ajoutai-je, suivant le proverbe, la vue de l'écriture de quelqu'un équivaut en quelque sorte à la vue de la personne qui l'a tracée : ان رويا الخطوط هو جزء من المشاهدة ».

Avant que je prisse congé d'eux, ils m'engagèrent à aller visiter leurs tribus, en me promettant l'accueil le plus bienveillant et le plus hospitalier. Je leur dis que le temps de mon retour en France s'approchait, et que j'éprouvais le regret de ne pouvoir accepter leur aimable invitation.

CHAPITRE XI.

Cy Hammady ben-es-Sekkal, caïd de Tlemcen. — Le dîner qu'il donne aux officiers de l'État-Major de la place. — Histoire manuscrite des rois de Tlemcen qu'il avait en sa possession.

Quelques jours après mon entrevue avec le cid Tâher el-Mahfoudhi, je me trouvai chez le gouverneur de Tlemcen. Comme je lui manifestai l'opinion avantageuse que ce mufti m'avait laissée de lui, il me parla avec beaucoup d'éloge d'un autre personnage dont le mérite était bien supérieur à celui du cid Tâher el-Mahfoudhi, et il me nomma cy Hammady ben-es-Sekkal, caïd de Tlemcen. Il me dit que ce chef possédait un ouvrage arabe extrêmement précieux qui traitait des anciens rois de la contrée. Il ajouta que le caïd ayant entendu parler de l'arrivée à Tlemcen d'un taleb français, avait témoigné le désir de faire sa connaissance, et que pour lui il était disposé à profiter de la première occasion qui s'offrirait pour me présenter à ce fonctionnaire.

Le lendemain vendredi, 2 octobre, il me fit dire que le caïd donnerait, le dimanche suivant, une *dhifah* (banquet hospitalier) à lui ainsi qu'à son État-Major, et que j'étais spécialement invité à m'y rendre avec mon compagnon de voyage.

Après cette invitation qui m'avait été adressée au nom

du caïd lui-même, je compris qu'il était de mon devoir de lui faire préalablement une visite.

Le samedi je descendis donc, vers deux heures, dans le quartier des Hadhars où résidait le caïd cy Hammady ben-es-Sekkal. Ayant traversé plusieurs rues étroites, tortueuses et solitaires, je me trouvai enfin en face de la porte de sa demeure, qui avait bien plus l'apparence d'une prison que d'un hôtel. Cette porte n'avait ni marteau, ni cordon de sonnette. Je tapai plusieurs coups et à différentes reprises du revers de ma main ; personne ne se présentant, je pris le parti de m'asseoir sur un banc de pierre qui était là, et j'attendis. Au bout de dix minutes, il déboucha du coin de la rue un Arabe très-proprement habillé, que je crus être le caïd en personne. J'eus hâte de porter mes pas au devant de lui et de lui exposer le motif de ma visite. L'inconnu m'apprit qu'il n'était pas le caïd, mais son fils aîné, et que dans ce moment son père se trouvait à son tribunal, près de la Grande-Mosquée, d'où il ne sortirait que dans quelques heures. Comme je ne pouvais attendre si longtemps, je lui demandai qu'il me fît apporter de l'encre, un kalam et un bout de papier, ce qui fut fait. J'écrivis ces quelques lignes, que je le priai de présenter à son père, quand il serait de retour :

الحمد لله وحده ولا يبقى الّا ذاته

عبد مولانا عيسى عليه السلام وبركات الله تعالى وهو ولد الدولة الفرانصيصية اجلها الله دايمًا فانه جآء ليزور حضرتك ومن فواحات نفسك النافحة يستريح رائحةً ومن شهد فيك الرائق يستطعمك شويةً ولكن طلوع وجهك الشارق اشعاعًا فبادرته مقتدًا فيا اسفى

على زائر مقابلك الباهر اذ لم يتجلَّ الكوكب المشتاق على طلوعه الظاهر والسلام *

عبد ربّه القسيس برجيص، وفقه الله تعالى امين.

Louanges à Dieu unique! Il n'y a de permanent que son essence.

Un serviteur de notre Seigneur Aïça, à qui soient le salut et les bénédictions célestes! un enfant de la France (puisse Dieu la glorifier toujours!) est venu pour offrir ses hommages à votre Seigneurie, respirer les parfums de votre haleine et savourer le miel qui sort de votre bouche éloquente; dans son empressement, il ne s'est pas aperçu qu'il devançait de beaucoup le moment de l'apparition à l'horizon de votre visage rayonnant ; c'est donc à son grand regret qu'il n'a pas vu l'astre éclatant dont il attendait vivement le retour. Salut.

Le serviteur de son Seigneur, le caeis Bargès. Que Dieu le favorise! Amen.

Le lendemain dimanche, 4 octobre, je reçus du gouverneur de Tlemcen l'invitation par écrit de me rendre à son hôtel un peu avant six heures, pour aller de là dîner chez le caïd de la ville. Je fus fidèle au rendez-vous. A six heures nous arrivions devant la modeste demeure de notre hôte.

Nous le trouvâmes debout sur le seuil de sa porte, où il nous attendait pour nous faire les honneurs de la maison. A mesure que les convives entraient, il leur présentait la main, qu'il retirait ensuite pour la baiser en signe de respect et d'amitié. Quand mon tour arriva, il me serra la main en me souriant et en m'adressant quelques paroles agréables ; il nous fit à tous un accueil gracieux et charmant. Dans ses manières comme dans tout son maintien il montrait cet air d'aisance, ce laisser-aller honnête qui est chez nous la marque du savoir-vivre et l'effet d'une bonne éducation. La joie et le contentement intérieur étaient peints sur son visage et rejaillissaient sur toute sa personne ; il jetait sur nous des regards pleins de finesse et d'intelligence.

Cy Hammady ben-es-Sekkal était un homme d'une cinquantaine d'années, de taille moyenne, d'un teint blanc, d'une physionomie fine et distinguée. Sa barbe, qui grisonnait, était rare et courte. Il était issu d'une famille qui jouissait chez les Arabes de la plus haute considération. Son père, l'alfakih Ben-Aoudah, s'était rendu recommandable pendant sa vie par l'étendue de son savoir et la pureté de ses mœurs. Sa mémoire est encore en vénération dans toute l'Algérie, à Fez et dans une partie du Maroc. Son aïeul, le hadji El-Gharbiyi es-Sekkal, est regardé comme un saint. Les Sekkal se disent de la postérité sainte du prophète de la Mecque, et on leur donne le titre de *schérifs*, qui signifie nobles.

Cy Hammady ben-es-Sekkal était né à Tlemcen vers la fin du siècle dernier, entre les années 1792 et 1794. Ce fut dans cette ville qu'il fut élevé et qu'il étudia les premiers éléments de la grammaire, le Koran, la littérature, la science de la Loi et les traditions musulmanes. Après le cours de ses études, qui dura une quinzaine d'années, il fut décoré par ses professeurs du titre d'*alfakih* ou docteur de la Loi. Lorsqu'il fut nommé caïd de Tlemcen par l'autorité française, il avait passé plus de vingt ans dans la Grande-Mosquée de cette ville, où il se livrait à l'étude de la Loi et à la contemplation des choses divines. L'austérité de sa vie, sa piété et ses mortifications lui avaient concilié l'estime et la vénération de tous les Arabes de la province ; l'influence qu'il exerçait sur leur esprit était presque aussi grande que celle d'Abd' el-Kâder lui-même. En l'élevant au caïdah, le gouvernement français fit un acte de bonne politique autant que de justice.

Quoique dans l'intervalle qui s'est écoulé entre le traité de la Tafnah et l'occupation définitive de Tlemcen par nos troupes, il se fût mis au service du parti d'Abd' el-Kâder, depuis cette dernière époque, on l'a toujours vu fidèle à notre drapeau victorieux. Quelque temps avant la bataille d'Isly, il avait été chargé avec le général Bedeau d'aller négocier sur les bords de la Mouilah avec le chef marocain El-Guennaouyi, entrevue qui, comme on sait, fut interrompue par la trahison de nos ennemis. Comme magistrat et homme de loi, cy Hammady ben-es-Sekkal jouissait d'un grand renom d'équité et d'intégrité ; comme homme politique, il passait pour un chef chez qui la prudence et la modération s'alliaient avec un haut degré d'habileté. Tel était l'hôte qui nous avait admis au nombre de ses convives et qui nous introduisait alors dans le sein de sa demeure ordinairement impénétrable aux étrangers. Après avoir traversé une cour au milieu de laquelle se trouvait un bassin orné d'un jet-d'eau, nous entrâmes dans une pièce longue et étroite, couverte de tapis et de coussins : c'était la salle à manger. Trois petites tables rondes en fer-blanc qui n'avaient pas plus de cinq centimètres de hauteur, étaient disposées le long de la salle et séparées les unes des autres par l'espace de cinq ou six pas. Il n'y avait dans toute la pièce qu'une seule chaise que l'on avait destinée au gouverneur de la ville ; mais il la refusa poliment, en disant qu'il voulait être au niveau des autres convives qui s'étaient déjà accroupis sur leurs jambes à la façon des Arabes ; perché sur sa chaise, il lui eût été d'ailleurs difficile d'atteindre avec la main les plats servis sur une table qui était posée presque à fleur de terre. Quelques-uns qui ne trouvaient pas très-commode la manière de s'asseoir des gens du pays, s'étendirent sur les tapis, en se couchant sur un côté et en appuyant la tête sur leur coude.

Quand tout le monde eut pris place et que chacun se fut installé de son mieux devant la table qui lui était assignée, nous vîmes entrer dans la salle un bédouin revêtu d'une serviette et portant sur la tête un large plateau rond en fer-blanc. Ils se dirigea vers notre table, qui était celle autour de laquelle se trouvaient le caïd et le gouverneur de Tlemcen, et il y déposa la moitié d'un mouton cuit au four. Les deux autres tables ne tardèrent pas à être également pourvues chacune d'un grand quartier de mouton. Sur les bords de la table et tout autour, l'on avait mis des galettes apprêtées à l'huile, parsemées d'anis et coupées en petits morceaux carrés : les Arabes ne connaissent pas d'autre pain. Le festin étant servi, le caïd se leva, et muni d'un couteau il se mit à faire de nombreuses entailles dans la chair du mouton ; puis, se rasseyant, il dit : « بسم الله الرحمن الرحيم *Au nom de Dieu clément et miséricordieux.* » Ces mots, qui répondent à notre *bénédicité,* furent comme le signal du commencement du repas ; chacun planta ses doigts dans la viande et en arracha un lambeau plus ou moins succulent;

suivant l'endroit sur lequel on était tombé ; il n'y avait là ni couteau, ni serviette, ni fourchette, ni cuiller. La chair était tendre, savoureuse et cuite dans la perfection. Ne sachant trop si le plat qui viendrait après serait de notre goût, nous nous appesantîmes sur le mouton, qui défraya en grande partie notre dîner. Pour humecter notre gosier, l'on avait soin de nous administrer de temps en temps un petit verre de vieux bordeaux que, pour mon compte, je n'avalais pas de très-bon cœur, étant presque sous la barbe du caïd qui, en sa double qualité de musulman et d'alfakih, était condamné à ne boire que de l'eau. Du reste, comme je me fus avisé qu'il ne buvait pas, je lui demandai poliment s'il n'avait pas soif ; il me répondit qu'il boirait après le dîner. « Oui, dit en bon français un malin qui avait entendu cette réponse équivoque, après le dîner et quand il sera seul, pour se dédommager amplement de sa contrainte actuelle et faire ses libations en toute liberté. — Qu'en savez-vous ? lui dis-je, et pourquoi profaner par un jugement téméraire ce sanctuaire de l'hospitalité ? »

Le *couscoussou* ou *couscous*, mets national des Arabes d'Afrique, succéda au mouton. Il était servi dans une immense jatte en bois et couronné de quartiers de volaille, ainsi que de grains de raisin de Corinthe ; le tout était assaisonné avec force poudre de piment rouge. Les personnes qui ont mangé du carry américain, n'ont qu'à se rappeler cet assaisonnement, pour se former une idée presque adéquate des qualités mordicantes du plat favori des Bédouins. Le caïd, prenant avec l'extrémité de ses doigts une cuisse de poulet perchée sur le faîte du couscous qui s'élevait au milieu de la jatte en forme de coupole, me fit l'honneur de me l'offrir. Je fus très-sensible à cette marque d'attention, que je tâchai de reconnaître en me montrant très-accommodant au sujet du couscous, que j'attaquai de mon mieux et en dissimulant le plus possible mes répugnances. Je finis par le trouver meilleur que je n'avais cru d'abord et je me réconciliai peu à peu avec la cuisine arabe. Pour manger le couscous, l'on avait mis à notre disposition une longue cuiller en buis, que nous plongions chacun devant nous ; le vide que chaque bouchée opérait dans la jatte, formait une cavité qui devenait la propriété du premier occupant et que les voisins avaient le bon esprit de respecter ; chacun puisait dans celle qu'il avait en face et sous la main, se rappelant cette maxime du droit romain : *Primo occupanti valet possessio.*

Le couscous est un plat extrêmement nourrissant, et nous avions passablement mangé du mouton ; un seul de ces mets eût suffi pour un repas ordinaire ; mais nous avions été invités à une dhifah, et notre hôte tenait à honneur de nous traiter dignement et sans lésinerie. Deux nouveaux plats furent donc apportés ; l'un se composait de tomates, d'œufs entiers et de boulettes faites avec de la viande hachée et de la pâte de froment, le tout fortement saupoudré de piment rouge. J'ignore le contenu de l'autre, personne n'ayant voulu y toucher. Nous eûmes pour le dessert une assiette de *halouah*, espèce de beignets présentant la forme d'un cœur, ensuite des figues, du raisin, des pastèques et des melons coupés en petits morceaux carrés. Le café et la liqueur couronnèrent le banquet. Lorsque tout le monde eut fini, le caïd dit à haute voix : « بسم الله الذي يطعمنا برحمته *Au nom de Dieu qui nous donne des aliments par un effet de sa miséricorde!* » Ce à quoi j'ajoutai : « ويرزقنا بفضله *Et qui nous nourrit par sa bonté.* » Après cela, l'on nous apporta une aiguière et une cuvette pour nous laver les mains et la bouche, car nous avions de la graisse jusqu'aux oreilles.

Durant le repas la conversation avait été grave et sérieuse; elle avait roulé sur les savants de la France, les travaux qu'ils publient, les sciences qu'ils enseignent publiquement, la richesse de nos bibliothèques et de nos collections orientales, la prospérité de nos écoles et les ressources scientifiques qui sont à la disposition de tout le monde. A ce propos, le caïd me dit qu'avant l'époque de la conquête, il y avait à Tlemcen plusieurs professeurs distingués et quantité de livres arabes ; mais que tous ces professeurs avaient abandonné leur patrie livrée aux horreurs de la guerre, et qu'ils s'étaient réfugiés à Fez et dans les autres villes du Gharb, où ils avaient emporté les trésors littéraires qu'ils possédaient ; que, pour son compte, il avait perdu plus de deux cents manuscrits arabes que les soldats français avaient pillés et déchirés ; que néanmoins il était parvenu à sauver de la dévastation quelques ouvrages, entre autres une Histoire des rois de Tlemcen à laquelle il attachait beaucoup de prix. Je lui demandai le nom de l'auteur et l'époque où il vivait. « L'auteur, me répondit-il, s'appelle Abou Abd' Allah Mohammed ben-Abd' el-Djelyl et-Tenessy, mais nous le désignons plus communément par le nom de Mohammed et-Tenessy. Quant à l'époque où il vivait, nous savons qu'il florissait sous Mouley Mohammed el-Motawekkel âla'llâh, qui fut proclamé roi de Tlemcen l'an 866 de l'hégire, il y a environ quatre cents ans. »

Sur le désir que je manifestai de prendre connaissance de ce précieux ouvrage, le caïd commanda qu'il nous fût apporté. C'était un volume grand in-4° de cinq à six cents pages, ayant les têtes des alinéas écrits en encre rouge. L'ayant ouvert, je me mis à lire à haute voix les premières lignes qui me tombèrent sous les yeux, ce qui n'étonna pas peu les indigènes qui étaient là à nous écouter et qui apparemment s'étaient imaginé qu'il n'y avait que leurs talebs en état de déchiffrer les livres arabes; ils se regardaient les uns les autres avec stupéfaction et j'entendis qu'ils se disaient entre eux : « هو من الطلبة *houa min el-talabah*, C'est un taleb. »

En feuilletant le manuscrit et en lisant les titres des chapitres, je reconnus tout de suite l'importance de l'ouvrage et l'utilité que je pouvais en retirer pour un travail relatif à l'histoire de Tlemcen que j'avais entrepris. Si j'avais été plus familier avec mon hôte, je n'aurais pas hésité à lui demander une copie de son manuscrit; mais dans ce moment je sentais que je devais repousser loin de moi une pareille indiscrétion. Seulement, je me permis de lui dire qu'ayant formé le projet d'écrire la relation de mon voyage et de parler longuement de sa patrie, je regarderais comme une insigne faveur de sa part l'autorisation d'extraire de son livre les passages qui ont trait à la topographie de la ville et à ses principaux monuments. Pour rendre ma proposition plus acceptable, j'ajoutai que mon travail contiendrait une page consacrée à la reconnaissance, et que tout le monde saurait avec quelle générosité il accueillait ses hôtes et ses amis. A ces mots, le caïd reprit le manuscrit de mes mains et me fit la promesse que mes vœux ne tarderaient pas à être accomplis.

Le premier interprète de Tlemcen, M. Susboué, s'approchant alors de cy Hammady ben-es-Sekkal, lui adressa plusieurs questions de philologie qui furent résolues sur le champ et à la grande satisfaction de l'interrogateur. Cela nous fournit l'occasion de parler du sens équivoque de plusieurs mots, qui s'écrivant de même, à part une voyelle, ont pourtant une signification très-différente, suivant que cette voyelle est un *a*, un *i* ou un *o*, témoin le substantif كلم, qui veut dire *discours, blessure, terre grasse et épaisse*, suivant que la première syllabe est prononcée *ka*, *ki* ou *ko*. Le nom du grammairien *Kotrob* qui le premier a fait un poème sur cette sorte de mots, fut alors prononcé, et le caïd nous fit savoir que dans sa jeunesse il avait appris ce poëme par cœur (1). Là-dessus nous nous levâmes et nous prîmes congé de notre hôte; car la nuit était déjà fort avancée, et chacun sentait le besoin du silence et du repos.

Quand je fus dans la rue, le désir de posséder une copie de l'ouvrage de Mohammed et-Tenessy se fit sentir à moi plus que jamais; il me semblait que tant que je n'aurais

---

(1) L'ouvrage de Kotrob vient d'être publié, en Allemagne, sous le titre suivant : *Carmen de vocibus tergeminis arabicis ad Qutrubum auctorem relatum e cod. manuscriptis edidit et explicavit* Ed. Wilmar. Marburgi, 1857, in-8°, vii, 66 pag.

pas ce livre à ma disposition, il me serait impossible de produire sur Tlemcen un travail fini et satisfaisant ; je me reprochais ma timidité et l'excès de ma discrétion : puisque le caïd, me disais-je en moi-même, s'est montré si facile, quand je lui ai demandé des extraits de l'ouvrage, nul doute qu'il eût reculé devant un refus désobligeant, si je l'avais prié de m'accorder une faveur plus considérable. Ces réflexions me roulaient dans la tête pendant que je marchais à côté du gouverneur de Tlemcen. Rompant tout à coup le silence :

« Général, lui dis-je, vous mettriez le comble à toutes vos bontés pour moi, si vous pouviez m'obtenir de cy Hammady ben-es-Sekkal une copie entière de son manuscrit ; je suis persuadé qu'il contient sur l'histoire de l'Algérie des documents précieux, et qui seront peut-être à jamais perdus pour la science, si le manuscrit vient à s'égarer. » Le général, qui était un homme aussi ami des lettres que brave dans les combats, comprit la légitimité de mes regrets et me donna l'assurance qu'il ferait des démarches auprès du caïd pour obtenir de lui ce que je désirais. En effet, au bout de deux jours il me fit dire que cy Hammady avait accédé à mes vœux et que le manuscrit se trouvait déjà entre les mains des copistes. Nous verrons plus tard comment la copie me fut expédiée à Paris, et je donnerai une courte notice sur l'ouvrage de Mohammed et-Tenessy (1).

---

(1) Voir la préface que j'ai mise en tête de ma traduction de l'*Histoire des Beni-Zéyan*, publiée en 1852.

CHAPITRE XII.

La Mansourah. — Sa mosquée et son minaret. — Description de ses ruines.

La Mansourah est située à l'Ouest de Tlemcen, à deux kilomètres seulement des remparts ; comme on voit, la distance n'est pas très-grande, et pourtant elle ne pouvait être franchie par un roumi sans qu'il s'exposât à être massacré par les maraudeurs et les brigands.

Avant de partir pour aller explorer ces ruines déjà visitées par quelques voyageurs, je me rendis au bureau arabe où dix Koroughlis armés jusqu'aux dents m'attendaient pour me servir d'escorte.

J'avais engagé M. le curé de Tlemcen à faire partie de mon expédition, sans toutefois lui délivrer un brevet d'assurance contre les balles perfides des Bédouins. En entrant dans la cour du bureau, mon excellent confrère me vit remarquer sur le seuil de la porte une inscription arabe presque entièrement recouverte de poussière et servant de dalle à cette partie de l'édifice. Comme je témoignai le désir de la lire et de la copier, on balaya la pierre et l'on mit ainsi à découvert les mots arabes, qui s'enchevêtrant les uns dans les autres, offusquèrent tout d'abord ma vue et me semblèrent passablement difficiles à déchiffrer. Un examen attentif me fit lire ce qui suit :

الحمد لله رب العالمين وصلى الله
على سيدنا ومولانا محمد
امام المرسلين اما بعد هذا
قبر الفقيه لاجل التالى الكتاب
المجد السيد الحاج ابن الولى
العالم العلامة البركة بن
الحاج البَبْدرى توفى رحمه
الله تعالى فى اوايل ذى الحجة عام
ثلاثة وسبعين بعد الف

Louange à Dieu, maître de l'univers! Que Dieu soit propice à notre seigneur et patron Mohammed, le prince des Envoyés!

Ceci est le tombeau du vénérable alfakih, du lecteur zélé du Livre, le cid El-Hadj, fils du saint, docte et savant El-Barakah, fils du hadj El-Babdéry, qui est décédé au commencement de dhou 'l-hidjdjah de l'année 1173. Que Dieu lui fasse miséricorde!

Un officier qui m'avait vu copier l'inscription, m'apprit qu'un vieillard arabe, membre du bureau, ne franchissait jamais ce seuil sans pousser un soupir, regrettant qu'un nom aussi vénérable que celui de l'alfakih pour qui cette épitaphe avait été dressée, fût à chaque instant du jour profané par les pieds de ceux qui entraient ou sortaient. Je conclus de ces paroles que feu cidi El-Hadj ben-el-Barakah était quelque personnage en grande vénération à Tlemcen.

Il était deux heures et demie quand nous quittâmes le bureau arabe. Nous sortons de la ville par la *Porte de Fer* et nous suivons la route qui mène à Sebdou. Au bout de quelques minutes nous longeons le *Sèhridj*, immense réservoir sans eau, auquel nous promettons, en passant, une prochaine visite. Plus loin, nous effleurons le mur de la modeste chapelle de Cidi bou-Djemâah, saint homme de marabout qui vécut en reclus volontaire et donnait des avis salutaires à ceux qui venaient le consulter dans sa retraite.

A peu de distance de la porte *El-Khamys*, les Koroughlis nous font remarquer à notre gauche la *cobbah* ou monument sépulcral de Baba-Safyr, le premier des Turcs qui, après la conquête de Tlemcen par Barberousse, vinrent s'établir dans cette cité. Le chemin est bordé à notre gauche de tombeaux, d'épitaphes plantées dans le sol et de chapelles funéraires qui tombent en ruines. Nous apercevons du même côté et vis-à-vis la porte El-Khamis, que nous franchissons, la *Grande-Cascade* qui se précipite avec fracas du haut de la chaîne escarpée du *Sakharataïn*. Avant d'entrer dans l'enceinte de la *Mansourah*, nous passons par-dessus un vieil aqueduc qui est à fleur de terre et qui probablement conduisait autrefois dans cette ville les eaux de la Fewârah.

La Mansourah, que nous avons parcourue dans le sens de sa longueur et de sa largeur, est un espace rectangulaire de 1,300 mètres de long sur 750 mètres de large, entouré de murs flanqués par des tours carrées qui n'ont ni porte, ni ouverture quelconque.

Ces murs et ces tours sont formés d'immenses blocs en pisé, qui ont acquis la consistance et la solidité de la pierre. Les murs ont un peu plus d'un mètre d'épaisseur. Six grandes portes sont percées sur la face septentrionale. Je conjecture qu'il y en avait autant sur la face méridionale, mais à l'exception des tours qui sont encore debout, le mur ayant été démoli de ce côté sur une assez longue étendue de terrain, il ne m'a pas été permis de m'assurer du fait en question. La face occidentale ne présente qu'une porte fort large qui s'avance en dehors des murs. Cette porte avait sans doute son pendant sur la face orientale du rempart, où il ne reste que quelques tours s'élevant çà et là et quelques pans de murailles à moitié abattues. L'on ne rencontre dans la Mansourah ni maisons, ni habitants; la moitié de sa superficie est livrée à la culture. C'est dans la partie occidentale de l'enceinte que s'élève, à côté d'une vieille mosquée en ruines et au-dessus d'une grande porte cintrée, la fameuse tour objet de l'admiration de tous les voyageurs qui ont visité Tlemcen. « Ce minaret, dit M. Azéma de Montgravier, est un morceau charmant d'architecture mauresque, où le plein cintre et l'ogive sont agréablement entremêlés. Il y a trois étages de fenêtres doubles divisées par une colonnette, et les intervalles d'un étage à l'autre sont remplis par une guirlande de découpures et d'arabesques, qui encadrent les ouvertures en rampant du haut en bas de l'édifice, avec les accidents les plus variés. »

Une circonstance qui frappe d'étonnement tous ceux qui contemplent cette élégante construction, c'est que la portion qui regardait l'Orient s'est écroulée, tandis que la face Ouest est restée tout à fait intacte. Quand on considère cette moitié de tour qui s'élève avec ses masses de pierres et de briques vernissées à une si grande hauteur, l'on se demande si ce n'est pas une main invisible qui retient ainsi suspendu dans les airs ce merveilleux édifice.

L'imagination arabe, si fertile en légendes, attribue au courroux céleste la chute de la face orientale du minaret. Suivant la chronique, le monument fut construit par deux maçons, dont l'un Maure et l'autre Juif. Lorsque l'ouvrage fut achevé, le sultan déclara au Juif que, la porte du minaret donnant dans la mosquée, il ne pouvait sortir de la tour sans traverser le lieu saint et par conséquent sans le souiller, ce qu'il ne permettrait jamais ; que s'il voulait descendre du minaret et se retirer, il n'avait qu'à embrasser la religion du Prophète et à faire la profession de foi musulmane. L'enfant d'Israël, à qui l'apostasie répugnait, demanda du temps pour faire ses réflexions sur le parti qu'il avait à prendre ; puis il demanda qu'on lui envoyât une certaine quantité de papier, ce qui fut exécuté. Il s'en servit pour se faire des ailes, et un beau jour que l'aquilon soufflait avec violence, on vit le nouvel Icare prendre son essor et du faîte de la tour s'envoler dans l'espace. Sa course dans les régions inconnues qu'il traversait, ne fut pas de très-longue haleine ; emporté par le vent qui déchira ses faibles ailes, il alla choir sur une éminence rocailleuse où il se cassa le cou. Cette éminence s'appelle encore de nos jours la *Colline du Juif* (عقبة اليهودي). Après cela, Dieu, qui n'avait pas béni le travail du Juif, fit tomber par sa volonté la portion de l'édifice qui avait été bâtie par la main de l'infidèle.

Cette légende est diversement rapportée par les Arabes ; j'ai choisi le récit le moins absurde et me suis borné à un seul, dans la crainte de faire tort au bon sens du lecteur et de mettre sa patience à l'épreuve.

Sur le frontispice de la porte cintrée qui supporte la tour, on lit la formule de profession de foi musulmane :

اشهد ان لا اله الا الله ومحمد رسول الله

J'atteste qu'il n'y a de Dieu qu'Allah et que Mohammed est l'envoyé d'Allah.

Les caractères de l'inscription appartiennent à l'écriture dite *coufique*. Après la formule de profession de foi viennent des mots qu'il m'a été impossible de déchiffrer, parce que les pierres sur lesquelles ils sont gravés, sont de couleur grise et cendrée, et que, de plus, la forme des lettres est usée par le temps.

La mosquée à laquelle le minaret était attenant, subsiste encore en grande partie. Les murs, qui sont construits en pisé, ont un mètre et demi d'épaisseur. Elle occupe un espace carré de quatre-vingt-quatorze pas de long sur soixante-neuf de large. Sa direction est dans le sens du Nord-Ouest au Sud-Est. Le *mihrab*, qui présente la forme d'un demi-cercle, reçoit le jour par deux fenêtres placées dans le haut du mur, l'une à gauche et l'autre à droite. Sur les deux côtés du mihrab et au-dessus s'ouvrent quatre autres fenêtres plus grandes. Dans la partie supérieure du mur septentrional, on en compte neuf ; il devait y en avoir autant sur la face occidentale dont le mur est ruiné en grande partie. D'après le nombre des colonnes dont on voit encore les bases en plusieurs endroits, je conjecture que la mosquée contenait neuf ou dix nefs et avait au centre une cour. Sans compter la grande porte cintrée qui supporte le minaret, quatre portes ornées de sculptures et de piliers étaient pratiquées dans les murs, dont deux à l'Orient, l'une à droite, l'autre à gauche du mihrab, et deux à l'Occident, séparées entre elles par un intervalle de trente pas. Il n'y a pas de porte sur le côté septentrional. Toutes ces portes, ainsi que le minaret, sont construites en pierres de taille et cimentées avec du plâtre et de la chaux. A une certaine distance du minaret et du côté Nord-Ouest, l'on voit une source d'eau très-abondante et d'excellente qualité, que l'on appelle *Aïn Mokdâd* (عين مقداد). Les Koroughlis m'ont dit que *Mokdâd* était le nom du fils d'un sultan de Tlemcen.

Suivant une tradition qui a cours dans le pays, la Mansourah serait un camp qu'un sultan du Maroc, surnommé le sultan Noir, aurait fait construire pour ses troupes pendant le siége qu'il mit devant Tlemcen. Ce sultan, qui, d'après quelques-uns, serait le sultan Yâakoub el-Mansour, aurait fait bâtir les tours et le mur d'enceinte avec de la terre apportée du Maroc dans les musettes des chevaux de son armée, et l'ouvrage aurait été achevé dans l'espace d'une nuit : c'est une absurdité mise à la remorque d'un grossier anachronisme. Le docteur Shaw affirme que le roi Mérinite Abou 'l-Hassan, pendant le long siége qu'il fit de Tlemcen, avait le projet de convertir la Mansourah en une espèce de forteresse, pour tenir cette première ville plus rigoureusement bloquée. Le voyageur anglais commet ici une erreur, car le prince Mérinite dont il parle et qui régna vingt-cinq ans après le sultan Abou-Yâakoub, n'eut pas besoin de bloquer Tlemcen, où il entra sans coup férir et à la première sommation. Il est vrai qu'il fut obligé d'assiéger pendant trois ans le Méchouar, où le sultan de Tlemcen, Abd' er-

Rahman abou-Téschifyn, s'était renfermé avec une partie de ses troupes ; mais la Mansourah se trouve à une distance trop grande de cette citadelle, pour que l'idée soit jamais venue à Abou 'l-Haçan de serrer le siége du Méchouar, qui est situé dans la ville, en allant se confiner à une demi-lieue de là dans l'enceinte murée de la Mansourah. Le docteur Shaw semble d'ailleurs confondre le siége dont il est ici question avec celui dont nous allons parler et auquel la Mansourah doit sa véritable origine. Voici ce que les historiens arabes racontent à ce sujet.

Abou-Saïd Othman, fils et successeur de Ghamorâcen, premier roi de Tlemcen, avait donné asile à un ennemi puissant du roi Mérinite de Fez. Cette conduite généreuse lui attira sur les bras les armes de ce dernier. Abd' Allah Youçouf en-Nacyr-Lidyn Allah, surnommé Abou-Yâakoub, après avoir envahi plusieurs fois le royaume de Tlemcen, après s'être emparé de la plupart de ses places fortes, vint définitivement mettre le siége devant cette capitale. Le blocus commença le mardi, 2 de schâaban de l'année 698 de l'hégire (**1297-8**) ; chaque jour, de nouvelles attaques étaient dirigées contre la place, et les assiégés étaient harcelés de tous les côtés. Cela dura jusqu'à l'approche de l'hiver. Alors, le roi Mérinite, pour se mettre à l'abri de la mauvaise saison et prolonger tranquillement le siége, se fit construire un palais sur l'emplacement même où il avait planté sa tente ; en face de ce palais il érigea une grande mosquée pour y réciter la *khotbah* les jours de vendredi. Il ordonna à ses soldats de se construire des habitations, et l'on vit bientôt surgir çà et là dans le lieu du campement quantité d'édifices et de maisons.

Abou-Yâakoub renferma le palais et le temple dans un même mur d'enceinte. Deux années après, c'est-à-dire l'an 702 de l'hégire (1302-3), le même prince ordonna d'élever autour des nouveaux édifices la grande muraille, ouvrage qui fut commencé le 5 du mois de schewal. Le camp, qui jusque-là avait porté le nom de *Mansourah* ou d'*armée victorieuse* (المحلة المنصورة), prit celui non moins prétentieux de *T'lemcen la Neuve* (تلمسان الجديدة) (1). Othman étant mort pendant le siége, Mohammed abou-Zéyan, son fils, lui succéda sur le trône. Cependant la cité bâtie par le roi de Maroc recevait tous les jours de nouveaux embellissements; l'on y construisit des hôtels magnifiques, des bains commodes, des fondoucs, des marchés et des hôpitaux. Un minaret d'une hauteur et d'une élégance remarquables fut ajouté à la grande mosquée, et des pommes d'or du poids de sept cents dinars placées sur son faîte en guise d'ornement. Les assiégés, après avoir souffert tous les maux qui sont la suite d'un long siége et d'une guerre à outrance, étaient à la veille de se rendre, lorsque la main d'un assassin vint mettre un terme à leurs souffrances. Abou-Yâakoub, poignardé le matin par l'un de ses eunuques, rendit le dernier soupir dans la même journée, vers l'heure de la prière de l'*asr* (2). Sa mort eut lieu un mercredi, 5 du mois de dhou 'l-câadah de l'année 706 de l'hégire (1306-7). Thâbit Amer, son petit-fils, impatient de recevoir l'hommage de ses nouveaux sujets, se hâta de lever le siége et de se transporter à Fez, capitale de l'empire. Mais avant de par-

---

(1) Mohammed et-Tenessy, p. 85, et Yahia ben-Khaldoun, fol. 4 v°.
(2) Vers trois heures de relevée.

tir avec son armée, il fit la paix avec le roi de Tlemcen, lui rendit toutes les places dont Abou-Yâakoub, son aïeul, s'était emparé, à l'exception de Tlemcen la Neuve dont il voulut conserver la souveraineté, en imposant toutefois à Thâbit Amer l'obligation d'entretenir les édifices de la cité et de laisser s'y établir tous ceux qui se présenteraient. Le siége avait duré huit ans, trois mois et cinq jours (1). Les habitants de la ville avaient été réduits à manger des cadavres, des reptiles et toutes sortes d'animaux, tels que des souris et des serpents. « Jamais, dit Mohammed et-Tenessy, l'on n'avait vu à Tlemcen une pareille calamité. Le sel s'y vendait deux dinars le rotl (la livre) ; il en était de même de l'huile, du beurre, du miel et de la viande. Un auteur rapporte que le prix d'une poule n'était pas au-dessous de huit dinars d'or. Il n'y avait pas d'autre bois à brûler que celui des poutres et des charpentes des maisons que l'on démolissait pour cela. Comme la plupart des habitants avaient déserté la ville, elle ne comptait plus environ que deux cents hommes du peuple et un millier de combattants qui faisaient chaque jour des sorties et cherchaient l'occasion de se mesurer avec l'ennemi. Au commencement de la journée où le sultan de Maroc reçut le coup de la mort, le blé s'était vendu huit dinars le *sâa* (le boisseau); dans l'après-midi, lorsque le siége eut été levé, le prix du *sâa* descendit à un huitième (*thomn*) de dinar (2). » Suivant le récit de Yahia ben-Khaldoun (3), pendant le siége de Tlemcen, le

---

(1) Yahia ben-Khaldoun, fol. 85 v°.
(2) Mohammed et-Tenessy, pag. 86.
(3) Fol. 15.

blé se vendait deux dinars et un quart le huitième du sâa, et un sâa d'orge la moitié de ce prix. Le jour même de la levée du siége, le prix du blé descendit à un huitième de dinar pour huit sâa, et celui de l'orge à un huitième de dinar pour seize sâa.

Abou-Hammou Mouça, qui avait succédé à son frère Mohammed abou-Zéyan, mort pendant le siége (1), profita des troubles qui agitèrent ensuite l'empire du Maroc, pour ruiner la ville fondée par Abou-Yâakoub ; il démolit tous les édifices qu'elle renfermait, et il n'y laissa d'intact que le mur d'enceinte avec ses tours, la grande mosquée et son admirable minaret. Mais les successeurs de ce prince, peu jaloux de la conservation d'un monument qui perpétuait le souvenir de l'humiliation de Tlemcen, négligèrent de faire à la mosquée les réparations rendues nécessaires par le temps, et peu à peu elle tomba en ruines. Quant au minaret, qui avait été construit en pierres de taille carrées et liées entre elles par un ciment excellent, et qui, par conséquent, semblait promettre une plus longue durée, l'on ignore à quelle cause particulière il doit la chute de sa face méridionale. Faut-il l'attribuer à la vétusté, à un tremblement de terre ou au marteau destructeur des hommes ? L'histoire garde sur ce point le plus profond silence, et les traditions locales qui

---

(1) D'après Yahia ben-Khaldoun, Abou-Zéyan serait mort après la levée du siége ; mais j'ai préféré suivre l'opinion de Mohammed et-Tenessy qui place cette mort avant la fin du siége, s'appuyant sur l'autorité de l'auteur du *Dorur el-Ghorar* qui avait assisté au siége et avait été témoin des événements qu'il raconte.

font intervenir dans cette chute la puissance et le courroux de la divinité, ne nous apprennent rien.

Après deux heures d'explorations, je repris la route de Tlemcen, car le soleil descendait rapidement vers l'horizon et mes Koroughlis commençaient à perdre patience. En quittant ces lieux tout remplis de souvenirs historiques, je saluai pour la dernière fois ce minaret, chef-d'œuvre d'élégance et de grâce, ces débris d'une civilisation qui a disparu depuis longtemps de cette terre, ces imposantes ruines que l'Arabe a consacrées par le merveilleux des légendes et livrées au puissant domaine de l'imagination.

Arrivés en dehors de l'enceinte, nous traversons un ruisseau dont les bords sont ombragés par des figuiers, des trembles, des églantiers, des vignes sauvages et autres arbustes qui s'enlacent les uns dans les autres. Il porte le nom de *Mâ-khokh* (ما خوخ), *courant d'eau du pêcher*.

Nous rentrons dans la ville par la *Porte de Fez*, au moment où l'astre du jour vient de cacher son disque derrière les montagnes enflammées de l'Occident.

CHAPITRE XIII.

Excursion à Hubbed. — Sa grande mosquée et les inscriptions arabes dont elle est ornée. — Tombeau de cidi Bou-Médyn. — Légende de ce personnage célèbre.

Le village de Hubbed, que les Arabes et les Européens désignent communément sous le nom de *Cidi bou-Médyn*, est situé à une demi-lieue à l'est de Tlemcen. La beauté du site où il est placé, la réputation du marabout qui y est enseveli, la magnifique chapelle sépulcrale qui a été érigée en l'honneur de cidi Bou-Médyn, les légendes et les récits merveilleux qui placent ce personnage au premier rang de l'Islam, la vénération que les dévots musulmans professent pour cette mystérieuse localité, tout cela était fait pour exciter la curiosité d'un touriste et attirer l'attention d'un voyageur. J'étais encore éloigné de Tlemcen d'une journée de marche que déjà j'avais aperçu, des hauteurs qui dominent la vallée de l'Icer, dans le lointain, sur le flanc du Sakharataïn et au milieu de flots de verdure, le blanc minaret de Hubbed et son antique mosquée. Depuis ce moment, j'étais impatient de faire une visite à cette localité, je ne rêvais que du célèbre marabout dont j'avais lu la vie dans Yahia ben-Khaldoun et dont le nom, répété par toutes les bouches, retentissait à mes oreilles depuis que j'avais posé le pied sur la terre d'Afrique.

J'avais aussi présents à mon esprit ces vers d'un poëte qui plus d'une fois avait visité ces lieux, Mohammed ben-Youçof el-Kaïciyi el-Andalociyi (1).

$$
\begin{array}{r}
\text{وِلتَغدُ للعُبّاد منها غدوة} \\
\text{تصبح هموم النفس عنك بمعزلِ} \\
\text{وضريح تاج العارفين شعيبها} \\
\text{زره هناك فحبّذا ذاك الولي} \\
\text{فمزاره للدين والدنيا معًا} \\
\text{تمحى ذنوبك اوكروبك تنجلي} \\
\text{وبكيفها الضحاك في متنزّهها} \\
\text{تسرح جفونك في الجمال الاجملِ} \\
\text{وتمشي في جنّاتها ورياضها} \\
\text{واجنح الى ذاك الجناح المخضلِ} \\
\text{تسليك في دوحاتها وتلامها} \\
\text{نغم البلابل واطّراد الجدولِ}
\end{array}
$$

Le matin, avant le lever de l'astre du jour, franchissant cette porte (*Bab el-Djiad*), dirige tes pas vers la charmante Hubbed, et laisse à l'écart, loin de toi, les soucis qui tourmentent ton âme.

Visite d'abord le tombeau de la couronne des contemplatifs, Schohaïb, ce grand, cet admirable saint.

Par cette visite, tu accompliras à la fois une action agréable à Dieu

---

(1) Il florissait sous le règne d'Abou-Hammou Mouçé, sultan de Tlemcen.

et tu te procureras un avantage temporel : tes péchés seront effacés et tes chagrins se dissiperont.

Puis, repose-toi quelques instants dans la grotte sacrée et laisse errer librement tes regards sur la plus ravissante des beautés.

Promène-toi ensuite dans les jardins, dans les parterres de verdure et de fleurs qui entourent le hameau. Gravis enfin le flanc verdoyant de la colline voisine.

Là, tes oreilles seront récréées, soit par le chant des rossignols perchés sur la cime des arbres ou voltigeant dans le ravin, soit par le murmure du ruisseau qui descend vers la plaine.

Le mercredi, 7 octobre, fut le jour choisi pour l'accomplissement de mon pèlerinage.

Quatre Koroughlis armés jusqu'aux dents m'attendaient dans la cour du bureau arabe : ils avaient reçu l'ordre de me servir d'escorte dans le court trajet de Tlemcen à Hubbed, car, s'il y avait péril à s'écarter seulement d'une centaine de pas des remparts de la ville, il eût été souverainement imprudent d'aller seul et sans armes à la distance de deux ou trois kilomètres. Ce que, d'ailleurs, j'avais ouï dire de l'ardent fanatisme des habitants du village et des gardiens du tombeau du saint, était loin de me rassurer sur les dispositions de mes hôtes futurs. C'est auprès du tombeau de cidi Bou-Médyn que vont s'inspirer les bandits qui assassinent les Chrétiens, et chaque nuit, dit-on, le saint apparaît à quelque marabout de l'endroit pour lui prédire la fin prochaine de la domination des Infidèles et des étrangers.

A la vue de mes bons Koroughlis, prêts à faire usage de leurs fusils pour protéger ma vie, la confiance et le courage firent place dans mon cœur aux premières impressions de crainte dont je n'avais pu me défendre.

Le nouveau curé de Tlemcen, désireux de connaître, non les ouailles qu'il pouvait avoir à Hubbed, car ce village ne possédait pas un seul Chrétien, mais les monuments qui ornent cette localité, voulut bien faire partie de notre expédition, et nous accompagner, sinon pour remplir un devoir pastoral, du moins comme ami des antiquités et admirateur des beaux sites.

Pour compléter notre escorte et la rendre plus respectable, le caïd de Tlemcen, cy Hammady ben-es-Sekkal, nous avait envoyé l'un de ses *chiaouch*, espèce de sergents qui remplissent auprès des autorités musulmanes les fonctions d'huissiers et, au besoin, celles d'exécuteurs des hautes œuvres. Celui dont nous avions l'honneur d'être escortés s'était fait une grande réputation d'habileté dans l'administration des coups de bâton. Il avait le visage maigre et pâle, les bras velus et nerveux, le regard fier et malin, la démarche hautaine et assurée : ces qualités faisaient de lui la terreur des malfaiteurs ; les honnêtes gens même ne pouvaient le regarder sans éprouver un frisson de crainte et de répulsion. Saghiour ben-Guennasch (صاغيور بن قناش), tel était son nom, se mit en route sur un signe que nous lui fîmes, précédant seulement de quelques pas les Koroughlis et brandissant de temps à autre le bâton dont il était armé et qui était à la fois l'emblème et l'instrument de ses terribles fonctions. M. le curé et moi nous marchions entre deux Koroughlis et nous formions, pour ainsi dire, l'arrière-garde.

Nous traversâmes ainsi la ville dans presque toute sa longueur, et cela au grand étonnement de tout le monde, car les uns se demandaient si on allait nous administrer la bastonnade, et les autres assuraient que l'on nous menait hors des remparts pour nous passer par les armes.

Cependant nous franchissons la porte dite de *Cidi Bou-Médyn* (باب سيدي بومدين); nous entrons dans le quartier d'Agadyr que nous traversons en passant à côté de son vieux minaret, et nous sortons par la porte *des Coursiers* (باب الجياد), élégant morceau d'architecture mauresque dont nous avons donné plus haut la description.

Nous suivons ensuite un sentier qui se dessine à peine sur un sol couvert de verdure et de fleurs champêtres. Nous marchons à l'ombre des lentisques (*botom*), des peupliers, des cerisiers, des frênes, des caroubiers et autres arbres qu'enlacent dans tous les sens les branches puissantes et flexueuses des vignes sauvages. Sous cette voûte de verdure surgit une forêt non moins luxuriante qui se compose de sanguins, de lauriers-rose, de fusains, de tamarix et de mille autres arbustes. Çà et là, l'agave américaine montre ses dards acérés à travers le lacis des plantes grimpantes, et le figuier de Barbarie étale ses vertes palettes ornées de fleurs et de fruits. Nous nageons en quelque sorte dans un océan de verdure ; la végétation est d'une richesse qui étonne nos regards. L'on respire un air frais et doux ; des milliers d'insectes embellissent cette nature luxuriante par les superbes couleurs dont ils sont revêtus, et l'animent par leurs bourdonnements auxquels répondent les joyeux concerts des oiseaux qui se balancent sur les rameaux des arbres. Tandis qu'au loin les crêtes des montagnes et les plaines qu'elles dominent, sont inondées des splendeurs de la plus éblouissante lumière, c'est à peine si quelques rayons du soleil, perçant obliquement le feuillage et l'ombre qui nous couvrent, viennent expirer à nos pieds. En présence de ces magnificences et de ces beautés, nous sentons la main invisible qui les a semées dans la nature, et notre âme se reporte avec reconnaissance et amour vers les régions éternelles d'où elles émanent et où réside la souveraine beauté.

En sortant de ce bois, que nous ne quittons pas sans regret, nous rencontrons une redoute en ruines que les Arabes appellent *Bits er-Risch* (بيت الريش), Maison de la plume. Les murs, qui sont construits en pisé, sont d'une épaisseur remarquable. A côté de la redoute, l'on voit un ruisseau qui coule dans un lit profond et que l'on traverse sur un pont nouvellement construit par les Français; les bords sont ombragés par des trembles, des tamarix et des sureaux (واريورو *waruouro*). Ce courant d'eau porte chez les Arabes le nom d'*Oued Metchkâna* (وادي مچكانا).

Après avoir franchi le pont, nous entrons dans un cimetière immense qui s'étend presque jusqu'à Hubbed; des milliers de plaques de grès sont plantées dans la terre : ce sont des épitaphes arabes gravées avec beaucoup de soin. Quelques-unes sont rédigées en vers et contiennent l'éloge du défunt; la plupart sont écrites sur les deux faces de la pierre, dont l'une regarde l'Orient et l'autre l'Occident; toutes elles sont surmontées d'une figure qui ressemble à un turban.

Plus loin, sur le bord du chemin et à notre droite, s'élève un caroubier solitaire qui couvre de son ombre deux ou trois tombeaux. A deux ou trois cents pas de là, nous rencontrons à notre gauche et tout près du chemin une source magnifique dont l'eau sert à l'arrosage des champs voisins. On l'appelle *Aïn Wanzoutsah* (عين وانزوتة), et c'est d'elle que le cimetière que nous traversons tire son nom de *Mecbaret Wanzoutsah*. Ce cimetière renferme les cendres de plusieurs illustres personnages dont Yahia ben-Khaldoun nous a laissé la biographie dans son *Histoire des Beni Abd' el-Wâdy*. Nous apercevons ensuite non loin de la route la chapelle sépulcrale (قبة) de cidi Mohammed es-Senouciyi (membre de la tribu des Beni-Snous), marabout célèbre dans le pays.

A quelques pas de là, un superbe micocoulier (طرزازة *terzâzah*) qui étend ses branches vigoureuses au-dessus d'une fontaine sans eau et tombant en ruines, semble nous inviter à nous reposer quelques instants à son ombre. Nous cédons à cette muette invitation et nous nous asseyons sur les débris du monument. Les Koroughlis nous font voir dans le voisinage un minaret délabré et solitaire : la mosquée à laquelle il était attenant a entièrement disparu, et ils ne peuvent nous en dire le nom. Il n'en est pas de même d'une chapelle que nous voyons blanchir sur le penchant de la colline et qui a été érigée, disent-ils, en l'honneur de cidi Ben-Aly Ameur.

Nous approchons du village de Hubbed. La route se hérisse de pierres, se ravine et va en montant. Nous rencontrons un courant d'eau qui fuit obliquement le long de la côte et se dirige vers la plaine du côté de Tlemcen ; il n'arrive pas au terme de sa course, car il se perd en route et s'égare dans les champs : c'est un ruisseau qui alimentait autrefois les fontaines d'Agadyr et que l'on y amenait d'une source appelée *Aïn el-Lourit* (عين اللوريط), dont nous parlerons plus loin.

Nous touchons enfin au terme de notre excursion : une rue étroite et sale, bordée des deux côtés de vieilles masures, de maisons dont le toit s'est écroulé ou menace ruine, nous mène en serpentant devant le porche d'une grande et belle mosquée, l'une des plus vénérées de toute l'Algérie.

Dès la veille, les autorités du pays avaient été prévenues de notre arrivée par une lettre du gouverneur de Tlemcen. Nous trouvâmes donc sur la place de la Grande-Mosquée deux personnes respectables qui nous firent les honneurs de la bienvenue et nous accueillirent d'une manière assez convenable. L'un était un marabout chargé de la garde des clefs de la cobbah de cidi Bou-Médyn : il se nommait El-Hadj Hâmed ben-Edhrâhou (الحاج حامد بن اذراعوا) ; l'autre, du nom de Moulé el-Abbès, était le *chéikh el-beled*, c'est-à-dire le maire de l'endroit. Après les premiers compliments d'usage, j'exposai aux deux Arabes le but de mon excursion et le désir que j'avais de visiter la célèbre chapelle de cidi Bou-Médyn. Alors le chéikh el-beled pria le marabout d'aller chercher la clef dont il était le gardien, puis, se retournant vers moi, il me montra la cobbah qui s'élevait en face du porche de la Grande-Mosquée, mais sur un plan beaucoup plus bas. La chapelle était, d'ailleurs, masquée, du côté de la rue, par une muraille de quatre à cinq mètres de haut, et elle était entourée au levant, au couchant et au nord, de maisons et autres constructions, en sorte qu'elle se trouvait comme ensevelie dans un trou.

Au-dessus de la porte de la très-vénérée chapelle, je lus l'inscription suivante :

الحمد لله امر بتنميق هذه الروضة المباركة المشتملة على ضريح الشيخ سيدي ابي مدين ادركنا الله برضاه امين لالامير عبد الله لسيد محمد باى ايده الله ونصره وجعل الجنة منزله عام ١٢٠٨ ثمانية ومائتين والف انظر الى الدر لانيق * نظمه فتى عشيق * تراه فى جيد شريف * الهاشم بن صار مشيق *

Louange à Dieu! Ce monument funéraire et béni, qui renferme le tombeau du chéikh cidi Abou-Médyn (que Dieu nous fasse participer aux grâces et aux faveurs octroyées à ce saint! amen), a été restauré et orné par les ordres de l'émir Abd'Allah, cid Mohammed-bey (que Dieu lui accorde son appui et son secours et lui donne pour demeure le Paradis!), l'an 1208, mille deux cent huit de l'hégire.

Contemple ces perles magnifiques qui parent un noble cou : c'est le don d'un jeune amant, et elles ont été réunies ensemble par le généreux fils de Sarmechik.

Cependant le marabout arrive ; il nous ouvre la porte, et nous entrons. Nous descendons dans la cobbah par un escalier étroit et tournant. Après avoir descendu une dizaine de degrés, nous trouvons à notre droite une porte qui donne entrée dans une petite cour oblongue où se trouvent des tombeaux et des épitaphes plantés dans le sol. Quelques degrés plus bas et à gauche on voit également une chambre sépulcrale, ornée de plusieurs épitaphes plantées dans la terre : là, aussi bien que dans la cour oblongue, ont été ensevelis certains personnages qui ont mérité par leurs vertus de reposer après leur mort près du tombeau du grand saint Bou-

Médyn. Des princes, des savants, des derviches, des sages et des fous se trouvent placés là côte à côte, pêle-mêle et sans autre distinction que les épitaphes qui indiquent leurs titres et leurs noms, dans ce réduit étroit de la mort et de l'égalité. Quand je passe devant ces témoins irrécusables du néant de l'homme ; quand je songe que ces inscriptions funéraires, que ces débris de l'homme recouvert d'un peu de poussière sont les seuls restes de la gloire, des richesses ou de la science de ceux à qui ces modestes monuments furent érigés, un sentiment de tristesse et de mélancolie s'empare de mon cœur ; il me semble voir errer autour de moi les âmes qui animèrent autrefois ces corps réduits aujourd'hui en poudre, et un frisson glacial parcourt tous mes membres, quand je m'interroge sur le sort actuel de ces âmes, et qu'une voix me répond qu'elles sont mortes dans les ténèbres de l'infidélité et de l'erreur.

Dans ce moment une autre pensée non moins sérieuse vient traverser mon esprit. Aux yeux des indigènes qui nous accompagnent, nous ne sommes nous-mêmes que des infidèles et des ennemis déclarés de Mahomet, et nous nous trouvons au sein d'une population entièrement composée de Musulmans renommée pour son fanatisme. La porte par laquelle nous sommes entrés dans la chapelle mystérieuse a été refermée avec soin derrière nos pas ; nos cris, si nous en poussions, parviendraient à peine jusqu'à la rue ; ils pourraient, d'ailleurs, être comprimés dans nos bouches ; dans un lieu aussi solitaire et aussi caché, un crime commis jouirait facilement du bénéfice du secret et de l'impunité ; l'odeur du sang de deux marabouts chrétiens, immolés dans le sanctuaire même d'un marabout musulman, ne serait pas tout à fait désagréable au patron vénéré du village de Hubbed, et Allah, apaisé par ce double sacrifice, pourrait bien se déterminer à hâter le moment de l'expulsion des Infidèles et celui du triomphe de l'Islam. Telles sont, peut-être, me disais-je en moi-même, les pensées qui dans ce moment préoccupent les hommes qui nous accompagnent et nous entourent ; tels sont peut-être les terribles projets qu'ils se disposent à réaliser sur nous. Pendant que ces tristes réflexions roulaient dans mon esprit, je m'aperçus que j'étais arrivé au bas de l'escalier où se trouve un puits dont l'eau a la vertu, me fut-il dit, de purifier ceux qui en boivent. La vue des quatre Koroughlis qui m'avaient précédé de quelques pas et m'attendaient dans cet endroit, me rassura contre moi-même et fit disparaître de mon cœur toute idée de défiance. Je me mis donc à l'instant à procéder à l'examen de l'intérieur de la chapelle dont je vais donner ici une courte description.

La cobbah de cidi Bou-Médyn se compose de deux parties bien distinctes, savoir : d'une coupole qui est proprement le sanctuaire où se trouve le tombeau du saint musulman, et d'un parvis ou cour antérieure. Le parvis est un bâtiment carré et découvert de sept à huit mètres de long sur dix ou douze de haut. Il est orné d'un péristyle et de colonnes de beau marbre blanc ; les murs sont revêtus de carreaux de faïence de diverses couleurs, et des dalles de marbre taillées en losange dérobent le sol à la vue.

On entre dans la chapelle, qui compte environ six mètres de long sur cinq de large, par une porte qui s'ouvre dans le milieu du mur oriental du parvis. Une boiserie, haute d'environ deux mètres, traverse l'intérieur du monument dans le sens du Midi au Nord et la divise en deux compartiments à peu près égaux. Cette boiserie, ornée de sculptures dans le goût mauresque, se renfle et se rétrécit vers le milieu en forme d'ogive, et au-dessous de la corniche, tant sur les hauts que sur les bas côtés, est fixée une tringle à laquelle sont suspendus une vingtaine d'œufs d'autruche, en guise d'ornement, ainsi que des bouquets d'œillets d'Inde (قرنفل *koronfel*).

Derrière la boiserie s'élèvent majestueusement neuf drapeaux de soie verte et rouge, dont la hampe est surmontée d'un ornement doré qui représente un turban. Le marabout m'a appris que ces drapeaux avaient été déposés là par des pèlerins venus de l'Orient et du Maroc. Sur la partie de la boiserie qui s'élève en ogive l'on voit une grande feuille de papier carrée sur laquelle est tracée avec des encres de diverses couleurs l'inscription suivante :

لا اله الّا الله محمّد رسول الله

عبد ربه العرب بن نصر

كان الله له امين

Il n'est de Dieu qu'Allah. Mahomet est l'envoyé d'Allah. Le serviteur de son Seigneur El-Arbiyi ben-Nasr. Que Dieu se déclare pour lui!

A côté de cette inscription, qui est une espèce d'*ex-voto*, l'on en voit une autre d'une moindre dimension et tracée avec de l'encre noire seulement :

بسم الله الرحمن الرحيم
لا اله الّا الله محمّد رسول الله

Au nom de Dieu clément et miséricordieux. Il n'est de Dieu qu'Allah; Mahomet est l'envoyé d'Allah.

Devant la boiserie, à droite, un fil de fer tient suspendu à la voûte un gobelet de verre qui fait fonction de lustre ou de lampe. Les parois de ce premier compartiment sont revêtues de carreaux de faïence jusqu'à la hauteur de deux mètres, le reste du mur jusqu'à la voûte est orné de moulures et peint en vert et en bleu. Le sol est pavé avec des carreaux de faïence et recouvert d'un riche tapis. Deux petites fenêtres oblongues et cintrées, placées l'une à côté de l'autre, sont percées dans le haut du mur, vers la naissance de la coupole, sur les trois faces Est, Nord et Sud : la face Ouest ne présente qu'une seule fenêtre, mais plus grande que les autres et de forme carrée. Toutes ces fenêtres sont ornées de moulures en plâtre qui s'enlacent les unes dans les autres et dont les vides sont remplis par des verres de diverses couleurs, telles que le rouge, le jaune et le bleu; le jour qui s'échappe à demi éclipsé à travers le réseau des moulures et des verres peints, répand sur les objets une teinte sombre et mystérieuse qui porte l'esprit aux douces rêveries et à la méditation.

On entre dans le second compartiment de la chapelle par une porte cintrée et percée juste au milieu de la boiserie. Cette partie du monument est réputée la plus sacrée, et je crois qu'avant moi jamais profane n'avait été admis à la visiter. Avant de franchir le seuil de la porte et de pénétrer dans ce *sancta-sanctorum*, je consultai tacitement le regard du marabout qui se tenait à mes côtés, et ce regard ne me parut ni trop favorable, ni trop désapprobateur ; mais le chéikh el-beled, qui comprit mon embarras, me fit signe de la main que je pouvais entrer.

Le premier objet qui s'offrit à ma vue, ce fut le tombeau même du grand cidi Bou-Médyn. Il consiste dans un catafalque recouvert d'un magnifique tapis de damas rouge qui descend jusqu'à terre et qui est parsemé de fleurs sèches et flétries. Au-dessus du tombeau est suspendu à la voûte un fanal en fer-blanc, ornement dont la simplicité contraste avec la richesse du tapis et les drapeaux qui s'élèvent à côté du catafalque. Le tombeau occupe tout le côté droit du sanctuaire. Sur la paroi, au fond de la chapelle, est adossé un miroir de moyenne grandeur, près duquel deux gros cierges pendent attachés à un clou. Sur le sol gît une cassolette dans laquelle on brûle des parfums de temps en temps ; le sanctuaire est éclairé par une lucarne percée dans le milieu du mur oriental.

Le côté gauche du sanctuaire est occupé par un autre catafalque qui fait le pendant de celui de cidi Bou-Médyn, dont il n'est séparé que par une ruelle qui n'a pas plus d'un pas de large : c'est celui de cidi Abd' es-Salam. Il est couvert, comme le premier, d'un tapis de damas rouge, mais il n'est orné ni de fanal, ni de fleurs. Les deux catafalques sont confectionnés avec beaucoup d'art, ayant leurs quatre faces encadrées dans des moulures et parsemées de sculptures qui représentent des arabesques et autres dessins dans le style mauresque.

Abd' es-Salam, dont le nom entier est Abou-Mohammed Abd' es-Salam el-Touniçiyi, était, comme l'indique son surnom, originaire de la ville de Tunis. Après avoir étudié quelque temps à Aghmat sous la direction de son oncle Abd' el-Aziz, il vint se fixer à Tlemcen, où il se consacra à la vie ascétique. Il se nourrissait seulement de pain d'orge et de tortues des champs. Pour son habillement, il ne voulait pas faire usage d'autre étoffe que celle de laine. Après sa mort, qui eut lieu à Tlemcen, vers le commencement du règne d'Abd' el-Moumen, avant l'année 589 de l'hégire (1143-44), il fut enseveli à Hubbed, dans l'endroit où fut érigée plus tard la chapelle que nous venons de décrire (1).

Environ soixante-quatre ans après, on ensevelit à côté de lui le derviche cidi Bou-Médyn, dont le nom a éclipsé en grande partie celui d'Abd' es-Salam de Tunis. Suivant la légende arabe, Bou-Médyn, autrement appelé le cheikh Abou-Médyan Schohaïb ben-Hoceyn el-Ansariyi, était né à Cantillana (2), village situé sur le Guadalquivir, à huit lieues environ au Nord de Séville en Espagne. S'étant rendu

---

(1) Yahia ben-Khaldoun, *Histoire des Beni Abd' el-Wády*, fol. 9 v°.

(2) Voy. Bory de Saint-Vincent, *Guide du voyageur en Espagne*, Paris, 1823, pag. 532. Dans l'*Histoire des Beni Abd' el-Wády*, par Yahia ben-Khaldoun, fol. 9 v°, le nom arabe de ce village est écrit *Katnianah*. Fr. Antonio Moura (*Historia dos Soberanos mahometanos*, Lisboa, 1828, pag. 296) a lu *Catiana*, ce qui ne s'éloigne pas beaucoup de la véritable leçon. M. Tornberg (*Annales Regum Mauritaniæ*, etc.), p. 179 du texte arabe, a adopté la leçon fautive صطبالة, malgré l'autorité de deux manuscrits qu'il a consultés, et dont l'un porte قطبانة et l'autre قطبانة.

à Fez pour y étudier la théologie et la jurisprudence musulmanes, il se détermina, étant encore jeune, à embrasser la vie ascétique et à entrer dans l'ordre des Soufis. Il suivit dans cette ville les leçons des maîtres les plus célèbres ; c'est ainsi qu'il étudia le *Kitab Rihâyah* (كتاب الرعاية) du savant El-Mohacebiyi (1), sous le chéikh le hafidh Abou 'l-Haçan ben-Herzhem, et le *Recueil de Traditions* du docteur Termedhiyi (جامع الترمذي) (2), sous le chéikh Abou 'l-Haçan ben-Ghâleb, de la secte de Malec. Il fut initié à la connaissance du soufisme par Abou Abd'Allah ed-Dekkak, qui lui conféra aussi l'habit de l'ordre des derviches ou la *khirkah*. Il eut ensuite pour directeur spirituel un grand contemplatif de cette époque, le docteur Youazza. Voici de quelle manière il fut accueilli par ce Soufi, c'est cidi Bou-Médyn lui-même qui rapporte le fait.

« J'avais, dit-il, entendu souvent parler de cidi Abou-Youazza et de ses miracles, qui, passant de bouche en bouche, étaient arrivés jusqu'à moi. Mon cœur s'étant rempli d'affection pour lui, je formai le dessein de me rendre auprès de cet illustre personnage, et je partis avec une troupe de fakirs. Lorsque nous fûmes arrivés auprès de lui, il fit un accueil bienveillant à tout le monde, excepté à moi, de telle sorte qu'à l'heure des repas, il m'empêchait de me mettre à table

---

(1) Abou Abd'Allah el-Harith ben-Açad el-Mohacebiyi, célèbre théologien de Basrah, mourut en 248 de l'hégire (857-8).

(2) Abou-Iça Mohammed ben-Iça et-Termedhiyi mourut en 279 de l'hégire (892-3), suivant les uns, et en 275 (888-9), suivant les autres. Voy. Ibn-Khallican, édit. de M. de Slane, pag. ٦٧٨ du texte arabe.

avec les autres. Je passai trois jours dans cet état d'épreuve; mais au bout de ce temps, la faim se fit sentir à moi d'une manière cruelle, et mille pensées étranges vinrent assiéger mon esprit. Alors je me dis en moi-même : lorsque le chéikh se lèvera de sa place, j'irai à cette même place rouler ma figure dans la poussière. Il se leva ; je me vautrai dans la poussière en sa présence, après quoi je me relevai n'y voyant plus absolument. Le chéikh, touché alors de compassion, s'approcha de moi, me passa doucement la main sur les yeux, et je recouvrai la vue ; ensuite il passa la main sur ma poitrine, et les pensées qui me roulaient dans la tête s'évanouirent, et le tourment de la faim ne se fit plus sentir, et j'éprouvai à l'instant les effets merveilleux de la bénédiction du saint homme. Plus tard, comme je lui eus demandé la permission d'aller accomplir le devoir du pèlerinage, il me l'accorda en me disant : «Tu rencontreras un lion sur ton chemin ; que sa présence ne t'épouvante pas, car il aura lui-même peur de toi. Pour l'empêcher de s'approcher de toi, tu n'auras qu'à lui dire : Malheur à toi, si tu ne t'éloignes ! » La chose arriva exactement comme il me l'avait prédit. »

Cidi Bou-Médyn séjourna quelque temps à la Mecque ; après s'y être acquitté des cérémonies du pèlerinage, il y continua l'étude des traditions et des auteurs de la vie spituelle. De retour de l'Orient, il se fixa dans la ville de Bougie, où il se vit bientôt entouré d'un grand nombre de disciples. Mais les succès de son enseignement et de sa réputation ne tardèrent pas à lui susciter des ennemis et des envieux ; les professeurs de Bougie le dénoncèrent au sultan de Maroc comme un homme ambitieux et se disposant à tourner contre la maison régnante l'ascendant qu'il avait acquis sur les esprits. Yakoub Almansor conçut dans cette occasion des craintes sérieuses pour la tranquillité publique et la sûreté de son trône ; il envoya au gouverneur de Bougie l'ordre de s'assurer de la personne de cidi Bou-Médyn et de le faire partir pour la ville de Maroc, en lui recommandant toutefois d'agir avec prudence et de traiter le chéikh avec les égards et les ménagements qui étaient dus à son âge et à sa réputation de sainteté. Lorsqu'il fut arrivé avec son escorte dans le territoire de Tlemcen et qu'il aperçut de loin le *ribat* de Hubbed, il s'écria prophétiquement : « Oh ! que ce lieu est propice au sommeil ! » Il portait dans son sein le germe de la maladie qui devait le conduire au tombeau. Quand on fut arrivé sur les bords de l'Ycer, son état étant devenu très-alarmant, la caravane se décida à camper dans cet endroit. Les dernières paroles qu'on lui entendit prononcer furent celles-ci : « Dieu est la vérité absolue. » Sa mort eut lieu l'an 594 de l'hégire (1196-7). On transporta son corps à Hubbed, lieu où l'on avait coutume d'ensevelir les personnes mortes en odeur de sainteté. Les habitants de Tlemcen ayant appris que l'on procédait aux obsèques du vénérable marabout, s'y rendirent en foule ; la pompe, disent les légendaires, fut des plus solennelles que l'on ait jamais vues. Les auteurs arabes qui ont écrit la vie de cidi Bou-Médyn affirment que, par ses soins et sous sa direction, un millier de chéikhs étaient arrivés au plus haut degré de la vie mystique et avaient acquis comme lui le don des miracles et des révélations. Ils prétendent qu'il jouit au ciel du crédit le plus grand, et que les prières que l'on fait auprès de son tombeau sont toujours exaucées.

Yahia ben-Khaldoun assure que de son temps l'on venait en pèlerinage au tombeau du saint marabout de tous les pays musulmans, de l'Égypte, de la Syrie, de l'Irak et du Sous-Extrême.

La vie de çidi Bou-Médyn a été rapportée fort au long dans un ouvrage du chéikh Abou 'l-Hadjdjadj Youçof et-Tadéliyi qui porte le titre de : كتاب التشوف الى رجال التصوف *Kitabou-t-teschawof ila redjali-t-tessawof*, et dans un autre composé par le cadhy Abou Abd' Allah Mohammed ben-et-Tilimcèniyi, et intitulé : كتاب النجم الثاقب فيما لاولياء الله من المناقب *Kitabou-n-nedjmi et-thâkeb fyma liouliâi-llah min el-menâkeb*. Les faits rapportés par le chéikh Et-Tadéliyi ont été reproduits par Ibn el-Khatyb el-Kecemtiniyi dans son livre intitulé : انس الفقير وعز الفقير *Ensou'l-fakir ouahezzou'l-fakir*. Ces ouvrages ont été mis à contribution par Yahia ben-Khaldoun, Makkariyi et Abou-Mohammed Salehh ben-Abd' el-Halym el-Gharnatiyi, lesquels parlent plus ou moins longuement de notre saint musulman et lui prodiguent les éloges les plus pompeux.

« Le chéikh çidi Bou-Médyn, dit Abou Abd' Allah Mohammed ben-et-Tilimcèniyi, fut un homme incomparable parmi les hommes incomparables de son époque, et le prince des princes des derviches, qui tiennent le plus haut rang dans la hiérarchie des Soufis. Dieu avait réuni en lui la science du droit canonique et la science de la vie spirituelle. Il l'avait constitué la colonne de tous les êtres, et il lui avait donné la mission de les conduire et de les appeler à la vérité. C'est pourquoi on venait le visiter de toutes les contrées de la terre, et il était généralement désigné sous le nom de Chéikh des Chéikhs (1). »

« Abou-Médyn, dit Et-Tadéliyi dans l'ouvrage précité, joignait à un savoir très-étendu une grande crainte de Dieu. Il tournait souvent son âme vers le Très-Haut, et ce fut dans ce saint exercice qu'il rendit le dernier soupir. J'ai ouï dire à quelqu'un qui avait assisté à ses derniers moments, qu'il répétait ces paroles : *Dieu est la vérité absolue*. C'était l'un des premiers jurisconsultes et gardiens de traditions de son époque. Il savait principalement le *Recueil de Termedhiyi*, dont il aimait à faire des citations. Les autorités qu'il avait coutume d'alléguer étaient les chéikhs et leur commun maître Abou-Dherr. Il lisait avec assiduité le *Kitabou 'l-Ihyâi* du célèbre philosophe et théologien El-Ghazaliyi (2). »

Ibn el-Khatyb el-Kecemtiniyi a composé, en l'honneur de cidi Bou-Médyn, les vers suivants :

بكت السحاب فاضحكت لبكائها
زهر الرياض وفاضت كالانهار

---

(1) Voyez *Makkariyi*, manuscrit de la Bibliothèque Impériale, n° 759, fol. 131 v°.

(2) El-Ghazaliyi était professeur de théologie à Bagdad, dans le collége Nizhamiyah, fondé par Schems el-Kofat Nizham el-Moulk. Il mourut dans cette ville en 504 ou 505 de l'hégire.

وقد اقبلت شمس النهار بحلّة
حمصرا وفي اسرارها اسرار
واق الربيع بخيله وجنوده
فتمتعت في حسنه الابصار
والورد نادى بالورود الى الجنى
فتسابق لاطيار ولاسحار
والكاس ترقص والعقار تشعشعت
والجو يضحك والحبيب يزار
والعود للغيد الحسان مجاوب
والطار اخفى صوته المزمار
لا تحسبوا الزمر الحرام مرادنا
مزمارنا التسبيح والتذكار
وشرابنا من لطفه وغناونا
نعم الحبيب الواحد ولقهار
والعود عادات الجميل وكاسنا
كاس الكياسة والعقار وقار
فتنالفوا وتطيبوا واستغنموا
قبل الممات فدهركم غدّار
والله ارحم بالفقير اذا انى
مسن والديه فانه غفّار
ثم الصلاة على الشفيع المصطفى
ما رنمت بالغانها الاطيار

Les nues ont pleuré, et leurs larmes ont rendu la gaieté aux fleurs des prairies, et les ruisseaux ont coulé à plein bord.

L'astre du jour s'avance revêtu d'un manteau d'azur et portant dans son sein un trésor de mystères.

Le printemps arrive escorté de sa cavalerie et de ses escadrons ; sa beauté fait le bonheur des yeux qui le contemplent.

La rose nouvellement éclose invite le monde à venir la cueillir, tandis que les oiseaux s'efforcent de devancer l'aurore par leurs chants harmonieux.

On passe les coupes à la ronde ; la liqueur qui enivre jette sur nous un éclat éblouissant, pendant que le ciel pur et serein nous sourit avec grâce,

Et que de tous les côtés on vient visiter l'*ami* de Dieu (1). Le luth répond à la voix tendre des jeunes filles ravissantes de beauté, et le son vibrant du tambour de basque se marie agréablement avec les mélodies plus douces de la flûte.

Pourtant n'allez pas croire que notre musique soit une musique profane et illicite : nos voix et nos instruments sont consacrés aux louanges de l'Éternel.

La liqueur que nous savourons est un don de ses mains libérales, et nous célébrons par nos chants les grâces du bien-aimé, de l'Être unique et tout-puissant.

Le luth est l'instrument de notre reconnaissance ; notre coupe, la coupe de la divination et de la sagesse ; notre vin, une liqueur qui ennoblit et élève nos sentiments.

Égayez-vous donc, divertissez-vous, livrez vos cœurs à la joie avant l'heure fatale du trépas, car la vie est un bien qui nous échappe et nous trompe.

Que Dieu prenne pitié, car il est plein de bonté, du pauvre derviche qui a quitté sa patrie pour venir dans ces lieux honorer la mémoire d'un saint.

---

(1) Cidi Bou-Médyn.

Que la bénédiction de Dieu repose sur notre puissant intercesseur, l'élu par excellence, et cela, tant que les oiseaux feront entendre dans les airs leur langage harmonieux (1).

Le chéikh, le soufy Abou Abd' Allah Mohammed ben-Omar ben-Khamys a dit, en parlant de cidi Bou-Médyn :

اليك شعيب بن الحسين قلوبنـا
نـوازع لكـن الجسـوم نـوازح
سعيت فما قصرت فى نيل غاية
فسعيك مشكور وتجرك رابح

« O Schohaïb, fils de Hucéyn ! si nos corps sont loin de l'endroit où tu reposes, nos cœurs ne soupirent pas moins après le moment où il nous sera permis de te revoir.

« Tu as couru dans la lice de la vie, et tes pas ne t'ont pas trahi, car ils ont glorieusement atteint le but ; tu reçois maintenant le prix de ta course et le produit du saint trafic que tu exerças dans ce monde (2). »

Cidi Bou-Médyn a été également célébré par le poëte El-Hadj et-Tabyb abou Abd' Allah Mohammed abou-Djameâh et-Telâleciyi dans ce distique :

وعبّادها مـا القلب نـاس ذمامه
به روضة للخير قد جعلت حلا
بها شيخنا المشهور فى الارض ذكره
ابو مدين اهلًا به دائمًا اهلا

---

(1) Makkariyi, fol. 133 v°.
(2) Yahia ben-Khaldoun, *Histoire des Beni Abd' el-Wády*, f. ۲ r° et v°.

« Je n'oublierai pas non plus dans mes vers la célèbre Hubbed : c'est pour moi un devoir sacré. Elle possède un tombeau qui est devenu pour les hommes pieux un but de pèlerinage.

« Dans ce tombeau reposent les reliques d'un saint dont le nom retentit dans le monde entier, je veux dire notre chéikh Abou-Médyn, à qui soit le bonheur, un bonheur sans fin ! (1) »

On attribue à notre marabout plusieurs paroles remarquables, parmi lesquelles nous citerons les suivantes :

« Quiconque court après les choses de ce monde, Dieu l'éprouvera par des humiliations.

« Quand Dieu fait goûter à une âme la douceur de ses communications intérieures, le sommeil perd son empire sur le corps.

« Celui qui n'entend plus dans son intérieur la voix de la conscience, est un homme tout à fait perdu.

« Quiconque se connait bien lui-même, ne se laisse pas tromper par les vaines louanges des hommes.

« Servir les saints et les hommes vertueux, c'est s'honorer aux yeux de Dieu.

« Celui qui ne rend pas à la vertu l'hommage qu'on lui doit, hommage qui retourne à Dieu, Dieu le punira en permettant qu'il soit en butte à la haine de ses semblables. »

Je tiens de la bouche du caïd de Tlemcen, feu cy Hammady ben-es-Sekkal, que le chéikh Bou-Médyn a laissé un certain nombre de poésies mystiques que les dévots du pays savent par cœur et chantent dans leurs réunions. Il m'en a chanté lui-même plusieurs fois des fragments, mais il n'a su me dire si elles sont conservées dans quelque recueil particulier.

---

(1) Yahia ben-Khaldoun, fol. 1ᵉʳ v°.

Yahia ben-Khaldoun ne cite de notre derviche que trois vers, dont voici le premier :

الله قل وذر الوجود وما حوى
ان كنت مرتاذا بصدق مرادِ

Dis : Allah ! et laisse là le monde avec tout ce qu'il renferme, si tu aspires à devenir un vrai ami de Dieu.

C'est-à-dire, si tu veux parvenir au plus haut degré de la perfection soufique, anéantir ta volonté dans celle de Dieu, t'identifier, en un mot, avec son essence, ne vois plus que lui dans l'univers entier. Quelle folie ! quel incommensurable orgueil ! Tel est le fond de la doctrine des Soufis : l'homme est une émanation de la divinité, ou plutôt il est Dieu lui-même ; mais ici il est ignorant, là il est éclairé ; dans les uns ce Dieu se loue sage et vertueux ; dans les autres il se reconnaît fou, stupide ou vicieux. Cidi Bou-Médyn professait ces idées extravagantes, qui s'accordent fort peu avec la théologie du Koran, et il se plaisait à répéter les paroles dont nous venons de donner la traduction.

Voici les deux autres vers :

مغيث ايوب والكافي لذى النون
ينيلني فرجًا بالكاف والنون
كم كربة من كروب الدهر فرجها
دوف ولم ينكشف وجهي لمن دون

Celui qui est venu en aide au saint homme Job et qui a sauvé l'homme au poisson (Jonas), m'accordera à moi-même la délivrance par le *kaf* et le *noun* (1).

De combien de peines, apanage de cette vie, ne m'a-t-il pas déjà délivré? Combien de fois ne m'a-t-il pas épargné la honte de découvrir ma face à ceux qui se trouvaient auprès de moi?

L'auteur de la vie du célèbre vizir de Grenade, Lyçan ed-Dyn ben-el-Khatyb (2), Ahmed ben-Mohammed el-Makkariyi, qui était natif de Tlemcen, avait une grande dévotion à notre saint. Il nous apprend lui-même qu'il allait souvent en pèlerinage au tombeau vénéré de cidi Bou-Médyn. A propos de l'un de ses aïeuls paternels, qui avait été disciple de ce marabout, et qui avait été béni par celui-ci, lui avec toute sa postérité, il raconte fort au long la vie de cidi Bou-Médyn et les miracles qu'on lui attribue. Voici en quels termes il explique le motif qui l'a poussé à s'étendre sur ce sujet :

ولأنّا ذكرنا فى هذا التاليف كثيرًا من انباء ابناء الدنيا فاردنا كفارة ذلك بذكر الصالحين

J'ai, dit-il dans cet ouvrage, consacré un grand nombre de pages à décrire la vie des personnages illustres, mais enfants du siècle; pour racheter cela, j'ai voulu aussi retracer ici la vie de quelques saints (3).

Afin de compléter l'histoire, ou plutôt la légende du patron

---

(1) Le *kaf* et le *noun* sont les deux lettres radicales du verbe substantif arabe كون (*kaun*), qui, dans la langue mystique des Soufis, signifie l'Être, la substance unique et universelle, Dieu.

(2) Manuscrit de la Bibliothèque Impériale, n° 759.

(3) *Loco citato*, fol. 133 r°.

du village de Hubbed, et faire en même temps apprécier l'esprit de l'époque où il florissait, je transcrirai ici quelques-uns des nombreux miracles dont les légendaires musulmans lui font honneur. Je les ai puisés pour la plupart dans El-Makkariyi (1), qui les rapporte avec une simplicité et une bonhomie dignes d'un disciple de Mahomet. Je conserverai à son récit sa forme originale et son laconisme, ou plutôt je tâcherai de le faire passer dans notre langue aussi fidèlement que possible.

Au commencement de son nouveau genre de vie et de ses études auprès des chéikhs, lorsque cidi Bou-Médyn avait entendu l'explication d'un verset du Koran ou le sens d'un *hadith*, se contentant de cela, il se rendait à un endroit solitaire situé dans la banlieue de la ville de Fez, où il exerçait le métier qu'il avait appris dans les premières années de sa jeunesse. « Là, dit-il (car c'est de lui-même que l'on tient le fait), je trouvais une gazelle que j'avais apprivoisée et qui vivait sous le même toit que moi. Vous saurez aussi que je m'étais rendu maître des chiens que je rencontrais tous les jours sur ma route, et qui appartenaient aux villages de la banlieue de Fez ; c'était à un tel point, que ces bêtes, quand elles me voyaient venir, couraient au-devant de moi et se mettaient à tourner autour de ma personne, en remuant la queue en signe d'amitié. Un jour que je me trouvais à Fez, voilà qu'un homme que j'avais connu en Espagne, se présenta à moi pour m'offrir ses compliments et ses salutations. Alors je me dis en moi-même : Assuré-

---

(1) El-Makkariyi, fol. 133 v°.

ment, tu ne saurais te dispenser de faire la bienvenue à cet excellent compatriote. Je vendis donc un habit pour le prix de dix *dirhem*, après quoi je me mis à la recherche de mon ami pour lui faire cadeau de cette petite somme. Ne l'ayant pas rencontré dans la ville, je gardai sur moi les dix *dirhem*, et repris, comme de coutume, le chemin de ma demeure solitaire. Mais, lorsque je fus arrivé près d'un village, les chiens de l'endroit coururent pour s'opposer à mon passage, et, si des habitants charitables n'étaient sortis du village pour s'interposer entre moi et ces animaux furieux, il m'eût été impossible de passer outre. J'arrivai enfin à mon gîte. La gazelle s'approche de moi, suivant son habitude ; elle me flaire, et aussitôt de s'enfuir comme si jamais elle ne m'avait connu. Alors je me dis : Ce qui t'arrive là, Schohaïb, ne peut provenir que de ces malheureux *dirhem* que tu portes sur toi. Le lendemain, ayant rencontré mon homme, je le priai d'accepter l'argent que je lui avais destiné. A mon retour au gîte, quand je passai près du village dont il a été question, les chiens vinrent, comme auparavant, tourner autour de moi et me caresser en remuant la queue. La gazelle s'approcha aussi de moi, et m'ayant flairé aux pieds de très-près, elle reprit à mon égard ses habitudes, et devint familière comme auparavant. Elle vécut ainsi longtemps dans ma société. »

Une fois, un homme se rendit auprès de cidi Bou-Médyn dans l'intention de le critiquer et de lui trouver à redire. Il s'assit sur la natte où se trouvaient déjà installés les disciples de notre chéikh. Comme celui d'entre eux à qui le tour de lire était venu eut commencé, Bou-Médyn lui dit :

« Attends un moment. » Puis, se tournant vers notre homme : « Qu'es-tu venu faire ici ? — Je viens, lui répondit l'inconnu, puiser à la source de tes lumières. — Cidi Bou-Médyn : Que portes-tu dans la manche de ton habit ? — L'inconnu : Un exemplaire du livre sacré. — Cidi Bou-Médyn : Ouvre-le, et lis la première ligne qui te tombera sous les yeux. » Notre homme ouvrit alors le livre et lut à haute voix la première ligne qui s'offrit à sa vue. Elle contenait ces mots : الذين كذبوا شعيبا *Ceux qui ont traité Schohaïb d'imposteur*, et les suivants jusqu'au mot الخاسرين *ceux qui s'égarent* (1). Après cela, cidi Bou-Médyn lui dit : « Cette leçon te suffira, je l'espère. » L'homme, frappé des paroles qu'il venait de lire dans le Koran, avoua sa faute devant toute l'assistance, témoigna le regret qu'il en éprouvait, et profita de la leçon.

Un jour, le saint marabout traversait une contrée du Maghreb, lorsqu'il aperçut un lion en train de dévorer un âne qu'il avait ravi. Le maître de l'âne, homme pauvre et malheureux, était assis à l'écart, déplorant la perte de son gagne-pain. Bou-Médyn, touché de son malheur, s'avança vers le lieu où s'accomplissait le terrible drame, et, saisissant le lion par la crinière, il cria à l'homme : « Viens prendre le lion, mène-le, et fais-le travailler à la place de l'âne qu'il vient de dévorer. — Mais, Cidi, lui répondit notre homme, ne craignez-vous pas que la bête féroce ne me joue quelque mauvais tour ? — Non, lui dit le saint marabout ; je te garantis qu'elle ne te fera pas de mal. » L'homme s'en

---

(1) *Koran*, surate.

alla donc, amenant avec lui l'animal des bois; ceux qui le rencontraient étaient aussi surpris qu'effrayés à la vue de ce spectacle. A la fin de la journée, le maître du lion vint trouver le chéikh. « Cidi, lui dit-il, l'animal me suit partout où je porte mes pas, et sa présence m'inspire une grande frayeur; il m'est impossible de vivre plus longtemps dans sa société. » Alors cidi Bou-Médyn s'adressant au lion : « Retire-toi, lui dit-il, et prends désormais garde de nuire à personne, car les enfants d'Adam ont reçu du Créateur un empire absolu sur toi et sur tous tes semblables. »

Cidi Bou-Médyn n'est pas le seul qui ait fait usage de ce pouvoir sur les animaux. Les historiens arabes rapportent que lorsque Ocbah ben-Nâfie, l'un des premiers conquérants de l'Afrique, eut formé le dessein de fonder la ville de Kairouan, il conduisit les Musulmans dans l'endroit qu'il avait choisi pour cela ; c'était un fourré très-épais et impénétrable. Il leur dit : « Voilà l'emplacement de la ville ; vous pouvez y construire vos demeures. » Les Musulmans lui répondirent : « Eh quoi ! c'est dans ce fourré et au milieu de ces marécages inaccessibles et inhabitables que tu nous commandes de bâtir des maisons ? Et puis, nous redoutons les bêtes sauvages, les serpents et autres reptiles de cette espèce auxquels ce bois sert de repaire. » Ocbah, dont les prières étaient toujours exaucées, s'adressa alors à Dieu ; puis il s'écria : « O vous, serpents, ô vous, bêtes sauvages, sachez que nous sommes les compagnons de l'envoyé de Dieu, sur qui soient le salut et la bénédiction de Dieu ! Retirez-vous loin de nous, car nous allons fixer ici nos demeures, et ceux d'entre vous qui seraient trouvés plus tard dans ce lieu, seraient impitoyablement massacrés. » Alors, chose étonnante, on vit les bêtes sauvages, grandes et petites, emmener chacune leur progéniture et laisser la place libre. A la vue de ce prodige, un grand nombre de Berbères se convertirent à l'Islam (1).

Mais revenons aux miracles de cidi Bou-Médyn. Un jour qu'il faisait route le long du rivage de la mer, il fut enlevé par les Chrétiens et transporté sur un navire où se trouvaient déjà un grand nombre de Musulmans qui avaient été réduits comme lui à l'esclavage. Mais, ô prodige ! quand il eut été enfermé dans la cale avec ses compagnons d'infortune, le navire resta aussi immobile qu'un roc ; cependant le vent soufflait avec force et dans un sens favorable à la navigation. Les Chrétiens ne voyaient aucun moyen de se tirer de là et se trouvaient dans le plus grand embarras, quand l'un d'eux dit à ses compagnons : « Descendez dans le navire, et consultez le Musulman que nous venons de prendre, car je suis sûr que c'est un prêtre de Mahomet, et il est peut-être du nombre de ceux à qui Dieu révèle ses mystères. » Ses compagnons l'engagèrent à descendre lui-même dans la cale et à se rendre auprès de notre saint. « Le navire ne marchera point, lui dit cidi Bou-Médyn, tant que vous n'aurez pas mis en liberté les esclaves qu'il transporte. » Les Infidèles, voyant qu'il leur était impossible de se tirer autrement de leur embarras, prirent le parti de mettre à

---

(1) Voyez البيان المغرب في أخبار العرب Leyde, 1848, pag. ١٣, et *Noweiriyi*, ms. de la Bibliothèque Impériale, n° 702, fol. 4 r°.

terre tous les Musulmans. Cela fait, le navire s'ébranla et continua tranquillement sa marche (1).

L'un de ses disciples avait éprouvé pendant la nuit une forte contrariété de la part de sa femme ; dans sa colère il avait brisé la vaisselle de la maison, et formé le dessein de répudier son entêtée compagne. Le lendemain, il se rendit comme de coutume à la conférence du chéikh. Lorsque tout le monde se fut retiré, le chéikh, s'approchant du disciple en question, lui dit : « Mon ami, garde ta femme et crains Dieu (2). — Maître, lui répondit le disciple stupéfait, comment avez-vous eu connaissance de mon affaire? En vérité, je n'en ai encore parlé à personne. — C'est vrai, lui dit le chéikh ; mais lorsque tu es entré ici dans la mosquée, j'ai vu ce verset du Koran écrit sur ton bernous en plusieurs endroits, et c'est de la sorte que j'ai eu connaissance de ton projet. Puis il ajouta : Eh quoi! pour un mouvement de dépit que l'on éprouvera par hasard, faudra-t-il donc briser toute la vaisselle de sa maison et détruire ainsi son bien à pure perte? Allons, mon ami, rachète cette faute par quelque œuvre méritoire, et que cela ne t'arrive plus. »

Un autre de ses disciples, le chéikh Abou-Mohammed Sâlehh, lui demanda un jour à différentes reprises la permission d'entrer dans le four des derviches, en lui disant que le feu en était très-ardent. Bou-Médyn la lui refusait toujours. A la fin, comme le disciple continuait d'insister,

---

(1) *El-Makkariyi*, manuscrit de la Bibliothèque Impériale, n° 789, fol. 132 et 133.

(2) *Koran*, surate xxxiii, 37.

il lui dit : « Eh bien, entre dans le four, je te le permets. »
Le disciple entra. Au bout de quelque temps, Bou-Médyn, se souvenant du consentement qu'il avait donné à la demande d'Abou-Mohammed, commanda à un autre de ses disciples d'aller voir ce qu'il était devenu. Il le trouva accroupi sur ses jambes au milieu du four ; le feu, au lieu de le brûler, jetait autour de lui des bouffées de fraîcheur et semblait le saluer : il est vrai qu'une abondante sueur découlait de son front (1).

Pour montrer la haute idée que l'on s'était formée de la sainteté et des lumières surnaturelles de cidi Bou-Médyn, son biographe, le chéikh El-Tadéliyi, raconte le trait suivant :

« Un disciple du chéikh, dit-il, homme sage et vertueux, appelé cidi Abd' el-Khâlek et-Touniciyi (*le Tunisien*), rapporte que son maître lui dit un jour : « J'avais entendu parler d'un homme, nommé Moucé et-Tayâr, qui volait dans les airs et marchait sur les eaux. Or, je recevais tous les jours, vers les premières lueurs de l'aurore, la visite d'une personne qui venait me demander la solution de certaines questions que les autres n'avaient pu résoudre. Une nuit, il me vint dans l'esprit que cette personne pourrait bien être ce Moucé et-Tayâr que je connaissais de réputation. Dans l'attente de son arrivée, la nuit me parut démesurément longue ; enfin l'aurore brilla et j'entendis frapper à ma porte : c'était l'homme qui venait ordinairement à cette heure me proposer ses doutes. « Serais-tu par hasard, lui demandai-

---

(1) Yahia ben-Khaldoun, *Histoire des Beni Abd' el-Wâdy*, fol. 9 v°.

je aussitôt, cidi Moucé et-Tayâr? — Oui, me répondit-il, c'est moi. » Ensuite il m'adressa quelques questions que je résolus, et il se retira. Un autre jour il se présenta à moi accompagné d'une autre personne que je ne connaissais pas, en me disant : « Ce matin, nous avons fait tous les deux la prière à Bagdad, puis nous avons dirigé nos pas vers la Mecque, où nous sommes arrivés au moment où on allait faire la prière du matin. Nous avons donc répété la prière avec le reste des fidèles, et nous avons prolongé notre séjour dans la ville sainte jusqu'à l'heure de la prière de midi. Après avoir rempli ce devoir, nous sommes partis pour Jérusalem, où nous avons trouvé les fidèles s'apprêtant à faire la prière de midi. Alors mon compagnon de voyage que voici m'a dit : « Nous répéterons la prière avec les autres. — Non, lui ai-je répondu. — Mais, dans ce cas, m'a-t-il répliqué, pour quelle raison avons-nous répété la prière du matin à la Mecque? — C'est parce que, lui ai-je dit, mon chéikh faisait ainsi, et qu'il nous a prescrit de suivre son exemple en pareille occurrence.» Telle est, dit en terminant Moucé et-Tayâr, la discussion qui s'est élevée entre nous, et c'est pour vous demander votre avis que nous nous sommes transportés aujourd'hui auprès de vous. — Or voici, continua cidi Bou-Médyn, la réponse que je crus devoir leur faire : La prière du matin doit se répéter à la Mecque, parce que c'est là que se trouve la source de la vraie religion; elle doit également se répéter à Bagdad, parce que cette ville est le siége de la science de la vraie religion : or, la science de la religion est préférable au berceau de la religion. Du reste, vous avez bien agi en faisant la prière de midi à la Mecque, car cette cité est la métropole de toutes les villes. Les prières ne doivent donc pas se répéter ailleurs que dans ces deux villes. Ma solution, ajouta en terminant cidi Bou-Médyn, leur parut satisfaisante, et ils se retirèrent. »

Telle était la nature de la plupart des questions que l'on venait soumettre à notre marabout, questions aussi étranges que les personnes elles-mêmes qui les proposaient. Mais laissons-là le marabout avec sa légende plus que merveilleuse ; il est temps que nous reprenions le récit de mon voyage et de mes explorations.

Pendant que j'étais à contempler, dans l'enceinte de la cobbah, les merveilles de l'art mauresque, les peintures des murs, les vitraux des fenêtres, les sculptures élégantes des boiseries, le chéikh el-beled et son digne compagnon, le gardien des clefs du monument, nous avaient fait préparer dans la cour du parvis une collation à la façon des Arabes. C'étaient des espèces de crêpes frites dans le beurre et servies dans deux plats larges et profonds ; les gens du pays donnent à ces friandises le nom de *msemmen* (مسمن). Les msemmen étaient rangés au fond des plats, tout autour d'une certaine quantité de miel frais et liquide. Près de là gisait une grande écuelle en poterie contenant la liqueur qui devait nous désaltérer après le modeste repas : c'était l'eau du puits voisin qui avait fourni la précieuse liqueur. Pour ne pas désobliger mes hôtes, j'avalai deux ou trois de ces crêpes, après toutefois les avoir convenablement trempées dans le miel. M. le curé de Tlemcen en fit autant. Des Bédouins, qui s'étaient introduits dans le parvis, se tenaient debout derrière les Koroughlis ; de temps en temps ils jetaient sur nous, par-dessus les épaules de ces derniers, des regards où éclataient tout à la fois l'étonnement, la haine, l'indignation et la menace. Le repas fini, les Koroughlis se jetèrent en véritables gens affamés sur nos bribes; dans un clin d'œil, il ne resta plus dans les plats ni msemmen, ni même une seule goutte de miel : cent plats de cette façon n'auraient pas suffi à leur redoutable appétit. Les Bédouins intrus les regardaient manger avec des yeux d'envie, semblant regretter les quelques fragments de crêpes qui tombaient par hasard par terre.

En sortant de la chapelle mortuaire, la Grande-Mosquée qui se trouva en face de nous, arrêta notre attention. Je vis d'abord, sur le côté gauche de la façade, une longue inscription arabe dont malheureusement je ne pus lire que le commencement, le reste étant caché par la chaux qui a coulé des parties supérieures de la façade lorsqu'elle fut blanchie en dernier lieu. Il faut espérer que le temps et la pluie feront tomber un jour cette légère couche de chaux et que quelque voyageur plus heureux que moi pourra nous donner l'inscription entière. Les caractères, qui sont maghrebins et d'une grande élégance, sont peints sur de larges carreaux de faïence qui sont juxtaposés sur une même ligne horizontale, à la hauteur de trente à quarante mètres au-dessus du sol. L'inscription commence ainsi :

الحمد لله وحده بنيان هذا الجامع المبارك...

Louange à Dieu unique! La construction de cette mosquée bénie...

Suivant le dire du chéikh el-beled et du caïd cy Hammady ben-es-Sekkal à qui j'ai demandé des renseignements sur ce point, la mosquée de Hubbed, qui chez les auteurs arabes porte le nom de *la mosquée de la Miséricorde* (مسجد الرحمة), aurait été érigée par les ordres et sous le règne du roi Mérinite Abou 'l-Haçan (1), qui resta maître du royaume de Tlemcen l'espace de treize ans, c'est-à-dire à partir de l'année 737 de l'hégire (1336-7) jusqu'en 749 (1348-9).

Ces renseignements, dont j'ai voulu plus tard examiner l'exactitude, se sont trouvés conformes à la vérité historique. En effet, je lis dans El-Makkariyi (2) que le sultan Mérinite Abou 'l-Haçan, pendant qu'il tenait assiégée la ville de Tlemcen, fit construire à Hubbed, où il avait installé une partie de ses troupes, une grande mosquée dont il nomma *khatyb*, ou prédicateur, le chéikh Mohammed ben-Marzouk, oncle du célèbre khatyb Abou Abd' Allah Mohammed ben-Ahmed ben-Marzouk el-Adjaïciyi (3).

---

(1) Abou 'l-Haçan avait commencé à régner à Fez, capitale de l'empire des Mérinites, en 730 de l'hégire (1330-1). C'est lui qui mit fin au règne de la branche aînée des Beni Abd' el-Wády, en ôtant la vie à Abou-Téschifyn, sultan de Tlemcen. Ce dernier royaume fut alors réuni à la couronne des Mérinites, et resta ainsi asservi jusqu'en 739 de l'hégire, que les Beni Abd' el-Wády rentrèrent en possession du trône de leurs ancêtres, dans la personne d'Abou-Saïd Othman, proche parent de l'infortuné Abou-Téschifyn. Les princes de la branche cadette sont connus dans l'histoire sous le nom de *Beni-Zéyan*.

(2) El-Makkariyi, t. II, fol. 108 v°.

(3) Abou Abd' Allah Mohammed ben-Marzouk, après avoir successivement rempli les fonctions de professeur et de khatyb à Tlemcen, à Grenade, à Fez et à Tunis, termina ses jours au Caire, où il avait été accueilli avec faveur et distinction par le sultan El-Mélik el-Aschraf Na-

Or nous savons que le siége de Tlemcen par Abou 'l-Haçan commença le 11 de schewal de l'an 735, et finit avec la prise de la ville qui eut lieu le mercredi, 28 du mois de ramadan, l'an 737. C'est donc entre ces années qu'il faut placer la fondation de la Grande-Mosquée de Hubbed ; il est probable qu'elle fut érigée dans les derniers mois de l'année 735, après que le roi de Fez eut achevé de construire son palais et les édifices nécessaires au logement de ses troupes.

On arrive sous le porche, qui est très-élevé, par un escalier de plusieurs marches. Deux inscriptions incrustées dans le mur à droite et encadrées dans une moulure, ornent cette partie de la mosquée. Elles sont en caractères coufiques, couvertes de chaux en grande partie et par conséquent indéchiffrables.

Depuis mon retour en France, j'ai reçu la copie de l'une de ces deux inscriptions ; elle porte ce qui suit :

الحمد لله امر بتشييد هذا الجامع المبارك مولانا السلطان عبد الله
علي بن مولانا السلطان ابي سعيد عثمان بن مولانا السلطان ابي
يعقوب بن عبد الحق ايده الله ونصره عام ٧٣٩ تسعة وثلاثين وسبع
ماية نفعهم الله به

---

cyr ed-Dyn. Sa mort arriva dans le mois de rebic premier, l'an 781. Il est auteur de plusieurs ouvrages savants dont El-Makkariyi nous donne les titres.

La famille des *Merzouk*, originaire de Kaïrouan, était venue se fixer à Tlemcen vers la fin du règne des Almoravides. Elle a produit un grand nombre d'hommes remarquables.

Louange à Dieu! Cette mosquée bénie a été érigée par les ordres de notre seigneur le sultan Abd' Allah Aly, fils de notre seigneur le sultan Abou-Saïd Othman, fils de notre seigneur le sultan Abou-Yâakoub, fils d'Abd' el-Hack (que Dieu le consolide et l'assiste!), l'an 739, sept cent trente-neuf. Que Dieu leur fasse retirer du profit du mérite de cette œuvre!

Cette inscription est sans doute une répétition de celle qui orne le frontispice de la mosquée ; elle confirme la vérité de l'assertion du caïd de Tlemcen, touchant l'époque de la construction de l'édifice, car à la date de 739 (1338 de J.-C.), le sultan Almohade Abou 'l-Hassan était maître de la capitale des Beni Abd' el-Wady, depuis plus de deux ans.

Une porte à deux battants sépare l'intérieur du temple d'avec le vestibule. Elle est revêtue de plaques de cuivre sur lesquelles on a gravé des arabesques, des étoiles, des fleurs et autres figures de ce genre. Ces plaques ne commencent qu'à la hauteur de deux mètres environ ; celles qui recouvraient la partie inférieure de la porte, ont été enlevées, à ce que m'ont dit les Arabes, par des soldats français. Suivant la tradition, cette porte aurait été fabriquée aux frais des Chrétiens. Voici comment on rapporte ce fait : Un Espagnol de haute extraction était retenu en captivité à Tlemcen. Un jour il supplia le roi de lui rendre la liberté. Or, à cette époque, la mosquée de Hubbed n'était pas encore pourvue de porte. Le roi répondit au captif que sa demande serait exaucée, s'il lui promettait avec serment de faire fabriquer en Espagne une porte pour la mosquée de Hubbed. Le Chrétien ayant fait le serment en question, partit pour son pays, où, suivant sa promesse, il fit faire la porte. Comme dans le serment il ne s'était agi ni d'envoi, ni de transport, le Chrétien crut dégager sa parole en se contentant de confier la porte aux flots de la mer. Heureusement, cidi Bou-Médyn veillait du haut du paradis sur cette porte : elle arriva saine et sauve sur la plage d'Afrique, d'où elle fut transportée à Tlemcen et de là à Hubbed (1).

Au-dessus du porche s'élève le minaret qui est de forme carrée et d'une construction solide.

L'intérieur de la mosquée présente à la vue une grande cour carrée dont les côtés sont occupés par une galerie couverte ; trois ou quatre rangs de piliers partagent chaque côté en autant de nefs. Le fond, où se trouve le mihrab ou sanctuaire, s'arrondit en forme de demi-cercle et est surmonté d'une voûte. Près du mihrab s'élève le *minbar* ou chaire où se place l'imam quand il fait la prière. Cette partie, qui est réservée aux dignitaires de la religion musulmane, est revêtue de tapis ; le reste du temple est couvert seulement de nattes. Au milieu de la cour un jet d'eau entretient la fraîcheur dans le lieu saint et fournit l'eau nécessaire aux ablutions des Fidèles.

On lit sur l'un des piliers de la mosquée le nom du prince par qui elle a été construite, ainsi que les nombreuses fondations dont elle et une école voisine avaient été dotées.

---

(1) C'est l'infortuné général de Barral qui m'a donné connaissance de cette légende merveilleuse, à Tlemcen même, où il se trouvait en garnison en 1846, n'étant alors que lieutenant-colonel.

Voici le commencement de cette curieuse inscription :

بسم الله الرحمن الرحيم وصلّى الله على سيّدنا محمّد وعلى اله وصحبه وسلّم تسليمًا الحمد لله ربّ العالمين والعافية للمتقين امر ببنا هذا الجامع المبارك مع المدرسة المتصلة بغربيه مولانا السلطان الاعدل امير المسلمين المجاهد في سبيل ربّ العالمين ابو الحسن ابن مولانا ابو سعيد بن مولانا ابي يوسف بن عبد الحق المريني ايّده الله امره وخلد بالعمل الصالح ذكره واخلاص لله تعالى في عمل البرّ سرّة وجهرة وحبّس المدرسة المذكورة على طلبة العلم الشريف وتدريسه على الجامع المذكور والمدرسة المذكورة من الجنان العلى. نفعهم الله بذلك الخ

Au nom de Dieu clément et miséricordieux! Que Dieu bénisse et regarde favorablement notre seigneur Mohammed, sa famille et ses compagnons! Louange à Dieu, arbitre de l'univers, et salut à ceux qui le craignent!

Celui qui a ordonné de bâtir cette mosquée bénie, ainsi que le collège y attenant du côté de l'Ouest, c'est notre seigneur, le sultan très-juste, le prince des Moslim, celui qui guerroie pour la cause du Maître de l'univers, Abou 'l-Hassan, fils de notre seigneur Abou-Saïd, fils de notre seigneur Abou-Youssef, fils d'Abd' el-Hack le Mérinite : que Dieu consolide son empire! Puisse ce digne prince immortaliser son nom par de bonnes actions! Puisse-t-il en opérant le bien, mener une vie pure devant Dieu, en secret comme en public!

Il a affecté à l'école susdite, pour l'entretien de ceux qui y étudieront la science sacrée, et pour celui des professeurs qui enseigneront, soit dans la susdite mosquée, soit dans la susdite école, les immeubles de l'auguste domaine de l'État dont suit la désignation (que par la grâce de Dieu le mérite de cette bonne œuvre profite à toute la maison royale!), etc.

D'autres pieux legs faits en faveur de la même mosquée par l'un des derniers rois de la dynastie des Beni-Zéyan, se trouvent consignés sur un autre pilier. Je donnerai ici seulement un extrait de cette inscription dont on pourra voir le texte entier ainsi que celui de la précédente, à la fin de ce volume, parmi les pièces justificatives.

هذا اشترى من امر مولانا امير المسلمين ابي عبد الله النابتى ايّد الله امره واعزّ نصره من الاراضى ممّا كان موقوفًا تحت يديه الكريمتين من وفر احباس الولي القطب سيّدى ابي مدين نفعنا الله به وذالك ببو هنّاق زوج فدان الزيتون الكبير بمايتى دينار ذهبًا النخ

Liste des terres achetées par les ordres de notre seigneur, le prince des Moslim, Abou Abd' Allah al-Nabty (que Dieu consolide son empire et lui accorde des triomphes éclatants!), et léguées par ses mains généreuses pour faire partie des nombreux habbous affectés au saint, ou chef des mystiques, cidi Abou-Médien (que Dieu nous fasse participer à ses mérites!) : 1° à Bou-Hannaq, deux arpents plantés en grands oliviers, avec un revenu de 200 dinars d'or, etc.

A la fin de l'inscription sont mentionnées les dates 904 et 906 de l'hégire (1499, 1501 de J.-C.).

Cette inscription, qui témoigne de la vénération dont la mosquée de cidi Bou-Médyn fut toujours l'objet de la part des rois de Tlemcen, jette quelque jour sur les derniers temps du règne de ces princes, temps dont l'histoire est fort obscure et ne présente que des données incertaines et quelques noms propres. En effet, les auteurs arabes qui parlent de ces rois s'arrêtent, les uns, tels que Yahia ben-Khaldoun (*Histoire des Beni Abd' el-Wâdy*, ms. de ma collection), à l'année 777 de l'hégire, au milieu du règne d'Abou-Hammou Moussé ; les autres, comme Abd' el-Rahman ibn-Khaldoun (*Histoire des Berbères*, t. II, p. 454), au commencement du règne de Mouley Abou-Zéyan, c'est-à-dire à l'année 804 ; le dernier et le plus moderne, l'imam Mohammed al-Tenessy (*Histoire des Beni-Zéyan*, p. 142 de ma traduction), ne va pas au delà de l'année 868. A partir de cette date, les documents nous manquent, et il nous faut descendre jusqu'au commencement du seizième siècle de notre ère pour ressaisir le fil interrompu de l'histoire des Beni-Zéyan, que nous font connaître alors les écrivains espagnols, car je ne parle pas de quelques indications fournies sur cette époque, soit par Léon l'Africain dans sa *Géographie de l'Afrique*, soit par l'auteur anonyme de la *Chronique arabe*, publiée par les soins de MM. Sander-Rang et F. Denis, et sous le titre : *Fondation de la régence d'Alger, Histoire des Barberousse* (Paris, 1837).

A cette époque, nous voyons le trône de Tlemcen occupé par un prince du nom de Bou-Hammou qui était, selon nous, fils du roi Almotaweckel, le dernier dont il soit fait mention dans l'histoire des Beni-Zéyan par Mohammed al-Tenessy. Entre la fin du règne de ce prince et le commencement de celui de Bou-Hammou, il a dû s'écouler au moins une vingtaine d'années, et c'est dans cet intervalle (904 et 906 de l'hégire) qu'a régné Abou Abd' Allah al-Nabty, dont il est question dans notre inscription. Ce sultan était fils de Mohammed, auquel il avait succédé sur le trône de

Tlemcen, et petit-fils d'Almotaweckel, lequel, en mourant, avait laissé plusieurs enfants, dont quatre, savoir Téschifyn, Abou-Hammou, Yaghmor et Abou Abd' Allah, sont nommés par l'historien Mohammed al-Tenessy. Almotaweckel eut pour successeur Mohammed, qui était l'aîné de sa famille. Ses deux frères, Abou-Hammou et Abd' Allah, régnèrent plus tard, comme nous allons voir. Selon Léon l'Africain, Mohammed laissa, en mourant, trois fils, Abou Abd'Allah qui était l'aîné, Abou-Zéyan et Yahia. Abou Abd' Allah succéda à son père, mais il mourut jeune, et son règne ne fut que de quelques années.

A la mort de ce prince, qui eut lieu au commencement du seizième siècle, Abou-Hammou, son oncle, s'empara du pouvoir au détriment d'Abou-Zéyan, frère cadet du roi défunt. Quant à Yahia, il s'enfuit à Tenez, où, à l'aide des secours qu'il avait reçus des Espagnols, il se fit proclamer roi et se déclara indépendant. C'est vers cette époque (1505) que Mers'l-Kébir fut prise par les Espagnols, sous le règne de Ferdinand d'Aragon ; quatre ans après cette conquête, Oran éprouva le même sort et tomba au pouvoir des soldats castillans commandés par don Diégo de Cordoue, sous les yeux du cardinal Ximenès. Le roi Abou-Hammou, privé de ces deux places qui étaient pour son trésor une source de revenus et de richesses, à cause du grand commerce qu'y faisaient les Vénitiens et les Génois, accabla le peuple d'impôts et de nouvelles charges. Les habitants de Tlemcen, dont il s'était ainsi attiré la haine, appelèrent dans leurs murs Aroudj-Barberousse qui chassa le roi de sa capitale, tira le prince Abou-Zéyan de la prison où son oncle l'avait jeté, et, après l'avoir placé sur le trône, le fit mourir au bout de quelques jours. La suite de l'histoire des rois de Tlemcen est connue : je m'arrêterai ici.

D'après les données précédentes et ce qui vient d'être établi, voici l'ordre dans lequel ces princes se sont succédé et la chronologie de leur règne, telle que je crois pouvoir la proposer :

1° Abou Abd'Allah Mohammed al-Motaweckel règne depuis l'année 866 (1464) jusqu'en 890 (1485).. 24 ans.

2° Mohammed, fils aîné d'Al-Motaweckel, règne de 890 (1485) à 902 (1497)................ 16 ans.

3° Abou Abd' Allah al-Nabty, fils aîné du précédent, règne de 902 (1497) à 909 (1503)......... 6 ans.

4° Abou-Hammou, frère de Mohammed, règne en 909 (1503)..........................

5° Abou-Zéyan Masseoud, son neveu, règne en 924 (1515)...........................

Abou-Hammou remonte sur le trône et meurt en 924 (1518)........................... 24 ans.

6° Abd' Allah, son frère, règne de 924 (1518) à 930 (1524)............................ 6 ans.

A la mosquée de cidi Bou-Médyn se rattache un souvenir historique que je ne dois pas omettre. C'est dans l'enceinte de cet édifice qu'un célèbre personnage mûrit ses plans de réforme religieuse, et prépara le succès de ses projets ambitieux, se frayant à lui et aux partisans de sa doctrine le chemin du trône ; je veux parler de Mohammed ben-Toumart, fondateur de l'empire des Almohades.

Suivant Abd' el-Wâhed (1), il était né dans un village

---

(1) Édition de M. Dozy, p. ١٢٨.

de Sous, appelé *Igily en-Wargham* et appartenant aux *Harghah*, fraction de la tribu berbère des *Ycerghynem*. Les Ycerghynem (mot qui en berbère signifie les *nobles*) étaient eux-mêmes une branche de la grande tribu des *Masmoudah*. Si nous en croyons le témoignage d'autres historiens, il était membre de la tribu des *Guenfyçah*, autre branche des Masmoudah, mais issu d'une famille pauvre et obscure. Quoi qu'il en soit de son origine, il alla voyager en Orient, où il étudia sous divers maîtres habiles, entre autres, à Bagdad, sous le célèbre docteur et imam Abou-Hamed el-Ghazâliyi, qui l'initia à ses doctrines particulières et lui donna un exemplaire du fameux livre connu sous le nom d'*El-Djifr* (الجفر) (1).

A son retour d'Orient, Mohammed, qui avait déjà projeté ses plans de réforme, s'arrêta à Alexandrie, où il se mit à dogmatiser publiquement. Le gouverneur, qui vit peut-être la portée politique de la nouvelle doctrine et l'ambition que le Berbère cachait sous le manteau de théologien et de réformateur, craignant que les prédications de Ben-Toumart ne fussent une cause de trouble et de dissension dans la ville, lui ordonna de quitter le pays. Ben-Toumart obéit et s'embarqua pour le Maghreb. Durant le trajet, il ne put s'empêcher de parler de sa doctrine ; il dogmatisa suivant son habitude. Il fit si bien, qu'à la fin les gens de l'équipage, fatigués de ses discours, le précipitèrent dans les flots. « Notre prédicateur, dit Abd' el-Wahed, qui raconte lui-

---

(1) Voy. plus haut, p. 185.

même le fait (1), nagea dans les eaux du navire pendant plus de la moitié d'un jour, sans qu'aucun accident ne lui arrivât. Les matelots, surpris d'une chose aussi extraordinaire, se décidèrent à lui envoyer quelqu'un avec un canot pour le retirer de la mer. A la suite de cette aventure, les gens de l'équipage conçurent une idée très-haute du mérite et de la sainteté de Ben-Toumart ; ils ne cessèrent de lui prodiguer des marques de respect et de vénération jusqu'au port de Bougie où il descendit à terre. » Là, s'étant encore mêlé d'enseignement et de prédications, il finit par se rendre suspect au gouverneur, qui lui ordonna de sortir de la ville. S'étant mis en route pour son pays, il séjourna quelque temps dans un village situé à une lieue seulement de Bougie et appelé *Mellelah*. Ce fut là qu'il se lia avec Abd' el-Moumen, qui fonda après lui la dynastie des Almohades (2). Lorsque Ben-Toumart vit que le nombre de ses partisans avait grossi considérablement, il crut que le moment de leur dévoiler le fond de sa doctrine était arrivé. Il déclara alors à ses disciples qu'il était l'imam et le mahdy promis par les prophètes, lequel doit venir dans les derniers temps rétablir sur la terre le règne de la justice et faire triompher la vérité. De Mellelah, Ben-Toumart se transporta à Tlemcen. De là, il alla s'installer dans la mosquée de Hubbed, où il

---

(1) Abd' el-Wahed, p. ١٢٩.

(2) Suivant quelques-uns, ce fut à *Fenzârah* (فنزارة), village de la *Mettidjah*, où Abd' el-Moumen exerçait la profession de maître d'école, que celui-ci s'attacha pour toujours au sort de Ben-Toumart. D'autres veulent que cela ait eu lieu à *Tadjera* (تاجرا), village situé dans le territoire de Tlemcen.

continua de prêcher sa doctrine et de déclamer contre les Almoravides qu'il accusait d'hérésie et d'anthropomorphisme. L'austérité de sa vie, l'étendue et la variété de ses connaissances, son éloquence et son zèle pour la religion, lui concilièrent bientôt l'estime et la vénération des habitants de Tlemcen, qui se rendaient en foule auprès de lui pour l'entendre et s'édifier. On admirait surtout en lui l'amour du silence et l'esprit de retraite qui faisait que, hors les moments qu'il consacrait à l'enseignement, à la prédication et aux conférences spirituelles, c'était à peine s'il se permettait de dire un seul mot. Comme preuve de la profonde vénération que les Tlemcinois avaient pour la personne de Ben-Toumart, Abd' el-Wahed raconte le trait suivant : « Un vieillard de Tlemcen, dit cet historien, m'a rapporté, sur la foi d'un saint homme qui s'était installé avec Mohammed ben-Toumart dans la mosquée de Hubbed pour s'y adonner aux exercices de piété, ce vieillard, dis-je, m'a rapporté qu'un jour, après la prière du soir, Ben-Toumart étant venu trouver ses disciples, promena ses regards sur chacun d'eux ; qu'ensuite s'adressant à l'un d'eux en particulier, il lui demanda ce qu'était devenu un tel dont il déclina le nom. Comme on lui eut répondu que cet homme avait été jeté en prison à Tlemcen, il se leva sur le champ, prit avec lui un de ses disciples pour lui servir de guide et se dirigea ainsi du côté de la ville. Lorsqu'il fut arrivé devant le mur d'enceinte, il frappa fortement à la porte de la ville, demandant qu'on lui ouvrît. Incontinent il fut obéi par le portier, qui n'opposa à son désir ni excuse, ni retard. Il est pourtant certain, ajouta le vieillard, que si à pareille heure le commandant de la ville en personne s'était présenté pour demander qu'on lui ouvrît, le portier aurait fait des difficultés. Ben-Toumart étant entré dans la ville, se rendit directement à la prison. Aussitôt qu'il eut été reconnu, les geôliers s'empressèrent d'aller au-devant de lui, le comblant de toutes sortes d'égards et de prévenances. Alors Ben-Toumart, ayant appelé le prisonnier par son nom, lui commanda de sortir, ce que celui-ci fit en présence même des geôliers, qui se trouvèrent aussi déconcertés que si on leur avait jeté de l'eau bouillante sur la figure. Ben-Toumart sortit de la ville avec le disciple qu'il venait de délivrer et le ramena à la mosquée de Hubbed. »

« C'est ainsi, dit Abd' el-Wahed, que Ben-Toumart venait ordinairement à bout de tout ce qu'il pouvait souhaiter; ses volontés ne rencontraient pas de résistance, ni ses demandes n'éprouvaient de refus. Les Petits se soumettaient à ses ordres et les Grands s'abaissaient devant ses désirs. Tout le temps qu'il resta à Tlemcen, ajoute-t-il, il reçut des marques de considération et de respect de la part de tout le monde en général, de la part des autorités du pays aussi bien que de la part des plus humbles sujets. Lorsqu'il quitta cette ville, il emporta l'affection des principaux de ses habitants, et il laissa son souvenir dans leurs cœurs. »

De Tlemcen, Ben-Toumart se rendit à Fez, puis à Maroc, où il eut plusieurs controverses au sujet de sa doctrine avec les docteurs almoravides, dont la plupart étaient fort peu versés dans l'art de l'argumentation et de la dialectique; aussi il ne lui fut pas difficile de les confondre et de les convaincre d'ignorance.

Pour échapper à la mort dont il était menacé dans la

capitale de l'empire, il se retira à Tinmelal, où il composa en berbère, langue dont il connaissait toutes les finesses et toutes les ressources, un ouvrage auquel il donna le titre de كتاب التوحيد *Kitabou-t-tauhid,* c'est-à-dire, *Livre de la doctrine de l'unité.* Il le divisa comme on divise le Koran, en surates, en *hhizb* et en *houschr* (1), et il enjoignit à tous ses partisans de l'apprendre par cœur. En mourant il légua à son disciple Abd' el-Moumen, qu'il avait nommé son successeur, le livre *El-Djifr* qu'il tenait de l'imam El-Ghazâliyi lui-même (2).

Comme en entrant dans l'intérieur de la mosquée, je n'avais pas eu la précaution de déposer ma chaussure à la porte, comme c'est l'usage, je m'aperçus que les Bédouins qui m'entouraient, lançaient sur moi des regards peu bienveillants; dans le lieu et la position où je me trouvais, je crus devoir abréger, autant que possible, ma visite, et arrêter les murmures qui commençaient déjà à se faire entendre autour de moi.

Je voulus à cet instant prendre congé du marabout et du chéikh el-beled, mais ils me dirent qu'ils ne me quitteraient point que je ne fusse hors du village. C'était sans

---

(1) Les Musulmans partagent le Koran entier, sans avoir égard aux surates, en soixante parties égales qu'ils nomment *hhizb* (حرب). Dix versets d'un *hhizb* forment un *houschr* ou décade.

(2) On peut voir plus au long la vie de Mohammed ben-Toumart dans le *Kartas*, édit. de Tornberg, pag. 110 et suiv. du texte arabe, et pag. 149 et suiv. de la version latine, et dans *Abd' el-Wahed*, édition de M. Dozy, Leyde, 1847, les pages 151 et suivantes.

doute pour me protéger contre les insultes de la foule qui nous suivait et dont les dispositions hostiles n'étaient pas douteuses. Je demandai à mes conducteurs s'il n'y avait plus rien de curieux à voir dans le pays. Alors ils me menèrent dans le voisinage de la mosquée, où ils me montrèrent un bâtiment en ruines qui porte le nom de *Médarsah* (مدرسة) ou collége. Le chéikh el-beled m'assura que cet établissement avait été construit par le bey Mohammed et réparé dans ces derniers temps par Abd' el-Kâder ; mais nous allons voir que ce monument remonte à une époque beaucoup plus reculée. C'est une cour oblongue, entourée d'un péristyle dans le sens de sa longueur. Le côté sud-est présente un enfoncement en forme de fer de cheval qu'une voûte recouvre. Cette partie ressemble au *mihrab* de la Grande-Mosquée que je viens de décrire, ce qui me fait conjecturer que l'établissement, outre sa destination principale, servait aussi de lieu de prières ou d'oratoire. Sur les deux côtés, oriental et occidental, s'ouvrent les cellules qui étaient destinées au logement des étudiants et des professeurs ; j'en ai compté une vingtaine. Suivant Léon l'Africain, qui avait visité lui-même le collége, cet établissement (1) était beau et bien entretenu ; mais aujourd'hui les murs tombent en ruines, le jet d'eau et le bassin qui ornaient la cour intérieure sont remplis de terre et de décombres ; l'eau, qui se perd tout autour, forme une mare fétide, et dans cet antique sanctuaire de la science l'on voit l'herbe croître comme dans une prairie.

---

(1) Voyez *Historiale description de l'Afrique, tierce partie du monde.* Anvers, 1556, fol. 263 r°.

Outre le collége, il y avait aussi autrefois à Hubbed un *fondouc*, ou auberge, destiné à recevoir les pèlerins et les étrangers. Il paraît que depuis longtemps il n'en existe plus de traces, car nos guides n'en avaient jamais entendu parler. Du temps de Léon l'Africain, l'on voyait dans ces deux établissements des tables de marbre sur lesquelles étaient gravés les noms des rois Mérinites qui en avaient été les fondateurs. Comme ces princes ont occupé le royaume de Tlemcen entre les années 737 et 749 de l'hégire, c'est dans la période qui s'est écoulée entre ces deux termes qu'il faut placer la fondation du collége et du fondouc. L'inscription dont nous avons donné ci-dessus (page 300) le commencement, nous apprend que c'est au roi Mérinite Abou 'l-Hassan que le collége, en particulier, doit son existence.

Vingt-deux ans plus tard (771 de l'hégire), c'est-à-dire après la restauration du royaume des Beni Abd' el-Wâdy, florissait, à la cour du sultan Abou-Hammou Moucé, Abd' er-Rahman ben-Khaldoun, frère d'Yahia. Le célèbre historien raconte dans sa propre biographie (1), qu'ayant formé le dessein de renoncer à la vie politique pour se dévouer à l'étude et à la prière, il se retira à Hubbed, près du tombeau de cidi Bou-Médyn, où il ouvrit un cours d'enseignement. Le collége bâti par les Mérinites fut, sans doute, quoiqu'il ne le dise pas positivement, le lieu qu'il choisit pour faire ses leçons.

---

(1) Voy. *Journal Asiatique*, cahier de mars 1844, page 202.

A cette époque, c'est-à-dire au milieu du huitième siècle de l'hégire, Hubbed possédant les trois monuments dont il vient d'être question, c'est-à-dire la Grande-Mosquée, le collége et le fondouc, était déjà un bourg considérable : auparavant c'était simplement un *ribat* (1) ou poste militaire gardé par une troupe de pieux Musulmans qui avaient fait vœu de protéger le pays contre l'invasion des Infidèles et de tenir en respect les tribus berbères toujours prêtes à lever l'étendart de la révolte. Deux cents ans plus tard, Léon l'Africain nous dépeint Hubbed comme une cité bien peuplée, habitée par un grand nombre d'artisans et de gens de métiers, entre autres par des tisserands et des teinturiers (2). Sous la domination turque sa prospérité est toujours allée en décroissant, et les dernières guerres entre les Arabes et les Français lui ont fait perdre plus des deux tiers de sa population ; je n'y ai rencontré que des décombres et des ruines ; les quelques maisons qui sont restées debout, sont habitées par des tisserands qui fabriquent des bernous et des haïcs très-estimés.

J'ai dit que le chéikh el-beled et le gardien des clefs du tombeau de cidi Bou-Médyn avaient bien voulu m'accompagner jusqu'à l'extrémité du village. Arrivé là, je pris définitivement congé de ces deux personnages, les invitant à venir me voir à Tlemcen.

---

(1) Voy. *Journ. Asiatique*, cah. de mars 1844, p. 202. El-Makkariyi (ms. de la Bibliothèque impériale, n° 759, fol. 133 r°) appelle Hubbed رابطة العبّاد. Le mot رابطة désigne un corps de cavalerie qui garde la frontière. Dans un autre endroit, fol. 108, le même auteur écrit العبادة.

(2) *Historiale description de l'Afrique*, fol. 263 r°.

Nous retournons à la ville par un chemin autre que celui que nous avons choisi en venant; il longe un aqueduc en ruines qui amenait autrefois à Tlemcen les eaux d'une source située à une lieue environ à l'Est de Hubbed. La brièveté de mon séjour à Tlemcen ne m'a pas permis d'aller la visiter; ce que je rapporterai ici, je l'ai recueilli de la bouche des Arabes et des officiers français qui l'avaient vue.

En longeant le flanc de la montagne qui, à partir de Tlemcen, s'étend du côté de l'Est, on arrive par un sentier hérissé de pierres et coupé de temps en temps par de légères dépressions de terrain, dans un des sites les plus délicieux que l'on puisse rencontrer en Algérie. Là, l'oued *Méfrousch*, qui traverse d'occident en orient le plateau des Beni-Ournid, abandonnant cette haute région, tourne tout à coup vers la gauche et précipite en hurlant ses eaux écumeuses dans un ravin qui n'a pas moins de cinq cents pieds de profondeur (1); de là, il va se mêler à la *Safsef* (2), qui coule à une certaine distance de la cascade et dont il est un des affluents les plus considérables. Avant d'arriver sur les bords du ravin, l'on trouve au pied des rochers une magnifique source qui à son origine forme un petit étang. Il en dérive un ruisseau qui, s'enfuyant à travers les jardins et les vergers, va plus loin regagner l'oued Méfrousch qui lui a donné

---

(1) On appelle communément ce ravin la *Gorge de la Safsef*.

(2) Quelques indigènes prononcent *Saysef*, ce qui se rapproche de l'orthographe des auteurs arabes, dont les uns écrivent مطسيف *Satfecyf* et les autres مصفيف *Safcyf* ou *Safceif*. Voy. *Histoire des Béni Abd' el-Wády*, fol. 3 r° et v° et fol. 4 v°, et *Notices et Extraits des Manuscrits*, t. XII, p. 535.

peut-être naissance. L'eau coule, pour ainsi dire, à petit bruit, comme un jeune enfant qui, après s'être soustrait quelques instants à la douce surveillance de sa mère, s'avance d'un pas timide vers elle, dissimulant son retour et craignant de faire remarquer son absence. Lourit, tel est le nom de la charmante naïade (1) ; elle entretient la vie et la fraîcheur dans ces lieux délicieux et elle est le rendez-vous annuel des habitants de Tlemcen. En effet, pendant le printemps et à la fête dite *des Cerises*, ils ne manquent jamais d'y aller passer un ou deux jours. A cette époque tout le monde quitte ses affaires pour aller respirer l'air pur des montagnes et se divertir à l'ombre des bosquets qui environnent Lourit. Les riches s'y transportent sur des mules magnifiquement harnachées, escortés d'une bande de musiciens qui font résonner le luth, le fifre, le tambour de basque et la cornemuse ; les pauvres y vont à pied, portant modestement sur le dos quelques provisions de bouche et chantant avec une franche gaieté des vers composés pour la circonstance. Tous veulent jouir des douceurs de la saison dans ces lieux admirables. La fête n'est pas restreinte à un ou deux jours ; elle dure tant que les cerises rougissent sur les arbres. C'est la saison de la joie et des campements ; c'est l'époque de l'année où la nature étale toutes ses magnificences, déploie toute sa vigueur. Un poëte arabe, le soufy Abou Abd' Allah Mohammed ben-Omar ben-Khamys, a chanté la beauté du site et la source elle-même dans les vers suivants :

---

(1). Je crois que c'est la même source qui est désignée sous le nom d'*Omm-Yahia*, par le chéryf Edricy (IIIe climat, 1re partie). Voyez *Geographia nubiensis*. Parisiis, 1619, p. 79.

نسيت وما انسى الوريط ووقفة
انسافح فيسهسا روضه وافساوحُ

مطلًّا على ذاك الغدير وقد بدت
لانس عيني من صفاه صفايحُ

اماءوك ام دمعي مشيبة صدّقت
عليبة فينا ما يسقول المكاسِحُ

لئن كنتَ ملا انا بدمعي طافحًا
فانّى سكران بحبّتك طافحُ

وان كان مُهري فى تلاعك سانحًا
فذاك غزالى فى عبابك سابحُ

فراح أنّ ينصبّ من راس شاهق
بمثـل حلاه تستحت القـرايحُ

أرق من الشوق الذى انا كاتمٌ
واصفى من الدمع الذى انا سافحُ

Si tu as oublié de visiter *Lourit*, pour moi je ne l'oublierai point ; j'irai jouir de ce site admirable où je respirerai l'odeur suave des prairies en fleurs ; où je me promènerai sur les bords délicieux de l'étang qu'alimente la source, pendant que sa surface tranquille et transparente viendra se refléter dans la prunelle de mon œil.

Lorsque la nuit commence à étendre ses voiles sur la terre, on ne saurait distinguer, ô Lourit! si ce sont tes ondes ou mes larmes qui remplissent le bassin que tu t'es formé.

Je considère comme un sujet de gloire pour moi le reproche que m'adressent mes censeurs, quand ils disent que tu n'as pas d'autre aliment que mes larmes, et que ces larmes te font déborder.

C'est qu'en effet je suis ivre de ton amour, ivresse si grande, que j'en perds la raison.

Si mon poulain venait à passer par ces collines dont tu fais l'ornement, malgré son âge encore tendre, il se jetterait volontiers à la nage dans tes gouffres profonds.

Que dirai-je aussi de ce ruisseau limpide qui vient de si loin se précipiter du haut de la montagne? La vue de cette magnifique cascade, pareille aux œillades d'une jeune beauté, agace puissamment le cœur des mortels qui la contemplent.

Ce sont des eaux plus subtiles que la passion que mon cœur recèle, plus pures mille fois que les larmes que je ne cesse de répandre (1).

Au-dessous de la source et sur les bords du Méfrousch, l'on voit un bassin de construction mauresque que les Français viennent de restaurer ; il doit comme autrefois servir de prise d'eau ; l'aqueduc que nous longeons dans ce moment, amènera de nouveau à Tlemcen les eaux de Lourit et du Méfrousch.

A mesure que nous approchons de la vieille reine du Maghreb et que nous descendons la pente de la colline de Hubbed, l'horizon se rétrécit autour de nous ; la végétation se montre plus riche, plus vigoureuse, la terre plus fertile et mieux cultivée. Je jette un dernier regard sur les blancs marabouts qui s'élèvent sur le flanc rougeâtre de la montagne *Sakharataïn ;* des femmes musulmanes, enveloppées dans les larges plis de leurs haïcs de laine blanche, et se dirigeant en silence et d'un pas lent vers le tombeau d'un saint à qui elles vont demander la fécondité et les joies de

---

(1) Yahia ben-Khaldoun, fol. ſ v°.

la famille, me paraissent, à la distance où elles se trouvent, des fantômes égarés qui cherchent à rentrer dans leurs sépulcres.

Nous traversons l'oued *Barram* dont les eaux coulent modestement et sans bruit à l'ombre des trembles, des vignes sauvages et des tamarix. Une petite porte percée dans un vieux rempart en pisé nous introduit dans une vaste enceinte, en partie cultivée, en partie jonchée de ruines ou occupée par des tombeaux ou des monuments consacrés à la mort : c'est le triste quartier d'Agadyr, la ville vieille, la cité des anciens Maures et des Romains. La portion de ce quartier qui avoisine le mur de la nouvelle Tlemcen du côté du Midi, est ombragée par des lentisques (بطم *botom*) aussi grands que nos plus beaux marronniers.

Nous nous engageons dans un sentier qui serpente à travers mille petits jardins soigneusement cultivés ; ils sont séparés les uns des autres par des murailles en pierres sèches qui n'ont pas plus d'un mètre d'élévation. Mais derrière cette faible barrière, il s'en dresse une autre plus formidable, je veux dire une haie épaisse de *cactus* gigantesques entremêlés d'agaves qui montrent leurs dards acérés et menacent impunément les passants. Le bruit de nos pas provoque la défiance des gardiens de ces jardins : de temps en temps nous voyons surgir par-dessus cette haie et disparaître incontinent des têtes de Bédouins aux aguets. Dans le moment où j'écris, il me semble apercevoir encore leurs yeux rouges et ardents. Au bout de quelques minutes, nous nous retrouvons dans les murs de Tlemcen ; chacun se retire de son côté après maints et maints *salam aleïk*.

CHAPITRE XIV.

Aïn el-Medarsah. — Tribunal du caïd de Tlemcen. — Les écoles de Tlemcen et les sciences qui y étaient jadis professées.

Le lendemain, 8 octobre, je proposai à M. le curé de Tlemcen de faire avec moi une visite au caïd cy Hammady ben-es-Sekkal. Deux motifs nous portaient à remplir ce devoir : d'abord, nous avions à le remercier du service qu'il nous avait rendu en renforçant notre escorte de la veille de la présence de son terrible *chiaouch ;* puis il nous semblait convenable d'aller lui rendre compte de nos impressions personnelles et de l'accueil hospitalier dont nous avions été honorés par les autorités de Hubbed.

Nous descendîmes donc, vers deux heures, dans le quartier des *Hadhars.* Nous ne rencontrâmes point le caïd ; il était déjà parti pour se rendre à son *mehkamah,* ou tribunal, où il siégeait tous les jours depuis une heure jusqu'à quatre. Nous ne connaissions pas ses habitudes ni la nature des fonctions qu'il remplissait à Tlemcen. L'un de ses fils, que nous trouvâmes devant la porte de la maison, voulut bien nous indiquer l'endroit où était situé le tribunal, et il poussa même la complaisance jusqu'à nous y conduire lui-même. Après avoir traversé plusieurs rues presque désertes, nous nous engageâmes dans une impasse qui nous parut un véritable coupe-gorge. C'est à l'extrémité de cette impasse que s'élevait le sanctuaire de la justice musulmane. Les abords du tribunal étaient tristes et austères comme les arrêts de la justice ; le mystère et la solitude dont il était entouré, préparaient les esprits à entendre avec respect l'interprétation des lois et à se soumettre aux décisions du juge. Le silence du lieu était seulement rompu de temps en temps par les chicanes des plaideurs ou par les cris perçants des malheureux qui subissaient la peine prononcée par le magistrat.

L'impasse en question porte le nom d'*Indersa*, que les messieurs du génie ont peint en grandes lettres sur le mur qui longe la rue. Personne ne se douterait que ce mot a été mis pour *Aïn el-Medarsah* (عين المدرسة), ou plutôt *Aïn el-Medrassah*, qui est le véritable nom de la rue et qui signifie la *Fontaine* ou la *Source du collège*. Mais des gens qui affectent tant de mépris pour les vaincus et se croiraient heureux s'ils parvenaient à exterminer la race indigène, n'y regardent pas de si près quand il s'agit de respecter et de traduire fidèlement la langue des Arabes.

Après avoir fait une centaine de pas, nous arrivons devant une porte étroite qui donne entrée dans un jardin ombragé par des vignes en treille et orné d'un jet d'eau qui alimente un large réservoir. Au fond de ce jardin s'élevait un pavillon carré que l'on nous dit être le tribunal de cy Hammady ben-es-Sekkal. Nous trouvâmes le caïd assis gravement et les jambes croisées sur un petit matelas étendu par terre le long du mur et en face de la porte. Un rabbin, facile à reconnaître à son turban noir et à son burnous bleu, était accroupi, à une certaine distance du lit du caïd, sur une modeste natte de paille ; il avait le regard humble et timide ; son attitude était celle du respect et de la soumission ; c'est à peine s'il osait lever les yeux vers le caïd ; on eût dit un vil esclave devant un maître fier et impérieux. En présence de l'alfakih musulman, le docteur d'Israël semblait avoir perdu le sentiment de la dignité humaine; il portait sur sa face les douze cents ans d'abaissement et d'oppression qui ont passé sur la nation juive depuis le triomphe de l'Islam.

A la gauche du caïd était placé un tabouret sur lequel étaient entassés pêle-mêle des livres manuscrits et des paperasses. La porte de la salle était gardée par le chiaouch qui nous avait escortés la veille dans notre visite au tombeau de cidi Bou-Médyn. Il se tenait debout en dehors du seuil de la porte, attendant les ordres du juge et balançant de temps en temps son bâton noueux et flexible, comme s'il s'apprêtait à exercer sur quelque malheureux condamné les redoutables fonctions de sa charge.

Nous entrâmes sans obstacle dans le diwan et nous saluâmes le caïd qui se leva à moitié pour nous donner une poignée de main et nous rendre le salam. Il invita gracieusement le curé à s'asseoir à sa droite sur le lit où il était lui-même placé ; quant à moi, il me fit signe de m'accroupir sur une natte, ce que je fis de mon mieux, n'ayant pas l'habitude de cette posture. Le rabbin, qui était placé de l'autre côté de la salle et vis-à-vis de moi, jeta à mon adresse un regard de surprise et de défiance ; il avait cru sans doute que j'étais venu là me poser en rival. Le caïd me demanda si j'étais content de mon excursion à Hubbed et si j'avais vu tous les monuments curieux de cette localité. Je lui répondis que la vue de ces précieux restes de l'architecture mauresque avait excité en moi la plus vive admiration ; mais que la tristesse et le regret étaient venus se mêler à ce sentiment, lorsque j'avais pensé que les traditions de l'art s'étaient perdues chez les Arabes et que la science et le bon goût avaient fait place chez eux à la routine et à l'ignorance. J'ajoutai à cela que si la nation arabe voulait rentrer dans le chemin de la gloire et de la civilisation qu'elle avait abandonné depuis plusieurs siècles, elle devait prendre pour modèles les peuples de l'Europe, étudier leurs mœurs, leurs usages et leurs lois ; se faire initier aux découvertes de leurs savants ; se mettre au courant de leurs systèmes, de leurs livres et de leur enseignement ; que, pour cela, il fallait apprendre notre langue, et qu'une des voies les plus courtes pour arriver à ce but, c'était d'envoyer en France les enfants des meilleures familles arabes pour y être élevés à la façon des Européens ; que, du reste, le sultan des Osmanlis avait compris les avantages immenses attachés à cette éducation, et que depuis qu'il avait confié les principales fonctions de l'empire à des hommes ainsi élevés, il possédait une armée mieux disciplinée, une administration plus régulière, plus juste, plus éclairée ; que c'était également à l'influence des Européens et au savoir des Musulmans instruits à leur école que l'Égypte devait la prospérité de ses écoles, l'habileté de ses médecins et la bonne organisation de son armée ; qu'il y avait à Paris un établissement particulier destiné à l'instruction des jeunes Égyptiens et où Ibrahim-pacha lui-même n'avait pas craint d'envoyer ses propres enfants ; que le gouvernement français ouvrirait volontiers un établissement semblable pour y instruire les enfants des familles musulmanes de l'Algérie, et qu'il ne dépendait que d'elles de profiter de son bon vouloir, d'assurer le bonheur de leurs enfants, l'avenir de leur patrie et la prospérité de la nation arabe entière.

Je venais à peine de terminer ces paroles, que deux hommes, un Juif et un Arabe, se présentèrent à la porte de la salle, demandant à être entendus. Le caïd, qui se disposait à me répondre, se vit obligé à remettre la chose à un autre moment.

Les deux hommes, ayant ôté leur chaussure, entrent l'un après l'autre dans la salle et viennent baiser la main du caïd. Cela fait, ils se placent, pieds nus, l'un à côté de l'autre sur le seuil de la porte, et la parole est donnée à celui des deux qui a à se plaindre de l'autre. La cause n'était pas sans quelque importance : il s'agissait d'une piastre fausse que le Juif avait voulu donner en payement à notre Arabe. Celui-là prétendait que dans le fait qu'on lui reprochait il avait été de bonne foi, ignorant la nature et l'origine de la pièce en question. Celui-ci, qui affirmait le contraire, s'indigne qu'un Juif ait voulu le tromper ; il accable son adversaire d'injures et d'outrages ; il lui prodigue les qualifications les plus odieuses. Le caïd a beau lui recommander la modération et le calme, il n'en continue pas moins à conspuer le pauvre Juif sur la tête duquel il appelle à grands cris la vindicte des lois. A la fin le silence s'établit. Comme il s'agissait d'un litige entre un Juif et un Musulman, le caïd, ayant pris l'avis du rabbin, prononce une sentence qui déclare le Musulman mal fondé dans sa plainte et renvoie le Juif reconnu innocent. Alors le Musulman, qui avait regardé comme sûre la condamnation de l'enfant d'Israël, se récrie contre la décison du juge qu'il accuse de partialité ; il va même jusqu'à insulter et le caïd et le rabbin. Cy Hammady ben-es-Sekkal, poussé à bout par tant d'audace, se lève à moitié et crie d'une voix terrible à son chiaouch : « *Chiaouch édribhou,* chiaouch, frappe-le ! » Le dernier mot de cet ordre n'était pas achevé, que trois grands coups de bâton retentissent sur le dos de l'impitoyable Musulman. A cet argument il n'y avait rien à répliquer. Étant venu clopin clopant baiser la main du caïd, il se retira en grommelant et en maudissant le Juif qui riait sous cape. C'est ainsi que la justice s'administre sous la loi de Mohammed ; le bâton et les criailleries y jouent un très-grand rôle. Les Arabes ne connaissent ni les procès-verbaux, ni la prison préventive, ni les réquisitoires, ni les avocats, ni le jury. Entre les longueurs interminables de notre procédure et la justice expéditive des tribunaux musulmans, si le choix était possible, je suis persuadé, qu'à part les coups de bâton des chiaouchs, bien des personnes seraient tentées de se prononcer en faveur de la justice musulmane.

Après cette scène moitié tragique, moitié comique, qui avait troublé la paix du lieu et interrompu le fil de notre entretien, le silence et le calme descendirent de nouveau dans le sanctuaire de la justice. Reprenant le thème de notre première conversation : « On enseigne en France, dis-je au caïd qui n'était pas encore tout à fait revenu de son émotion, toutes les sciences et tous les arts qui fleurirent jadis dans la patrie des Maures, la médecine, l'histoire naturelle, l'astronomie, la littérature, les mathématiques et la philosophie. »

A ces mots, cy Hammady ben-es-Sekkal m'interrompant : « Est-ce qu'en France, me dit-il, l'on enseigne le Koran et la Sonnah?

— Sans doute, lui répondis-je; car, dans nos pays, chacun est libre de professer la religion qu'il croit la meilleure, et la loi civile accorde à tous une égale protection ; les Juifs ont des synagogues où ils lisent leur Bible et leur Talmud; les Musulmans possèdent une école qui est dirigée par un imam, où l'on s'acquitte des prières prescrites par votre loi et où l'on enseigne, non-seulement les sciences humaines et profanes, mais encore les sciences qui ont pour objet la religion. Les colléges où vos enfants seraient élevés, jouiraient de la même liberté sous le rapport de la conscience, et vous pourriez y envoyer des alfakih, des imam, des marabouts, y ériger des oratoires, et vous y livrer tranquillement à la pratique de toutes les prescriptions de loi musulmane. Du reste, il y a à Paris et dans d'autres villes de la France des cours publics de langue arabe, où l'on explique le Koran à l'aide des commentateurs les plus célèbres, tels que Zamakhschariyi et Beydhaouiyi. Ce n'est pas que nos professeurs vénèrent le Koran comme un livre descendu du ciel; mais ils l'étudient comme une production admirable du génie arabe, comme un précieux monument de la littérature d'un peuple célèbre, comme le code d'une religion dont ils cherchent à découvrir l'esprit, les tendances et le caractère.

— Ne croyez-vous pas, répliqua le caïd, que le séjour de votre France pourrait être nuisible à la foi et aux mœurs de nos enfants? car il me semble qu'une fois dépaysés, ils perdraient peu à peu de vue les enseignements et les exemples de leurs parents; le respect humain et cent autres causes qu'il est inutile d'énumérer, finiraient par affaiblir dans leur esprit les croyances qu'ils auraient sucées avec le lait; je craindrais que le spectacle de tant de religions dissidentes que vous tolérez au milieu de vous ne les rendît indifférents à l'égard de celle dans laquelle nous les élevons, et que pour acquérir un grain de savoir et de gloire mondaine, ils ne fussent exposés à dévier du sentier droit et à s'écarter de la vérité. Pourquoi, d'ailleurs, nos enfants iraient-ils chercher si loin et au préjudice de leur conscience, des avantages qu'il serait si facile de leur procurer dans leur propre patrie? Que ne nous aidez-vous à relever les ruines de nos anciennes écoles et de nos académies, à recueillir nos livres dispersés par la conquête, à fournir des professeurs et encourager l'étude de nos auteurs classiques, à faire renaître au milieu de nous ces universités qui enfantèrent jadis tant d'hommes célèbres dans toutes les branches des sciences? Vous restaurez nos temples et nos chapelles; vous respectez nos marabouts; vous protégez notre culte et les ministres de notre religion; vous facilitez même à nos coreligionnaires l'accomplissement du pèlerinage sacré. Sans doute, cette tolérance, ce respect pour les personnes consacrées à Dieu, ces grâces et ces faveurs que nous ne méritons pas, sont louables et dignes d'une grande nation comme la vôtre; mais qu'est-ce, je vous le demande, qu'est-ce qu'une religion sans docteurs qui l'explique et la défende, sinon un amas de pratiques qui tendent à dégénérer en superstitions, un édifice bâti sur le sable et menaçant ruine ? Toutes les fois qu'en venant à ce tribunal, je passe devant l'établissement antique qui a donné son nom de *Medarsah* (école) à ce quartier, je ne puis m'empêcher de pousser un soupir, de murmurer un regret, un vœu. C'est là, me dis-je à moi-même, que, pendant tant de siècles, l'enseignement des sciences a été confié à des hommes du mérite le plus éminent, et suivi par des milliers d'élèves qui s'y rendaient des extrémités de la terre ; c'est là que se perpétuaient de bouche en bouche les saines traditions de la littérature et de la foi musulmane. Hélas ! depuis trop longtemps la voix des professeurs ne s'y fait plus entendre ; depuis trop longtemps les échos n'y répètent plus leurs savantes leçons. Ces vastes salles, autrefois remplies d'étudiants et de *taleb*, sont transformées aujourd'hui en magasins de vivres : quand luira enfin le jour où elles seront rendues à leur première destination ? »

Je l'interrompis ici pour lui demander si, à l'époque à laquelle il faisait allusion, Tlemcen ne possédait pas d'autre collége.

« Sous nos derniers rois, me répondit-il, il y avait dans cette cité cinq colléges, parmi lesquels les plus anciens et les plus renommés sont les trois suivants : 1.º le *collége Vieux* (المدرسة القديمة) ou *collége des Fils de l'Imam* (مدرسة بني الامام), 2º le *collége Neuf* (المدرسة الجديدة), et 3º le *collége Yakoubiyah* (المدرسة اليعقوبية). Outre ces trois colléges, où l'on professait la théologie, la jurisprudence et toutes les hautes sciences, l'on comptait encore une foule d'établissements publics ou privés où l'on enseignait la grammaire, la rhétorique et les éléments des sciences. »

Après ces paroles, cy Hammady ben-es-Sekkal me donna sur ces trois colléges des renseignements fort précieux que j'ai retrouvés plus tard dans l'histoire d'Yahia ben-Khaldoun, ainsi que dans l'ouvrage de Mohammed et-Tenaciyi et dans celui d'El-Makkariyi que j'ai déjà eu l'occasion de citer plusieurs fois. Le lecteur ne sera pas fâché que je les transcrive ici.

Le *collége Vieux*, autrement dit le *collége des Fils de l'Imam*, fut fondé par le roi Abou-Hammou, premier du nom, lequel florissait dans la première moitié du quatorzième siècle de notre ère.

Les deux fils de l'imam (ابنا الإمام) étaient deux savants jurisconsultes qui vinrent s'établir à Tlemcen sous le règne d'Abou-Hammou (1). L'un s'appelait Abou-Zéid Abd'er-Rahman, et l'autre Abou-Moucé Aïcé. Ils étaient nés l'un et l'autre à Breschk, où leur père Abou Abd'Allah Mohammed ben-Abd'Allah ben-el-Imam, jurisconsulte distingué, remplissait les fonctions de prédicateur et d'imam. Ils appartenaient à une famille honorable, laquelle avait produit quantité de saints marabouts et d'hommes vertueux. Yahia ben-Khaldoun raconte que leur aïeul, homme de Dieu, avait en sa possession un petit coin de terre qu'il cultivait de ses propres mains et qui lui fournissait les légumes et les

---

(1) Mohammed et-Tenaciyi, page 88 de mon manuscrit.

herbages dont il se nourrissait. Deux hommes s'étant introduits nuitamment dans le jardin pour voler des navets, il arriva qu'ils restèrent collés contre le sol, sans pouvoir se tirer de là. Le lendemain ils furent trouvés dans cette position, au grand étonnement de tout le monde, qui reconnut dans ce prodige un effet de la sainteté et de la puissance d'Abou Abd' Allah ben-el-Imam (1).

Abou-Zéid et Abou-Moucé, après avoir fait leurs premières études dans leur ville natale, sous la direction de leur père, partirent pour Tunis, où ils suivirent les leçons des professeurs les plus habiles et les plus renommés. De là, s'étant rendus dans l'Orient, ils visitèrent successivement la Syrie, le Hedjaz et l'Égypte, allant à la recherche du mérite et du savoir, et enrichissant sans cesse leur esprit de nouvelles connaissances. Après avoir exercé pendant quelques années des fonctions politiques dans la ville de Damas, ils se décidèrent enfin à reprendre le chemin de leur patrie, laissant dans les villes où ils avaient séjourné, la réputation d'hommes savants et vertueux.

De retour dans le Maghreb, ils ne jugèrent pas à propos de se fixer à Breschk qui était alors en proie à des troubles politiques ; ils se dirigèrent vers Tlemcen, où ils furent accueillis avec la considération qui était due à leur mérite et à leur renommée. Abou-Hammou, ami et protecteur des hommes de lettres, les appela auprès de lui, les admit dans son conseil et leur conféra les emplois les plus élevés

---

(1) Yahia ben-Khaldoun, *Histoire des Beni Abd' el-Wády*, fol. 10 v°.

de l'État. Ensuite il leur fit construire un collége près de la porte *Kachoutah*, en dedans des remparts, et il leur assigna pour leur entretien plusieurs fiefs, entre autres celui de *Tiranescht*, dont la famille Et-Tenaciyi avait eu autrefois la jouissance.

Le collége fut appelé de leur nom, *le collége des deux Fils de l'Imam*. On venait de toutes les contrées du Maghreb entendre les leçons des deux savants professeurs, et bien des hommes qui s'étaient déjà fait un nom dans les sciences ou dans les lettres, ne dédaignaient pas de venir s'instruire à leur école ; c'est ainsi qu'ils eurent l'honneur de donner des leçons au savant jurisconsulte et mathématicien Abou Abd' Allah Mohammed ben-Ibrahim el-Abiliyi, qui, à son tour, eut pour disciple le célèbre historien Abd' er-Rahman ben-Khaldoun et son frère Yahia.

Quoique chargés de l'enseignement public et fort occupés par les cours qu'ils professaient, ils ne cessèrent pas néanmoins d'être mêlés aux affaires politiques ; le roi ne prenait aucune décision importante, sans leur avoir préalablement demandé leur avis. Le haut rang qu'ils occupaient à la cour et la considération dont ils jouissaient dans le monde, leur avait valu le surnom de *réis honorables* (روسا المكرمان).

Les deux frères, après avoir fleuri sous Abou-Hammou, leur ami et leur protecteur, ensuite sous Abou-Teschifyn, son fils, et Abou 'l-Haçan le Mérinite, moururent à Tlemcen, mais à une époque différente : Abou-Zéid, qui était l'aîné, décéda dans les premiers jours de ramadan de l'année 741; Abou-Moucé fut enlevé par la peste sous le règne d'Abou-Hammou Moucé II, après avoir été quelque temps au service du prince Mérinite Abou-Inân (1). Ils laissèrent à Tlemcen une postérité nombreuse qui a donné à l'État et à la religion des imam, des cadhis, des muftis, d'habiles jurisconsultes et de savants professeurs. Pendant longtemps le feu sacré de la science, allumé par le zèle et le dévouement de ces deux hommes illustres, se conserva dans la capitale des Beni-Zéyan, et c'est à eux qu'elle doit d'avoir donné le jour à une foule d'hommes distingués dans tous les genres.

J'ai vu les restes du *collége des deux Fils de l'Imam*; il est situé, comme le dit Yahia ben-Khaldoun, dans l'intérieur de la ville, du côté du couchant et non loin de l'ancienne porte *Kachoutah*. Il avait dans ses dépendances une petite mosquée qui est encore debout avec son minaret, mais qui ne sert plus au culte, à cause de la solitude du lieu où elle se trouve; elle n'offre, d'ailleurs, rien de remarquable sous le rapport de l'art. Devant la porte, qui regarde le Nord, il y a un enclos où l'on voit un abricotier gigantesque et séculaire; en considérant son vieux tronc et ses branches vermoulues, on serait tenté de le croire contemporain des deux fils de l'Imam.

La rue déserte et étroite qui mène à ces vénérables ruines a été baptisée du nom de *Zangah ould el-Imam*, rue des Fils de l'Imam (زنقة ولد الإمام).

---

(1) El-Makkariyi, ms. de la Bibliothèque Impériale, n° 768, f. 63 v°.

Le *collége Neuf* (المدرسة الجديدة), appelé aussi le *collége Teschifyniyah* (المدرسة التاشفينية), fut construit par Abou-Teschifyn, fils et successeur d'Abou-Hammou Ier, lequel monta sur le trône en 718 de l'hégire. Ce prince, qui avait le goût des beaux-arts et aimait passionnément l'architecture (1), voulut consacrer à l'enseignement de la science et de la religion un monument digne de sa capitale. Il choisit dans ce dessein un emplacement convenable, c'est-à-dire dans le centre de la ville, à côté de la Grande-Mosquée et dans le voisinage du Méchouar ; l'édifice fut élevé d'après un plan magnifique et dans des proportions grandioses : c'était plutôt une demeure royale qu'un établissement scientifique. En effet, Abou-Teschifyn se plaisait à l'embellir comme il embellissait son propre palais ; quand il faisait l'acquisition de quelque objet rare et curieux pour en orner sa demeure royale, il ne manquait pas de s'en procurer le pareil pour en faire cadeau au collége. Au rapport de Mohammed et-Tenaciyi, ce prince libéral avait orné l'un et l'autre de ces édifices d'une curiosité qui faisait l'admiration de tout le monde. C'était un arbre d'argent massif sur les branches duquel étaient placés des oiseaux également d'argent. Un faucon, aux serres terribles, était perché sur la cime et semblait veiller sur sa proie. Au pied de l'arbre étaient fixés des soufflets ; lorsque ces soufflets étaient mis en mouvement et que le vent arrivait aux oiseaux par des tubes intérieurs et cachés, les oiseaux se mettaient à chanter, faisant entendre chacun son ramage naturel qui était d'une ressemblance parfaite. Lorsque le vent arrivait au

---

(1) Yahia ben-Khaldoun, fol. 16 r°.

faucon et que celui-ci se mettait à crier, tous les autres oiseaux interrompaient aussitôt leurs chants et se taisaient (1). Plus tard, le même collége hérita d'une autre merveille dont nous donnerons la description quand nous parlerons du *Méchouar*, ou palais des rois de Tlemcen.

Le professeur qui eut l'honneur d'inaugurer l'enseignement dans le nouveau collége, fut le hafidh Abou-Moucé Imran el-Meschdâliyi, l'un des plus habiles jurisconsultes de son siècle pour le rite maléki. Il était de la tribu berbère des Zouwawah qui habitaient et habitent encore le territoire de Bougie. Il quitta son pays et alla s'établir à Tlemcen, où il fut accueilli avec faveur par le roi Abou-Teschifyn. Il mourut en 745 de l'hégire, sous le règne du sultan Mérinite Abou 'l-Haçan qui s'était emparé de Tlemcen et avait mis fin au règne de la branche aînée de la dynastie des Beni Abd' el-Wâdy en faisant périr Abou-Teschifyn et son fils, unique héritier de son trône. Abou-Moucé Imran el-Meschdâliyi eut pour successeur dans l'enseignement du droit, son frère, qui n'était pas moins versé que lui dans la science des traditions et dans le rite maléki (2).

Un peu plus de cent ans après sa fondation, le collége Neuf, qui avait été ruiné pendant les guerres incessantes et les longs siéges que Tlemcen avait eu à supporter à différentes reprises, fut rebâti par les soins du roi Abou 'l-Abbès

---

(1) Mohammed et-Tenaciyi, p. 88.
(2) Yahia ben-Khaldoun, fol. 10 v°, et Mohammed et-Tenaciyi, p. 88.

Ahmed, petit-fils d'Abou-Hammou (1). Comme la plupart des pensions affectées dans le principe à l'entretien de l'établissement ne se payaient plus ou n'étaient payées qu'en partie, ce prince, qui aimait les sciences et les lettres, à l'exemple de son illustre aïeul, ayant fait rechercher les titres qui constituaient ces pensions, rétablit celles qui étaient tombées en désuétude, exigea le payement entier des autres, institua lui-même de nouveaux legs et assigna au collége de nouveaux revenus, en sorte que l'établissement devint plus prospère et plus riche que jamais (2).

Le collége Neuf est encore debout, et il est même assez bien conservé. Il occupe un grand espace carré qu'entoure un haut mur, et il renferme plusieurs corps de bâtiments avec leurs cours intérieures, leurs salles et leurs cellules. La porte principale, qui s'ouvre sur le côté occidental, est revêtue tout autour de carreaux de faïence peints (زليج). La partie septentrionale fait face à la Grande-Mosquée qui n'en est séparée que par une rue. C'est derrière cette enceinte et à quelques pas du mur, du côté du levant, que se trouvait le tribunal du caïd cy Hammady ben-es-Sekkal; car, depuis mon retour en France, il a été transféré dans un autre endroit de la ville, et le caïd actuel rend la justice dans un hôtel nouvellement construit avec une magnificence qui contraste avec l'aspect des masures dont il est environné.

___

(1) Abou 'l-Abbès Ahmed fut proclamé le vendredi, 1ᵉʳ de redjeb, l'an 834.

(2) Mohammed et-Tenaciyi, pag. 121.

Le troisième collége reconnaissait pour fondateur Abou-Hammou Moucé II, qui fut le chef de la dynastie de la branche cadette des Beni Abd'el-Wâdy, appelée la dynastie des *Zéyanites* ou *Beni-Zéyan*, et commença à régner en 760 de l'hégire (1353 de J.-C.). Sous son règne florissait à Tlemcen le schérif Abou Abd' Allah Mohammed ben-Ahmed, qui était de la famille des Édrissites et descendait, par conséquent, du khalife Aly, gendre de Mahomet. Il avait été le disciple des deux fils de l'Imam et du célèbre Abou Abd' Allah el-Abîliyi et autres savants professeurs de Tlemcen. Sous leur direction il avait acquis un savoir aussi profond que varié; aucune branche des connaissances humaines ne lui était étrangère : littérature, histoire, dialectique, jurisprudence, mathématiques et théologie, toutes ces sciences avaient fait l'objet de ses études et de ses méditations. Il n'avait pas son pareil pour la clarté de l'exposition et la force du raisonnement; il occupait sans contredit le premier rang parmi les controversistes de son époque (1). A son immense savoir il joignait une probité exemplaire, ainsi qu'une grande expérience des choses et des hommes. Ces qualités éminentes lui méritèrent l'estime et la confiance du roi Abou-Hammou dont il devint le conseiller le plus intime, et qui le chargea plusieurs fois de missions diplomatiques dont il s'acquitta avec succès. Le roi, voulant honorer le haut mérite du schérif et rendre son savoir profitable à tout le monde, lui fit bâtir un collége magnifique auquel il assigna un revenu considérable; il l'orna à l'intérieur de galeries et de colonnes de marbre; il y fit planter des arbres, construire des

---

(1) Yahia ben-Khaldoun, fol. 8 v°.

fontaines élégantes et des jets d'eau, un oratoire avec un minaret incrusté de faïence qui imitait la mosaïque ; en un mot, il y réunit toutes les commodités, tous les embellissements qui pouvaient attirer les amis de la science et inspirer le goût de l'instruction. L'édifice fut achevé dans le courant de l'année 765 de l'hégire et inauguré le 5 de safar de la même année. Le roi assista en personne à l'ouverture des leçons du schérif Abou Abd' Allah. Pour témoigner le cas qu'il faisait de sa science, il s'assit sur une natte au milieu des étudiants, écoutant avec respect les explications du professeur. La leçon terminée, il fit dresser en présence de toute l'assistance un acte par lequel il constituait des *habbous* et des pensions pour l'entretien de l'établissement et les honoraires des maîtres ; puis, il fit cadeau à chacun des étudiants d'un habillement complet et ordonna que l'on distribuât des vivres à tout le monde (1).

Abou-Yacoub ben-Youçof, père du roi, était gouverneur de la ville d'Alger, lorsque la mort l'enleva dans le mois de schaaban de l'année 763. Son corps ayant été transporté à Tlemcen avait été d'abord enseveli près de la porte d'*Ilân* (باب ايلان) (2), puis exhumé et placé près des tombeaux

---

(1) Yahia ben-Khaldoun, fol. 45 r°, et Mohammed et-Tenaciyi, p. 99.

(2) Dans Mohammed et-Tenaciyi, page 99 de mon manuscrit, on lit par un seul mot بيابلان (à *Babélan*) ; mais le manuscrit de la Bibliothèque Impériale n° 703, et Yahia ben-Khaldoun, fol. 38 r° de mon manuscrit, portent بباب ايلان (à *la porte d'Ilan* ou *Illan*), ce qui est, je crois, la véritable leçon.

Ilan يلان, que les auteurs arabes écrivent indifféremment اليان, et ايليان يليان, est le nom qu'ils donnent au fameux comte Julianus

de ses deux frères, les princes Abou-Saïd et Abou-Thâbit : à cette époque le collége était encore en construction. Lorsqu'il fut entièrement achevé, le roi Abou-Hammou Moucé y fit transporter avec pompe les restes de son père Abou-Yacoub, de même que ceux de ses deux oncles, et on les déposa dans un superbe tombeau. C'est du nom du prince Abou-Yacoub que le collége fut appelé *Yacoubiyah*, en arabe المدرسة اليعقوبية *el-medraçah el-Yacoubiyah* (1).

Mohammed et-Tenaciyi rapporte que lorsque le schérif Abou Abd'Allah donna la leçon par laquelle il devait terminer l'explication du Koran, le roi de Tlemcen honora de sa présence cette cérémonie, distribua des vivres à la foule réunie et fit de ce jour un des plus solennels (2).

Abou Abd' Allah mourut à Tlemcen dans le courant du mois de dhou'l-hidjdjah de l'an 771 de l'hégire. Abou-Hammou le fit enterrer près du tombeau de Mouley Abou-Yacoub, dans l'intérieur du collége que le schérif avait illustré par son enseignement (3). Parmi les ouvrages qu'il a laissés,

---

ou Julien, gouverneur de Ceuta, qui, suivant eux, vengea l'outrage fait à sa fille par le roi des Visigoths, en introduisant les Musulmans en Espagne. Tlemcen aurait-elle fait partie anciennement des possessions gothiques des rois de Tolède, et le gouverneur visigoth de la province Tingitane aurait-il donné son nom à l'une des portes de la cité africaine? C'est une conjecture que je hasarde, en la livrant au jugement des savants.

(1) El-Makkariyi, *Vie de Liçan ed-Dyn*, ms. de la Bibliothèque Impériale, t. I, fol. 77 v°.

(2) *Histoire des Beni-Zéyan*, pag. 99.

(3) Voy. Mohammed et-Tenaciyi, pag. 99; El-Makkariyi, ms. de la Bibliothèque Impériale, n° 758, f. 77 v°, et Yahia ben-Khaldoun, f. 8 v°.

on cite un livre intitulé : المفتاح فى اصول الفقه *la Clef des fondements du droit;* un commentaire sur le traité connu sous le nom de الجمل الخونجية, et le commencement d'un autre commentaire sur le *Kitab el-omdah* (كتاب العمدة) d'Ibn-Hischam.

L'emplacement du collége Yacoubiyah n'est pas indiqué dans les auteurs arabes que j'ai à ma disposition ; si je ne me trompe, il devait être situé à l'Ouest du collége Neuf et dans le voisinage de la Grande-Mosquée. En effet, quand on entre par la porte d'Oran et que l'on se dirige du côté du Méchouar, vers le midi, l'on trouve à quelques centaines de pas de là, une place sur laquelle les Français ont élevé une fontaine. Or, à l'extrémité de cette place, du côté de l'occident, s'élève un minaret revêtu de carreaux de faïence, orné de sculptures mauresques et de colonnettes. Quoique ces ornements aient perdu de leur fraîcheur primitive, et que la tour soit endommagée en plusieurs endroits, il est facile de juger, par ce qui en reste, que le minaret a dû faire partie, ainsi que l'oratoire qui s'étend à ses pieds, d'un établissement tel que ceux que l'on attribue au roi Abou-Hammou Moucé (1). Derrière l'oratoire, l'on voit des jardins incultes, des bâtiments en ruines qui semblent avoir appartenu à un ancien collége. Ne seraient-ce pas là les restes du *medraçah el-Yacoubiyah?* Je livre ma conjecture au jugement de ceux qui viendront après moi étudier les antiquités et interroger les ruines de Tlemcen.

---

(1) Le même roi fit construire une *zaouiah,* ou hospice, à côté du collége Yacoubiyah. Voy. Yahia ben-Khaldoun, fol. 38 v°.

Nous venons de voir que le plus ancien de ces trois colléges ne remonte pas au delà du règne du roi Abou-Hammou I*er*, fils du sultan Abou-Saïd Othman, qui monta sur le trône l'an 707 de l'hégire ; il ne faudrait pas en conclure qu'avant cette époque, il n'y avait à Tlemcen ni école, ni enseignement public sous les dynasties arabes ou berbères qui précédèrent le règne des Beni Abd' el-Wâdy, car les sciences y ont toujours été plus ou moins cultivées, ainsi que dans les autres villes du Maghreb. Au temps dont nous parlons, c'était dans les mosquées que les étudiants se réunissaient et que les professeurs donnaient leurs conférences. Le même édifice retentissait alternativement des louanges du Créateur et des savantes leçons des docteurs de la loi. La prière y succédait à l'exercice de l'étude ; la religion et la science s'y embrassaient amicalement comme deux bonnes sœurs ; le cœur y trouvait les consolations du ciel, et l'esprit y puisait les lumières qui le perfectionnent en l'éclairant. Telle était aussi la pensée de nos pères ; à côté de chaque cathédrale, ils avaient soin d'ériger une école ou une maîtrise. Dans le temple de Salomon, le chandelier d'or aux sept branches, emblême de la science et de la vérité, était placé à côté de la table qui portait les douze pains de proposition, image de la prière et de l'onction intérieure du Saint-Esprit.

Parmi les professeurs distingués qui ont enseigné dans la Grande-Mosquée de Tlemcen avant la fondation des colléges dont nous venons de parler, nous citerons en particulier le savant Abou-Içhak Ibrahim ben-Yakhlaf ben-Abd' es-Salam et-Tenaciyi, qui fleurit sous le règne de Ghamorâcen. Il était né à Ténez sur la fin de l'empire des Almohades. La réputation dont il jouissait en fait de savoir était si grande, que de Tlemcen et même de l'Ifrikiah, l'on se rendait dans sa ville natale pour y entendre ses leçons. Ghamorâcen lui avait fait écrire plusieurs fois, afin de l'engager à venir s'établir dans la capitale de ses États. Ibrahim et-Tenaciyi, qui ne pouvait se décider à quitter sa patrie, avait toujours su trouver des excuses pour ne pas se rendre au désir du roi. Sur ces entrefaites, arriva la révolte des Maghrawah qui répandirent le trouble et le désordre dans la contrée qui lui avait donné le jour. Cela le décida à aller chercher un refuge momentané dans les murs de la capitale des Beni Abd' el-Wâdy. Il y ouvrit un cours de théologie et de droit qui fut suivi avec empressement par tout ce que la ville possédait d'hommes instruits et par les jurisconsultes eux-mêmes. Le bruit de son arrivée étant parvenu aux oreilles du roi, celui-ci ne dédaigna pas de se rendre en personne à la Grande-Mosquée où Abou-Içhak faisait ses leçons. Il lui dit en présence des jurisconsultes réunis : « Je suis venu ici, afin que tu saches combien je désire de te voir établi dans notre capitale et occupé à y répandre la science. Si tu accèdes à mes vœux, nous nous chargeons de te fournir tout ce qu'exigera ce changement de domicile. » Comme ces paroles n'étaient pas seulement l'expression du désir de Ghamorâcen, mais qu'elles étaient aussi conformes aux vœux secrets de chacun, les jurisconsultes s'avançant vers le professeur, lui représentèrent qu'il ne pouvait pas donner un refus au roi ; que son établissement définitif à Tlemcen ferait plaisir à tout le monde, et ils le conjurèrent de leur accorder leur demande. « Laissez-moi, du moins, répondit Abou-Içhak, laissez-moi retourner auprès de ma famille, afin que je fasse mes dispositions pour le déménagement. — Cela n'est pas nécessaire, lui dit le roi, nous te donnerons des hommes qui iront chercher ta famille et l'amèneront auprès de toi. » Le professeur ne pouvant pas résister davantage aux sollicitations du roi et de son illustre auditoire, consentit enfin à se fixer à Tlemcen où il ne tarda pas de voir arriver sa famille. Ghamorâcen lui assigna pour son entretien et ses honoraires plusieurs fiefs, parmi lesquels se trouve celui de *Tiranescht* qui fut donné plus tard aux deux fils de l'Imam. Abou-Içhak jouissait à la cour du roi de la considération la plus grande et il y occupait un des rangs les plus distingués : c'était à lui qu'étaient confiées les missions diplomatiques les plus importantes et les plus difficiles.

Après la mort de Ghamorâcen, son fils et successeur Abou-Saïd Othman honora également notre professeur de sa confiance et de son amitié. Ce fut sous le règne de ce prince, en 680 de l'hégire, qu'il termina ses jours à Tlemcen, quelque temps après son retour du pèlerinage de la Mecque. Le roi accompagna jusqu'à la dernière demeure le corps de son ami et fidèle conseiller, qui fut enterré à Hubbed. Son tombeau est devenu un but de pèlerinage pour les Musulmans qui l'ont mis au nombre de leurs plus grands saints. Ils lui attribuent une foule de miracles et de faits extraordinaires opérés soit pendant sa vie, soit après sa mort. La vie et les prétendus miracles d'Abou-Içhak et-Tenaciyi ont été recueillis par le khatyb Ibn-Marzouk (1). Les historiens

---

(1) Mohammed et-Tenessy, pag. 84.

lui attribuent plusieurs écrits sur la jurisprudence dont malheureusement ils ne nous font pas connaître les titres (1).

Outre les professeurs qui enseignaient publiquement dans les mosquées, Tlemcen a toujours possédé, soit avant, soit après le règne de Ghamorâcen, des hommes de lettres et des savants qui faisaient des cours privés et donnaient des leçons particulières, en sorte que dans tous les temps les études ont fleuri à Tlemcen, et qu'après Fez, Maroc et Kaïrouan, c'est la cité du Maghreb qui a produit le plus grand nombre de jurisconsultes, de poètes, de mathématiciens et autres savants.

L'objet de l'enseignement des professeurs était la grammaire, la littérature, la dialectique, la jurisprudence, l'histoire, les sciences naturelles et les mathématiques. L'étude du Koran et des traditions musulmanes était regardée comme la base et la partie essentielle de l'instruction ; toutes les sciences étaient subordonnées à celle de la religion et en étaient, en quelque sorte, les humbles servantes. Celles qui n'avaient pas un rapport direct avec la théologie étaient considérées en général comme mondaines et dangereuses; pour se faire pardonner leur culture, il fallait être revêtu du titre d'imam, d'alfakih ou de mufti, et ces titres n'étaient pas toujours une garantie d'orthodoxie : dans l'esprit du théologien et du docteur de la Loi, Aristote l'emportait quelquefois sur le prophète Mahomet, et le manteau de la religion recouvrait bien souvent un mécréant et un infidèle. Ce n'est pas

---

(1) Yahia ben-Khaldoun, fol. 7 v°, et El-Makkariyi, ms. de la Bibliothèque Impériale, t. II, fol. 103 r°.

sans raison qu'Avicenne, qu'Averroës et tant d'autres savants musulmans ont été soupçonnés d'hérésie et d'impiété. L'étude des sciences spéculatives et d'observation était funeste à la foi des croyants ; c'est à cette crainte, bien fondée d'ailleurs, que l'on doit attribuer, selon moi, le peu de progrès que les Arabes ont fait faire à l'histoire naturelle et aux sciences physiques qu'ils ont laissées à peu près dans le même état dans lequel ils les avaient héritées des Grecs et des Indiens. L'esprit qui a inspiré le Koran est un esprit de trouble et de fanatisme : cette religion n'a séduit les peuples que parce qu'elle s'est adressée à leurs passions ; elle ne serait pas parvenue à se faire adopter, si elle n'avait promis le pillage, la licence et les jouissances matérielles. La paix, l'ordre et la raison sont nécessairement fatales aux sectes, aux sociétés qui doivent leur naissance à l'enthousiasme, à l'ignorance et aux mauvaises passions. L'Islam, fondé par le sabre et la brutalité, est destiné à périr tôt ou tard par la science et le raisonnement. Aujourd'hui que l'ardeur de la conquête s'est éteinte chez les sectateurs de Mahomet et qu'ils sont dominés par le sentiment de leur impuissance et de leur infériorité, ils ne tiennent à leur religion, que parce qu'ils ne trouvent personne qui leur en fasse voir l'absurdité. Cependant, il est vrai que tant qu'ils ne marcheront pas à la lumière de l'Évangile, il n'y aura pour eux ni science véritable, ni progrès social, ni bonheur individuel, ni prospérité publique, car c'est le christianisme qui a civilisé le monde, et, en dehors de lui, il n'y a que ténèbres et désordre.

Nous venons de dire que le Koran était le premier et

le principal objet de l'enseignement dans les écoles musulmanes. Voici de quelle manière on procédait dans cette étude. On lisait d'abord le livre tout entier qu'on apprenait en même temps par cœur ; on étudiait ensuite, l'une après l'autre, les sept leçons ou éditions du Koran, en sorte qu'il était lu et relu une vingtaine de fois. Cela fait, on repassait encore deux ou trois fois le Koran, en répétant toutes les sept leçons ensemble. Dans ce travail, on s'aidait du poëme de Schatibiyi qui est connu sous le nom de *Lamiyah*, et d'un autre poëme du même auteur intitulé le *Râyah*, des commentaires d'Ibn-Atiyah, de Thâalebiyi, du *Kaschaf* de l'imam Zamakhschariyi, de l'*Enouar et-Tenzyl* de Beydhaouiyi, ou du *Tahdhyb* d'Abou-Saïd Beïhakiyi, et de l'*Istidhcar* d'Abou 'l-Faradj Mohammed Darimiyi.

Après l'étude du texte koranique, venait celle des traditions qui avaient pour objet les paroles et gestes de Mahomet. On sait qu'il existe six grands recueils de traditions, savoir : 1° celui de Moslim ben-el-Hadjdjadj, 2° celui de Bokhariyi, 3° celui de Termedhiyi, 4° celui d'Abou-Daoud Souleyman ben-el-Aschâath, 5° celui de Niçâwiyi, et 6° celui d'Ibn-Madjah. Les professeurs expliquaient un ou deux de ces recueils, auxquels ils ajoutaient le *Omdah syar ennabi* de Mohammed ben-Içhak, accompagné des remarques et additions d'Ibn-Hischam, le *Raudah* de Kabériyi et le *Ardjouzah el-Hadycah*.

Le rite maléki étant celui des quatre rites orthodoxes que les Africains suivaient généralement, l'étude du droit avait pour base le *Mauta*, ouvrage de l'imam Malek, fondateur de la secte des Malékis. On lisait, après cela, le

Takassy, le *Temhyd* du docteur Ibn Abd' el-Berr, qui a commenté les traditions rapportées dans le *Mauta*; le *Modaouwanah* d'Abou 'l-Kacim, disciple de l'imam Malek; le *Temhyd* d'Abou-Saïd el-Berâdheyi, qui est l'abrégé du *Modaouwanah*, et plusieurs autres ouvrages qui traitent du rite malêki.

Pour l'étude de la grammaire, on avait :

1º Le *Kitab Ihrab ân couâhed el-Ahrab* de Djemal ed-Dyn ben-Hischam ;

2º Le *Moghny el-lebyb* du même auteur ;

3º L'*Idhah* (الإيضاح) d'Abou-Aly Haçan el-Faressiyi ;

4º Le *Kitab fy-n-nahhou* de Sibaweih ;

5º L'*Alfiah* de Djemal ed-Dyn Abou Abd' Allah ben-Malek, et le *Teshyl* du même auteur ;

6º Le *Kafiyah* d'Abou-Amr ben-el-Hadjib.

Chacun de ces ouvrages a son commentaire dont le professeur faisait usage quand il expliquait la grammaire.

Quant à la science que les Arabes appellent *el-edeb*, ou belles-lettres, on l'étudiait dans les ouvrages suivants :

1º Le *Telkhys* ;

2º L'*Idahh* de Kazouiniyi ;

3º Le *Kitab Delâil el-idjaz* de Djordjaniyi ;

4º Les deux *Schatebiyah* ;

5º L'*Anmoudedj* de Zamakhschariyi ;

6º Le *Mesbahh* d'Abou 'l-Fathh Nacyr Motarrezy et le *Moghrib* du même auteur ;

7º Le *Hamâssah* ;

8° Les sept Moallacât ;
9° Le diwan de Motenabby ;
10° Le *Kitab el-Aghâny* ;
11° Le *Kitab el-Homdah* d'Abou-Haçan ben-Reschyk, et plusieurs autres recueils qu'il serait trop long de citer.

Le Koran et les traditions sacrées, la grammaire, la jurisprudence et les belles-lettres sont les sciences que l'on professait plus particulièrement dans les colléges de Tlemcen ; quant aux autres, telles que la médecine, l'histoire naturelle, les mathématiques, la physique, l'astronomie, etc., l'enseignement n'en était ni permanent, ni obligé ; malgré cette considération, nous aurions indiqué quelques-uns des auteurs que l'on expliquait sur ces dernières matières, si la nomenclature des ouvrages que nous venons de donner ci-dessus, ne nous avait paru déjà trop longue. Nous terminerons ce chapitre, en disant un mot de la méthode suivie par les professeurs. Ils avaient plusieurs manières d'enseigner. La première et la plus ancienne, suivant Hadjjy Khalifah, était la suivante : « Un savant, dit cet écrivain dans son *Dictionnaire bibliographique*, est assis, ayant autour de lui ses disciples avec des encriers et du papier. Le savant dit ce que Dieu permet qu'il lui vienne à l'esprit au sujet d'une science, et ses disciples l'écrivent. Il se forme de cela un livre qu'on nomme *el-Imla* ou *el-Amâly*. Voilà comme avaient coutume de faire les anciens, soit jurisconsultes, soit docteurs dans la science des traditions ou dans toute autre science de celles qu'ils cultivaient ; mais le discrédit où sont tombés et la science et les savants, a fait évanouir les traces de cet usage. »

Cette méthode était appelée *imla* (الإملا) ou *taalik*(تعليق). Quelquefois le professeur se contentait de lire devant les élèves ses propres ouvrages ou ceux d'autrui, en expliquant les mots et les passages obscurs qui se présentaient. Les élèves s'instruisaient alors par la méthode dite السماع *audition*.

Lorsque les élèves lisaient un livre et que le professeur leur en expliquait le sens, en se servant soit de commentaires (شرح), soit d'autres ouvrages traitant le même sujet, cette sorte d'enseignement s'appelait قراءة التفهم (*kirået et-teffahom*), lecture d'intelligence ; التفكه (*et-teffakoh*), lecture approfondie, ou simplement القراءة (*el-kiraah*), lecture.

Le lecteur me permettra, en finissant, de rapporter ici quelques expressions ou termes usités dans les écoles arabes.

1º On disait *lire auprès de quelqu'un*, قراء عليه, dans le sens d'*étudier auprès de quelqu'un, prendre des leçons de lui*.

2º Le verbe تأدب (*teaddob*) signifiait s'instruire dans les belles-lettres, étudier ce que nous appelons les *humanités* (الادب) *el-edeb*.

3º Apprendre les traditions (حديث) *hadith* d'un (حافظ) *hafidh* ou traditionniste (محدث) se disait اخذ عنه (*akhadha anhou*) prendre de lui, c'est-à-dire *recueillir de sa bouche les traditions*.

4º L'expression رواية عنه (*riwâyiaton anhou*) voulait dire *apprendre la théologie ou la jurisprudence auprès d'un docteur de la loi*.

5° On employait le verbe تفقّه (*tefakkaha*) quand on parlait de quelqu'un qui s'adonnait à l'étude du droit canon.

6° Le mot الفقه (*al-fekh*) était consacré à désigner la science du droit canon. L'on donnait la même acception au mot علم (*hilm*), dont la signification générale est *science*.

7° Pour désigner l'*enseignement*, on se servait du mot *el-tedrys* (التدريس).

8° Un professeur s'appelait *modarris* (مدرس) ou *mohallim* (معلم).

9° Un collége, une académie, une université portait le nom de *medraçah* (مدرسة).

10° Une école où l'on apprenait simplement à lire et à écrire, se nommait *mekteb* (مكتب).

11° On appelait un élève *talmidh* (تلميذ).

12° Un docteur en théologie et en droit, *hâlim* (عالم). au pluriel *eulamâ* (علماء), d'où nous avons fait *euléma* ; il portait aussi le nom d'*al-fakih* (الفقيه).

13° On donnait généralement le titre d'*ustadh* (استاذ), mot persan qui veut dire *maître*, *précepteur*, à un docteur ès-lettres et à un instituteur chargé de l'éducation d'un prince.

14° Un diplôme de licencié ou de docteur s'appelait *idjâzah* (اجازة). Il était conféré par le professeur aux élèves qui avaient suivi son cours avec assiduité et subi plusieurs fois un examen oral. Personne ne pouvait enseigner une science ou expliquer un livre sans être muni d'un diplôme constatant que l'on avait étudié cette science ou expliqué ce livre sous tel ou tel licencié ou docteur. L'autorité du professeur était d'autant plus grande, que les maîtres qui lui avaient délivré le diplôme avaient été plus habiles et plus célèbres. Dans les questions obscures et difficiles, il suffisait d'invoquer l'avis du maître pour mettre fin à tous les doutes. Lorsque l'on pouvait apporter en faveur d'une opinion une parole de Mahomet ou de quelqu'un de ses premiers compagnons, transmise de bouche en bouche par une série de personnages connus et dignes de foi, la preuve était considérée comme décisive. La tradition et l'autorité des anciens n'étaient pas seulement invoquées dans les matières de droit et dans les questions théologiques; on y avait également recours dans l'étude des sciences qui sont du domaine de l'analyse ou de l'observation, méthode aussi peu rationnelle qu'opposée au progrès des connaissances humaines. Tout occupés à comprendre et à commenter les systèmes quelquefois erronés, les fausses hypothèses, les observations incomplètes de leurs devanciers, les Arabes ont négligé de faire marcher la science, dont le flambeau a fini par s'éteindre presque entièrement au milieu d'eux.

Mais il est temps de revenir sur nos pas et de reprendre le récit de notre visite à cy Hammady ben-es-Sekkal que nous avons laissé assis sur son lit de justice, prêt à entendre le premier venu et à faire administrer, au besoin, de nouveaux coups de bâton.

Notre conversation avait duré près d'une heure ; malgré le désir que j'éprouvais de la prolonger, je compris qu'il fallait mettre fin à ma visite. En me levant, je lui remis entre les mains une note où je lui adressais les questions suivantes :

هل بقيت بالحضرة او بظاهرها واوحوازها قبور الملوك القدمآ

1° *Voit-on encore à Tlemcen, dans sa banlieue ou dans son territoire, les tombeaux des anciens rois ?*

هل نقل محمد التنسي فى تاريخه الكتابة التي من فوق باب الجامع من العباد فان ما مكنى قراءتها بما يغطيها من الجير

2° *Trouve-t-on dans l'histoire de Mohammed et-Tenaciyi l'inscription qui orne le frontispice de la Grande-Mosquée de Hubbed, inscription qui est aujourd'hui recouverte de chaux, et que, par conséquent, il m'a été impossible de lire ?*

الجوامع والمساجد والزاويا كم هي فى الحضرة

3° *Combien compte-t-on de mosquées et de chapelles funéraires à Tlemcen ?*

Cy Hammady ben-es-Sekkal promit de répondre par écrit à ces questions. L'ayant remercié d'avance, je pris congé de lui et me retirai avec M. le curé de Tlemcen, qui n'ayant pu prendre part à la conversation, était impatient de s'en aller. Le chiaouch se mit en devoir de nous accompagner jusqu'à la porte ; nous crûmes que c'était pour nous faire honneur ; nous nous trompions : c'était pour nous demander le *bakhschisch* ou gratification d'usage. Assurément, le rôle actif et intelligent qu'il avait joué dans la scène des coups de bâton valait bien une petite pièce de monnaie.

CHAPITRE XV.

Le *Sehrydj* ou grand bassin de Tlemcen. — Événement qui l'a rendu célèbre.

Le lendemain, 9 octobre, le but de ma promenade fut l'immense réservoir que l'on voit en dehors de Tlemcen, du côté du couchant. Les Arabes le nomment *Sehrydj el-Kébyr* (صهريج الكبير), le Grand-Bassin, pour le distinguer de celui qui est à l'Est de la ville, dans le quartier d'Agadyr. Il est situé entre la Mansourah et les murs de la ville, dont il n'est guère séparé que par une centaine de pas. La proximité du lieu me dispensa de l'escorte ordinaire des Koroughlis, d'autant plus qu'on m'avait dit que j'y trouverais des ouvriers français qui travaillaient à la restauration du bassin. Le compagnon fidèle de mes courses, M. le curé de Tlemcen, voulut bien partager avec moi le plaisir de la promenade et m'aider dans mes explorations.

Il était deux heures quand nous sortîmes de la ville par la porte de Fer (*bab el-Hadyd*); au bout de quelques minutes, nous nous trouvâmes sur les bords du grand Sehrydj. C'est un vaste carré creusé dans la terre et entouré de murs épais, qui a, suivant le voyageur Shaw, qui l'avait visité, cent toises de long sur cinquante de large. Ayant voulu moi-même en mesurer la dimension, j'ai compté trois cent quarante de mes pas dans le sens de sa longueur qui court du Nord au Sud, et cent soixante-cinq pas dans le sens de sa largeur qui va de l'Est à l'Ouest. Quant à la profondeur, elle est d'environ trois mètres.

Le fond du bassin est revêtu d'une couche de maçonnerie qui a un peu plus d'un mètre d'épaisseur. L'épaisseur du mur qui l'entoure est de deux mètres cinq centimètres. Ce mur est flanqué dans toute sa circonférence extérieure d'un contrefort d'un peu plus de trois mètres d'épaisseur. En mesurant l'épaisseur du mur et du contrefort ensemble, j'ai compté douze de mes pas, ce qui fait près de six mètres. Le bassin entier est maçonné en béton, genre de construction si dure, qu'on ne peut l'attaquer qu'avec l'aiguille et la poudre des mineurs.

L'usage et la destination de cet immense réservoir, qui est aujourd'hui sans eau, ont été longtemps un problème ; les uns y ont vu une naumachie, les autres un bassin destiné à l'irrigation de la plaine qu'il domine. Le voyageur Shaw, qui n'exclut pas la possibilité de ce dernier usage, penche cependant à croire que le bassin était destiné à fournir de l'eau à la ville en cas de siége. La conjecture du savant anglais semble être contredite par la position actuelle du bassin, qui se trouve en dehors de la ville et ne paraît pas avoir été jamais compris dans l'enceinte des remparts. M. Azéma de Montgravier (1) est de l'avis de ceux qui pensent que le bassin était destiné à l'irrigation de la plaine voisine. Il croit en même temps que c'est un ouvrage des

---

(1) *Excursion archéologique d'Oran à Tlemcen*, pag. 14.

Romains, qui date des commencements de leur domination en Afrique. « Les manuscrits, ajoute-t-il, pourraient nous fournir quelque lumière à ce sujet ; mais qui s'occupe de recueillir des manuscrits ? La voix des amis de la science et des arts est bien faible au milieu du tumulte des armes, et trop souvent, à la suite d'une razzia ou dans une ville nouvellement occupée, nous avons eu la douleur de voir livrer aux flammes ces bibliothèques que les générations s'étaient transmises l'une à l'autre, et parmi lesquelles, au milieu du fatras religieux des commentaires du Koran, pouvaient se trouver des documents précieux pour l'histoire si confuse des premiers siècles de l'Islamisme et pour notre propre histoire (1). »

Ce regret si juste et si bien exprimé, nous nous y associons de tout notre cœur ; cependant, je crois pouvoir le dire, la pénurie des documents historiques n'est peut-être pas aussi grande que semblent se l'imaginer ceux qui ne connaissent pas toutes les richesses de nos bibliothèques publiques ou privées. L'Europe possède quantité de manuscrits arabes qui traitent de l'histoire du Maghreb ; le gouvernement français publie dans ce moment la partie du grand ouvrage d'Abd' er-Rahman ben-Khaldoun qui a trait aux Berbères et aux Arabes établis dans l'Afrique septentrionale (2) ; des savants étrangers éditent des textes relatifs

---

(1) Ibid., pag. 11.
(2) Depuis que ceci est écrit, l'ouvrage en question a été publié par les soins du gouvernement, avec une traduction française due au savant arabisant M. Mac-Guckin de Slane.

au même sujet ; d'autres s'occupent de traductions qui sont destinées à jeter un grand jour sur les antiquités et l'histoire de nos possessions africaines. Les documents et les manuscrits ne manquent donc pas ; seulement, il faut laisser au gouvernement et aux personnes qui travaillent à ces publications, le temps d'y mettre la dernière main et de les rendre dignes du public savant.

Quant à la question qui nous occupe dans ce moment, je trouve dans Yahia ben-Khaldoun (1) un passage qui semblerait venir à l'appui de l'opinion de M. Azéma de Montgravier. « Des hauteurs voisines de Tlemcen, dit l'historien arabe, descendent des ruisseaux qui fournissent aux habitants l'eau qui leur est nécessaire. Cette eau leur est amenée pure et limpide par plusieurs canaux et conduits souterrains ; elle est ensuite distribuée aux colléges et aux mosquées par des fontaines et des châteaux d'eau. Elle passe également dans les maisons des particuliers et dans les établissements de bains où elle est reçue dans des citernes et des réservoirs ; l'excédant va arroser en dehors de la ville les jardins et les champs. »

L'on serait tenté de croire que l'excédant dont il est ici question, avant de servir à l'irrigation des jardins et des champs situés hors de la ville, était d'abord recueilli dans un bassin, et que ce bassin n'était pas autre que notre Schrydj. Cependant la forme et la structure de ce dernier ouvrage s'opposent à l'admission de cette conjecture. En

---

(1) *Histoire des Beni Abd'el-Wâdy*, fol. 3 v°.

effet, si le bassin avait eu la destination qu'on suppose, on eût pratiqué dans l'épaisseur du mur une vanne, des tuyaux, ou du moins des rigoles, pour servir, au besoin, à l'écoulement des eaux ; or le bassin ne présente aucune trace de vanne, de rigoles ou de tuyaux ; les parois ne sont percées dans aucune partie de leur surface, et dans le fond, on ne découvre aucun vestige de soupape, ni de soupirail. Il n'est donc pas question du grand Sehrydj dans le passage d'Yahia ben-Khaldoun. C'est Mohammed et-Tenessy qui nous donnera la clef de l'énigme et nous fera connaître en même temps la date de la construction de l'ouvrage que nous examinons. Le passage qui contient ces précieux renseignements est aussi important pour la solution de la question qui nous occupe, que pour l'histoire architecturale du Maghreb en général, et de Tlemcen en particulier. « Abou-Teschifyn, dit l'auteur précité, prenait plaisir à embellir sa capitale, en y construisant des hôtels magnifiques, en y élevant de splendides palais. Il employait à ces travaux les ouvriers qui se rencontraient parmi les prisonniers de guerre et qui étaient au nombre de plusieurs milliers. Il y avait parmi eux des charpentiers, des menuisiers et des ébénistes, des mécaniciens, des maçons et des architectes, des ouvriers en faïence et en mosaïque, des peintres, des doreurs et des ornementistes en tout genre. Secondé par ces artistes et ces ouvriers, le roi de Tlemcen a laissé à la postérité des monuments tels, que personne, avant lui, ni après lui, n'en a élevé de pareils. Au nombre de ces merveilles l'on compte l'*hôtel du Gouvernement* (دار الملك), l'*hôtel de la Joie* (دار السرور), l'*hôtel d'Abou-Fihr* (دار ابي فهر) et le *grand Sehrydj* (الصهريج الاعظم). En construsant ces monuments incomparables, Abou-Teschifyn n'avait pas d'autre but que celui de se procurer des jouissances mondaines (كل ذلك للملاذة الدنيوية) (1). »

Cette dernière expression nous révèle la véritable destination du Sehrydj et confirme la tradition des habitants de Tlemcen, d'après laquelle le bassin aurait servi autrefois aux amusements des rois de Tlemcen. Il paraîtrait qu'on s'y livrait, en leur présence, à des exercices nautiques, tels que la joûte, la natation, le combat naval, et que c'était ce que nous appelons une naumachie.

En nommant le prince à qui le Sehrydj doit son existence, j'ai par là même indiqué l'époque où il fut construit. Abou-Teschifyn, fils d'Abou-Hammou Ier, régna entre les années 718 et 737 de l'hégire. C'est dans cet intervalle qu'il faut placer la construction du grand bassin, car l'auteur arabe n'en précise pas l'époque, et il est certain d'un autre côté qu'un ouvrage de la dimension du Sehrydj a dû exiger plus d'une année de travaux.

La naumachie de Tlemcen n'était pas unique dans le Maghreb; à l'époque où elle fut construite, la ville de Maroc en possédait déjà une depuis près de cent ans. Elle était située près du palais des sultans et elle devait son existence au célèbre Abd' el-Moumen, premier roi des Almohades. Les historiens arabes nous apprennent que l'on y voyait de grands et de petits vaisseaux, et que les jeunes gens s'y exerçaient en présence des rois du Maroc aux combats de

---

(1) Mohammed et-Tenessy, pag. 88.

mer, y apprenaient à ramer, à piloter, à monter à l'abordage, et y acquéraient les qualités corporelles nécessaires au service de la marine.

C'est, sans doute, pour que Tlemcen n'eût rien à envier à la capitale des Almohades, que le prince Abou-Teschifyn eut la pensée d'y construire l'ouvrage en question.

Le gouvernement français, qui a restauré à grands frais les monuments religieux de Tlemcen les plus vénérés des Musulmans, a cru devoir faire aussi quelque chose dans leur intérêt temporel : d'un ouvrage destiné primitivement aux divertissements des rois et des courtisans, il a voulu en faire un d'utilité publique et réelle. Nous avons dit plus haut que le mur ni le fond du bassin n'offraient d'ouverture pour la fuite des eaux. Lorsque je l'ai visité, des ouvriers étaient occupés à pratiquer une brèche sur le côté oriental de ce mur, afin d'y établir une vanne ou des tuyaux d'écoulement ; mais dans le moment où j'écris, ces travaux sont achevés, et au lieu d'un réservoir desséché et poudreux, on a un lac où la Fewârah apporte son tribut, où les poissons nagent déjà accompagnés de leurs nouvelles familles, et où les oiseaux aquatiques viennent se baigner et prendre leurs ébats, sans avoir à redouter le plomb du chasseur, ni l'œil perçant de l'aigle ou du vautour. Des milliers de jardins, de pépinières, de vergers ont été créés dans le voisinage ; les fleurs, les fruits s'y succèdent sans interruption ; la vie y est distribuée et entretenue par des irrigations fréquentes et conduites avec intelligence ; la poussière et le sable y ont fait place à une terre grasse et féconde ; la fraîcheur et la verdure y ont remplacé la sécheresse et l'aridité du sol ; les plantes potagères et les légumes naissent et renaissent sans cesse là où jadis on recueillait à peine une fois dans l'année une maigre moisson. Tous ces bienfaits sont dûs à la main industrieuse des Français et aux eaux du réservoir appropriées enfin à leur usage naturel.

Au moment où je sortais de l'intérieur du Sehrydj, que j'avais parcouru dans tous les sens, un souvenir triste comme les siècles qui avaient passé sur ces lieux, vint affliger mon esprit. Un jour, un célèbre pirate, déjà maître de la ville d'Alger et des côtes de la Barbarie, entra dans les murs de Tlemcen où une faction l'avait appelé. Il avait juré de remettre sur le trône un prince que son oncle Abou-Hammou avait jeté injustement dans les fers. Barberousse tire, en effet, de prison le jeune prince Abou-Zéyan ; mais au bout de quelques jours, ayant fait pendre le roi qu'il était venu délivrer, ainsi que ses enfants, aux piliers du Méchouar, il ordonna qu'on lui amenât tous ceux de la famille des Beni-Zéyan que l'on pourrait saisir, et il les jeta lui-même dans le grand Sehrydj. Pendant que ces malheureux princes luttaient contre la mort, le barbare prenait plaisir à considérer leurs efforts désespérés, leurs mouvements, leurs grimaces et les angoisses de leur lente agonie.

Il y a trois cents ans que cet acte inhumain a été commis, et les murs du bassin semblent encore retentir des cris plaintifs des nobles victimes qui périrent dans ses eaux. Nous quittons enfin le théâtre de cette affreuse tragédie et nous dirigeons nos pas vers la ville, où nous rentrons par la porte que l'on nomme *bab Riadh Ben-Fâris*, c'est-à-dire *porte des Prairies de Ben-Fâris*.

CHAPITRE XVI.

Le Méchouar ou ancien palais des rois. — Les objets curieux qu'on y voyait autrefois, tels que l'horloge merveilleuse et le Koran d'Othman.

La citadelle de Tlemcen s'élève du côté du midi de la ville et s'étend jusqu'aux remparts. On l'appelle *Méchouar* (المشور), c'est-à-dire *salle du conseil*, nom que l'on donnait autrefois dans le Maghreb aux palais des sultans. Elle a deux portes voûtées, dont l'une s'ouvre dans la ville et l'autre regarde la campagne. La première se nomme *bab et-Tsoutsiyah* (باب التونية), porte du Mûrier, et la seconde simplement *bab el-Méchouar* (باب المشور). Du temps de Marmol, celle-ci était appelée *bab Gadir* ou porte d'Agadyr, et celle-là *bab el-Djied*, porte des Coursiers.

Depuis mon arrivée à Tlemcen, j'étais sorti plusieurs fois de la ville par la porte Tsoutsiyah, mais je ne m'étais jamais arrêté dans l'intérieur de la citadelle pour la visiter avec l'attention qu'elle méritait de la part d'un voyageur. Le samedi, 10 octobre, fut le jour choisi pour cette exploration.

Le Méchouar est une vaste enceinte de forme rectangulaire, entourée d'un mur fort haut et crénelé. Dans la partie occidentale, l'on voit une mosquée ornée d'un minaret, et un corps de bâtiments, le tout transformé en un hôpital militaire. A droite et à gauche de la porte voûtée qui donne dans la ville, il y a des maisons occupées par le commandant de la place, l'intendant militaire, et par d'autres officiers attachés à l'administration de la localité. Une grande caserne construite en belles pierres de taille et pouvant contenir cinq cents cavaliers, remplace, dans la partie orientale du Méchouar, les pavillons dont se composait le palais des anciens rois et les jardins au milieu desquels s'élevaient ces pavillons. Les jardins renfermaient des orangers, des citronniers d'une dimension prodigieuse et d'une rare beauté. Les personnes qui m'ont fourni ces renseignements, regrettaient qu'on n'eût pas épargné ces arbres qui n'avaient peut-être pas leurs pareils dans l'Algérie entière. Mais est-ce que les messieurs du génie savent respecter quelque chose, quand il s'agit de réaliser leurs plans ? Souvenirs historiques, antiquités, monuments des arts, rien n'est sacré à leurs yeux ; il leur faut le marteau, la démolition et le nivellement.

Pendant le cours des travaux, des substructions antiques d'un haut intérêt furent retrouvées dans cet endroit : on les a recouvertes sans qu'on en ait conservé le souvenir ; elles ont été soustraites peut-être à jamais à l'examen des hommes de science. L'on a également découvert dans le Méchouar des bagues, des sceaux, des bijoux, des médailles et autres objets curieux que les ouvriers ont fait disparaître et qui seront à coup sûr pour les historiens et les amateurs d'antiquités un sujet de regrets éternels. Le mur est revêtu intérieurement d'un contrefort et d'une terrasse ;

quelques pièces de campagne placées dans les créneaux montrent à la cité arabe leur bouche béante et prête à vomir la flamme et le fer.

Nous avons déjà dit dans un autre endroit, et nous croyons à propos de répéter ici, qu'en 1845, lorsque les Arabes tenaient les Français bloqués dans la citadelle, interceptant les communications avec le dehors et réduisant nos soldats à la famine, le gouverneur de Tlemcen faisait tirer quelques coups de canon sur le minaret de la Grande-Mosquée, et qu'alors les Musulmans, préférant la conservation du monument religieux à celle de leur propre vie, se hâtaient d'apporter des vivres et des provisions à la porte du Méchouar.

Pendant que j'explorais le côté méridional de l'enceinte, des ouvriers étaient occupés à creuser dans cet endroit les fondements d'une nouvelle bâtisse; l'eau qui sortait de la terre avait envahi la tranchée, et les hommes avaient de la peine à continuer leur ouvrage. Dans les déblais que j'eus la curiosité d'examiner, je remarquai des fragments de tuyaux en poterie, débris des conduits qui amenaient anciennement les eaux de la Fewarah dans l'intérieur du Méchouar. Contre le mur, qui se confondait ici avec le rempart de la ville, étaient adossés, ainsi que du côté du Nord et de l'Ouest de la citadelle, des bâtiments et des pavillons solidement construits, lesquels servaient probablement de demeure aux gens employés à la cour des anciens rois de Tlemcen.

La citadelle est bâtie sur un terrain peu élevé au-dessus

du niveau de la plaine qui s'étend au Midi de la ville ; mais vue du côté du Nord et du quartier des Hadhars dont les maisons surgissent en amphithéâtre, elle domine entièrement la ville arabe et peut être considérée comme l'acropolis de Tlemcen.

Avant la fondation de Tagrart, en 462 de l'hégire, et même longtemps après cette époque, Tlemcen n'avait pas d'autre ouvrage de fortification que ses propres remparts et les tours dont ils étaient flanqués, car je ne parle pas du château appelé *el-Kalaah*, qui, étant situé à une lieue environ de la ville, sur le flanc septentrional du mont Sakharataïn, ne pouvait pas être d'un très-grand secours pour la défense de la place. Malgré cela, l'ancienne Tlemcen ne laissait pas que d'être une ville très-forte, comme l'attestent tous les historiens arabes dont nous avons cité ailleurs les paroles ; nous avons dit plus haut (1) que les Almoravides, chassés de Tagrart par les troupes d'Abd' el-Moumen, purent se maintenir l'espace de quatre ans dans le quartier d'Agadyr ou ancienne Tlemcen. La ville, forte déjà par sa position naturelle, pouvait d'ailleurs faire usage pour sa défense des anciens ouvrages des Romains qui étaient encore debout en grande partie à l'époque dont nous parlons.

Dans l'origine, le Méchouar, qui avait été construit sur l'emplacement même où le roi Almoravide Youcef ben-Teschifyn avait fixé sa tente pendant qu'il assiégeait la ville de Tlemcen, le Méchouar, dis-je, fut simplement un hôtel

---

(1) Page 183.

servant de résidence aux gouverneurs almoravides d'abord, et après eux aux gouverneurs almohades. Il fut ensuite habité par les rois de la dynastie des Beni Abd'el-Wády, qui tous se plurent à embellir leur demeure et à la rendre digne de la capitale de leurs États. Du temps d'Yahia ben-Khaldoun, qui florissait à la cour d'Abou-Hammou II, le Méchouar était déjà devenu un palais pouvant rivaliser de magnificence et de splendeur avec les demeures royales de l'Orient les plus renommées. Voici en quels termes cet historien en parle : « Les rois de Tlemcen, dit-il, y possèdent un palais où l'on remarque des édifices splendides, des pavillons très-élevés, des jardins ornés de berceaux de verdure, et admirables tant par le goût avec lequel les plantes et les fleurs y sont disposées, que par la symétrie et les justes proportions qui règnent dans leur distribution et leur plan, si bien que par sa magnificence et sa beauté, cette demeure royale nuit à la renommée du Khawarnac, fait pâlir le Rocâfah et oublier le Sédyr (1).

---

(1) *Histoire des Beni Abd' el-Wády*, fol. 2 r°. Le Khawarnac et le Sédyr sont deux châteaux célèbres qui furent bâtis par Nooman le Borgne près de Hirah. (Ce prince régna entre les années 390 et 418 de notre ère.) Ils tirent leur nom, l'un de la rivière Khawarnac qui coule dans les environs de Koufah, l'autre d'un canal appelé Sédyr qui se trouve dans le voisinage de Hirah. Adiyi ben-Zéid, poëte arabo chrétien qui florissait dans la seconde moitié du sixième siècle, parle de ces châteaux dans les vers suivants qu'il adressa à un prince de Hirah :

« Songe, car la sagesse est le fruit de la réflexion, songe au maître du Khawarnac, lorsque du haut de son château il admirait le spectacle offert à ses regards.

« Ses richesses, l'étendue de ses possessions, le fleuve roulant à ses

La splendeur dont les princes Abd' el-Wâdites cherchèrent d'abord à s'entourer, était une suite presque nécessaire de leur vanité et de leurs prétentions : se disant les descendants des Édrissites et de Mahomet par Fatimah, femme d'Aly, ils se faisaient passer pour les héritiers légitimes de la double puissance, temporelle et spirituelle ; ils se décoraient des titres pompeux de khalifes et de sultans, et comme pour se dissimuler à eux-mêmes la nullité de leurs droits et la fausseté de leurs prétentions au souverain pontificat, ils avaient multiplié autour d'eux les dignités et les offices, créé une foule de services et d'emplois, tels qu'on en voyait dans les cours les plus brillantes de l'Orient.

Les principaux officiers de la cour des rois de Tlemcen étaient les suivants : 1° Les vizirs (الوزراء), 2° le hâdjib, 3° le secrétaire en chef, 4° le ministre des finances, et

---

pieds, son magnifique palais de Sódyr, tout concourait à lui inspirer des idées flatteuses.

« Mais une pensée soudaine a fait frémir son cœur. Hélas ! s'est-il écrié, qu'est-ce que la félicité de l'homme, quand la mort est là qui l'attend ? »

(Traduction de M. Caussin de Perceval, dans son *Essai sur l'histoire des Arabes avant l'Islamisme*, t. II, p. 59.)

Quant au Roçâfah, il y avait en Orient plusieurs châteaux de ce nom, entre autres le Roçâfah construit à Koufah par le khalife Abbasside Almansor, et le Roçâfah que le khalife Haroun er-Raschid avait fait bâtir à Baghdad, sur la rive orientale du Tigre. Les rois arabes d'Espagne possédaient une maison de plaisance de ce nom dans les environs de Cordoue. (Voy. *Ibn-el-Adhâriyi el-Marreskoschiyi*, édition de M. Dozy, p. 62 et 63, Leyde, 1849.) C'est peut-être à ce dernier château que fait allusion Yahia ben-Khaldoun.

5⁰ les cadhis. C'est l'ordre dans lequel ils sont mentionnés par Yahia ben-Khaldoun.

Les vizirs (الوزراء) étaient au nombre de deux : l'un était chargé de l'administration militaire, et l'autre de l'administration civile. Le premier, que l'on désignait en particulier par le nom de *vizir de l'épée* (صاحب السيف), levait les troupes, les commandait au besoin et les licenciait ; le second, que l'on appelait le *vizir de la plume* (صاحب القلم), conférait les emplois civils et était chargé de la police générale du royaume. Dans les derniers temps du règne des Beni-Zéyan, ces deux offices furent réunis entre les mains d'un seul ministre à qui l'on donnait le nom de *mézouar* (المزوار).

L'office le plus élevé après le *vézirah* était le *hhidjâbah* (الحجابة). Le *hhâdjib*, ou chambellan, était l'homme de confiance du prince et son conseiller intime. Il servait d'intermédiaire entre le roi et ses grands officiers ; il commandait quelquefois l'armée et représentait la personne du prince. Le hhidjâbah était la dignité la plus honorable dont un homme pût être revêtu à la cour.

Le secrétaire en chef, ou grand chancelier (الكاتب), était le chef du bureau de la chancellerie et de la correspondance. Il rédigeait les ordonnances et adresses (الإنشاء) émanant de l'autorité royale et y apposait l'*alâmah* (العلامة), formule consistant en ces mots : الحمد لله والشكر لله *Louange à Dieu et action de grâces à Dieu!* et autres de cette nature, que l'on écrivait en tête des actes officiels.

Le ministre des finances (صاحب الأشغال) avait la garde et l'administration des deniers publics. Il recevait les revenus de l'État, faisait recouvrer les impôts et fournissait à l'argentier ou payeur général les sommes ordonnancées par le roi.

Les câdhis étaient ordinairement au nombre de trois, savoir : le *câdhi de la communauté* (قاضي الجماعة), qui était le grand-juge ou chef suprême de la justice ; le *câdhi de la cour* (قاضي الحضرة), qui remplissait les fonctions de notaire pour les personnes attachées au palais du roi, recevait les plaintes de tous ceux qui venaient demander justice et était chargé d'y faire droit, et le *câdhi militaire* (قاضي العسكر), qui accompagnait l'armée dans toutes ses expéditions, et dont la juridiction s'étendait exclusivement sur les gens de guerre.

A ces hauts dignitaires, ajoutez une foule d'officiers subalternes, tels que le gouverneur du palais, qui était en même temps le capitaine de la garde royale, le grand-écuyer, le commandant des pages, l'eunuque gardien du harem, et vous aurez une idée juste du personnel nombreux et brillant dont se composait la cour des rois de Tlemcen.

Pour rendre leur personne plus respectable, ils se montraient rarement à leurs sujets ; ce n'était que dans certaines circonstances qu'ils voulaient bien leur octroyer cette insigne faveur, et la chose se faisait alors avec tout l'apparat et la magnificence que demandait la dignité du trône et la majesté du pouvoir souverain. Mais de toutes les fêtes données par la cour, aucune n'égalait celle dont le Méchouar était témoin lors de la solennité du *Mauled*, ou naissance du fondateur de l'Islam. Elle mérite une description particulière.

Dans la soirée du 12 de rebie el-awel, jour de la fête, le roi donnait aux grands de l'État, aux officiers de la cour, aux notables de la cité, aux syndics des arts et des métiers, un banquet splendide et somptueux. « On y apportait, dit un historien arabe, des tables servies qui, par leur forme circulaire, ressemblaient à des lunes, et par leur splendeur, à des parterres fleuris. Elles étaient chargées des plats les plus exquis et les plus variés; il y en avait pour satisfaire tous les goûts, faire l'admiration de tous les yeux, charmer toutes les oreilles par leurs noms, exciter l'appétit et l'envie de manger à ceux qui n'avaient pas faim, les engager à s'approcher et à prendre part au festin commun (1). Le sol était garni d'une quantité innombrable de tapis et de coussins rangés avec ordre et proprement pour servir de siége et d'appui aux convives. D'immenses flambeaux fixés dans des chandeliers de cuivre doré, répandaient des flots de lumière dans toute la salle, pareils à des colonnes de feu. Le roi était assis sur son trône, dans le lieu le plus honorable de la salle du banquet. La vue de sa personne réjouissait tout le monde; l'éclat de sa majesté dilatait toutes les poitrines; la grandeur de sa gloire remplissait l'esprit de stupéfaction; il éclipsait par sa magnificence les grands et les nobles de son peuple qui environnaient son trône. Les notables (2) de la ville et les syndics des métiers occupaient

---

(1) Mohammed et-Tenessy, p. 94.
(2) Yahia ben-Khaldoun, fol. 24 r°.

chacun une place distincte, suivant le rang et la condition à laquelle il appartenait ; ils formaient des groupes et des bandes qu'on aurait pris volontiers pour les compartiments divers d'un jardin parsemé de fleurs. Leurs yeux, peu accoutumés à tant de magnificence et de splendeur, avaient de la peine à rester ouverts, et lorsqu'ils en parlaient, le respect inspiré par le lieu leur faisait baisser le ton de la voix, en sorte qu'on n'entendait que des chuchottements, et que les esprits étaient dominés par le sentiment de l'admiration et saisis de ravissement. Des pages, revêtus de longues tuniques de soie rayée, parcouraient tous les rangs, tenant dans leurs mains des cassolettes où brûlaient des parfums, et aspergeant l'assistance avec des eaux de senteur. On respirait partout l'odeur de l'ambre gris dont la fumée remplissait l'air ; partout les convives recevaient des aspersions d'eau de rose de Nisibe.

Au festin succédait le chant des louanges de Mahomet qui durait jusqu'au lever du jour. A une certaine distance du trône s'élevait une estrade en guise de chaire. Près du bord de cette estrade se tenait le chantre chargé officiellement de célébrer les louanges du prophète, qui étaient toujours en vers. L'on choisissait pour cette fonction une personne douée d'une voix douce et agréable, versée dans la connaissance des règles de la poésie et de la musique arabe. Quand il n'était pas lui-même l'auteur de la pièce, il se contentait de répéter les compositions d'autrui. Dans la récitation du poëme, il faisait sentir la mesure des pieds et il exprimait fidèlement les diverses modulations qu'exigeaient le commencement, le milieu et la fin du vers, suivant le rhythme sur lequel le poëme avait été composé. Quand le chant était fini, il était rare qu'il ne se présentât pas quelque poëte de la ville ou de la cour avec une pièce de sa composition, faite pour la circonstance. Celui-ci était aussi quelquefois remplacé par un autre, et il arrivait souvent que dans la même nuit on entendait cinq ou six poëmes différents en l'honneur de Mahomet. Les rois eux-mêmes, quand ils étaient poëtes, ne dédaignaient pas d'apporter à cette solennité le tribut de leur muse et le fruit de leurs inspirations religieuses. Les historiens arabes nous ont laissé plusieurs *cacyddh* de ce genre sortis de la plume du célèbre Abou-Hammou Moucé II. Lorsque cela arrivait, c'était le chantre officiel à qui revenait l'honneur de réciter le poëme royal.

Parmi les objets rares que l'on conservait dans le Méchouar et que l'on exhibait pour embellir la salle de réunion pendant la nuit solennelle du Mauled, celui qui excitait le plus l'admiration des spectateurs, c'était une horloge à *sujet* qui était généralement connue sous le nom de *khezânet el-mendjânah* (خزانة المنجانة), l'appareil de l'horloge (1).

---

(1) Le mot منجانة (*mendjânah*), que je traduis par *montre* ou *horloge*, ne se trouve point dans les dictionnaires. Il dérive du grec μάγγανον, qui, outre ses significations ordinaires de *vénéfice*, *prestige*, *adresse*, etc., veut dire également *machine*, et dans ce sens il est synonyme de μηχανή, machine, appareil, machine de guerre, ensemble de pièces artistement réunies. C'est de ce dernier que les Arabes ont formé منجنيق (*mendjanyk*), منجليق (*mendjalyk*), منجنين (*mendjanyn*) et منجنون (*mendjanoun*), qui ont la même signification que le grec. Le sens que j'attribue à منجانة, outre qu'il m'est fourni par l'ensemble de

Cette horloge merveilleuse, disent les historiens, était ornée de figures d'argent d'un travail ingénieux et d'une structure solide. Sur le plan supérieur de l'appareil s'élevait un buisson sur lequel était perché un oiseau avec ses deux petits sous les ailes. Un serpent, sortant de son repaire situé au pied de l'arbuste, grimpait doucement et sans bruit vers les deux petits qu'il guettait et qu'il voulait surprendre. Sur la partie antérieure il y avait dix portes, c'est-à-dire autant que l'on comptait d'heures dans la nuit, et à toutes les heures une de ces portes tremblait et faisait entendre un frémissement. Aux deux coins de l'appareil et de chaque côté était une porte ouverte, plus longue et plus large que les autres. Au-dessus de toutes ces portes et près de la corniche, l'on voyait le globe de la lune qui tournait dans un grand cercle et marquait par son mouvement la marche naturelle que ce satellite suivait dans la sphère céleste pendant cette nuit.

---

la description que les auteurs arabes nous font de l'appareil, est conforme à celui que l'on a toujours donné en Barbarie, et nommément à Tunis, à un autre mot qui n'est que la corruption du nôtre, savoir مكانة (magânah) ou منكلة (mengalah). Les Berbers, qui ont défiguré le nom déjà corrompu par les Arabes modernes, appellent une montre منغالة (mounghâlah), remplaçant la lettre gaf par un ghaïn. Ce qui lève toute incertitude sur la valeur de cette expression, c'est l'autorité d'Ahmed el-Makkariyi, qui, dans la Vie de Liçan ed-Dyn ibn-el-Khatyb, rapportant quelques vers que ce vizir avait composés au sujet d'une horloge, dit : وقال لسان الدين رحمه الله تعالى فى الساعة ويسميها المغاربة المنجانة « Liçan ed-Dyn (Dieu lui fasse miséricorde !) a dit au sujet de l'horloge (الساعة), que les Maghrebins nomment Mengânah (المنجانة). » Suivent les vers en question. Voy. mss. de la Bibliothèque Impériale, n° 759, fol. 94 v°.

Au commencement de chaque heure, au moment où la porte qui la représentait frémissait, deux aigles sortaient du fond des deux grandes portes, et venant s'abattre sur un bassin de cuivre, ils laissaient tomber dans ce bassin un poids également de cuivre qu'ils tenaient dans leur bouche ; ce poids entrait par un trou qui était pratiqué dans le milieu du bassin et arrivait ainsi dans l'intérieur de l'horloge. Alors le serpent qui était parvenu au haut du buisson, poussait un sifflement et mordait l'un des petits oiseaux que son père cherchait en vain à défendre par ses cris redoublés. Dans ce moment, la porte qui marquait l'heure présente s'ouvrait toute seule, et il paraissait une jeune esclave ornée d'une ceinture et douée d'une rare beauté. De la main droite elle présentait un cahier ouvert où le nom de l'heure se lisait dans une petite pièce écrite en vers ; la main gauche, elle la tenait placée sur sa bouche comme pour saluer le souverain qui présidait la réunion et le reconnaître par ce geste en qualité de khalife.

Les vers qui indiquaient les heures de la nuit et étaient tracés sur le cahier que l'esclave tenait ouvert dans sa main, s'adressaient ordinairement au roi et renfermaient des éloges pour sa personne. Yahia ben-Khaldoun nous a conservé ceux qu'il composa, d'après l'ordre d'Abou-Hammou II, pour la fête du Mauled de l'année 770 de l'hégire. Quoiqu'ils sentent un peu la flatterie, j'en donnerai ici la traduction, au risque de causer quelque ennui à mon lecteur.

PREMIÈRE HEURE DE LA NUIT.

(Il est dit que le roi ne se trouva pas présent.)

O arbitre des souverains! ô le plus auguste des mortels! vous qui remplissez le monde entier des dons de votre libéralité!

La première heure de la nuit vient de s'écouler! Ah! s'il nous était donné de la faire revenir! N'est-ce pas vous, en effet, qui assurez le bonheur de notre existence?

Qu'elle est majestueuse votre face, lorsqu'elle se montre à nous! On la prendrait pour la pleine lune, au moment où elle paraît à l'horizon.

La piété de ce grand roi lui attire la vénération de chacun, et la renommée publie avec éloge la supériorité de son esprit.

La naissance de la plus excellente des créatures a été pour vous l'occasion de nous donner des réjouissances qui rehaussent à nos yeux l'éclat de votre majesté.

Vous avez inspiré à tous les cœurs l'amour du prophète : tel est l'effet qu'a produit sur nous l'apparat de cette solennité. Livrez-vous maintenant aux douceurs du repos.

Car vous êtes en possession du bonheur de ce monde ; vous avez acquis des droits à celui de l'autre, et les belles actions par lesquelles vous vous êtes distingué, placent votre gloire au-dessus de celle de tous les peuples.

Puissiez-vous, aussi longtemps que vous jouirez de la lumière du jour, nous faire éprouver les bienfaits de votre gouvernement! Puissent les Arabes et tous les peuples de la terre être à jamais soumis à vos lois!

DEUXIÈME HEURE DE LA NUIT.

O lieutenant du Miséricordieux! ô prince devant la majesté de qui les autres rois sont vils et petits!

Qu'elle est splendide la cour qui vous environne! L'éclat que vous répandez sur elle, ô mon roi ! lui donne l'aspect de la voûte céleste.

On croirait, en la contemplant, voir une foule d'astres brillants, au milieu desquels la face du khalife resplendit comme la lune.

La nuit, qui est déjà vieille de deux heures, ne se lasse point de publier votre éloge, de même que la prairie ne se lasse pas de publier l'éloge de la pluie.

Puisse cet auguste roi, avec les Grands qui l'entourent, être toujours couronné par la main de la victoire ! Puissent tous vos vœux voir leur accomplissement le plus parfait !

TROISIÈME HEURE DE LA NUIT.

O mon seigneur ! ô rejeton de rois les plus illustres par leur noblesse et leur puissance !

Trois heures viennent de s'enfuir, en vous laissant un nom glorieux, tant parmi les Arabes, que parmi les autres nations.

Puissiez-vous toujours être sur la terre l'argument de Dieu ! car alors vous viendrez à bout des entreprises les plus ardues.

QUATRIÈME HEURE DE LA NUIT.

O prince dont la grandeur est incomparable ! ô prince doué du mérite le plus éminent !

O mon seigneur ! puissiez-vous toujours vous maintenir au faîte de la grandeur !

Quatre heures se sont écoulées depuis le commencement de la nuit. Puissiez-vous toujours vous défaire de vos ennemis et ajouter sans cesse au nombre de vos glorieux exploits !

CINQUIÈME HEURE DE LA NUIT.

O commandeur des vrais Croyants ! ô ornement de l'univers ! vous qui possédez les grandeurs de ce monde, grandeurs qui, dans le fond, ne sont que néant, que fumée !

Voilà cinq heures qui se sont écoulées dans la contemplation du plus ravissant des spectacles.

La moitié de la nuit vient de passer : c'est ainsi, hélas ! que les années s'écoulent.

Puissiez-vous toujours, grand prince, jouir de la puissance et du bonheur ! Puisse votre trône être affermi et votre règne durer éternellement !

SIXIÈME HEURE DE LA NUIT.

O vous à qui la bravoure déployée à la tête des armées a acquis une illustration incomparable !

La nuit compte six heures dont on n'a jamais vu les pareilles.

Puissent vos nuits s'écouler aussi splendides jusqu'au jour solennel de la résurrection !

SEPTIÈME HEURE DE LA NUIT.

O vous chez qui la gloire est un apanage de la nature, et la générosité un noble penchant du cœur !

La nuit compte maintenant sept heures qui, hélas ! ne reviendront jamais plus.

Puissiez-vous, par la grâce du Seigneur de la création, croître sans cesse en gloire et en félicité !

HUITIÈME HEURE DE LA NUIT.

O prince doué du plus généreux des caractères ! ô le plus noble des humains sans exception !

Huit heures viennent de passer en laissant dans mon cœur un regret.

Ce nombre me rappelle, en effet, ces premières années de la jeunesse où j'avais pour compagnons inséparables la grâce, les plaisirs et la beauté.

Le temps, hélas ! a emporté ces avantages et les a remplacés par mille désagréments.

Puisse le Très-Haut affermir votre règne, vous accorder des jours longs et heureux!

NEUVIÈME HEURE DE LA NUIT.

O prince qui n'avez point d'égal pour la gloire et la noblesse, et qui surpassez tous les mortels en vaillance et en générosité!

O mon seigneur! neuf heures se sont écoulées, et la nuit est arrivée près du terme de sa course.

C'est ainsi que, sans que nous nous en apercevions, le temps nous emporte, et que notre vie s'écoule, aujourd'hui livrée aux plaisirs, demain en proie à la douleur.

Ceux qui, comme vous, s'adonnent à la pratique du bien, comme ils triompheront le jour où chacun aura à redouter de voir glisser ses pas!

Puissiez-vous toujours, prince vertueux, jouir des honneurs de la souveraineté! Puisse votre règne être à jamais glorieux! Puissiez-vous, vous tous qui le servez, couler vos jours dans la prospérité!

DIXIÈME HEURE DE LA NUIT.

Prince vaillant qui disposez d'une fortune et d'une armée à l'aide desquelles vous êtes parvenu à l'empire et au trône!

L'éclat de l'aurore annonce l'approche du nouveau jour, et la nuit, telle qu'un voyageur qui se dispose à partir, nous adresse ses adieux.

Qu'elles ont été charmantes les dix heures qui viennent de s'écouler! Dans un si long espace je n'ai éprouvé ni dégoût, ni ennui.

C'est ainsi que s'enfuient, pour ne plus reparaître, les nuits de notre vie, pendant que nous négligeons les pensées sérieuses.

Insensés que nous sommes, nous passons les nuits, nous passons les jours dans les amusements et les vains plaisirs; cependant la fin de notre carrière approche,

Et les jours de notre vie s'en vont! Nous n'y faisons point attention, quoique, hélas! notre vie passée ne soit qu'un tissu de fautes et de prévarications.

Quel bonheur serait le mien, si j'étais sûr qu'il y a encore pour moi un moyen de salut, bien que jusqu'ici je n'aie opéré aucune bonne œuvre!

Seigneur, pardonne le mal que ma main a commis; ne me traite pas comme le méritent mes fautes passées.

Seigneur, protége le commandeur des Croyants, Abou-Hammou le bien-aimé; accorde-lui l'accomplissement de tous ses désirs.

Affermis-le dans le pouvoir, consolide son trône pour toujours, élève enfin son illustre règne au-dessus de tous les règnes.

Cette pièce curieuse de mécanique et d'horlogerie parut pour la première fois à la fête du Mauled de l'an 760 de l'hégire (1358-9 de J.-C.), sous le règne d'Abou-Hammou II. La *Mendjânah* avait eu pour inventeur un fameux alfakih et mathématicien de Tlemcen, appelé Abou 'l-Hassan Aly ben-Ahmed, mais connu plus généralement sous le nom de Ibn el-Fahham. C'était, suivant Yahia ben-Khaldoun, l'homme le plus profondément versé dans les sciences mathématiques en fait d'ouvrages de géométrie et de mécanique. « C'est lui, ajoute cet historien, qui a inventé la Mendjânah, connue maintenant dans tout le Maroc (1). Les rois de cette contrée lui ont accordé pour récompense une pension annuelle de mille pièces d'or dont chaque gouverneur de province doit fournir une partie égale. »

---

(1) Yahia ben-Khaldoun, fol. 8 v° : ظهر على يديه من الاعمال الهندسية المنجانة المشهورة بالمغرب.

Il avait été disciple d'un autre grand mathématicien, qui était en même temps philosophe et littérateur, Abou Abd' Allah Mohammed ben-Yahia ben-el-Nedjjar de Tlemcen, lequel mourut de la peste à Tunis, l'an 749 de l'hégire (1). Les historiens ne nous disent pas si la Mendjânah que l'on voyait à la cour des rois de Tlemcen fut la première qui sortit des mains de son inventeur, ni si elle fut exécutée sous ses yeux et sous sa direction. Quoi qu'il en soit, il paraît qu'Abou'l-Hassan en avait construit d'autres pour les rois de Maroc, puisque ceux-ci lui avaient accordé une pension. La Mendjânah servit longtemps à Tlemcen à orner les fêtes de la cour; car nous la voyons figurer encore cinquante-quatre ans plus tard, en 814 de l'hégire, à la première solennité du Mauled qui suivit l'inauguration du règne du sultan Saïd, fils d'Abou-Hammou. Il serait difficile de savoir ce qu'elle devint après cette époque; l'historien le plus moderne de Tlemcen s'arrête vers la fin du neuvième siècle de l'hégire, et à partir de là nous n'avons pas d'autres données que celles qui nous sont fournies par les écrivains chrétiens. Or, nous ne trouvons chez ces derniers aucune mention de l'horloge merveilleuse. Si l'âge et le temps n'ont pas fini par dévorer eux-mêmes ce chef-d'œuvre de la science des Arabes, il est probable qu'il aura péri pendant les guerres qui précédèrent la chute définitive des Beni-Zéyan, vers le milieu du seizième siècle, et que les riches figures dont il était orné seront devenues la proie du vainqueur.

---

(1) Yahia ben-Khaldoun, fol. 8 v°.

La Mendjânah de Tlemcen n'était pas la première invention de ce genre qui eût fait l'admiration des Arabes. Près de deux cents auparavant, Ibn-Djobaïr, auteur maure espagnol, voyageant dans l'Orient, avait remarqué à Damas, capitale de la Syrie, une horloge dont il nous a laissé la description et dont le mécanisme offre une grande ressemblance avec celui de la Mendjânah qui nous occupe. Comme ce fait intéresse l'histoire de l'horlogerie, je vais donner ici la traduction du passage qui le contient.

« En sortant, dit Ibn-Djobaïr dans la relation de son voyage, par la porte Djaïroun (c'était la porte orientale de la Grande-Mosquée), on voit, à droite, dans le mur de la nef qui est en face et à une certaine hauteur, une loge qui s'ouvre par-devant en forme d'une grande fenêtre cintrée. Cette fenêtre ou arcade en présente d'autres plus petites également cintrées et ressemblant à des portes. Il y en a autant que l'on compte d'heures dans le jour ; elles sont disposées avec ordre et symétrie.

« Deux faucons sont fixés sur les bords d'un bassin, l'un au-dessous de la première porte, à droite, et l'autre au-dessous de la dernière, à gauche. Les faucons et les bassins sont en cuivre jaune. A chaque heure du jour, un poids également de cuivre jaune s'échappant de la bouche de chacun des faucons, tombe dans les bassins, qui se trouvant percés, donnent passage aux deux balles de cuivre. Ces deux balles traversent ainsi le mur et arrivent dans l'intérieur de la loge. En voyant les faucons tendre le cou, incliner la tête et jeter leur balle dans les bassins, avec tant de prestesse, avec tant d'ensemble et de précision, on serait tenté de croire à un effet magique. Lorsque les balles tombent dans les bassins, on entend un certain bruit, et incontinent la petite porte qui marque l'heure présente se ferme toute seule. Cette porte est formée d'une lame de cuivre jaune et, par conséquent, du même métal que tout le reste.

« Les mouvements que nous venons de décrire se reproduisent à toutes les heures du jour, jusqu'à ce que toutes les portes se soient successivement fermées et que toutes les heures se soient écoulées. Alors le tout retourne à son premier état.

« Pour marquer les heures de la nuit, il existe une autre disposition.

« Dans l'espace cintré qui s'étend au-dessus des portes susmentionnées, il y a douze tubes de cuivre rouge qui traversent le mur, et en face desquels est placé un verre dans l'intérieur de la loge, et, par conséquent, derrière les portes dont il est question plus haut. Derrière le verre se trouve une lampe que l'eau fait tourner juste l'espace d'une heure. A l'expiration de l'heure, la lumière de la lampe couvre entièrement le verre, et l'éclat de ses rayons se répand dans le tube qui se trouve en face, en sorte que le spectateur a devant lui un cercle rouge et illuminé.

« Cela se répète pour le tube qui vient après, et ainsi de suite, jusqu'à ce que toutes les heures de la nuit se soient écoulées et que tous les tubes aient brillé d'un éclat rougeâtre.

« Dans l'intérieur de la loge en question, il y a un homme

qui est chargé de soigner la machine, de la faire fonctionner et de transporter les appareils d'un endroit dans un autre ; et c'est lui qui ouvre les portes et rapporte les poids à leur place (1). »

Le chef-d'œuvre qui vient d'être décrit est connu sous le nom de *Mendjânah*.

Après avoir lu cette description, si on compare les deux horloges, on verra qu'elles ont entre elles plus d'un point de ressemblance, et que la plus ancienne, malgré la simplicité et l'imperfection de son mécanisme, a pu servir de modèle ou du moins inspirer le génie du mathématicien tlemcinois. Quoi qu'il en soit, l'invention de ce dernier a dû paraître une merveille, avant l'apparition du célèbre Conrad Dasypodus qui exécuta son chef-d'œuvre de mécanique et d'horlogerie à Strasbourg, un peu plus de deux cents ans après Ibn el-Fahham (1574).

Après la Mendjânah et l'arbre d'argent, l'objet le plus curieux qui ornât la résidence des rois de Tlemcen, c'était le *Meshhaf*, ou exemplaire du Koran, tracé de la propre main du khalife Othman, l'un des quatre premiers successeurs de Mahomet. Le jour où le khalife fut tué, il tenait ce Koran dans sa main ; son sang jaillit sur le livre sacré et le macula dans deux endroits différents. Les mots tachés de sang étaient ceux-ci : فسيكفيكهم الله *Or Dieu vous suffira,*

---

(1) Ibn-Djobaïr visita Damas dans le mois de rebie et-tâny de l'an 580 de l'hégire (1184 juillet).

Voy. *Voyage d'Ibn-Djobaïr*, édition arabe publiée à Leyde en 1852, p. 271 et 272.

et ces autres : فَعَقَرُوا النَاقَةَ *Et ils blessèrent la chamelle.* Après la mort d'Othman, le Meshhaf passa entre les mains des Oméyades d'Orient qui le conservèrent précieusement dans leur trésor.

Lorsque les Abbassides se rendirent maîtres de l'empire et firent périr les Oméyades, Abd' er-Rahman, fils de Moawiah, fils de Hescham, fils d'Abd' el-Mélik, ayant eu le bonheur d'échapper au massacre de sa maison, s'enfuit dans le Maghreb, et de là il passa en Espagne où il parvint à faire reconnaître son autorité. Dans cet intervalle, sa sœur utérine, Oumm el-Asbaghr, qui était restée en Syrie, lui faisait passer l'un après l'autre les objets précieux qui appartenaient à sa famille. Or, parmi ces objets se trouva le Koran d'Othman qui fut légué par Abd' er-Rahman à la Grande-Mosquée de Cordoue. C'était dans cet exemplaire que l'imam faisait chaque jour, après la prière du matin, la lecture du Koran. Il resta affecté au service de la mosquée jusqu'à l'époque où l'Espagne fut conquise par Abd' el-Moumen, fils d'Aly, qui le transporta à Maroc, capitale de son empire.

Ce prince fit enlever la couverture, qui était simplement en basane, et ordonna quelle fût remplacée par deux planchettes incrustées de lames d'or. Ces lames étaient enrichies de perles fines, de rubis et d'émeraudes du plus grand prix et les plus belles que le sultan avait pu se procurer. Les fils et successeurs d'Abd' el-Moumen marchèrent sur ses traces, prenant plaisir à orner la couverture du Meshhaf de nouveaux joyaux, de nouvelles pierres précieuses, si bien qu'à la fin les deux planchettes se trouvèrent entièrement couvertes d'ornements. Parmi ces pierres précieuses, la plus belle comme la plus grande, c'était un rubis connu généralement sous le nom de *sabot*, parce qu'il égalait en largeur un sabot de cheval, et qu'il en présentait la forme. C'était un objet hors de tout prix. Il avait été envoyé en cadeau à Abou-Yakoub Youssef, fils d'Abd'el-Moumen, par un roi de Sicile, en 575 de l'hégire, pendant que ce sultan se trouvait dans l'Ifrikiah (1). Abou-Yakoub ne crut pas pouvoir faire un plus digne emploi de ce rare bijou, que d'en orner le livre qu'il considérait comme le plus vénérable du monde.

Pendant les nuits du ramadan, les princes Almohades se faisaient apporter dans leur palais le précieux exemplaire dont ils se servaient pour faire les lectures d'usage. Lorsqu'ils partaient pour une expédition, ils avaient soin de le porter avec eux, afin qu'il leur portât bonheur et attirât sur leurs armes les bénédictions du ciel. Rien de plus admirable que l'ordre observé par eux dans leur marche. Elle s'ouvrait par une grande bannière blanche qui était fixée à une longue hampe et que l'on portait toujours devant l'émir. Venait ensuite le Meshhaf qui était porté par une chamelle superbement enharnachée, dans un coffre revêtu de soie, placé sur une houssine de soie verte, et surmonté d'une palme élégante. Aux quatre coins de la cassette était plantée une petite bannière verte que le moindre vent faisait flotter, et à défaut du vent, le mouvement seul de la chamelle qui marchait ; ces bannières étaient surmontées de deux pommes

---

(1) *Histoire des Almohades* par Abd' el-Wâhid de Maroc, p. 182.

d'or. Derrière la chamelle l'on voyait s'avancer un magnifique mulet qui était chargé d'une caisse recouverte d'une étoffe de soie et renfermant le *Mautha*, Bokhariyi, Moslim, Termedhiyi, Niçâiyi, Abou-Daoud et un autre Meshhaf qui avait été écrit de la main de Mohammed ben-Toumart. Venait enfin le sultan qui marchait à la tête de l'armée ; il était suivi, à droite, à gauche et par-derrière, de ses innombrables troupes. Lorsque l'armée de Saïd Abou 'l-Hassan fut défaite par Yaghmoracen, et le roi Almohade lui-même tué sous les murs du château de Timzegzegt (1), en 646 de l'hégire (1248-9 de J.-C.), le Meshhaf devint la proie des soldats vainqueurs. Il fut pillé avec le reste des richesses que renfermait le camp des Almohades, entre autres un collier d'un prix inestimable et une coupe faite d'une seule émeraude (2).

Le soldat entre les mains de qui il tomba, arracha l'or et les pierres précieuses dont il était orné, et quand il l'eut ainsi dépouillé, il le jeta comme un objet de rebut. Un homme l'ayant ensuite trouvé par hasard, l'apporta à Tlemcen sans en connaître la valeur et l'exposa à la vente publique. Le courtier parcourait le marché en criant : « A dix-sept dirhem

---

(1) Timzegzegt, situé au midi de la ville d'Oudjah (Yahia ben-Khaldoun, fol. 13 v°). Voy., sur ce château, Léon l'Africain, *Historiale Description de l'Afrique*, fol. 256 r°.

(2) Le roi Almohade fut tué dans cette bataille par Youssef ben-Khazroun ed-Delouliyi. Il est bon de faire observer que les historiens arabes ne sont pas d'accord entre eux sur le lieu où se livra la bataille, ni sur le nom du personnage par la main de qui périt l'infortuné prince Almohade.

le livre ! à dix-sept dirhem ! » Un officier qui avait vu auparavant l'ouvrage, l'ayant reconnu, courut en donner avis à l'émir Yaghmoracen. Sur ces entrefaites, quelques personnes prévenant les ordres du roi, s'emparèrent du volume pour le lui porter. Yaghmoracen retint le Meshhaf, donna des ordres pour qu'on le conservât avec le plus grand soin et commanda qu'on en payât le prix. En vain le sultan Al-Mortadha, qui régna à Maroc après Saïd Abou'l-Hassan, en vain le roi de Tunis Al-Mostanser et Ibn al-Ahmar, roi d'Espagne, demandèrent-ils à le voir et à l'examiner, en vain cherchèrent-ils à en faire l'acquisition ; « ils quittèrent tous cette vie, dit Mohammed et-Tenessy, sans avoir pu réaliser leur désir. » Les rois de Tlemcen, qui, comme nous l'avons déjà dit, prétendaient être de la postérité de Mahomet, étaient persuadés que nul n'avait plus de droit à posséder le précieux volume qu'eux-mêmes. Cependant à l'époque où florissait Mohammed et-Tenessy (au neuvième siècle de l'hégire), le Meshhaf avait disparu du Méchouar ; car cet auteur nous avoue que de son temps l'on ignorait ce que cet exemplaire antique était devenu, et il nous apprend que, suivant l'opinion la plus généralement reçue parmi les contemporains, le Meshhaf avait été enlevé par les Beni-Méryn, pendant qu'ils occupaient le royaume de Tlemcen. « Au surplus, ajoute-t-il, Dieu seul connaît la vérité sur ce point (والله اعلم) (1). »

Tels sont les objets les plus rares et les plus curieux qui ornèrent autrefois le palais des sultans de Tlemcen. Nous

---

(1) Mohammed et-Tenessy, pag. 84.

allons reprendre maintenant l'histoire proprement dite de ce monument.

Jusqu'à l'année 850 de l'hégire, le Méchouar avec toutes ses dépendances était resté dépourvu d'ouvrages de fortification et de défense ; à cette époque il fut transformé en château-fort et prit rang parmi les citadelles. Voici ce qui donna lieu à cette transformation. Le roi Abou 'l-Abbès Ahmed avait failli être victime de sa sécurité au milieu de son palais ; un certain nombre d'habitants ayant embrassé le parti d'un chef rebelle, avaient réussi à l'introduire dans les murs de la ville ; ils étaient même parvenus jusqu'à la porte du palais, lorsque le prétendant fut saisi et la foule dispersée. Abou 'l-Abbès Ahmed, effrayé du danger que sa personne venait de courir et voulant mettre désormais sa personne à l'abri des attaques imprévues des émeutiers et des rebelles qui pouvaient si facilement pénétrer dans son palais et lui arracher la couronne, fit abattre toutes les maisons des particuliers qui étaient attenantes au Méchouar ou l'avoisinaient, et ordonna d'élever sur leur emplacement un grand mur qui entourât son palais et toutes ses dépendances (1).

Un siècle environ plus tard, le Méchouar n'avait rien perdu de sa première magnificence. Léon l'Africain, qui le visita à cette époque, se sert, dans la description qu'il nous en donne, presque des mêmes termes que Yahia ben-Khaldoun. « Du côté du Midi, dit-il, est assis le palais royal,

---

(1) Mohammed et-Tenessy, p. 122 et 123.

ceint de hautes murailles en manière de forteresse, et par dedans embelli de plusieurs édifices et bâtiments, avec beaux jardins et fontaines, étant tous somptueusement élevés et d'une magnifique architecture. Il a deux portes, dont l'une regarde vers la campagne, et l'autre (là où demeure le capitaine du château) est du côté de la cité (1). »

Marmol ne constate aucun changement dans l'état du Méchouar : à l'époque où il écrivait, le monument s'était conservé tel que Léon l'Africain l'avait vu plus de cinquante ans auparavant. « A l'extrémité de la ville, dit-il, et du côté du Midi, il y a le palais du roi, bâti en guise de forteresse. On y voit divers corps de logis avec leurs jardins et leurs fontaines. Ce palais a deux portes, l'une (*bab el-Gied*) pour sortir du côté de la campagne, et l'autre (*bab Gadir*) pour entrer dans la ville. C'est à côté de celle-ci que demeure le capitaine des gardes du roi (2). »

Sous la domination turque, le Méchouar ainsi que le reste des édifices publics de Tlemcen n'étant plus entretenus, ni soignés par les nouveaux conquérants, se dégradèrent peu à peu et commencèrent à tomber en ruines. Les magnifiques pavillons qui ornaient l'intérieur furent presque entièrement détruits lors de la révolte des habitants de Tlemcen contre le bey Hassan, en 1670. Lorsque l'armée française fit sa première entrée dans Tlemcen, le 13 janvier 1836, elle ne trouva guère que des ruines et des décombres dans

---

(1) *Historiale Description de l'Afrique*. Anvers, 1556. Traduction de Jean Temporal, fol. 260 r° et v°.

(2) Marmol, *l'Afrique*, t. II, p. 330.

l'antique palais des rois. Abd' el-Kâder, qui, en vertu du traité de la Tafna, resta maître de Tlemcen pendant plus de quatre ans, ordonna quelques réparations dans la citadelle, afin d'y installer convenablement le gouverneur de la province de l'Ouest.

Depuis que Tlemcen a été occupée de nouveau par les troupes françaises (30 janvier 1842), la plupart des masures qui encombraient l'intérieur du Méchouar ont disparu ; l'on a transformé la mosquée et les bâtiments qui en dépendent en hôpital militaire ; le rempart, qui était endommagé en plusieurs endroits, a été restauré et muni sur toutes ses faces de canons et d'obusiers ; de plus on a isolé la citadelle du reste de la ville, en abattant tout autour du rempart, au Nord et à l'Ouest, plus de deux cents maisons appartenant aux Juifs, et en faisant ainsi disparaître quantité de rues étroites et tortueuses qui masquaient les abords du Méchouar et auraient pu au besoin protéger l'ennemi. C'est sur l'emplacement de ces maisons et de ces rues que s'étend aujourd'hui la belle place dite du *Méchouar*. Deux rangées de jeunes trembles y forment une longue allée où se promène dans la soirée la population européenne, surtout les jours où la garnison de la ville vient y faire entendre des fanfares guerrières. Cette promenade est peu fréquentée par les Arabes, qui affectent, en général, d'éviter le contact des Français, et qui, accoutumés aux sons doux de leur hautbois, de leur kouïtrah et de leur psaltérion, trouvent notre musique détestable et nos airs assourdissants. Il y a le long du rempart un marché en plein air où les indigènes vendent de l'huile, du sel, du *haloua*, ainsi que diverses espèces de fruits et de denrées, suivant la saison.

Pendant mon séjour à Tlemcen, le génie a fait démolir un café maure et le tombeau d'un saint marabout qui étaient adossés au mur de la citadelle, à l'extrémité du marché : à cette occasion, j'ai entendu plus d'un dévot musulman exprimer des regrets et se plaindre de l'impiété des Français. Si le respect pour la cendre des morts est quelque chose de louable, l'ordre et la symétrie des lieux ont aussi bien leur mérite. Les édifices en question, sales et mal entretenus, s'harmonisaient peu avec la fraîche nouveauté de la place, ni avec le style sévère et exclusif de la citadelle.

CHAPITRE XVII.

Le marabout de Hubbed. — Le lieutenant des spahis Ben-Khouia. — Mosquée de cidi Ibrahim.

Le samedi, 10 octobre, je me trouvais au presbytère avec M. le curé, lorsqu'on nous annonça la visite d'un Arabe vénérable : c'était cidi El-Hadjj Hâmed ben-Edhrâou, marabout de Hubbed, lequel nous avait fait un accueil si hospitalier lorsque nous visitâmes le tombeau de cidi Bou-Médyn, dont les clefs étaient confiées à sa garde. Il était accompagné de son frère que nous avions vu également à Hubbed. Ils étaient tous les deux à peu près du même âge et de la même taille ; ils ne paraissaient pas avoir atteint leur quarantième année. Leur longue barbe noire contrastait agréablement avec la blancheur de leur ample haïc et la couleur jaune de leurs *beulghrah;* on eût dit un nuage ténébreux formant comme une tache dans un ciel tout resplendissant de lumière ; leur figure brunie par les feux du climat, était illuminée par les éclairs répétés que lançaient leurs yeux vifs et ardents. Ils nous abordèrent avec cette gravité qui est propre aux fils de l'Orient, et qui donne à leur démarche un air de dignité et de grandeur inimitable.

Après les premiers compliments et les salutations d'usage, ils nous dirent qu'ils venaient nous voir, suivant la promesse qu'ils nous avaient faite à Hubbed ; ils nous demandèrent ensuite si nous avions été satisfaits de notre promenade dans cette localité. Je leur répondis que je n'oublierais jamais les sites charmants dont Hubbed était entouré ; mais que j'en étais revenu avec le regret de n'avoir pu lire dans son entier l'inscription arabe qui orne le frontispice de la Grande-Mosquée.

Pendant notre conversation, M. le curé avait fait servir une collation à laquelle il invita nos deux hôtes à venir prendre part : c'étaient des fruits de la saison, c'est-à-dire des figues, du raisin, des grenades et un melon, à quoi il avait ajouté des galettes et un morceau de fromage de Hollande. Les deux marabouts goûtèrent à tout, excepté au fromage qu'ils éloignèrent d'eux avec un geste qui exprimait un sentiment de répugnance et d'horreur. « Il paraît, leur dis-je, que vous n'aimez pas trop le fromage. — Non, me répondirent-ils ; nous mangeons de tous les fromages, mais pas de celui-ci. — Est-ce que, par hasard, répliquai-je, on vous aurait servi une nourriture prohibée par votre religion ? — Vous avez deviné juste, dirent-ils : la loi musulmane nous défend de manger du porc et de tout ce qui provient de cet animal immonde. Or, le fromage en question est fait avec du lait de truie. » A ces mots, j'eus de la peine à contenir un éclat de rire, me figurant le nombre considérable de truies qu'il faudrait nourrir pour avoir le lait nécessaire à la confection de ces fromages, et puis la difficulté de traire des animaux d'une espèce aussi indocile. Je voulus détromper les marabouts sur la qualité de notre fromage ; mais pour les décider à en manger, il nous fallut, M. le curé et moi, donner notre parole comme quoi le fromage n'était pas fait avec du lait de truie ou de laie.

La collation finie, je leur montrai les vers qui m'avaient été adressés par le mufti du bureau arabe de Tlemcen. Les ayant lus, ils m'en demandèrent une copie, sur laquelle ils voulurent que j'écrivisse mon nom en caractères arabes : je leur obéis. Après cela, ils nous témoignèrent le désir d'emporter comme souvenir la main de papier d'où avait été arrachée la feuille sur laquelle j'avais copié les vers : elle leur fut donnée. Alors ils nous prièrent de leur faire cadeau d'un crayon qui se trouvait là sur la table : on leur céda cette bagatelle. Enfin, avant de se retirer, ils nous déclarèrent qu'ils nous aimeraient beaucoup, si nous voulions bien leur donner un paquet de plumes d'oie qui se trouvait également sur la table. Après le crayon et le papier, nous aurions eu mauvaise grâce de leur refuser les plumes ; nous leur donnâmes donc tout ce qu'ils trouvèrent à leur convenance, nous trouvant heureux qu'ils ne demandassent pas nos livres de prières, la table qui nous servait de bureau et nos chaises. Ils nous quittèrent enfin, après avoir pris congé de nous, en nous disant *Besselâmah*, c'est-à-dire *Portez-vous bien*. S'ils ne furent pas contents de notre générosité, ils s'en retournèrent enrichis, du moins, d'une nouvelle connaissance, et rentrés dans leur maison, ils firent, sans doute, part à leurs femmes et à leurs cuisinières de la découverte qu'ils venaient de faire.

Après le départ de nos excellents hôtes, je sortis pour aller visiter un monument devant lequel j'avais passé plusieurs fois dans mes promenades, mais que je n'avais pas encore eu l'occasion d'examiner dans ses détails ; je veux parler du portail qui s'élève en avant de la mosquée de cidi Ibrahim, dans le quartier voisin de la porte d'Oran. Le portail qui porte le nom de cidi Ibrahim est un morceau d'architecture mauresque du style le plus pur et d'une élégance remarquable.

Cidi Ibrahim, dont le nom entier est Abou-Içhak Ibrahim, fils d'Aly, fils du *Bridier* (اللجام), avait exercé à Tlemcen, pendant sa vie, les fonctions de cadhi et d'imam. Il s'était rendu recommandable par ses lumières, son intégrité et son zèle pour la justice. Il avait, dit-on, une très-belle main et il se faisait remarquer dans l'enseignement de la jurisprudence musulmane par l'élévation de ses idées et par son génie. Comme témoignage de la haute sainteté à laquelle il était parvenu, on rapporte le fait suivant : Un officier de la cour chercha un jour à humilier le cadhi, en lui rappelant la bassesse de son extraction qui remontait à un bridier. Cidi Ibrahim, levant les yeux vers le ciel : « Grand Dieu ! s'écria-t-il, daigne donner à cet orgueilleux une preuve manifeste de la puissante autorité et de la noblesse de la Loi. » Quelques jours après, notre officier, ayant été trouvé dans un état complet d'ivresse, fut amené devant cidi Ibrahim qui le condamna à subir la peine prononcée par la Loi contre les ivrognes (1).

Le portail en question est construit en pierres de taille carrées, dans lesquelles on a encastré des briques vernissées de

---

(1) Yahia ben-Khaldoun (*Boghriet er-Rowad*, fol. 8 v°).

couleur verte ; des lignes qui se croisent, se séparent, se nouent et se dénouent autour de ces briques, sur les côtés et dans la partie intérieure du monument, offrent à l'œil du spectateur les arabesques les plus gracieuses et les plus charmantes. On dirait des serpents qui, au milieu d'une verte prairie, s'entortillent les uns avec les autres, se tordent, s'allongent, s'enlacent de nouveau et forment mille nœuds. Le portail affecte la forme de l'ogive et présente environ dix mètres de haut, sur cinq de large et trois de profondeur. Le fronton qui fait face au Nord est orné de l'inscription arabe suivante :

انّا فتحنا لك فتحًا مبينًا ليغفر لك الله ما تقدّم من ذنبك وما تأخّر ويتمّ نعمته عليك ويهديك صراطًا مستقيمًا وينصرك الله نصرًا عزيزًا

Ces paroles sont tirées du Koran (ch. *de la Victoire*, v. **1, 2, 3**) ; en voici la traduction :

Certes, nous avons remporté pour toi une victoire éclatante, afin que Dieu te pardonne tes fautes, tant anciennes que récentes, qu'il mette le comble à ses faveurs envers toi, qu'il te conduise par un chemin droit, et t'assiste d'un puissant secours.

Le portail se reliait autrefois à la mosquée de cidi Ibrahim par un mur d'enceinte dont il existe encore quelques pans ; il y a environ cent pas de distance de l'un à l'autre. Il paraît que le terrain intermédiaire était anciennement consacré en partie à la sépulture des Musulmans de distinction, car j'y ai remarqué une cinquantaine d'épitaphes sur lesquelles les noms des défunts étaient accompagnés des qualifications d'imam, de cadhi, de mufti, d'alfakih et autres de ce genre.

Un mûrier couvrait de son ombre cette terre dans le sein de laquelle dormaient un grand nombre de générations. Le corps du génie avait décidé récemment qu'une rue nouvelle serait ouverte dans cette partie de la ville, et qu'elle passerait entre le portail et la mosquée ; une partie du sol que je foulais dans ce moment venait donc d'être remuée ; de nombreuses épitaphes avaient été arrachées de leur place et entassées dans un coin, pour servir plus tard de dalles à quelque édifice. Je trouvai là des crânes, des os maxillaires, des tibias déterrés et gisant sur la surface de la terre ; çà et là des têtes, munies encore de leurs dents blanches, semblaient me regarder en ricanant, et protester, au milieu du silence dont j'étais environné, contre cette violation des tombeaux.

Je m'éloignai de cet endroit, le cœur rempli d'une amère tristesse. Je me dis : Malheur au vaincu ! c'est ici la loi du plus fort ; or le plus fort n'écoute ni les cris des vivants, ni les plaintes des morts !

En m'approchant de la mosquée où repose le corps de cidi Ibrahim, dans une châsse recouverte d'un tapis rouge, je rencontrai un petit mur de terre qui environnait un espace carré : c'était un enclos dont le sol battu et très-propre servait de parvis à l'édifice sacré. J'avais levé le pied pour franchir ce faible obstacle, quand un cri perçant et redoublé vint tout à coup frapper mes oreilles : *Alcartas, alcartas*, me disait-on. J'arrêtai mes pas. Jetant alors les yeux autour et au-dessus de moi pour découvrir la personne qui avait fait entendre ces mots, j'aperçus au bout d'un piquet planté non loin de moi, cette inscription conçue en bon français : *Il est défendu d'entrer dans cette mosquée, si l'on n'est muni d'une permission écrite.* Ne voulant pas m'exposer aux suites d'une infraction à cet ordre, surtout dans un lieu aussi isolé, je pris le parti de rebrousser chemin et de diriger ma promenade ailleurs. Je parcourus une longue rue déserte qui aboutissait à une des portes de la ville du côté de l'Ouest. Les Arabes qui la gardaient m'apprirent qu'elle portait le nom de *bab Imran* باب عمران (porte d'Imran). De là, revenant sur mes pas, je m'engageai dans une autre rue également déserte, appelée *soug cidi Ouled Imam*, où se trouve une mosquée abandonnée et les bâtiments de la *Médarsah*, ou collège, qui a été décrit dans l'un des chapitres précédents. Je poussai mon excursion jusqu'à une autre porte située au couchant de la ville, et nommée *bab Riadh ben-Fâris* (باب رياض بن فارس). Ce fut là le terme de ma promenade, car le soleil venait de disparaître à l'horizon et la nuit approchait.

Le lendemain, qui était un dimanche, fut consacré en grande partie à l'accomplissement des devoirs religieux et aux offices de l'Église. Nous choisîmes, M. le curé de Tlemcen et moi, l'intervalle qui sépare la dernière messe de l'heure des vêpres, pour faire une visite à un officier arabe du corps des spahis dont nous avions fait la connaissance pendant notre voyage. Le nom de Ben-Khouïa est déjà connu de mes lecteurs ; le portrait de ce personnage a été tracé dans un chapitre précédent.

Il demeurait avec ses spahis dans une caserne située dans le quartier des Hadhars, près des magasins du génie. On arrivait à son appartement, qui était isolé et ressemblait à un grenier à foin, par un escalier extérieur de la plus grande simplicité. Nous fûmes introduits dans une longue salle carrée, aux murs de laquelle étaient appendus çà et là des sabres, des harnais, des fusils et des pistolets. Mohammed ben-Khouïa était assis, dans le fond, sur un large tapis qui lui servait à la fois de siége, de lit et de diwan ; nous le trouvâmes qui écrivait des notes dans un vieux calepin. Quand il nous aperçut, il se leva à moitié pour répondre à notre salut et nous tendre la main ; puis il nous engagea à prendre place sur le tapis, ce que nous fîmes de notre mieux. Notre visite, à laquelle il ne s'attendait pas dans ce moment, parut lui être agréable. La conversation ayant roulé quelque temps sur Tlemcen, nos excursions dans les environs de la ville et nos découvertes, il la détourna adroitement pour me questionner sur ma position en France et les fonctions que j'exerçais à Paris. Il me rappela ensuite ce qu'il m'avait appris en route, qu'il avait enlevé à l'ennemi un drapeau rouge dans la journée où périt cidi Embarek, khalifah d'Abd' el-Kåder, et deux drapeaux noirs à la fameuse bataille d'Isly, et il me donna à entendre que par ses exploits et les preuves de dévouement qu'il avait données aux Français, il s'était rendu digne de monter à un grade supérieur. Il entremêlait ses paroles de questions de la nature de celles-ci : « Connaissez-vous le gouverneur de la province ? Êtes-vous bien avec le commandant de la subdivision ? Voyez-vous les vizirs à Paris ? — Je ne suis qu'un pauvre marabout, lui répondis-je, et votre mérite, qui est connu des officiers supérieurs de notre armée, n'a nullement besoin de recommandation : soyez persuadé que dans l'occasion vos services ne seront pas oubliés, et que vous serez compris dans la première promotion qui aura lieu. » A ces mots, il ordonna qu'on nous apportât le café. Pendant qu'il était obéi, je lui demandai s'il n'avait pas avec lui ses livres arabes. « Voici toute ma bibliothèque, me répondit-il en me montrant un manuscrit en lambeaux qu'il tira de dessous son bernous. » C'était un cahier contenant trois ou quatre chapitres du Koran écrits en caractères maghrebins à peine lisibles, tant l'encre avait jauni. Après avoir bu le moka, nous nous levâmes pour prendre congé du lieutenant et nous retirer.

En sortant de chez lui, nous apprîmes que l'appartement qu'il occupait avait servi autrefois de demeure à Mohi ed-Dyn, père d'Abd' el-Kâder, et que c'était là que ce personnage avait fini ses jours, empoisonné, dit-on, par un de ses serviteurs.

Quant à Mohammed ben-Khouïa, il a ajouté plus tard à son nom une nouvelle illustration, car c'est lui qui, en 1848, eut l'honneur d'arrêter la personne d'Abd' el-Kâder, pendant une nuit obscure, dans un défilé de la subdivision de Tlemcen, près de la frontière du Maroc.

CHAPITRE XVIII.

Voyage chez les Beni-Wâazen. — Leur dyfah et la manière dont ils accueillent les officiers français. — Causeries après le dîner entre cy Hammady ben-es-Sekkal, l'auteur et quelques interprètes de l'armée. — Fantasia.

Dans la soirée, j'allai voir M. le général Cavaignac, à qui je racontai une partie des aventures de ma journée. La visite des deux marabouts de Hubbed dérida un moment la gravité martiale du gouverneur de Tlemcen. Il me dit que le lendemain il devait faire une excursion chez les Beni-Wâazen (بني وعزان) qui l'avaient invité à une dyfah, ou festin, lui et son État-Major, et que si j'étais bien aise de profiter de cette occasion pour connaître les mœurs des Arabes de la plaine, il mettrait un cheval à ma disposition. Sa proposition fut acceptée par moi avec joie et reconnaissance.

Le lendemain matin je me rendis avec mon compagnon de voyage à l'hôtel du gouverneur, où nous trouvâmes tout le monde prêt à se mettre en route, excepté le général, qui ne tarda pourtant pas de paraître. Sur son signal, chacun enfourcha son bucéphale et l'on commença à défiler devant lui. Il était environ six heures. Nous sortîmes de la ville par la porte d'Agadyr; là, nous étions attendus par l'escorte qui devait protéger notre marche ; elle se composait de plusieurs compagnies de hussards et d'un certain nombre de Koroughlis à cheval. Plusieurs chefs indigènes, entre autres l'agha des Beni-Hâmer et le caïd cy Hammady ben-es-Sekkal, faisaient partie du cortége et nous précédaient revêtus de leurs riches costumes et munis de leurs armes resplendissantes. Au-dessus de nos têtes un ciel pur et serein nous promettait une journée magnifique ; la terre, encore humectée de la rosée de la nuit, ne volait pas en poussière sous les pas précipités de nos coursiers ; le soleil, qui venait à peine de se lever, s'élevant peu à peu au-dessus des crêtes du Djebel el-Hadyd, répandait en scintillant des flots de lumière sur la plaine que nous traversions et les côteaux voisins ; chaque instant ajoutait un nouveau degré de chaleur et d'éclat à ses rayons dorés.

Cy Hammady ben-es-Sekkal, dont j'ignorais la présence au milieu de nous, m'ayant aperçu de loin, voulut bien s'arrêter pour m'attendre et causer avec moi. Lorsque je fus arrivé près de lui, et qu'il eut reçu mes salutations, il se prit à me réciter les vers suivants :

قامت تظللني من الشمس
شمس اعز علي من نفسي
ويا عجب شمس تظللني من الشمس

Il vient de se lever, en éclipsant pour moi l'astre du jour, un soleil plus cher à moi que ma propre vie.

O prodige ! c'est un soleil qui me cache un autre soleil.

« Cy Hammady, lui dis-je, vos compliments me font

pâlir, et c'est vous, en vérité, qui m'éclipsez, car je ne suis ni assez habile pour improviser une réponse en vers, ni muni d'un répertoire assez riche pour y trouver des vers analogues à ceux que vous venez de m'adresser. Dans mes études arabes, je me suis beaucoup plus attaché à la lecture des historiens qu'à celle des poëtes : ne soyez donc pas étonné que dans ce moment je sois réduit aux abois. »

A cet humble aveu, le caïd, souriant avec un certain air de satisfaction, parut croire m'avoir donné une très-haute idée de son talent poétique et de ses connaissances en littérature.

La conversation nous conduisit jusqu'aux bords de la Satfesyf, ou Safsef, que nous traversâmes sur un pont de pierre solidement construit sur trois arches. Bientôt après je fus témoin d'une cérémonie que je n'avais pas encore vue : les chefs des diverses fractions des Beni-Wâazen, prévenus du passage du général, venaient des douars voisins l'attendre sur la route, et quand ils le voyaient arriver, ils descendaient de cheval, puis s'approchaient de lui pour lui baiser humblement la main. Le général, représentant dans sa personne le pouvoir de la France, recevait ces hommages avec beaucoup de dignité ; mais il ne renvoyait jamais ces chefs arabes sans leur avoir fait entendre quelques bonnes paroles.

Nous quittons ensuite la plaine et nous gravissons un côteau où un troupeau de moutons broute çà et là les rares herbes échappées aux feux brûlants de l'été ; le pâtre qui le garde ne paraît pas se douter du bonheur de ses confrères de Sicile ou d'Arcadie ; il ne connaît ni le hautbois, ni la plaintive cornemuse, ni les pipeaux rustiques, et les échos d'alentour ne redisent pas ses chansons ; du haut du tertre où il est perché et où il se tient, les deux mains appuyées sur un bâton, il jette sur les cavaliers qui passent au-dessous de lui des regards curieux et inquiets ; il se demande peut-être si l'on ne va pas exterminer quelque tribu rebelle ou incendier quelque village.

Le chemin, réduit aux proportions étroites d'un sentier, se hérisse de broussailles et de cailloux ; il est bordé des deux côtés de sidrah, de lentisques, de chamærops et d'arbousiers. Plus loin, il est coupé par un profond ravin dans lequel nous plongeons au risque de nous précipiter de nos montures et de rouler dans l'abîme. Arrivés au fond, nous traversons un courant d'eau où nagent à l'envi les couleuvres, les tortues, les poissons et quelques grenouilles qui, au bruit de nos pas, ont quitté précipitamment les bords du ruisseau et, par un saut, se sont enfoncées dans la vase.

Parvenus sur la hauteur opposée au côté que nous venons de quitter, nous découvrons devant nous, dans le lointain, des nuages de fumée qui montent dans l'air, puis une troupe de cavaliers qui se dirigent vers nous au grand galop ; ils viennent, comme les autres, offrir leur hommage au gouverneur de Tlemcen. Après une marche d'environ quatre heures, nous nous trouvons enfin sur le territoire des Beni-Wâazen. Disons en deux mots l'origine de cette tribu.

Suivant Mohammed ben Abd' el-Djelyl et-Tenessy, les Beni-Wâazen sont une branche des Beni Abd' el-Wâdy qui appartiennent à la tribu des Beni-Wâcyn, de la postérité de Jênah, patriarche des Jénêtah. Ils sont donc d'origine berbère, quoique depuis longtemps ils parlent la langue arabe et aient adopté le genre de vie de ce peuple. Ils descendent en particulier de Masseoud, fils d'Yacrymen, fils d'Al-Kassem, l'un des chefs berbères qu'une partie des Beni Abd' el-Wâdy reconnaissaient pour leur père et leur souche. Les Beni-Wâazen et les diverses familles des Beni Abd' el-Wâdy se sont établis dans le Maghreb-Moyen vers le sixième siècle de l'hégire, à l'époque ou les Beni-Ghraniah, seigneurs de Majorque, soulevèrent l'Afrique contre les Almohades et tentèrent de relever les ruines de l'empire Almoravide. Avant cette époque, les Beni Abd' el-Wâdy demeuraient dans le *Beled ul-Djerid* et occupaient une partie des oasis qui sont situées au Midi de la moderne Algérie. Les Beni-Wâazen possèdent la partie orientale du territoire de Tlemcen et forment une population qui peut fournir quatre cents cavaliers et mille fantassins. Mais je reprends le fil de mon récit.

Les chefs de cette tribu avaient choisi, pour recevoir dignement leurs hôtes, le lieu le plus charmant et le plus pittoresque de leur territoire. C'était un bois où le figuier, le grenadier et le noyer, entrelaçant leurs branches dans celles des lentisques, des trembles et des oliviers francs, formaient une voûte d'où pendaient, en guise de guirlandes et de festons, des sarments de vignes sauvages garnis de leurs pampres verdoyants. A l'ombre de ce toit hospitalier, on avait étendu, avant notre arrivée, un large tapis de laine sur lequel nous nous assîmes. Une rigole d'eau limpide, amenée d'une source voisine, coulait paisiblement à nos pieds et devait fournir la liqueur nécessaire au festin. Plus loin étaient couchés sur l'herbe les hussards et le reste de l'escorte, qui attendaient avec impatience l'heure du repas, car il était dix heures, et ils n'avaient encore pris aucune nourriture. Quant à moi, je m'étais installé à côté du caïd cy Hammady ben-es-Sekkal et de l'interprète juif Hamram, homme de bonne composition, s'il en fut jamais; le général occupait, comme de juste, la place d'honneur.

Au bout d'un quart d'heure, les chefs des Beni-Wâazen, qui se tenaient devant nous, firent présenter au général une tasse de lait frais dont il avala quelques gorgées; après lui, on passa la tasse à la ronde, et chacun en buvait à discrétion. A mesure qu'elle se vidait, elle était remplie de nouveau; elle fit ainsi plusieurs tours parmi les convives : c'était une manière de disposer son estomac au festin homérique auquel nous allions participer. Nous nous attendions, en effet, à voir arriver le couscous et d'autres mets, quand on vint nous offrir simplement une tasse de café ; il fallut nous conformer à l'étiquette et avaler en patience cette liqueur qui ne faisait qu'exciter notre appétit déjà assez aiguisé. Cependant il se fait un certain mouvement parmi les groupes voisins ; on entend même un murmure approbateur et de satisfaction ; plusieurs personnes se lèvent avec anxiété et dirigent leurs regards scrutateurs vers le même point : c'est la dyfah qui arrive ; la nouvelle en court de bouche en bouche ; la joie du moment fait oublier tout à coup le besoin de manger et le sentiment de la curiosité trompe un instant les exigences de l'appétit ; les convives contemplent la marche triomphale d'une longue file de Bédouins revêtus de haïcs blancs, qui s'avancent lentement, portant, les uns, d'énormes plats de couscous, les autres, des sacs remplis de fruits, les autres, de longues corbeilles d'osier contenant un mouton rôti tout entier, les autres, des messemmen et des khobzah ou pains à la façon du pays. On servit d'abord les moutons, qui étaient au nombre de quatre. Un Arabe, armé d'un long couteau, ayant fait çà et là des entailles sur les victimes, invita la compagnie à prendre part au festin. Dès que le général eut planté les doigts dans la chair du mouton qui se trouvait servi devant lui, son exemple fut à l'instant suivi par tous les autres convives ; les doigts tenaient lieu de couteaux et de fourchettes, et l'on s'essuyait la bouche avec un morceau de galette. Quand on voulait boire, un Bédouin, faisant fonction d'échanson, allait puiser la liqueur dans la rigole voisine et nous l'apportait dans une écuelle de cuivre argenté qui était suspendue à une chaîne du même métal. Le mouton, qui était, d'ailleurs, convenablement rôti et d'un goût excellent, défraya presque à lui seul toute la dyfah, car le couscous que l'on servit ensuite fut renvoyé pour être servi aux soldats, ainsi que les restes des moutons qui avaient paru à la table de l'État-Major du général. Après cela, deux Bédouins vinrent avec des sacs, et déliant chacun celui qu'il portait sur ses épaules, ils versèrent, comme d'une corne d'abondance, au milieu de nous, pêle-mêle des noix et des grappes de raisin de couleur violette. Ces fruits ne furent pas inutiles, car nous avions grandement besoin de nous dégraisser les dents ; quant aux mains et à la figure, chacun alla faire ses ablutions dans le ruisseau voisin. Le festin fini, pendant que les uns, étendus sur des tapis ou sur le gazon, s'y abandonnaient au sommeil qui les gagnait, que les autres se promenaient dans le voisinage ou s'exerçaient au tir du pistolet, le caïd cy Hammady, l'interprète Hamram et moi avions établi une douce causerie. *Ani samehh arbeh*, me disait Hamram en langue hébraïque, *adoni, caascher rôeh othekha*, c'est-à-dire, « Je suis charmé, Monsieur, de vous voir. » Comme je lui eus demandé s'il savait écrire en caractères hébreux cursifs, il me traça les lignes suivantes sur un morceau de papier :

יא סיד תסמח לי עלא באטר אלי מא גית שי ענדך
נורך עלא באטת כונת משגול נטלב מן פצלך יא סיד
אסמאח והאדא מא נטלב מנך:

C'est-à-dire : « Monsieur, pardonnez-moi de ce que je ne suis pas encore allé vous voir chez vous : ce sont mes occupations qui m'ont empêché de remplir ce devoir. Ayez donc, je vous prie, la bonté de m'excuser. C'est là tout ce que je désire de votre part. »

J'écrivis au-dessous, en guise de réponse, les phrases hébraïques suivantes :

רק אדני עמרם הייחה לי כנר מכסה ונעלמה והיום
כי עלינו זרחת ובנגה אורך ברקת ורע בעיני אשר לא
נקריח אלי עדנה וראיתי את פניך הבהירים:

C'est-à-dire : « En vérité, Monsieur Hamram, vous étiez pour moi comme un flambeau caché et ignoré ; mais aujourd'hui que vous avez paru à notre horizon et que vous brillez de tout votre éclat au-dessus de nos têtes, je regrette de ne vous avoir pas rencontré plus tôt et de n'avoir pu contempler votre face resplendissante. »

Le caïd, qui ne connaissait pas l'hébreu, demanda l'explication de ma réponse à l'interprète juif. Aussitôt que celui-ci eut achevé de lui traduire de vive voix le sens de l'hébreu, cy Hammady ben-es-Sekkal se mit à réciter ces vers :

يــا ربّ ان العيــون السوداءَ قــتلــتــنـى
فارفق بعاشقها والله والله نالَه لو فتحوا
صدرى لما وجدوا فى القلب غيركم والله والله

O Dieu! les yeux noirs m'ont donné la mort; prends pitié de celui qui en est devenu amoureux. En vérité, oui, en vérité, si l'on venait à ouvrir ma poitrine, l'on ne trouverait pas dans mon cœur un autre que vous. Oui, en vérité.

Sur le désir que je lui exprimai de posséder par écrit les choses charmantes qu'il venait de débiter, il voulut bien transcrire ses vers sur un morceau de papier que je conserve comme un précieux souvenir de voyage. A peine avait-il fini cette transcription, qu'un Arabe s'approcha de nous pour nous offrir une tasse de café. Pendant que nous savourions cette liqueur, l'interprète Hamram nous récita le distique suivant qui avait le mérite de l'à-propos :

حمضونى لعلّهم يستنظفونى
فوجدونى على البلاء صبورة
ولذلك رفعت على آلالاء
وقبّلات من الملاح ثغرة

On me brûle afin de me rendre plus pur, et l'on me trouve patient au milieu des tourments.

C'est pour cela que j'obtiens ensuite des faveurs et que je reçois les baisers des belles.

Ces vers, dis-je à Hamram, me paraissent gracieux ; mais je préfère ceux-ci que j'ai lus dans je ne sais quel recueil :

يـا قهوة تذهب هم الفتى
انت لحاوي العلم نعم المراد
شراب اهل الله فيها الشفا
لطالب الحكمة بين العباد
نطبخها فشرا فتأتي لنـا
في نكهة المسك ولون المداد
مـا عرف الحق سوى عاقل
يشرب من وسط الزباد وزباد

O café ! tu dissipes les soucis des jeunes guerriers ; tu es l'objet des vœux de ceux qui possèdent la science.

Le café est le breuvage des amis de Dieu ; ceux parmi les mortels qui courent après la sagesse, y trouvent la guérison de leurs maux.

Nous l'apprêtons simplement avec l'écorce d'une baie, et quand on veut nous le servir, il exhale le parfum du musc et il a la couleur de l'encre.

La vérité n'est connue que de l'homme sensé qui sait vider les tasses où écume le mokha.

Comme je finissais de réciter ces vers : « Vous me permettrez, me dit Hamram, de les transcrire sur mon calepin

(كناش), car je les trouve admirables. — Volontiers, » lui répondis-je. Quand il eut achevé, avalant les dernières gouttes de café qui restaient dans sa tasse, il me récita encore ce distique :

قهـوة كـكـخـبـر الـسـجـيـق

سوداء مثـل مقلـة المعشوق

فلا عدمت مزاجها بالريق

وتـتـربـط المـودة مـع الرفيـق

C'est un café fin comme la poussière, noir comme l'œil de l'amante.

En se mêlant à la salive du dégustateur, il ne perd rien de ses exquises qualités, et il serre les liens de l'amitié entre ceux qui s'aiment.

Cy Hammady ben-es-Sekkal mit fin à nos citations par ce vers d'un ancien poëte :

شربنا وهرقنا على الارض جوعة

فللارض من كاس الكرام نصيب

Après avoir bu, nous avons jeté sur la terre une gorgée, car la terre doit avoir part à la coupe des hommes généreux.

Après cela, il nous demanda la permission de se livrer aux douceurs du sommeil dont il n'était plus le maître.

Je le laissai là pour aller visiter la source qui était dans le voisinage, et causer familièrement avec les Arabes qui étaient assis au pied des arbres et formaient différents groupes.

Vers midi on vint m'annoncer le retour à Tlemcen. Les apprêts du départ furent bientôt faits. Pendant le trajet, les cavaliers arabes de notre escorte nous donnèrent le spectacle bruyant de la *fantasia :* partant deux, trois ou quatre de front et galopant à fond de train, ils lançaient leurs fusils en l'air, le recevaient dans leurs mains, le chargeaient ensuite, et faisaient, pour me servir de leur expression, *parler la poudre.* Au moment où nous rentrions dans la ville par la porte *Al-Haloua,* le moueddhin de la Grande-Mosquée annonçait la prière aux Musulmans du haut du minaret : c'était l'heure de l'*asr.*

CHAPITRE XIX.

Promenade dans le quartier des Hadhars. — Magasin du génie. — Cidi El-Halouyi. — Liste des mosquées de la ville. — Le drogman Susboué et ses manuscrits arabes.

Il y avait près d'un mois que je me trouvais à Tlemcen, et mon séjour ne devait pas se prolonger au delà de ce terme ; nous attendions pour partir l'arrivée de quelques régiments qui devaient venir d'Oran ravitailler la place et s'en retourner ensuite dans cette ville en ramenant les voyageurs de Tlemcen. A mesure que le jour de notre départ, qui n'était pas éloigné, approchait, le temps me semblait acquérir plus de prix, et la crainte de laisser après moi quelque chose d'inexploré, rendait ma curiosité plus ardente et mes recherches plus actives ; il ne se passait pas de jour que je ne fisse une ou deux promenades scientifiques, interrogeant les ruines, les pierres, les inscriptions, adressant des questions aux Arabes qui se rencontraient sur mon passage, en conversant avec eux dans les cafés mauresques, allant çà et là en furetant et recueillant partout les souvenirs des hommes et les échos des âges passés. C'est pendant une de ces courses intéressantes, le mardi, 13 octobre, que je visitai le magasin du génie, situé non loin de la place du Méchouar.

Au fond de la cour de cet établissement on avait entassé pêle-mêle des fragments de colonnes, des chapiteaux, des épitaphes et des inscriptions arabes ; parmi ces dernières, j'en remarquai une qui était d'une parfaite conservation et très-lisible : c'était une plaque de marbre blanc, de forme carrée et portant ce qui suit :

الحمد لله اما بعد امر ببناء

هذه السقاية المعظم

التايد باكبر خليفة تلمسان

قصدا بدلى وجبة الله العظيم

ورجاء ثوابه الجسيم فى اويـل

شعبان عام خمسة وسبعين وماية

والف

Louange à Dieu ! Celui qui a ordonné de construire cette fontaine, c'est le vénérable caïd Bâkir, khalifah de Tlemcen ; il a fait cette bonne œuvre en vue de Dieu très-grand et pour son amour, et dans l'espoir d'obtenir dans l'autre vie une ample récompense. Dans les premiers jours du mois de schaaban, l'an 1175.

Bâkir gouvernait Tlemcen au nom du dey d'Alger, il y a environ une centaine d'années. La maison où il avait établi sa résidence existe encore de nos jours ; elle est attenante à l'hôpital qui se trouve à l'Est du Méchouar, et elle sert de caserne à nos troupes. Elle est connue sous le nom de *maison du général Mostafa,* parce qu'elle a été longtemps habitée par ce personnage, aujourd'hui décédé ; mais auparavant elle s'appelait l'*hôtel de Bâkir* (dâr Bâkir).

En sortant de l'établissement du génie, je m'engageai dans la rue de *Cidi-Djebbâr*, ainsi appelée à cause d'un personnage de ce nom dont on voit le tombeau dans une mosquée érigée au bout de cette même rue. Cette mosquée est aujourd'hui en ruines et abandonnée. Arrivé à l'extrémité orientale de la rue, que j'ai trouvée triste et déserte, j'ai passé devant la mosquée de *Cidi-Hafrah*, puis devant celle de *Cidi-Zîr*, qui a donné son nom à la porte appelée *bab Zîr*. En dehors de cette porte et à une certaine distance des murs de la ville, s'élève, au milieu des jardins de la banlieue, une autre mosquée, celle de cidi El-Hassan, et, non loin de là, la koubbah de cidi Hadj Aly ben-Fellah. Ces deux monuments, que l'on aperçoit du haut des remparts et d'un endroit qui domine la plaine, à l'Est et au Nord, resplendissent, aux rayons du soleil couchant, d'une blancheur de neige, et, par leur couleur aussi bien que par l'immobilité de leur masse, contrastent agréablement avec la verdure riante qui les entoure et la cime des arbres voisins que la brise du soir commence à agiter. Ici, après avoir longé quelque temps le mur d'enceinte et tourné ensuite mes pas vers le couchant, j'entre dans une autre rue plus triste et plus solitaire que celle que je viens de quitter. Elle se nomme *Soueikah*, ou le petit marché. Je laisse à ma droite la porte *bab Zîr*. A quelques pas de là, l'on voit un moulin d'huile que les habitants désignent par le nom de la porte voisine, en l'appelant مصرة باب زير *le moulin d'huile de la porte Zîr*.

Plus loin s'élève la koubbah de *Cidi-Schaar*. Poursuivant ma course au milieu de ce désert, mes yeux avides ne découvrent pas même l'ombre d'un habitant ; la présence de l'homme ne s'y révèle par quoi que ce soit, ni par le bruit des outils ou des machines, ni par les cris des enfants, ni par les querelles des femmes, ni même par l'aboiement des chiens ou le hennissement des chevaux et des bêtes de somme : on n'y entend que le silence. J'arrive enfin devant une grande porte ouverte d'où s'exhalait une odeur forte et saisissante : c'était un moulin d'huile, mais en repos, attendu que les olives étaient encore sur les arbres. Trois ou quatre nègres, accroupis par terre et muets comme des sourds, y découpaient en menus morceaux du tabac en feuilles et du haschisch qu'ils mêlaient dans une certaine proportion. Ils me dirent qu'en attendant la saison des olives, ils s'occupaient de l'industrie en question, assez lucrative, ajoutèrent-ils, vu le grand nombre de fumeurs et de gens désœuvrés que nourrissait la ville de Tlemcen. Ce serait ici le lieu de parler du délire et des hallucinations fantastiques produites par l'usage du haschisch, si tout le monde ne connaissait pas déjà les vertus extraordinaires de cette plante, soit par les récits des voyageurs, soit par les descriptions que l'on trouve dans des ouvrages spéciaux.

Après le moulin, une mosquée en ruines, mais qui paraît avoir été très-belle, arrête mes pas et fixe un moment mon attention. Elle est environnée de décombres qui en rendent l'accès impossible ; mais à travers les fentes et les fenêtres délabrées et ouvertes, l'on aperçoit dans l'intérieur des colonnes peintes bleu et or, les parois ornées de mosaïques et d'arabesques, et des vestiges d'un art qui accusent l'époque la plus florissante de l'architecture mauresque, et me font vivement regretter l'absence de tout renseignement au sujet de l'origine et du nom de ce magnifique monument.

Au bas des remparts, qui sont extrêmement hauts de ce côté de la ville, s'élève, au milieu des ormes et des platanes, un autre monument dont heureusement je puis dire le nom : c'est la mosquée du célèbre cidi El-Halouyi, laquelle serait, après la Grande-Mosquée, la plus riche et la plus belle de la ville, s'il faut s'en rapporter au dire des Musulmans que j'ai interrogés à ce sujet. Comme il ne m'a pas été permis de visiter l'intérieur du temple et que ce n'est que de loin que j'ai vu le monument, le lecteur me dispensera de lui tracer ici une description dont les traits seraient nécessairement peu sûrs et pourraient manquer d'exactitude et de vérité. Cette omission sera, je l'espère, amplement compensée par la légende du marabout en l'honneur de qui la mosquée a été érigée, légende que je raconterai ici *in extenso*, et telle qu'elle se lit chez les auteurs musulmans, que je ne ferai que traduire.

Le chéikh Abou Abd' Allah el-Schoudhiyi, plus connu sous le nom de *cidi El-Halouyi*, était né à Séville dans la seconde moitié du septième siècle de l'hégire. Il vint s'établir à Tlemcen, où il mourut quelques années après la prise de cette capitale par le sultan Mérinite Abou'l-Hassan (737). Ce fut l'un des plus grands contemplatifs et dévots musulmans de son époque. Voici ce que l'imam Ibn-Dehak el-Aoucy raconta un jour au sujet de ce saint personnage :

« Je vins, dit-il, de Murcie pour voir une vieille tante

paternelle que j'avais à Tlemcen ; rien ne me causa plus de joie que de la trouver encore en vie. Un jour que je me promenais dans la ville, je rencontrai le chéikh portant sur sa main une corbeille remplie de *haloua* (pâtes sucrées et nougat), qu'il vendait aux enfants au milieu d'une foule de curieux. Je me mis à le suivre. Lorsque les enfants près de qui il passait, venaient à lui crier des injures, il se mettait à pirouetter sur lui-même et à danser, ou bien il déclamait des vers qui avaient trait à la charité. En voyant cela, je ne doutai plus que le chéikh ne fût du nombre des saints et amis de Dieu. Ce qui acheva de me convaincre, c'est que je le vis ensuite acheter un morceau de pain blanc avec l'argent qu'il s'était procuré en vendant quelques morceaux de haloua, et en faire l'aumône à un orphelin couvert de haillons dont il connaissait la misère. Je me dis en moi-même : Il faut que cet homme-là soit quelque saint qui a quitté sa retraite pour aller vendre des haloua. Nous étions alors dans le mois de ramadhan. Lorsque le jour de la rupture du jeûne fut arrivé, je dis à ma tante, en lui présentant de la farine et du miel que j'avais achetés : Prenez ceci et faites-en-moi un gâteau, afin que je le mange aujourd'hui, au repas de la rupture du jeûne, dans la compagnie d'un saint homme de ma connaissance. Elle se prêta à mon désir. La prière solennelle de la fête achevée, je me mis à la recherche du chéikh que je croyais dans la mosquée, au milieu de la foule. Tous mes efforts pour le découvrir furent inutiles ; je dis avec résignation : Il n'y a de force, il n'y a de puissance qu'en Dieu le Très-Haut. Puis j'ajoutai cette prière que je fis dans mon cœur : O Dieu ! par les mérites du chéikh, ton serviteur, fais que dans ce moment, nous nous trouvions réunis tous les deux dans ce lieu-ci. Ma prière était à peine terminée, que j'aperçois le chéikh à ma droite, et que s'approchant de moi, il me dit : « Votre tante a-t-elle fait le gâteau ? — Oui, lui répondis-je. — Eh bien, ajouta-t-il, sortons, et après avoir mangé ensemble le gâteau que voici, nous nous dirigerons vers la maison de votre tante. » Lorsque nous fûmes hors de la mosquée, il tira de dessous ses habits un plat recouvert d'une serviette propre qu'il enleva aussitôt. Je ne crois pas avoir jamais vu de ma vie un gâteau aussi parfait, tant pour le degré de la cuisson, que pour la beauté de la forme et la juste proportion des condiments. Après l'avoir consommé, nous nous rendîmes chez ma tante qui nous attendait. Elle avait apprêté le gâteau que je lui avais recommandé, mais il ne pouvait être comparé en rien à celui que nous venions de manger, et c'est à peine si nous y touchâmes. Le repas de la rupture du jeûne ayant été ainsi célébré, le chéikh me dit : « Quels sont vos moyens d'existence ? — Je vis des lectures que l'on me demande, répondis-je. — Voulez-vous, ajouta-t-il, m'en faire quelques-unes ? — Volontiers, lui dis-je. — Venez donc me voir demain ; je me trouverai, s'il plaît à Dieu, dans la mosquée qui est située sur le fossé d'*Aïn el-Kissour*, en dehors et vis-à-vis de la *porte des Tuiliers*. Là, vous me lirez ce qu'il vous plaira. » M'étant donc rendu le lendemain au lieu indiqué, je le trouvai, comme il me l'avait promis, assis dans la mosquée. Je lui donnai le salam et me plaçai à côté de lui. « Que voulez-vous me lire ? me dit-il. — Ce que Dieu vous inspirera que je lise, lui répondis-je. — Lisez donc, ajouta-t-il, le livre de Dieu, car il est juste que nous commencions par là. » Pour obtempérer à son désir, je me mis d'abord à implorer le secours du Très-Haut contre les mauvaises suggestions de Satan le lapidé, puis je lus ces paroles par lesquelles s'ouvre le Koran : *Au nom de Dieu clément et miséricordieux.* Il mit dix jours à expliquer l'excellence de cette invocation. Après cela, je lus un *hadith* de l'envoyé de Dieu, puis un morceau de littérature et un autre de philosophie morale. « Tout ce que je vous enseigne, disait l'imam Ibn-Dehak à ses disciples, tout ce que je vous communique en fait d'instruction, je l'ai puisé auprès de ce docte chéikh. Pendant deux ans entiers, ajoutait-il, je n'ai pas discontinué de prendre des leçons de lui, sans qu'il exigeât rien au delà du prix dont nous étions convenus au commencement. » Telles sont les paroles du savant imam Ibn-Dehak.

Yahia ben-Khaldoun rapporte avoir entendu dire à un taleb de Tlemcen, que le chéikh Abou Abd' Allah el-Schoudhiyi vendait du haloua, et que de l'argent que lui produisait ce petit commerce, il faisait l'aumône aux pauvres de la ville ; qu'il entreprenait souvent des voyages de dévotion et accomplissait des pèlerinages, mais que son absence ne se prolongeait jamais au delà d'un an ; que, de plus, il s'était fait une règle de ne jamais rien manger durant le jour.

En fait de compositions poétiques, l'on cite de lui le tercet suivant :

« Quand la nature lève la voix pour parler aux mortels, il en est qui prêtent à son langage une oreille attentive,

« Et ce langage ne leur offre rien d'inintelligible ; il n'y a que les étourdis qui le trouvent obscur et confus.

« Écoutez donc attentivement cette voix, si vous désirez la comprendre, et ne soyez pas du nombre de ceux qui ne l'entendent que d'une manière confuse. »

« Les historiens nous apprennent, dit Yahia ben-Khaldoun, que le chéikh El-Halouyi, après avoir rempli l'office de cadhi à Séville, vers la fin de l'empire des Almohades, quitta le service de ces princes et se retira à Tlemcen pour y vivre à la manière des chéikhs *madjnoun,* ou santons. Le trait suivant, ajoute-t-il, m'a été raconté par le chéikh Abou 'l-Hassan el-Majorkiyi, l'un des notables de la ville de Tlemcen, lequel le tenait de notre très-docte maître Abou Abd' Allah el-Abiliyi, dont voici les propres expressions : Ibn-Dehak expliquait dans la mosquée le *Traité de la Purification* qui fait partie de la *Modawanah.* Un jour Abd' Allah el-Halouyi lui dit : « Jusques à quand, ô chéikh! nous parlerez-vous d'ablutions, de mois et de secondines? » Le chéikh Ibn-Dehak continua sa lecture ; mais lorsqu'il l'eut achevée, s'avançant vers Abd' Allah : « J'ai entendu, lui dit-il, les paroles que vous m'avez adressées ; mais que voulez-vous que je fasse ? — Livrez-vous donc, lui répondit Abd' Allah el-Halouyi, à quelque occupation plus utile. — Eh bien, dit Ibn-Dehak, désormais j'irai prendre des leçons auprès de vous. — Non, lui répliqua Abd' Allah, mais allez à Tunis; vous trouverez un tel, qui vous enseignera les sciences dont vous désirez acquérir la connaissance. » Ibn-Dehak partit sur le champ pour Tunis, où ayant trouvé le professeur qui lui avait été désigné, il lui demanda la permission de suivre ses leçons. Comme celui-ci lui eut demandé le nom de sa patrie, et qu'il lui eut répondu qu'il était natif de Tlemcen : « Adressez-vous, lui dit le professeur, à mon docte chéikh Abou Abd' Allah el-Schoudhiyi qui réside dans votre pays. » Sur cela, Ibn-Dehak reprit la route de Tlemcen. A son arrivée, il rencontra le chéikh hors de la ville, près de la porte des Tuiliers, lequel lui dit : « Il faut que vous vous mettiez à ma disposition. — Rien n'empêche, lui répondit Ibn-Dehak. — Dans ce cas, ajouta le chéikh El-Halouyi, regardez et faites comme moi. » En disant ces mots, il se mit à cheval sur une longue canne et partit en courant. Aussitôt Ibn-Dehak coupa en deux la pique qu'il tenait dans sa main, et enjambant l'un des deux fragments, il se mit à courir à la suite du chéikh. Ils se rendirent tous les deux dans un endroit situé en dehors de la porte *Kachoutah*, où ils s'étaient donné rendez-vous, et ils y vécurent ensemble, loin du tumulte du monde, uniquement adonnés aux choses de Dieu. Cette vie commune dura jusqu'à la mort du pieux chéikh, qui fut inhumé, hors de la ville, non loin de la porte d'Aly (*bab Aly*). Son tombeau, que l'on voit dans cet endroit, est devenu un lieu de pèlerinage très-fréquenté, et il est célèbre par les nombreux miracles qui s'y opèrent. »

Telle est la légende rapportée par Yahia ben-Khaldoun, dans son histoire des Beni Abd' el-Wâdy (chap. des *Grands hommes qui ont illustré Tlemcen*). Elle nous fait connaître, d'une part, la vénération que les Musulmans professent pour la mémoire de cidi El-Halouyi, et, de l'autre, les extravagances qu'ils regardent comme des marques de sainteté dans les personnes qui foulent ainsi aux pieds la dignité humaine, et que, chez nous, l'on renfermerait aux petites maisons.

En 1846, la mosquée de cidi El-Halouyi se trouvait dans un état qui exigeait de grandes réparations ; les Turcs, maîtres du pays, avaient négligé d'entretenir l'édifice, et il avait ensuite beaucoup souffert des guerres qui suivirent la conquête de l'Algérie. La politique du gouvernement français, toujours attentive, non-seulement à respecter les croyances religieuses des vaincus, mais aussi à leur être agréable, ne voulut pas que l'un des sanctuaires les plus vénérés de la population musulmane tombât tout à fait en ruines ; il fut décidé qu'il serait consolidé, recrépi, blanchi à la chaux, de tout point restauré et approprié par les soins des officiers du génie et aux frais des Chrétiens : c'est revêtue de cette nouvelle parure que se montra à mes yeux l'antique mosquée de cidi El-Halouyi, lorsque, parcourant le quartier désert de la ville, je m'arrêtai un instant pour contempler de loin l'immense plaine qui du pied des remparts s'étend du côté du Nord, où elle est fermée par une ceinture de hautes montagnes que baignent les flots de la mer.

La date de sa fondation, ainsi que le nom du prince à qui elle doit son existence, nous sont révélés par l'inscription suivante qui se lit sur le frontispice du monument :

امر بتشييد هذا الجامع المبارك عبد الله على بن مولانا السلطان ابي سعيد عثمان بن مولانا السلطان ابي يوسف يعقوب بن عبد الحق ايده الله ونصره عام ٧٤٥ خمسة واربعين وسبع ماية

Celui qui a ordonné d'ériger cette mosquée bénie, c'est Abd' Allah Aly, fils de notre seigneur le sultan Abou-Saïd Othman, fils de notre seigneur le sultan Abou-Youssef Yacoub, fils d'Abd' el-

Hack. Que Dieu le consolide et le fasse triompher de ses ennemis! L'an 745, sept cent quarante cinq (1).

Abd' Allah Aly était, comme on voit, de la famille royale des Mérinites, et la date de l'inscription nous apprend que la mosquée fut construite huit ans après la prise de Tlemcen, par Abou 'l-Hassan, et, par conséquent, pendant l'occupation de cette ville par les Mérinites, quatre ans environ avant la restauration du royaume des Beni-Zéyan, qui eut lieu, comme on sait, en 749 de l'hégire (1348).

Dans l'intérieur de la mosquée, on lit autour du mihrab :

عبد الله المتوكّل على الله الشيخ الولي الرضى الحلوي ادركنا الله برضاه امين

Le serviteur de Dieu (*Abd' Allah*), lequel mit toute sa confiance en Dieu, le saint, l'homme agréable à Dieu, El-Halouyi. Que Dieu daigne nous faire participer à la faveur dont ce saint jouit auprès de lui! Amen.

Les colonnes qui forment les galeries latérales sont toutes de marbre. L'on a gravé sur chacune d'elles le nom de l'architecte et la date de l'hégire 747. Voici cette inscription :

صنعها احمد بن محمد اللمطي فى شهر يا من سنة ذمز

Celui qui a fait ces colonnes, c'est Ahmed ben-Mohammed el-Lamty. Le onzième mois de l'année 747.

---

(1) Cette inscription et les trois suivantes m'ont été communiquées par M. Ch. Brosselard, aujourd'hui maire de Tlemcen, orientaliste très-distingué et très-zélé pour la conservation des monuments arabes et la recherche des manuscrits, lors de son dernier voyage à Paris.

Le surnom que portait ce personnage indique qu'il était de race berbère et appartenait à la tribu des Lemtah. L'année musulmane 747 répond à l'an 1346 de notre ère.

Sur les parois de la mosquée et tout autour, on lit ces mots écrits en grandes lettres :

الملك الدائم لله العزّ القائم لله الملك الدائم لله العزّ القائم لله

L'empire qui ne finit pas appartient à Dieu ; la puissance immortelle appartient à Dieu. L'empire qui ne finit pas appartient à Dieu ; la puissance immortelle appartient à Dieu.

Afin de ne rien omettre de ce qui concerne cette belle mosquée, je dirai qu'on y voit aussi un cadran solaire destiné à faire connaître les heures de la prière obligatoire.

Puisque je suis en train de parler des mosquées de Tlemcen, je donnerai ici la liste de toutes celles qui étaient autrefois desservies par des imams, mais dont la plupart sont aujourd'hui en ruines et abandonnées. C'est le caïd cy Hammady ben-es-Sekkal qui m'a fourni cette liste que l'on peut considérer comme un document précieux pour l'histoire de l'ancienne capitale des Beni-Zéyan.

LISTE DES MOSQUÉES DE TLEMCEN.

d'après une note communiquée par le caïd susdit.

1	جامع الكبير الاعظم	Grande-Mosquée.
2	جامع سيدى اصعد	Mosquée de cidi Assehad.
3	جامع الصنعه	Mosquée des Artisans.
4	جامع الصبانيين	Mosquée des Savonniers.
5	جامع المدرس	Mosquée de l'Académie.

6	جامع سيدي اليدون	Mosquée de cidi Alydoun.
7	جامع سيدي احمد بالحسن في بني جملة	Mosquée de cidi Ahmed bel-Hassan, dans le quartier des Beni-Djoumlah.
8	جامع سيدي احمد بالحسن ايضا في بني جملة السفلى	Autre mosquée de cidi Ahmed bel-Hassan, dans le quartier des Beni-Djoumlah inférieur.
9	جامع الكرسونه	Mosquée de la Carsounah.
10	جامع سيدي عبد السلام	Mosquée de cidi Abd' es-Salam.
11	جامع الشرفاء	Mosquée des Nobles.
12	جامع الغريبة في القرآن	Mosquée de l'Étrangère au Coran
13	جامع سيدي البرادعي	Mosquée de cidi el-Berâdéyi.
14	جامع سيدي الشعار	Mosquée de cidi es-Schâar.
15	جامع باب زير	Mosquée de la porte Zir.
16	جامع سيدي الأحسن	Mosquée de cidi el-Ahsan.
17	جامع سيدي الحلوي	Mosquée de cidi el-Halouyi.
18	جامع النور	Mosquée de la Lumière.
19	جامع سيدي الجبار	Mosquée de cidi el-Djebbâr.
20	جامع الحفرة	Mosquée d'El-Hafrah.
21	جامع سيدي الحباك	Mosquée de cidi El-Habbak.
22	جامع سيدي محمد بن عيسى	Mosquée de cidi Mohammed ben-Eïça.
23	جامع سيدي يعقوب	Mosquée de cidi Yâakoub.
24	جامع الريا	Mosquée Er-Raïa.
25	جامع سيدي كيوان	Mosquée de cidi Keyouân.
26	جامع سيدي القلعي	Mosquée de cidi El-Kaléyi.
27	جامع سيدي بن مرزوق	Mosquée de cidi Ben-Marzouk.
28	جامع سيدي حامد	Mosquée de cidi Hâmid.
29	جامع العقيبة	Mosquée de la Petite-Montée.

30	جامع سيدي المراغ	Mosquée de cidi El-Merâghy.
31	جامع درب المطارحين	Mosquée de l'impasse des Matelassiers.
32	جامع سيدي انوار	Mosquée de cidi Anouar.
33	جامع سيدي يعقوب في سويقة بن صالح	Mosquée de cidi Yâakoub au petit marché de Ben-Sâloh.
34	جامع سيدي الوزان	Mosquée de cidi El-Wazzân.
35	جامع المرفودة	Mosquée de la Marfoudah.
36	جامع سيدي عياد	Mosquée de cidi Ayâd.
37	جامع المدرسة في الرحبة	Mosquée du Collége de la place.
38	جامع الحدادين	Mosquée des Forgerons.
39	جامع سيدي البنا	Mosquée de cidi El-Benna.
40	جامع سيدي محمد السنوسي	Mosquée de cidi Mohammed es-Senoussy.
41	جامع السماط	Mosquée de la Série.
42	جامع سيدي انصر	Mosquée de cidi Ansar.
43	جامع بالحسن	Mosquée de Bel-Hassan.
44	جامع درب بن مام	Mosquée de l'impasse de Ben-Mâmy.
45	جامع سيدي ابراهيم	Mosquée de cidi Ibrahim.
46	جامع درب الجماير	Mosquée de l'impasse des Aromates.
47	جامع بابلان	Mosquée de Babilân.
48	جامع الغريبة	Mosquée de l'Étrangère.
49	جامع سيدي عمران	Mosquée de cidi Amrân.
50	جامع اولاد الامام	Mosquée des Fils de l'Imam.
51	جامع سيدي بو عبد الله	Mosquée de cidi Bou Abd' Allah.
52	جامع سيدي مهمازي	Mosquée de cidi Mahmâzy.
53	جامع سيدي المازوني	Mosquée de cidi Al-Mâzouny.

54	جامع سيدي زكري	Mosquée de cidi Zekry.
55	جامع سيدي بو ازار	Mosquée de cidi Bou-Izâr.
56	جامع المنشور	Mosquée du Méchouar.
57	جامع سيدي ابي مدين الغوث	Mosquée de cidi Abou-Médien el-Ghauth.
58	جامع سيدي ابراهيم النعار	Mosquée de cidi Ibrahim el-Nâar.
59	جامع سيدي بالعلي	Mosquée de cidi Bel-Aly.
60	جامع سيدي الهواري	Mosquée de cidi El-Hawâry.
61	جامع الكماد	Mosquée El-Kemmad.

Je reprends le récit de mon excursion dans le quartier des Hadhars. J'ai dit que c'était une véritable solitude; cependant à mesure que j'avance vers l'extrémité occidentale de la rue, quelques figures humaines se présentent à mes regards; de temps en temps, je rencontre des Arabes portant sur leur tête des plats de couscous ou des corbeilles de viandes rôties; ils m'avertissent que l'heure du dîner approche. Plus loin, des marchands de bernous et de haïcs descendent de leurs boutiques qu'ils s'apprêtent à fermer. J'arrive enfin au bout de la rue, où la vue d'un café ouvert me détermine à faire une courte halte et à accepter une tasse de moka que m'offre une main déjà connue de moi. M. Susboué, premier interprète de l'armée à Tlemcen, m'exprime le désir de me montrer quelques manuscrits arabes qu'il a enlevés aux Bédouins pendant les dernières razias; je lui promets d'aller le voir dans la soirée et dirige mes pas vers le presbytère où M. le curé, de retour de la visite de ses malades, m'attendait pour le dîner.

M. le drogman Susboué, dont les Arabes du pays ont

transformé le nom en celui d'*Escoubou,* me fit un accueil des plus polis, mais froid comme le climat qui lui avait donné le jour (1). Il me fit voir d'abord un manuscrit arabe traitant de médecine et de pharmocopée, dont il me parut extrêmement jaloux, ensuite un autre volume in-4° de 340 folios, magnifique manuscrit qu'en 1845 il avait arraché aux flammes dans un village des Beni-Snous appelé *Al-Khamis,* pendant que les troupes françaises se livraient au pillage et massacraient les habitants en révolte.

Il m'a été permis de copier le titre de ce dernier ouvrage que voici : كتاب الجمان في اخبار الزمان *Traité des Perles d'argent, touchant l'Histoire des temps.* Sur la dernière page du volume, on lit le distique suivant :

هذا كتاب لو يباع بوزنه

ذهبًا لكان البايع مغبونًا

او ما من الخسران ان ياخذ

ذهبًا ويعطى لؤلؤ مكنونًا

Ce livre se vendrait au poids de l'or, que son propriétaire pourrait encore se croire lésé dans le prix de la vente.

Et comment ne serait-il pas en perte, puisqu'en échange d'une perle précieuse, il recevrait seulement un peu d'or?

Il est dit à la fin de l'ouvrage que la copie en a été achevée le jeudi 5 de redjeb, l'an 1260 de l'hégire. Le titre s'y trouve reproduit un peu plus longuement qu'au commencement du volume ; il se lit de la manière suivante : كتاب

---

(1) Il est originaire du Danemark.

الجُمان *Livre* تاليف الشيخ الشاطبي في مختصر اخبار الزمان
*des Perles d'argent, composé par le chéikh El-Schâthiby,
comme abrégé de l'Histoire des temps.*

Les noms et surnoms de l'auteur sont indiqués à la suite du titre du livre, où il est appelé : الشيخ العالم الولي الصالح ابو عبد الله سيّدى محمّد بن على بن محمّد بن حسين بن حمّوك الصقلي الاندلسي البرجي *Le docte, le saint, le vertueux chéikh Abou Abd' Allah cidi Mohammed, fils d'Aly, fils de Mohammed, fils de Hossein, fils de Hammouk le Sicilien, l'Espagnol, le Bourgiote.*

On lit ensuite : شهر بالحج الشاطبي رحمه الله تعالى ورضي عنه ونفعنا به أمين *Il est plus connu sous le nom d'El-Schâtiby, que Dieu très-haut lui fasse miséricorde et lui accorde ses faveurs! Qu'il daigne aussi nous faire tirer quelque profit de la lecture de l'ouvrage de ce savant! Amen.*

L'on voit que cet auteur était originaire ou habitant de Xativa, ou Schatibah, ville d'Espagne située dans le district de Valence; mais l'époque où il a fleuri m'est restée jusqu'ici inconnue (1).

---

(1) Je n'ai rencontré le nom de notre auteur ni dans Ibn-Khallican, ni dans Hadjy-Khalfa; seulement, dans le catalogue des ouvrages attribués aux écrivains maures-espagnols que M. Fleischer a ajouté à la fin du Dictionnaire de Hadji-Khalfa, le *Kitabou 'l-Djouman fy akhbari' z-zeman* se trouve mentionné, mais sans nom d'auteur, ni indication quelconque. Ibn-Khallican (*Dictionnaire biographique*, traduit en anglais par M. le baron de Slane, vol. II, p. 499) parle bien d'un écri-

Lorsque je voulus me retirer, vers neuf heures et demie, il fallut que M. Susboué me fît accompagner par un soldat muni d'une lanterne et d'une paire de pistolets, tant il y avait peu de sécurité dans les rues de la ville, à ces heures de la nuit!

---

vain du nom d'Ibn-Ferro as-Shatibi (mort en 645 de l'hégire), auteur d'un poëme sur les lectures du Koran, qui avait été disciple d'un autre savant surnommé également *As-Shatibi* (mort en 565 de l'hégire); mais les noms et prénoms de ces deux écrivains diffèrent de ceux qui sont donnés à l'auteur du *Kitabou 'l-Djouman*, et il est impossible de confondre celui-ci avec l'un ou avec l'autre.

CHAPITRE XX.

Grande mosquée de Tlemcen avec son minaret. — Description de ces deux monuments. — Les inscriptions qu'ils contiennent. — Cidy Ahmed Bel-Hassan.

Le lendemain, 14 octobre, je me rendis dans la matinée au bureau arabe, afin de demander à Messieurs les employés l'autorisation de visiter la Grande-Mosquée, ce que je ne pouvais faire sans être accompagné de quelque dignitaire de la religion musulmane. J'y rencontrai l'interprète juif Hamram, le mufti cidi Mahfoudhy et quelques chefs arabes. La visite de la mosquée fut fixée à deux heures de relevée, et cidi Mahfoudhy voulut bien consentir à me servir de guide et de protecteur : sa présence, comme on le verra, ne devait pas être superflue. Comme j'étais à la source officielle des bons renseignements, je mis à profit cette heureuse circonstance, pour demander à ces Messieurs le chiffre exact de la population de la ville. Il me fut répondu que Tlemcen comptait alors 2,010 Hadhars
2,670 Kouroughlis
1,585 Israélites
et environ 600 Chrétiens
en tout 6,855 habitants,
la garnison française non comprise.

Voici l'explication que me donna cidi Hamram touchant le nom des *Kouroughlis*. « Ce nom, me dit-il, se compose des deux mots turcs *kour* (borgne) et *oughli* (fils), et signifie *fils d'un borgne*. Lors donc qu'un Kouroughli épouse une femme arabe et que de ce mariage naît un enfant, ses parents du côté de la mère disent de lui en le voyant : Voilà l'enfant d'un borgne (*kouroughli*). »

A ce propos, cidi Mahfoudhy m'apprit que, chez les Arabes, un enfant issu d'une mère noble et d'un père roturier est désigné sous la qualification de *modharrâa* (المذرع), c'est-à-dire de *race mélangée*, et que celui dont la mère est de vile naissance et le père noble est appelé *hagîn* (هجين), c'est-à-dire *enfant d'extraction noble du côté du père seulement*.

Après ces explications, qui furent suivies d'une conversation plus ou moins scientifique et intéressante, je pris congé de la docte assemblée, en lui promettant de revenir bientôt et après la prière du *dhohor*.

Du haut du minaret, le moueddhin venait d'appeler solennellement les fidèles à la prière, lorsque je quittai le presbytère pour aller rejoindre au bureau arabe les personnes qui devaient m'accompagner à la Grande-Mosquée. M. le curé, qui avait passé toute la matinée dans l'hôpital à consoler les malades, soldats ou civils, qui, avant de mourir sur la terre étrangère, se souvenaient qu'ils étaient Chrétiens et Français, profita de l'occasion pour visiter avec moi un temple qu'il ne désespérait pas de voir un jour converti en cathédrale et érigé en siége épiscopal. En entrant dans la salle d'audience du bureau arabe, nous trouvâmes le colonel de Barral, mort depuis glorieusement dans les guerres de la Kabylie, un lieutenant et le mufti Mahfoudhy qui étaient prêts à partir : la compagnie se mit immédiatement en marche vers la Grande-Mosquée. Nous l'abordâmes par la porte de l'Est qui avoisine le sanctuaire. Avant d'entrer, on nous fit ôter nos souliers, afin de ne pas salir les nattes et les tapis qui recouvrent le pavé. Il y avait dans l'intérieur quatre ou cinq Arabes accroupis par terre, dans l'attitude de la prière et de la contemplation ; à la vue des Infidèles dont la présence souillait la maison de Dieu, un murmure d'indignation sortit de leur poitrine ; ils dardèrent sur nous un regard des plus terribles. Ils allaient se lever pour s'opposer à notre passage, lorsque le mufti qui marchait à notre tête, interposant son autorité, leur fit signe de la main de se taire et prononça quelques paroles qui calmèrent leur subite fureur.

Nous passâmes devant la coupole pour aller voir, à droite, la chambre sépulcrale des anciens rois de Tlemcen : « C'est là, me dit le mufti, que reposent les cendres de Ghamoraçen ben-Zéyan. » Cependant je n'y remarquai ni marbre, ni épitaphe, ni traces de tombeau. Le sol était dépavé, et c'était, selon le dire de notre guide, à quelques pieds au-dessous de la surface, que se trouvaient les restes mortels du fondateur de la dynastie des Beni Abd' el-Wâdy.

Yahia ben-Khaldoun nous apprend qu'anciennement cette chambre portait le nom de *Demeure du repos* (دار الراحة), et que, avant la mort du premier sultan de Tlemcen, on y avait enseveli les corps de deux saints personnages dont il a esquissé la biographie dans son histoire des Beni Abd' el-Wâdy ; le premier s'appelait Abou 'l-Hassan Aly ben-el-Nedjâriah, et l'autre Abou Abd' Allah Mohammed ben-Marzouk ben-el-Hadjj et-Tilimcêniyi. Celui-ci mourut à Tlemcen dans les premiers jours de redjeb, l'an 681, environ quatre mois avant Abou-Yahia Ghamorâcen. Cet illustre sultan, qui à toutes les nobles qualités de son cœur joignait une piété sincère et sans faste, voulut qu'après sa mort son corps fût déposé auprès de ceux des deux saints personnages dont il s'agit, afin que par ce voisinage il attirât sur lui leurs bénédictions et eût quelque part à leur mérite ; et pour mieux assurer l'accomplissement de son désir, il exprima sa volonté à ce sujet par une disposition particulière dans le testament qu'il fit avant de mourir (1).

Entre le mihrab et la salle sépulcrale dont nous venons de parler, il existe une petite porte et un escalier qui conduit à une autre chambre haute et obscure. Au-dessus de cette porte, l'on a découvert, dans ces dernières années, une inscription arabe gravée sur une tablette de bois, laquelle nous apprend la véritable destination de ce lieu. La voici :

امر بعمل هذه الخزانة المباركة مولانا السلطان ابو حمو بن الامراء الراشيدين ايده الله امره واعزّ نصره ونفعه كما وصل ونوى وجعله من اهل التقوى وكان الفراغ من عمله في يوم الخميس ثالث عشر لذي قعدة عام ٧٦٠ ستين وسبع ماية

---

(1) Yahia Ibn-Khaldoun, fol. 8 r° et v°.

Cette bibliothèque bénie a été fondée par les ordres de notre seigneur le sultan Abou-Hammou, fils des princes légitimes. Que Dieu consolide son empire! qu'il lui accorde des victoires éclatantes et le récompense par toutes sortes d'avantages, suivant qu'il s'est montré bienfaisant et rempli de bonnes intentions! et qu'il le mette au nombre des hommes vertueux !

Cette salle a été achevée le jeudi 13, treize, de dhoul 'l-kiadah, l'an 760, sept cent soixante.

Il s'agit d'Abou-Hammou Moucé, deuxième du nom, qui régna entre les années 760 et 791. La date musulmane 760 répond à l'année 1359 de notre ère : c'est donc dans la première année du règne de ce prince que fut fondée la bibliothèque en question (1).

A l'époque où je visitai la Grande-Mosquée, l'inscription était recouverte d'une couche épaisse de plâtre, et personne ne se doutait de son existence : c'est à M. Ch. Brosselard, aujourd'hui maire de Tlemcen, qu'est due la découverte de cette précieuse épigraphe, et c'est grâce à son obligeance qu'il m'a été permis de la reproduire ici d'après une copie qu'il a bien voulu me communiquer. Quant à l'inscription originale elle-même, elle se trouve déposée dans le nouveau musée de la ville formé, depuis quelques années seulement, par les soins de ce docte magistrat.

Outre la bibliothèque d'Abou-Hammou II, il y en avait une autre dans la partie antérieure de la Grande-Mosquée.

---

(1) On peut voir la vie de ce roi ami des lettres et des savants dans l'*Histoire des Beni-Zéyan*, chap. VII de ma traduction.

Elle avait été fondée, comme nous l'apprend Mohammed et-Tenessy (p. 98 de ma traduction), par Mouley Abou-Zéyan, qui régna à Tlemcen entre les années 796 et 801 de l'hégire.

Ce prince, qui était passionné pour la science, fonda plusieurs legs pour l'entretien de cette bibliothèque, l'enrichit de plusieurs ouvrages précieux et y déposa un exemplaire du Sahyh d'Al-Bokhâri qu'il avait copié de sa propre main, ainsi que plusieurs copies du *Schefa* du célèbre Abou 'l-Fadhl Ayâdh, copies qu'il avait également faites lui-même.

De la bibliothèque nous revenons sur nos pas pour entrer dans le sanctuaire que couronne une élégante coupole; la voûte est percée de plusieurs ouvertures en forme de feuilles et de fleurs, et c'est par ce réseau de pierres taillées à jour que la lumière pénètre dans l'intérieur.

Près de l'entrée du sanctuaire, à droite, s'élève le *minbar* où se fait la *khotbah*, ou prône, chaque vendredi; dans le fond, on voit le *mihrab*, niche creusée dans l'épaisseur de la muraille et destinée à marquer la *kiblah*, ou point vers lequel les fidèles doivent se tourner lorsqu'ils font la prière. Sur les deux côtés du mihrab, à droite et à gauche, on lit ces paroles du Koran :

بسم الله الرحمن الرحيم واذا قرئ القرآن فاستمعوا له وانصتوا لعلكم ترحمون

Au nom de Dieu clément et miséricordieux! Quand on fait la lecture du Koran, soyez attentifs et écoutez en silence, afin que vous obteniez la miséricorde divine (*Koran*, sur. VII, 203).

En dehors de la mosquée et au-dessus de la porte, aujourd'hui condamnée, qui s'ouvrait autrefois du côté du Midi, à gauche du Mihrab, on lit ces autres paroles du Koran :

اعوذ بالله من الشيطان الرجيم بسم الله الرحمان الرحيم صلى وسلم على سيدنا ومولانا محمد وعلى اله المصطفى الكريم رجال لا تلهيهم تجارة ولا بيع من ذكر الله واقام الصلوة وإيتاء الزكوة يخافون يوما تتقلب فيه القلوب والابصار ليجزيهم الله احسن ما عملوا ويزيدهم من فضله والله يرزق من يشاء بغير حساب

Je me réfugie auprès de Dieu pour chercher un abri contre Satan le maudit (*Koran*, sur. III, 34). Au nom de Dieu clément et miséricordieux! Que Dieu accorde ses bénédictions et ses faveurs à notre seigneur Mohammed, ainsi qu'à sa famille élue et vénérable! Il est des hommes que ni le commerce, ni la vente et l'achat ne détournent de la louange de Dieu, de l'observance de la prière et de l'aumône. Ils redoutent le jour où les cœurs et les yeux seront bouleversés, jour fixé pour récompenser les hommes selon leurs meilleures œuvres et pour les combler de ses faveurs. Dieu donne la subsistance à qui il veut et sans compter (*Kor.*, sur. XXIV, 37).

Cette inscription, qui est peinte sur bois et se dessine en blanc sur fond rouge, est abritée par un auvent décoré de rosaces sculptées et de capricieuses arabesques.

Le sanctuaire est séparé du reste du temple par une balustrade en bois, que nous franchissons pour visiter les autres parties du monument. Ce qui arrête quelques instants nos regards, c'est une grande chaire circulaire, soutenue par quatre pieds et entourée d'une balustrade dans son pourtour ; elle se dresse en face du mihrab : c'est le lutrin où se placent les lecteurs officiels du Koran ; à côté et un peu au-dessus est suspendu à la coupole, par des chaînes en cuivre massif, un grand lustre ayant la forme d'un cerceau et muni de quatre lampes en verre. Il est en bois de cèdre, lamé de cuivre et il a environ huit mètres de circonférence à sa base. Selon la tradition, ce lustre curieux serait un don fait à la mosquée par le sultan Ghamorâcen.

Nous traversons deux ou trois galeries et nous nous trouvons dans la cour de la mosquée ; elle est décorée d'une fontaine de marbre blanc qui fournit l'eau nécessaire aux ablutions prescrites par la loi. Vue de l'intérieur, la mosquée présente dans son ensemble un caractère grave, austère et tel qu'il convient à un édifice religieux. Si l'on fait abstraction du dôme qui en est seulement comme un appendice, elle forme un parallélogramme dont les côtés Est et Ouest ne comptent pas moins de treize travées sur douze qui la traversent dans le sens de sa largeur ; elle a donc six galeries ou nefs de chaque côté dans le sens du Nord au Midi, et son enceinte peut contenir de quatre à cinq mille personnes.

Une vieille inscription, tracée dans le sanctuaire, sur les quatre faces du pourtour supérieur du mihrab, nous apprend la date de sa fondation et le nom du prince qui la fit achever.

بسم الله الرحمن الرحيم وصلى الله على محمد وعلى اله وسلم مسليما
هذا مما امر بعمله الامير الاجل .... ايده الله امره واعز

وادام دولته وكان اتمامه على يد الفقيه الاجل القاضي الاوصل ابن الحسن بن علي بن عبد الرحمان ابن علي ادام الله عزّه ثم انتهى فى جمادى الاخرى عام ٥٣٠ ثلاثين وخمسماية

Au nom de Dieu clément et miséricordieux! Que Dieu bénisse Mohammed et sa famille, et qu'il les salue! Cet édifice est un de ceux qu'ordonna de construire le très-illustre prince.... Que Dieu consolide son empire, lui accorde un puissant secours et perpétue la durée de son règne! Il a été entièrement construit sous la direction et par les soins du très-illustre alfakih et très-généreux cadhi Ibn el-Hassan, fils d'Aly, fils d'Abd' el-Rahman, fils d'Aly, dont Dieu veuille perpétuer le pouvoir! Ensuite il a été achevé dans le mois de djoumâda II, l'an 530, cinq cent trente.

L'an 530 de l'hégire correspond à l'année 1136 de notre ère. A cette époque Tlemcen se trouvait encore sous la domination des rois Almoravides, et le prince alors régnant était Aly ibn-Youssouf, l'avant-dernier roi de cette dynastie. C'est donc sous le règne de ce souverain qu'a dû être élevée la Grande-Mosquée de Tlemcen, et c'est sans doute son nom qui remplissait en premier lieu la lacune que présente aujourd'hui le commencement de l'inscription. Dans une autre copie de l'inscription qui m'a été communiquée, l'année dernière, par M. Ch. Brosselard, cette lacune est comblée en partie par les quatre mots لامجد مولانا عبد المومن *Notre seigneur Abd' el-Moumen*, mots qu'il me souvient d'avoir lus moi-même sur place. Cependant le jour où j'ai vu l'inscription est maintenant trop éloigné de moi, pour qu'il me soit permis d'assurer que mes souvenirs sur ce point ne me trompent pas. Cette restitution, si tant est qu'il faille l'adopter, nous ferait connaître le nom du prince qui voulut effacer celui du fondateur de la mosquée, et nous expliquerait en même temps ce fait que nous lisons dans un historien arabe, savoir, que le roi Almohade Abd' el-Moumen, s'étant rendu maître de Tlemcen en 539, ordonna dans le courant de l'année suivante de fortifier cette place et de bâtir la Grande-Mosquée du quartier de Tagrart (1). Dans cette hypothèse, Abd' el-Moumen ne serait pas, comme le dit l'historien que nous alléguons, le fondateur, mais le restaurateur de la Grande-Mosquée de Tlemcen, sens dont le mot بنيان employé par lui, est d'ailleurs susceptible. Pour éclaircir ce fait historique, un nouvel et attentif examen de l'inscription est indispensable, et nous recommandons cet examen aux personnes qui se trouvent sur les lieux et que la solution de cette question intéresse.

Après la Grande-Mosquée, il nous restait à visiter le minaret (*soumâah*) qui y est attenant et qui compte parmi les monuments les plus remarquables de la ville de Tlemcen. Il s'élève majestueusement du côté Nord-Ouest du temple, mais à une certaine distance des murailles. Il fut bâti vers le milieu du septième siècle de l'hégire par Ghamorâcen, fondateur de la dynastie des Beni Abd' el-Wâdy. C'est une tour carrée, très-haute, au sommet de laquelle l'on arrive par un escalier à lignes brisées et traversant plusieurs étages. Un peu au-dessous de son couronnement, elle est ornée, sur ses quatre faces, d'un vaste encadrement rempli par des carreaux vernissés de diverses couleurs, qui reflètent un éclat diapré et lui donnent l'as-

---

(1) Voy. *Annales Regum Mauritaniæ*, p. 166.

pect d'une prairie émaillée de fleurs, plantée au milieu des airs. Cet encadrement est surmonté d'une rangée de petites arcades que supportent six élégantes colonnettes ; le tout est couronné d'une corniche au-dessus de laquelle s'élèvent en forme de cônes quatre ou cinq créneaux dentelés. Au centre de la terrasse surgit une petite tour également ornée, sur ses quatre faces, de carreaux de faïence imitant la mosaïque et disposés de manière à figurer une longue porte cintrée. Elle est recouverte d'un dôme, sur le faîte duquel est plantée une perche où se trouvent enfilées trois boules de cuivre ; à l'un des angles de cet édifice aérien est fixé un mât au haut duquel on a coutume de hisser un petit drapeau blanc, au moment où le moueddhin proclame, aux quatre vents, l'heure de la prière officielle.

Pour arriver au minaret, nous sortîmes du temple en suivant la galerie qui longe le mur oriental et en nous dirigeant du côté du Nord-Est. Nous remarquâmes en passant deux grandes piscines creusées dans le marbre, en forme de baignoires.

Après une ascension assez longue, nous parvînmes enfin au haut de la soumâah. Le moueddhin, surpris de notre visite dans sa solitude aérienne, nous reçut d'abord avec quelque embarras. Passant la vie dans un isolement presque complet, plus près du ciel, en quelque sorte, que de la terre, anachorète par goût, sinon par nécessité, étranger au monde par profession, quand il ne l'est pas par la privation involontaire de la vue, le moueddhin a perdu, en grande partie, l'habitude du commerce des hommes ; leur présence le rend timide et défiant, et si, pour fuir leur aspect, il pouvait, s'envolant de son minaret, aller se cacher dans les nues, il n'hésiterait pas. Tel se montra à nos yeux le moueddhin de la Grande-Mosquée. Cependant nos paroles bienveillantes et la vue du mufti qui nous accompagnait, finirent par lui donner un peu d'assurance, et il me mena devant sa cellule pour me faire voir combien elle était misérable. Je la trouvai, en effet, ouverte à tous les vents ; une vieille natte y servait de siége et de lit. Dans sa simplicité, le malheureux, me prenant sans doute pour quelque grand personnage, se jeta à mes pieds, en me priant d'intercéder auprès du gouverneur, afin d'obtenir que l'on mît une porte à son humble demeure : ce que je lui promis de faire.

Le magnifique spectacle qui se déroula devant nous, quand nous jetâmes les yeux sur les régions environnantes, serait difficile à décrire. Au Midi, les hauts plateaux des Beni-Ournid, d'où se précipitent en nappes de cristal et de neige deux ou trois belles cascades ; au Levant, la chaîne de la montagne de Fer (*djebel el-Hadid*), dont les ondulations se dessinent faiblement sur le lointain azur des cieux, puis le pic du Corbeau (*scharf el-Ghorâb*), qui par son élévation semble défier les humbles collines d'alentour ; au Couchant, les cimes inabordables des Beni-Snoucen, qui s'entr'ouvrent, non loin de la mer, pour livrer passage aux eaux emprisonnées de la Moulouya ; du côté du Nord, les plaines arrosées par la Satfécyf et l'Icer, plaines riantes dont les poëtes arabes se sont plu à chanter la fertilité et la richesse ; plus loin, les crêtes arides de la montagne des

Teràrah, au pied de laquelle jaillissent des eaux thermales renommées ; en face de nous, les montagnes blanchâtres des Beni-Yfren, qui protégeaient jadis contre les vents brûlants du désert plusieurs cités florissantes, Aretchgoul, Honéin, et plus anciennement l'illustre Siga, capitale des États de Syphax ; à travers les profondes échancrures qui, à l'horizon, interrompent çà et là la cime élevée de ces montagnes, les flots bleuâtres de la Méditerranée, dont la vue reporte naturellement ma pensée et tous mes désirs vers notre belle France : tel est, en peu de mots, le superbe panorama qui s'offrit alors à nos regards. J'étais tout entier à le contempler, lorsque mes compagnons m'avertirent qu'il était enfin temps de descendre. Ce ne fut pas sans peine que je m'arrachai à ce spectacle et à toutes les rêveries où il avait plongé mon esprit.

Étant sortis de la Grande-Mosquée par la porte du Nord, nous passâmes devant la koubbah de cidi Ahmed bel-Hassan al-Ghomâry. Nous y vîmes entrer une jeune dame mauresque enveloppée dans un ample haïc. Le marabout enseveli dans la chapelle a la réputation méritée ou non méritée d'obtenir de Dieu que les femmes deviennent enceintes ; celle qui se rencontra sur nos pas était sans doute venue pour demander cette faveur. « Ahmed bel-Hassan, me dit le mufti, florissait à Tlemcen, il y a environ quatre cents ans. » C'est tout ce qu'il a pu m'apprendre touchant le saint personnage. Il est bon de savoir que les femmes musulmanes, surtout les jeunes dames, quand elles veulent sortir pour quelques instants de cette prison que l'on appelle le *harem*, sont obligées d'user de quelque honnête prétexte. On ne leur permet ni visite entre amies, ni promenade publique : tout ce qu'elles peuvent obtenir de la complaisance de leurs maris, quand ils sont de bonne humeur, c'est d'aller dans le cimetière commun pleurer sur la tombe d'un fils, d'un proche parent, ou de se rendre dans la chapelle de quelque saint marabout pour y implorer une grâce, une faveur quelconque du ciel.

Le nom de cidi Ahmed bel-Hassan est en grande vénération dans tout le district de Tlemcen, et on attribue à ce saint personnage maints et maints miracles et guérisons extraordinaires. On lit sur la porte orientale de la koubbah le distique suivant :

سطعت فضائل ذا المقام كمثل ما
سطع الصباح او استنار الفرقد
فاذا عرتك ملمة فدواؤها
شمس السيادة والمعارف احمد

Elles se répandent au loin les vertus de ce sanctuaire, pareilles aux rayons de l'aurore ou à l'éclat des astres qui guident les pas du voyageur.

Si quelque malheur te frappe, cherches-en le remède auprès de ce soleil de noblesse et de science, Ahmed.

CHAPITRE XXI.

Départ de Tlemcen. — Hospitalité du colonel de Montauban. — Arrivée à Oran. — Établissements chrétiens fondés dans cette ville par les Français. — Retour en France.

Le vendredi, 16 octobre, je fus éveillé bien avant l'aurore par le son bruyant des clairons et des trompettes qui annonçaient le départ. La veille j'avais dîné chez le gouverneur de Tlemcen en compagnie de M. de Montauban, colonel des spahis de Misserghin (aujourd'hui général de division), lequel voulut bien m'offrir de m'admettre à sa table pendant tout le voyage. A six heures et demie, la caravane, conduite par le colonel, descendait les pentes rapides qui défendent les abords de la ville du côté du Nord, et traversait le bois d'oliviers qui borde la plaine. Vers sept heures, le disque radieux du soleil levant franchit la barrière qu'opposaient à ses rayons les hautes montagnes des Beni-Amer, et inonda de lumière la vallée verdoyante que foulaient en galopant les pieds de nos fougueux chevaux. Nous arrivâmes, vers quatre heures, sur les bords sinueux de l'Icer, où les tentes furent dressées : c'était le lieu choisi pour notre campement. Pendant la nuit, des torrents de pluie tombèrent du ciel, et l'eau, entrant dans nos tentes de tous les côtés, pénétra jusques sous les tapis sur lesquels nous étions étendus.

Le lendemain matin, lorsque l'on fut parvenu sur les hauteurs qui dominent la vallée de l'Icer et font face au plateau sur lequel est assise la blanche Tlemcen, je me retournai une dernière fois vers cette ville, saluant de la main et de la voix les ruines latines de l'antique *Pomaria* et l'ombre majestueuse de l'ancienne capitale des Beni-Zéyan. Vers le soir, nous installâmes nos tentes le long d'un charmant ruisseau, au pied de la redoute de *Aïn Temouchent*. Là, nous vîmes arriver Madame de Montauban qui venait au-devant de son mari avec d'amples et exquises provisions de bouche ; elle était accompagnée de son fils Charles, charmant jeune homme qui parlait l'arabe comme un véritable Africain et pouvait rivaliser avec les meilleurs cavaliers dans l'exercice de la *fantasia*. Le dimanche, nous campâmes dans un lieu retranché appelé les *Sept-Puits*. Je cherchai vainement dans les environs le *douar* que nous y avions rencontré lors de notre premier passage : apparemment, les pâturages de l'endroit se trouvant épuisés, les Arabes avaient transporté ailleurs leurs tentes et leurs pénates. Le lundi, nous arrivâmes dans l'après-midi à Misserghin, où les spahis étaient casernés et où M. le colonel de Montauban avait son domicile. Il mit le comble à toutes les bontés qu'il avait eues pour moi, en me donnant chez lui l'hospitalité la plus cordiale et la plus généreuse. Son fils, qui, au goût des armes et des exploits militaires, joignait l'amour de la science et des livres, me montra un manuscrit arabe très-rare qui était intitulé : كتاب ذهاب الكسوف ونفى الظلماء فى علم الطب والطبايع والحكما, c'est-à-dire : *Disparition des éclipses et expulsion de l'obscurité touchant l'art de guérir, la connaissance des substances naturelles et la science propre aux médecins.* A la suite de ce titre se lisaient les noms et surnoms de l'auteur, qui étaient : *Abou-Mohammed Abd' Allah ben-Azzour* (بن عزور) *al-Merrakoschi el-Soussy el-Koreïschy el-Abbessy*, c'est-à-dire natif de Maroc, originaire de la province de Sous, de la tribu de Koréisch et de la famille d'Abbès. Sur le vif désir que je lui exprimai de posséder une copie de ce précieux ouvrage, M. Charles de Montauban me promit de le faire transcrire par un marabout de Misserghin et de me l'expédier ensuite à Paris.

Le lendemain mardi, 20 octobre, après avoir pris congé de mes honorables hôtes et leur avoir témoigné toute notre reconnaissance, nous nous dirigeâmes vers la ville d'Oran, où notre entrée eut lieu vers neuf heures du matin. Le trajet avait duré quatre jours complets.

De retour de mon voyage, je crus qu'il était de mon devoir d'en faire connaître le résultat à M. le gouverneur de la province. Le récit que je lui fis de mes courses et de mes explorations, soit dans la ville de Tlemcen, soit dans ses alentours et ses dépendances, fut écouté par lui avec un vif intérêt. Désirant m'entendre plus longuement et me donner aussi une marque particulière de sa satisfaction, il me fit l'honneur de m'inviter à venir dîner avec lui le lendemain, ce que j'acceptai de bon cœur et avec reconnaissance.

Le paquebot à vapeur qui devait me ramener en France n'étant pas encore arrivé dans la rade de Mersa 'l-Kébir, il me restait encore environ huit jours à passer dans les murs de la ville d'Oran ; je voulus mettre à profit cet espace de temps pour visiter les édifices et les établissements que je ne connaissais pas encore, tels que les écoles catholiques, les communautés religieuses, et, en particulier, la Grande-Mosquée dont l'accès m'avait été interdit, lors de mon premier passage, à cause du ramadan.

Ce ne fut pas sans peine que je parvins à pénétrer dans ce dernier monument : l'imam, homme intraitable et zélé disciple de Mahomet, ne voulut jamais m'accorder la permission que je lui avais demandée, à ce sujet, à plusieurs reprises, le rencontrant presque tous les jours dans un café voisin de la mosquée. Son refus était motivé tantôt par un prétexte, tantôt par un autre ; la véritable raison qu'il ne voulait pas dire, c'était le fait de la profanation du temple par la présence d'un chrétien. L'un de ses subordonnés, moins scrupuleux, prit sur lui, moyennant finances, de m'introduire furtivement dans l'édifice sacré, lequel n'offrit à ma curiosité rien de bien remarquable, si ce n'est le minaret qui compte cinquante-cinq marches et domine la ville, la mer et la plaine.

Cette mosquée est un vaste carré recouvert en terrasse ; sur cette terrasse s'élèvent douze petites coupoles, et au centre, une grande qui les domine toutes. Dans l'intérieur, les galeries sont séparées par de doubles colonnes qui supportent les treize coupoles ; à chaque voûte sont suspendues des lampes arabes ; des nattes et des tapis dissimulent la nudité du sol ; près du mihrab se trouvent le minbar et, au milieu, le siège du cadhi.

En parcourant avec moi les galeries de la mosquée, le bon Musulman qui m'accompagnait levait de temps en temps la main, en se tournant de mon côté, pour signaler à mon attention les nombreuses lézardes qui sillonnaient les murs et annonçaient aux moins prévoyants que la mosquée était menacée d'une ruine prochaine ; il me faisait remarquer d'une voix suppliante combien le vieux édifice avait besoin de réparations et combien il réclamait le secours du gouvernement français.

Lorsque je sortis de la mosquée, je m'arrêtai un instant dans la cour pour admirer une fontaine d'architecture mauresque en forme de marabout. Mon cicerone ne manqua pas de me faire remarquer également les vieux ceps de vigne qui tapissaient de leurs pampres et de leurs longs sarments les murs de la mosquée.

Les établissements chrétiens que je visitai les jours suivants, devaient exciter en moi un intérêt plus sérieux, plus réel. Je parlerai d'abord des sœurs Trinitaires dont la supérieure générale réside à Valence, dans le département de la Drôme. Leur maison d'Oran, fondée en 1839, possède une charmante chapelle, au pied de la montagne *Santa-Cruz*, non loin de la nouvelle église. Elles avaient alors pour supérieure locale une sœur aussi distinguée par son esprit que par sa piété, Madame Eugénie Baylon. L'école qu'elles dirigeaient était divisée en deux classes, l'une destinée aux filles de bonne maison, l'autre aux filles du peuple et à un certain nombre d'orphelines qui étaient élevées aux frais de la Propagation de la Foi et de la charité locale. La plupart des élèves étaient internes. A cet établissement il faut joindre une salle d'asile qui était parfaitement tenue et un hôpital consacré aux femmes exclusivement.

L'aumônier de la communauté était un vénérable prêtre espagnol de l'ordre de la Trinité des Mathurins, le père Gervais Manoso, qui depuis plus de quarante ans exerçait les fonctions du saint ministère en Afrique. Il avait été envoyé à Alger le 14 mars de l'année 1798, pour desservir l'hôpital des Mathurins ou Trinitaires. Cet hôpital était destiné à recevoir les esclaves et les Chrétiens indigènes malades. La direction en était confiée à trois Pères qui tenaient leur juridiction du patriarche des Indes. L'un administrait la maison avec le titre de supérieur, et aux deux autres était dévolu le soin de visiter les malades et de les préparer à la mort. On leur donnait dans l'ordre le nom d'*Operarii,* c'est-à-dire Ouvriers spirituels. En 1816, à l'arrivée des Anglais, le Père Gervais et ses confrères furent obligés de se retirer en Espagne. Quelques années après, il reçut, de nouveau, l'ordre de se rendre à Alger avec le titre de vicaire apostolique et aumônier du consulat d'Espagne. Les événements de 1830 le trouvèrent exerçant dignement les dangereuses fonctions de son ministère au milieu d'un peuple fanatique. Il s'attacha à notre colonie; mais, malgré les instances de Monseigneur Dupuch, premier évêque d'Alger, il ne voulut jamais résigner ses pouvoirs de vicaire apostolique, qu'il tenait de son supérieur direct, le patriarche des Indes. Ce bon père, établi alors auprès des religieuses de son ordre, entouré des soins que réclamaient ses infirmités et de la vénération due à son âge et à ses services, attendait paisiblement la fin de sa longue carrière et la récompense de ses travaux.

Sous le rapport de l'enseignement et de l'instruction religieuse, les garçons n'avaient rien à envier aux jeunes filles. Ils étaient sous la direction de deux frères de la Doctrine chrétienne, et leur école n'était pas éloignée de la nouvelle église d'Oran. Malgré le caractère vif et pétulant des enfants du pays, qui appartenaient en grande partie à des familles espagnoles, je remarquai avec plaisir que l'ordre et la discipline commençaient à régner parmi ces jeunes élèves, et que l'esprit français qu'ils respiraient dans cette école se révélait dans leurs manières et dans leur langage.

Outre ces deux établissements, j'en visitai un troisième qui, à mon avis, n'était pas le moins important, ni le moins utile pour la religion, je veux dire celui des Pères Jésuites, dont la maison était située dans la partie haute de la ville. Leur présence dans la ville d'Oran était, sans contredit, une véritable bénédiction pour la population chrétienne, aussi bien que pour les Juifs et les Musulmans qu'ils édifiaient par la régularité de leurs mœurs, la sainteté de leur vie, leur esprit d'abnégation et de dévouement. C'est une chose connue que, quand il s'agit de faire le bien et procurer la gloire de Dieu, rien ne saurait les arrêter, et que leur zèle ne connaît ni considération humaine, ni obstacle, ni danger. Mille traits sont là pour témoigner de leur courage dans les circonstances les plus difficiles, au milieu des hommes les plus cruels. Je citerai le suivant qui me fut raconté, à Oran, pendant mon dernier séjour, et à une époque où le trait en question était encore de date récente.

Le Père Pascalin, supérieur de la maison d'Oran, fut

un matin averti que le curé de Mostaganem se mourait et demandait à grands cris un prêtre pour lui administrer les derniers sacrements. Dix-huit lieues le séparaient de cette ville. La campagne était couverte de populations ennemies, et, à tout moment, l'on ne cessait de répéter mille récits sur les atrocités dont étaient victimes les imprudents voyageurs qui se hasardaient dans la plaine. Le Père Pascalin n'hésite pas un instant. Il part sans provision et sans guide sur un cheval que lui fait donner le gouverneur de la province. A peine a-t-il marché une heure de chemin, qu'une troupe d'Arabes armés de fusils et de yatagans, fond sur lui et le couche en joue. Le Père avance hardiment vers eux, ôte son chapeau, élève sa croix et son chapelet et crie le nom d'Allah. Les Arabes abaissent leurs armes; ils ont reconnu un marabout chrétien. Ils s'approchent, lui baisent les mains et lui font mille salamalek. Le missionnaire répète le nom d'Allah, seul mot de la langue arabe qu'il connût, et leur distribue quelques médailles. Elles sont reçues avec respect. La joie et la reconnaissance éclatent sur le visage de ces hommes farouches. Ils accompagnent le bon Père, lui montrent sa route et s'enfoncent ensuite dans les fourrés, après lui avoir prodigué toute sorte de bénédictions. A peine les Arabes l'ont-ils quitté, qu'une autre bande se précipite sur lui, prête à l'exterminer; il n'a pas d'autres moyens pour se défendre que ceux qui lui ont déjà réussi, les cris, les gestes suppliants, l'exhibition de sa croix, l'invocation du nom d'Allah. Cette scène terrible se renouvela plusieurs fois; quoiqu'elle eût toujours une issue heureuse, elle ne laissait pas que de tenir sans cesse en émoi notre pauvre missionnaire. Ce n'était pas toujours des bandes nombreuses dont il avait à redouter la subite apparition ; il avait à se démêler tantôt avec un cavalier isolé qui courait l'attaquer de front, et tantôt avec un ou deux Bédouins qui, cachés dans les broussailles, sur les bords du chemin, tombaient inopinément sur lui, au moment où il venait à passer près d'eux.

Mais bientôt deux ennemis, non moins redoutables que les maraudeurs et les brigands, vinrent assaillir l'intrépide jésuite : la faim et la soif commencèrent à lui faire sentir leur cruel aiguillon. Il fallut se résigner à aller frapper à la porte de la première tente qui se rencontrerait sur la route, et à demander le pain de l'hospitalité à des gens qui ne vivaient guère que de pillage et de rapines. Le Père, ayant aperçu de loin un douar, n'hésite pas à l'aborder. A son approche, les chiens de la tribu, vrais cerbères de l'endroit, se mettent à hurler d'une manière effroyable et à montrer leurs dents acérées, en roulant des yeux rouges de fureur ; ils eussent dévoré l'imprudent voyageur, si les maîtres, dès les premiers aboiements, n'étaient accourus pour protéger la vie de l'étranger qui venait leur demander l'hospitalité : tout le monde sait combien cette vertu a toujours été chère à la nation arabe. Ce qui avait surtout effarouché les chiens, c'était le large chapeau et la longue robe noire du nouveau venu. Pour la même raison, il devint un objet de curiosité pour les habitants du douar qui, pour la plupart, n'avaient jamais vu de marabout chrétien ; les femmes surtout, plus curieuses que les hommes, ne se lassaient pas de contempler l'habillement, la coiffure et les traits de l'homme inconnu. Cependant le Père Pascalin, ayant témoigné par des gestes très-significatifs qu'il avait besoin de nourriture, parvint à toucher une âme charitable, car il y en a dans tous les lieux du monde et dans toutes les religions. On le fit entrer sous une tente, où il lui fut servi un plat de couscous, mets national des Arabes d'Afrique. Une multitude d'enfants, attroupés devant la porte de la tente hospitalière, se pressaient, se bousculaient, afin de pouvoir examiner de plus près le marabout *roumy*, lorsque celui-ci, ôtant son chapeau et s'agenouillant devant le plat, récita le *benedicite*, et bénit le couscous par un signe de croix. A la vue du Chrétien qui priait, les Arabes se turent après avoir fait entendre le nom d'Allah ; ils furent, sans doute, touchés de la piété de leur hôte et frappés de la dignité de son maintien et de son air, car lorsqu'il eut fini de manger du couscous, ils lui apportèrent une tasse de lait et quelques fruits de la saison. A ces marques d'attention, le Père Pascalin, ne doutant plus des bonnes dispositions dont ses hôtes étaient animés envers lui, voulut, avant de les quitter, leur donner des preuves de sa reconnaissance : il visita leurs tentes, distribua aux malades qu'il y rencontra une partie des remèdes dont il s'était muni avant son départ, et donna aux femmes et aux enfants le reste des médailles qu'il avait apportées. En échange de ces dons, il reçut des vœux et des bénédictions, et quand il sortit du douar pour continuer sa route, les Arabes l'accompagnèrent à cheval jusqu'à l'entrée d'un bois, où ils lui baisèrent la main en signe d'adieu. Il arriva le même jour à Mostaganem, mais fort avant dans la nuit : c'était malheureusement trop tard ; le curé avait rendu l'âme, il y avait déjà plusieurs heures. Après lui avoir rendu les derniers devoirs et s'être reposé quelques jours, le Père Pascalin dut reprendre la route d'Oran. Son retour fut, en quelque sorte, un triomphe : de tous les côtés l'on venait au-devant de lui pour lui offrir du lait, du couscous, des fruits ou des galettes ; les Arabes lui montraient les médailles qu'ils avaient suspendues à leur cou et lui demandaient des médicaments pour les malades de leurs tribus. Il arriva ainsi sain et sauf à Oran, où j'eus l'honneur de le voir lorsque je visitai la maison qu'il dirigeait avec le titre de supérieur.

Cependant le jour de notre départ n'était pas éloigné ; je le voyais venir sans peine comme sans regret : la ville, dont je connaissais presque tous les coins, n'avait plus rien de remarquable à offrir à ma curiosité ou à mes études, et mon séjour, dont la fin approchait, perdait de plus en plus de son intérêt et de son agrément. La saison commençait, d'ailleurs, à devenir mauvaise ; tous les soirs, des brouillards épais et malsains s'étendaient au-dessus de la ville et se répandaient dans les rues ; d'un autre côté, la mer houleuse et agitée par le vent Nord-Ouest nous avertissait de ne pas attendre, pour partir, qu'elle fût devenue plus dangereuse. Enfin nous dîmes adieu à Oran et à la plage africaine le 25 octobre, emportant avec nous une ample moisson de notes et d'observations destinées à nous faciliter l'intelligence de l'historien arabe Yahia ben-Khaldoun, que nous nous proposions depuis longtemps de faire passer dans notre langue. Ce sont ces notes et ces observations que nous avons coordonnées dans le présent ouvrage, en les accompagnant de quelques recherches qui sont de nature à rendre l'ensemble de notre travail utile et intéressant pour l'histoire de l'ancien royaume de Tlemcen. Puissent les amis des lettres orientales et de la colonisation algérienne, à qui il s'adresse particulièrement, l'accueillir avec une bienveillante indulgence !

ADDITIONS AUX NOTES
ET PIÈCES JUSTIFICATIVES.

PAGE 109.

Extrait des registres et procès-verbaux de la paroisse Saint-Michel à Tlemcen.

Premier registre, coté et paraphé par Mgr Dupuch, premier évêque d'Alger. On y lit, p. 4 :

En l'an mil huit cent quarante-cinq et le vingt-deux avril, le vénérable évêque d'Alger, Mgr Antoine-Adolphe Dupuch, a célébré la messe dans cette ville pour la première fois. Le même jour, il y a administré le sacrement du Baptême, béni un mariage, prêché et confessé les militaires malades à l'hospice.

Dans le courant de la même année 1845, après avoir prêché le mois de Marie dans la cathédrale d'Alger, j'ai été nommé à la cure de Tlemcen, où je suis arrivé le vingt et un juin, accompagné de M. Carron, vicaire général de la province d'Oran. Le lendemain, vingt-deux, a eu lieu mon installation, en plein air, dans la cour du Méchouar, où nous avons célébré ensuite la sainte messe.

Le six juillet suivant, j'ai inauguré le culte catholique dans la petite église de Saint-Michel, en présence de l'autorité militaire, au son de la musique et au bruit de cinq coups de canon.

Signé : H. BÉLUZE,
Missionnaire apostolique, chanoine honoraire, chevalier du Saint-Sépulcre, curé de Tlemcen.

Ce procès-verbal d'installation est précédé de quelques observations historiques qui expriment, sans doute, l'opinion de feu Mgr Dupuch, car je me souviens de les avoir entendues sortir de sa propre bouche, lors de mon premier voyage en Algérie, en 1839. Je vais les transcrire ici, quoiqu'elles reposent sur des données généralement reconnues aujourd'hui comme fausses.

Notes sur Tlemcen qui se lisent dans le premier registre des actes de baptême, de mariage et de sépulture de la paroisse Saint-Michel de cette ville.

D'après l'Itinéraire d'Antonin et d'après Victor Vittensis, célèbre auteur ecclésiastique du cinquième siècle, il paraît que Tlemcen, ou du moins une autre ville très-rapprochée, s'appelait autrefois *Regia* ou *la Royale*.

D'après Victor, elle avait de saints évêques, surtout le dernier, qui se montra, non donatiste, mais catholique, au concile de Carthage. Il fut relégué en exil pour la foi sous Hunéric, en 480. Depuis ce vénéré pontife, plus de traces de christianisme à *Regia* ou Tlemcen ; seulement, d'après certains ouvrages conservés dans les bibliothèques espagnoles, des Pères de la Rédemption furent envoyés à Tlemcen, où ils furent faits esclaves et moururent en prison. Le dernier évêque de Tlemcen s'appelait Victor Regiensis.

Signé : H. BÉLUZE,
Curé, chanoine, etc.

Tlemcen, le 3 juillet 1845.

Le dernier acte écrit et signé par M. Béluze est un baptême ; il porte la date du 26 janvier 1846.

PAGE 259.

Nous compléterons la description de la Mansourah par les détails suivants qui sont extraits de la *Revue Africaine* (n° 17—Juin 1859, p. 382 et suiv., Mémoire de M. Charles Brosselard intitulé : *Les Inscriptions arabes à Tlemcen*) :

Ces ruines, dit le savant auteur de ce Mémoire, qui nous étonnent encore aujourd'hui par leur grandeur, furent donc l'ouvrage des hommes, non moins que celui du temps. Elles sont disséminées sur une superficie de cent et un hectares, qu'entoure une enceinte de murs crénelés bâtis en blocs de pisé, dont la solidité égale celle du ciment romain. Cette enceinte affecte à peu près la forme d'un trapèze, et elle offre un développement périmétrique de quatre mille quatre-vingt-quinze mètres. Elle était percée de quatre portes orientées aux quatre points cardinaux. La muraille a une épaisseur d'un mètre et demi; sa hauteur, de sa base au faîte des créneaux, atteint environ douze mètres. Elle est bordée, dans tout son pourtour intérieur, d'une plateforme qui permettait aux archers d'opérer librement leurs manœuvres. La surface des parois était recouverte d'un solide enduit à la chaux que le temps n'a pas fait entièrement disparaître. Les deux côtés Sud et Est de ce rempart gigantesque sont les plus endommagés; ils présentent toutefois des vestiges suffisants pour qu'on puisse suivre l'ancien tracé et reconstruire par la pensée la partie qui n'est plus. Le côté Nord a beaucoup moins souffert des ravages du temps; il est encore à moitié debout. Quant au côté Ouest, il est demeuré à peu près intact. Des tours bastionnées, à créneaux, se reliant à la muraille et distantes entre elles de trente-cinq à quarante mètres, complétaient, dans l'ordre des usages militaires du temps, le système défensif de la place.

Dans l'intérieur de l'enceinte, des pans de murs à demi écroulés ou gisant sur le sol marquent les endroits où s'élevaient des constructions importantes. Un canal en pisé, qui alimentait les fontaines et les réservoirs publics, est encore bien conservé; nos colons l'ont en partie utilisé pour l'irrigation de leurs terres. On remarque aussi un pont voûté, large de quarante mètres et bâti en briques, jeté sur le ravin qui coupe la route près de la porte orientale.

Mais parmi tous ces débris cinq fois séculaires, l'attention se porte, par une préférence bien justifiée, sur les ruines monumentales qui couvrent un petit mamelon hérissé de rochers calcaires et confinant presque à l'enceinte, non loin de la porte qui s'ouvre au couchant. Un minaret d'une structure hardie domine majestueusement ces ruines. Là s'élevait une mosquée bâtie dans des proportions grandioses. Sa carcasse de pisé, encore debout, forme un rectangle de cent mètres sur soixante de côté, mesurant, par conséquent, cinq mille six cents mètres de superficie. Elle est orientée du Nord-Ouest au Sud-Est. Ses murs, qui n'ont pas moins d'un mètre et demi d'épaisseur, étaient percés de treize portes. On dirait que le sultan Mérinide, le jour où il conçut le projet de ce superbe édifice, eut le dessein d'humilier l'orgueil du sultan de Tlemcen, qui prétendait posséder, dans la grande mosquée de sa capitale, un monument unique et jusqu'alors sans rival. Il y réussit : ces vastes débris l'attestent. Aujourd'hui encore, comme il y a six siècles, les deux minarets se regardent et semblent se défier de loin. Celui d'El-Mansourah, bien qu'il ne soit plus que l'ombre de lui-même, n'en est pas moins digne d'être admiré comme un chef-d'œuvre où toutes les élégances raffinées du style arabe ont été prodiguées. Il peut être comparé à la fameuse *Giralda* de Séville. L'art sarrasin de la belle époque y brille de son éclat le plus original, le plus vif, le plus saisissant. Ce minaret, tel que nous le voyons aujourd'hui, a environ quarante mètres d'élévation, mais il pouvait en avoir quarante-cinq dans l'origine. Le temps, qui est sans pitié, l'a découronné. Il est bâti en moellons légers de pierre siliceuse, et mesure à sa base neuf mètres et demi de large sur dix mètres de profondeur. Trois de ses faces seulement sont restées debout. Celle qui est tournée vers le Midi a été détruite, et avec elle ont été emportés les degrés intérieurs qui conduisaient à la plate-forme...

C'est une merveille que cette tour à demi ruinée, mais qui conserve encore sur trois de ses faces un cachet de prestigieuse splendeur ! Ses trois étages de fenêtres doubles, dont les entablements reposent sur des colonnes de marbre onyx ; ses panneaux sculptés et revêtus de mosaïques ; ses guirlandes d'arabesques aux formes originales, capricieuses, inattendues ; ses rosaces, ses moulures, et mille autres détails d'ornementation dont les architectes arabes ont eu seuls le secret, forment un ensemble ravissant qui confond l'imagination de l'artiste...

Par une dérogation dont nous ne connaissons pas d'autre exemple, à la règle constamment suivie par les architectes musulmans dans l'orientation des minarets, celui d'El-Mansourah s'élève au milieu de la façade Nord de la mosquée, dans l'axe même du mihrab. Il est, en outre, percé d'une porte monumentale qui servait de principale entrée, et par laquelle on pénétrait, en suivant un passage voûté long de dix mètres, dans une galerie donnant sur la cour intérieure, si ce n'est dans la cour elle-même. Cette porte est une arcade à plein cintre mesurant deux mètres et demi d'ouverture. Elle est ornée à profusion d'arabesques émaillées de mosaïques, et couronnée par un balcon ou encorbellement richement refouillé, auquel des consoles finement évidées et des colonnettes de marbre servent d'élégants supports. Dans l'encadrement de cette porte, si curieuse à étudier, est sculptée une inscription en caractères andalous, qui, bien qu'ils soient d'une dimension de quinze à vingt centimètres, présentent une grande difficulté de lecture, tant ils se trouvent enchevêtrés dans un dédale de lignes droites et courbes, de rosaces, de losanges à travers lesquels l'œil se fatigue à en suivre la trace. Voici cette inscription, telle que nous sommes parvenus à la déchiffrer avec le secours intelligent de notre dévoué khodja si-Hammou ben-Rostan, un des Musulmans les plus instruits et les plus éclairés de Tlemcen :

الحمد لله رب العالمين والعاقبة للمتقين امر ببناء هذا الجامع المبارك امير المسلمين المجاهد في سبيل رب العالمين المقدس المرحوم ابو يعقوب يوسف بن عبد الحق رحمه الله

TRADUCTION.

« Louanges à Dieu, maître de l'univers ! La vie à venir est à ceux qui le craignent. — Celui qui ordonna la construction de cette mosquée bénie, fut l'émir des Musulmans, le combattant dans la voie du Maître des mondes, le saint défunt Abou-Yacoub Youçof ben Abd' el-Hak. Que Dieu l'ait en sa miséricorde ! »

Selon M. Brosselard, cette inscription peut se passer de commentaires ; mais nous ferons remarquer que, puisque le sultan Abou-Yacoub y est qualifié de *défunt*, elle ne dut être gravée sur le monument qu'à l'époque du second siège, et plus probablement après l'occupation de Tlemcen par la dynastie mérinide.

Des fouilles, ajoute M. Brosselard, ont été pratiquées à différentes reprises, depuis plusieurs années, dans l'enceinte de la mosquée. Elles ont eu pour résultat la découverte d'un assez grand nombre de fûts de colonnes, de socles et de chapiteaux en marbre onyx.... Plusieurs de ces chapiteaux sont déposés au musée de Tlemcen.

M. Brosselard nous apprend ensuite que ce musée possède un autre chapiteau, découvert, il y a quelques années, dans le village actuel de la Mansourah, et remarquable autant par l'élégance de la coupe et le fini des proportions, que par l'inscription arabe dont il est orné. Voici de quelle manière il l'a lue :

الحمد لله رب العالمين والعاقبة للمتقين امر ببناء هذه الدار السعيدة دار الفتح عبد الله امير المسلمين ابن مولانا امير المسلمين ابي سعيد بن يعقوب بن عبد الحق فكملت سنة ٧٤٥ خمس واربعين وسبع ماية عرفنا الله خيرها

TRADUCTION.

« Louanges à Dieu, maître de l'univers! La vie à venir est à ceux qui le craignent. — La construction de cette demeure fortunée, palais de la Victoire, a été ordonnée par le serviteur de Dieu, Aly, émir des Musulmans, fils de notre maître, l'émir des Musulmans, Abou-Saïd, fils de Yacoub, fils d'Abd el-Hak. — Elle a été achevée en l'année sept cent quarante-cinq (745). — Dieu nous fasse connaître ce que cette année renferme de bien ! »

La date de 745 de l'hégire correspond partie à 1344 et partie à 1345 de notre ère, et *Aly* était le nom propre du sultan Abou 'l-Hassan, qui était alors maître de Tlemcen et de tous les États des Beni Abd' el-Wády. Les ruines au milieu desquelles le chapiteau en question a été découvert appartiennent, selon toute vraisemblance, au palais que ce sultan avait fait construire dans la Mansourah, et marquent la place où il a dû s'élever.

PAGE 300.

Inscription qui se lit sur l'un des piliers de la Grande-Mosquée de Hubbed :

بسم الله الرحمن الرحيم وصلّى الله على سيّدنا محمّد وعلى آله وصحبه وسلّم تسليمًا الحمد لله رب العالمين والعاقبة للمتّقين امر ببناء هذا الجامع المبارك مع المدرسة المتّصلة بغربيّه مولانا السلطان الأعدل امير المسلمين المجاهد في سبيل رب العالمين ابو الحسن ابن مولانا ابو سعيد بن مولانا ابي يوسف بن عبد الحق المريني ايّد الله امره وخلّد بالعمل الصالح ذكره واخلاص لله تعالى في عمل البر ّ سرّة وجهره وحبّس المدرسة المذكورة على طلبة العلم الشريف وتدريسه على الجامع المذكور والمدرسة المذكورة من الجنان العلّي نفعهم الله بذالك وجميع جنان القصير الذى بالعباد الفوقى المشترى من ولدى عبد القادر القصير او من عبد الواحد وجميع جنان اقدام المشترى من على المرافى وجميع جنان المعروف بابن احويتة الكائن بازواءه المشترى من ورثة الحاج محمّد بن احويته وجميع الجنان الكبير والدار المتّصلة من جهة غربيّه المعروف ذالك باسم داوود بن على المشترى من ولده وهو باسفل العبّاد السفلى وجميع الرقعتين الموروثين ايضًا عنه اشتراهما من ولده على وتُنَعَّزْ واحداه بابن ابي اسحاق والثانية بابن صاحب الصلاة المغروس منهما وغير المغروس وجميع الجنان المعروف بجنان الباديسى الموروث ايضًا عنه المشترى من يحيى بن داوود المذكور وهو باسفل العبّاد السفلى وجميع الجنان المسمّى قرعوش من جنان الباديسى المذكور الموروث ايضًا عنه المشترى من ولده عبد الواحد وعيسى وجميع الغروسات الاربعة والبوقى منها يُعرف ١ بابن مكّى والثانى ٢ بابن محمّد ابن السراج والثالث ٣ بفرج المدلسى والرابع ٤ بابن الفزانى وايضًا وهى التى ورثت عنه وسارت من جميع ورثته وجميع

داريه التى بجوف مسجد العبّاد السفلى المشترات ايضًا منهم والنصف الواحد من جنان الزهري مع جميع بيتى الرحا المبنية بغربه وذالك بجهة الوريط وجميع بيتى الارحا المبنى ايضًا بقلعة بنى سعلى خارج باب كشوط وجميع الحمّام المعروف بحمّام العاليـة الذى بداخل تلمسان مع حانوتيد المتّصلتين به على يمين الخارج من بابه القبلى ودويراته المتّصلة به من جهة جوفه ومصرّيته المجعولة على اسطوانه والواحد الحمّام القديم الذى بداخل المدينة المنصورة حرسها الله ومحرث عشرين زوجًا ببيمو وببرة من زندور من قطر تلمسان المذكورة برسم اطعام الطعام بزواية العبّاد عمرها الله للفقراء والحجّاج المقيمين والواردين عليها واثرة عشرة ازواج بالموضع المذكور برسم ساكنين المدرسة المذكورة بحساب خمسة عشر صاعًا للطالب الواحد فى كلّ شهر وجميع جنان سعيد ابن الكتّاد المشترى من ورثته وهو الكائن فوق العبّاد العلوى وتحت ساقية النصرانى وجميع الجنان الغايد مهدى المشترى من ورثته الكائن بزواغة المحروسة وجميع جنان التفريسى الكائن تحت الطريق المارّين عليها للوريط المشترى من ورثته وجميع ارض جنان ورثة التفريسى المذكور الكائن غربى الصوابر م المشترات منهم وبقية الرحاب المتّصلة بالجامع المذكور البقية من الجنان المربد بعضه فى الجامع المشترى من ورثة عبد الواحد ومن ورثة ابيه وامّه وعمّتهم ميرنة ولم تبق اورثتهم حق ولا مطالب وحبس على الزاوية المذكورة والجامع المذكور بين ملاحة البطح على نفقة الحجّاج والواردين عليها من الفقراء والمساكين

PAGE 301.

Autre inscription qui se lit également sur l'un des piliers de la même mosquée :

هذا اشترى من امر مولانا امير المسلمين ابي عبد الله الذابتي ايد الله امـره واعز نصـره من الاراضى متما كان موقوفًا نحت يديه الكريمتين من وفر احباس الولى القطب سيدى ابي مدين نفعنا الله به وذلك ببو هتاق زوج فدان الزيتون الكبير بمائتين دينارًا ذهبًا وفدان الزيتون الصغير بمائة دينارًا ذهبًا وزوج تاذكره بمائة واربعين دينارًا ذهبًا وفرد يامن بمائة دينارًا ذهبًا المشترى جميعها من بيت ماله ايده الله وانماه بعد خلوصها له من ورثة ابن ويغزن بالوجه الشرقى وجميع زوج انفطيس بثلاثة وخمسين دينارًا ذهبًا من ورثة بن صالح وورثة الشيبى بترابها وحفرها وبالصفصيف جميع الزوجين المسمات احداهما وغز مشتراة من ورثة يحيى بن داود والاخرى افطوطن مشتراة من احمد المسيفى بترابهما وحفرهما بمائتين اثنتين وثلاثة عشر دينارًا ذهبًا لتصرف عليها فى مصروف الحبس المذكور على عادته حسبما وقع ذالك فى عام ٩٠٤ اربعة وتسع مائة وفى عام ٩٠٦ سنة

PAGE 337.

Lorsqu'on entre à Tlemcen du côté Nord, par la porte d'Oran, la vue est attirée par un petit édifice d'un aspect si modeste qu'il se distinguerait à peine des habitations voisines, s'il n'était surmonté d'un minaret où le temps a imprimé sa noire empreinte et dont les quatre faces sont ornées de colonnettes et de capricieux reliefs en mosaïque. Cet édifice est la mosquée ou *mesdjed d'Abou'l-Hacen*. Si le touriste est assez bien inspiré pour ne pas céder à l'impression défavorable produite par ces humbles dehors, et qu'il prenne la peine de pénétrer dans l'intérieur du monument, il en sera amplement dédommagé par tout ce qu'il y trouvera d'intéressant au point de vue de l'art. La disposition générale est simple, et remarquable seulement par l'harmonieuse régularité des proportions. C'est un carré de cent mètres de superficie, dans lequel six colonnes de marbre onyx translucide, dont deux colonnes engagées, supportent autant d'arcades à large courbure, et forment trois travées ou nefs parallèles. Mais l'attention doit se porter plus particulièrement sur les détails. C'est là que le talent inspiré de l'artiste s'est déployé dans tout son éclat. Rien n'est plus fin, plus exquis que le revêtement d'arabesques qui décore les parvis, et ces mille dessins qui courent, se replient et s'enlacent, affectant les formes les plus variées, défient l'œil charmé qui se fatigue à les suivre. Malheureusement, cette partie de l'ornementation a été fort dégradée par le temps, et peut-être encore plus par la main des hommes (1). On doit le regretter, en voyant ce qu'il en reste ; mais il semble que les siècles aient voulu respecter ce qui était le plus digne d'être admiré, et la partie du monument où la fantaisie du décorateur avait mis en œuvre ses plus ingénieuses ressources, est demeurée à peu près intacte. Le *mihrab* est, dans son genre, un morceau achevé. La finesse et la pureté des lignes, le gracieux enchevêtrement des figures, l'harmonie des contours, la variété des ornements, l'ingénieux assemblage du dessin et de la calligraphie orientale, enfin, l'idée poétique de la composition, tout concourt à faire de cette splendide guipure de plâtre une œuvre d'art digne du crayon d'un grand maître. Le mihrab de la Grande-Mosquée est plus riche et plus grandiose, mais celui-ci, dans des dispositions moindres, se distingue peut-être par un fini plus

---

(1) Après la prise de Tlemcen, cette mosquée avait été convertie par l'administration militaire en magasin à fourrages. Remise à l'administration civile, elle est devenue, depuis cinq ans, l'école arabe française. Elle a été très-intelligemment restaurée par le service des bâtiments civils, sous l'habile direction de M. Viala de Sorbier, architecte chef du département d'Oran.

parfait et une plus rare délicatesse d'exécution. Il ne faudrait pas quitter le mesdjed d'Abou 'l-Hacen, sans jeter un coup d'œil sur ses plafonds en cèdre sculpté, qui ont en partie échappé aux ravages du temps, ni sans rechercher dans le creux de ses arabesques les vestiges de cette peinture polychrome qui les décorait autrefois et en rendait plus saisissants tous les merveilleux détails. Il convient enfin de s'arrêter un instant devant un marbre épigraphique, encastré dans la muraille au milieu de la troisième travée, à droite du mehrab. Nous devons à cette inscription, que nous allons reproduire ici, de connaître l'époque à laquelle remonte la fondation de la mosquée, ainsi que les ressources dont son fondateur l'avait dotée. La pierre, onyx translucide, mesure un mètre de hauteur ; elle est large de cinquante-cinq centimètres. Les caractères, d'un beau type africain, sont gravés en relief :

بسم الله الرحمن الرحيم صلّى الله على سيّدنا محمّد وعلى آله وصحبه وسلّم تسليمًا بنى هذا المسجد للامير أبي عامر ابراهيم ابن السلطان أبي يحيى يغمراسن بن زيان في سنة ستة وتسعين وستماية من بعد وفاته رحمه الله وحبس لهذا المسجد عشرون حانوتًا منها بحمايط قبلته اربعة عشر وامامها ستة ابوابها تنظر للجوف ومصرية بغربي المسجد على باب الدرب وداران ثنتان بغربيه الواحدة لسكنا امامه والثانية لسكنا المؤذن القيم بخدمته واذائه تحبيسًا تامًّا مؤبدًا احتسابًا لوجه الله العظيم ورجا ثوابه الجسيم لا اله الّا هو الغفور الرحيم

TRADUCTION.

« Au nom de Dieu clément et miséricordieux. Que Dieu répande ses grâces sur notre seigneur Mohammed, sur sa famille et ses compagnons, et qu'il leur accorde le salut ! — Cette mosquée a été bâtie en l'honneur de l'émir Abou-Amer Ibrahim, fils du sultan Abou-Yahia Yar'moracen ben-Zéyan, en l'année six cent quatre-vingt-seize, après son décès, que Dieu l'ait en sa miséricorde ! — Et il a été donné en habous à cette mosquée vingt boutiques, dont quatorze adossées au mur de l'édifice, au Midi, et six situées du côté opposé, leurs portes regardant le Nord ; de plus, une chambre, dite *mesr'îah*, située du côté occidental de la mosquée, à l'endroit de l'impasse ; et, en outre, deux maisons sises du même côté, l'une pour servir d'habitation à l'imam, et la seconde pour loger le mouedden chargé du service intérieur de la mosquée en même temps que de l'appel à la prière. Ce habous est complet et constitué à perpétuité, en vue d'être agréable à Dieu, et dans l'espérance de sa récompense magnifique. Il n'y a de Dieu que lui, le Dieu qui pardonne, le Dieu miséricordieux ! »

La date de 696 de l'hégire nous reporte à l'année 1296-97 de notre ère. Tlemcen était alors gouverné par le sultan Abou-Saïd Othman, fils aîné d'Yar'moracen, et qui lui avait succédé à la fin du mois de dou 'l-kaada 681 (février-mars 1283).... Nul doute que ce ne soit à ce prince, désireux d'honorer et de perpétuer la mémoire de son frère, qu'il faille attribuer la fondation pieuse dont l'inscription rapportée plus haut nous a conservé le souvenir. Abou-Amer ne fut pas enterré, comme on paraît le croire, dans la mosquée Abou 'l-Hacen ; ses restes furent déposés au vieux château (*el-Kasr el-Kedim*), sépulture commune de la famille d'Yar'moracen. Quoi qu'il en soit, on a peine à s'expliquer que la mosquée, érigée en son honneur, n'ait pas gardé son nom. On se demande en même temps d'où lui vient celui d'Abou 'l-Hacen, sous lequel nous la connaissons et qu'elle paraît avoir toujours porté. A défaut de l'histoire, qui est muette à cet égard, nous avons interrogé la tradition. Au dire des Musulmans les plus compétents, cette mosquée serait appelée Abou 'l-Hacen du nom du célèbre jurisconsulte qui, après avoir professé avec éclat dans ce mesdjed, aurait été enterré dans le petit cimetière qui en dépendait à l'origine. Nous avons étendu nos recherches d'après cette donnée, et peut-être serons-nous dans le vrai en émettant l'opinion qu'il s'agit ici du savant Abou 'l-Hacen ben-Iakhlef et-Tenessy, originaire de Tenez, ainsi que l'indique son nom, lequel vint se fixer à Tlemcen au commencement du règne d'Abou-Saïd Othman. Il avait été précédé par son frère Abou-Ishak Ibrahim, autre docteur d'un grand renom, que Yar'moracen avait comblé de biens et d'honneurs.

Abou 'l-Hacen, après la mort de son frère, hérita de la faveur royale et de la place éminente qu'Abou-Ishâk avait occupée à la tête des professeurs et des jurisconsultes. Il mourut vers la même époque que l'émir Abou-Amer, entouré de la vénération publique. Nous nous gardons bien de rien affirmer, et nous produisons cette opinion sous toute réserve ; mais ne semble-t-il pas que l'on peut, avec une grande probabilité, faire remonter à ce savant docteur l'origine d'une appellation qu'il serait peut-être difficile d'expliquer autrement?

BROSSELARD, *Inscriptions arabes*.

PAGE 350.

On lit dans la *Revue Africaine* (IIIe année, n° 15, février 1859, p. 467), au sujet de la mosquée et du collège des Fils de l'Imam, des renseignements qui méritent d'être connus de nos lecteurs.

Dans la partie de la ville de Tlemcen orientée à l'Ouest, et non loin de la porte que les Arabes appellent *bab el-Guechent*, et que nous avons nommée porte de Fez, s'élève un minaret rectangulaire, haut d'environ cinquante pieds, dont les encadrements de mosaïque ont conservé assez de fraîcheur et d'éclat pour attirer l'attention curieuse du touriste. C'est le minaret de la mosquée appelée *Mesdjed oulad el-Imam*, seule partie de l'édifice qui mérite, au reste, d'être remarquée. L'oratoire en lui-même est construit dans des proportions mesquines et irrégulières ; on n'y aperçoit pas d'autres ornements que quelques versets du Koran malgrement sculptés dans le pourtour ogival du *mehrab*. Évidemment, l'art n'a rien à y rechercher. Mais cette mosquée se recommande à d'autres titres. Son origine, qui remonte à cinq siècles et demi, et les circonstances particulières dans lesquelles elle fut fondée, en font un monument historique devant lequel il est permis de s'arrêter avec intérêt.

A la fin du mois de schewal de l'an 707 (avril 1308), Abou-Hammou Mouça, premier du nom, monta sur le trône des Abd' el-Ouadites. Au dire d'Ibn-Khaldoun, c'était un prince remarquable par la sagacité de son esprit ; il aimait les lettres et les sciences, et se sentait porté vers les hommes distingués par leur réputation et leur esprit. Il y parut par ses actes, car un de ses premiers soins, en arrivant au pouvoir, fut d'appeler à Tlemcen, pour leur confier d'éminentes fonctions, deux personnages étrangers, qui n'avaient d'autre titre à cette royale faveur que la renommée de leur mérite. Ces deux savants étaient l'alfakih Abou-Zéid Abd' er-Rahman et son frère Abou-Mouça, surnommés tous deux les *Fils de l'Imam* (Oulad el-Imam), parce que leur père avait été imam de Breschk, leur ville natale.....

Abou-Hammou leur confia, à plusieurs reprises, des missions diplomatiques importantes. Enfin, comme la plus haute marque de faveur qu'il pût leur accorder, et pour honorer publiquement en eux les plus éminents interprètes de la science, il leur fit bâtir un collège, ou *medersa*, avec des logements particuliers pour eux et leurs familles, et de vastes salles destinées à recevoir les auditeurs de leurs doctes leçons. Il annexa ensuite à la medersa un mesdjed pour la prière, et une zaouïah pour les tolbas étrangers.

Cette fondation d'Abou-Hammou paraît avoir été faite en 711 (1310), la quatrième année de son règne.... L'auteur du *Bostan*, qui a raconté la vie de ces deux savants professeurs, nous apprend qu'Abou-Zéid mourut en 743 (1342-43), et Abou-Mouça en 747 (1346-47).

De la fondation faite par Abou-Hammou Ier, en l'honneur de ces deux personnages célèbres, il ne reste plus que la mosquée et son minaret. La medersa a disparu. En creusant, il y a quelques années, dans les ruines, on découvrit deux plaques de marbre d'onyx translucide, portant, chacune, une inscription. Ces deux plaques, dont l'une se trouvait dans un bon état de conservation, et l'autre était brisée aux trois quarts, dans le sens de sa longueur, furent d'abord déposées dans la Grande-Mosquée ; mais, depuis, elles ont été transportées à la mairie pour y être conservées parmi les objets d'art et d'antiquité recueillis par nos soins. Elles sont toutes deux d'égale dimension et mesurent un demi-mètre de hauteur sur une largeur de quarante-trois centimètres. Chacune contenait quinze lignes, mais non une inscription distincte ; la seconde est simplement la continuation de la première. Ce document épigraphique a pour objet la constitution de biens habous en faveur de la zaouïah, de la mosquée et de la medersa. Par un heureux hasard, le nom du donateur et la date de la donation n'ont pas souffert des atteintes du temps, et se lisent dans les fragments demeurés intacts. Ce monument a donc conservé pour nous toute sa valeur, et nous reproduirons intégralement ci-après ce qui en reste :

PREMIÈRE PLAQUE.

امير المسلمين المتوكل على ربّ العالمين ابو حمّو ابن مولانا
الامير ابي يعقوب ابن الامير ابي زيد ابن مولانا الامير ابي زكريا
ابن مولانا الامير المسلمين ابي يحيى يغمراسن بن زيان وصلّى الله
مفاخره وخلّد اثاره الكريمة ومآثره على هاذه الزاوية المباركة المقامة
على ضريح والد المذكور برد الله ضريحه فمن ذالك ما بداخل
تلمسان المحروسة جميع الطاحونة الملاصقة للزاوية والنصيبة القريبة (1)
والثلاثون حانوتًا المعروفة بالصاغة القديمة والكويشة التي بمنشى الجلد
وحمّام الطبول وفرن مقسم الماء وفندق العالية وبخارج البلد المذكور
جميع الرحا السفلى بقلعة بني معلى والنصف شايعًا روض المنية
الكائنة بالرميلة وزيتون تيفدا وارض الزيتون المذكور ثمّ معصرته
ورحاها وجميع المحبّس

SECONDE PLAQUE.

ملكه وشهرة الجميع تغنى على الحديد تحبيسًا تامًّا مطلقًا عامًّا ووقفًا
ثابتًا ابديًّا ليصرف ما يستفاد من الحبُس المذكور على معلمين العلم
وطالبيه وامام ومؤذن

عام ٧٦٣ ثلاثة وستّين وسبع ماية ..... عام ٧٦٥ خمسة وستّين

---

(1) والنصيبة القريبة Ces deux mots, que je trouve dans la copie que je possède de cette inscription, ont été omis par M. Brosselard.

TRADUCTION.

Première plaque. Une ligne a été brisée; suit :

« L'émir des Musulmans qui met sa confiance dans le Maître de l'univers, Abou-Hammou, fils de notre maître l'émir Abou-Yacoub, fils de l'émir Abou-Zéid, fils de notre maître l'émir Abou-Zékéria, fils de notre maître l'émir des Musulmans Abou-Yahia Yar'moracen ben-Zéyan (que Dieu bénisse ses actions glorieuses et éternise ses traces bienfaisantes!), *a donné* à cette zaouïah bénie, où s'élève le tombeau de son père (Dieu rafraîchisse sa sépulture!), à savoir : dans l'intérieur de Tlemcen la bien gardée, la totalité du moulin attenant à la zaouïah, les trente boutiques connues sous le nom de Saghrah el-Kedimah (*Vieille-Rue des Orfèvres*); de plus, le four à pains situé à *Mencher el-Djeld*, le bain dit *Hammam et-Teboul*, le four de *Meksem el-Ma* (l'endroit où se répartissaient les eaux), et le fondouk d'*El-Aliah ;* en dehors de ladite ville, la totalité du moulin à eau situé dans la partie inférieure du quartier *Keldat beni-Mdala*, la moitié indivise du jardin d'*El-Moniah*, sis au quartier d'*Er-Remaïlah ;* de plus, les oliviers de *Tifda*, ainsi que le terrain où lesdits oliviers sont plantés, avec le pressoir et le moulin à huile qui en dépendent. »

Deuxième plaque :

« La totalité des biens dont est fait donation sont la propriété (*melk*) du donateur, et la notoriété publique en indique suffisamment les limites. Ce habbous est sans restriction, général, définitif et constitué à perpétuité, dans le but de pourvoir aux dépenses nécessaires des professeurs, des étudiants, de l'imam et du mouedden. »

Les douze lignes brisées qui viennent ensuite, ajoute le savant auteur du Mémoire que nous citons, n'offrent plus qu'un sens tronqué et incomplet qui rend toute traduction impossible; on remarque seulement que les mots *medersa* et *mesdjed* sont mentionnés plusieurs fois, ce qui indique que ces deux établissements devaient participer, avec la zaouïah, à la dotation royale ; enfin, on lit, dans les fragments conservés des deux dernières lignes, les dates suivantes :

Année sept cent soixante-trois (763) et sept cent soixante-cinq (765).

Ces dates correspondent, la première 763 à 1361-62, et la seconde 765 à 1363-64 de notre ère. On voit par là que l'auteur de la donation est Abou-Hammou Mouça II, parvenu au pouvoir en 760, et qu'il ne faut pas confondre avec le sultan du même nom, à qui était due la fondation primitive.... Nous apprenons d'ailleurs par l'inscription rapportée ci-dessus que les restes de son père avaient été déposés dans la zaouïah; il y avait là, sans doute, pour le prince, un puissant motif de donner à cet établissement religieux des marques toutes particulières de sa libérale protection.

Les douze lignes brisées de la seconde plaque que M. Brosselard n'a pas jugé à propos de communiquer au public, me paraissent contenir assez de mots pour faire deviner ceux qui manquent et indiquer ainsi le sens général du contexte. Le lecteur curieux ne sera peut-être pas fâché de trouver ici ces bouts de phrases accompagnés d'une traduction.

1 .... كل ذالك بالمدرسة المباركة المشتملة
2 .... الزاوية المذكورة وفى اطعام
3 .... بها السبيل الواردين على الزاوية
4 .... لمدرسة المدخول عليها من زنقة
5 .... المقيمين بها ..... ابرم ذالك
6 .... فيه بقا عين الحبس ولما يعود من العقار
7 .... صلاحه واستفاء ما يحتاج اليه الحبس
8 .... صلاح حوض المسجد وغيره
9 .... ذالك من الضروريات والتكميلات
10 .... فى عقد التحبيس المنقول هذا منه
11 .... المعظم عام ٧٦٣ ثلاثة وستين وسبع ماية
12 .... د الثانية عام ٧٦٥ خمسة وستين

TRADUCTION.

1. .... tout cela dans le collége béni, renfermant
2. .... de la susdite zaoüiah et pour la nourriture des
3. .... du chemin, ceux qui se rendent dans la zaoüiah
4. .... au collége, où l'on entre par la rue de
5. .... y résidant...... Il a consolidé ce
6. ...... dans lequel est restée la substance du habbous, et pour [ce qui revient du fonds
7. ...... le mettre en bon état et exécuter ce que le habbous exigera
8. ...... réparation du bassin de la mosquée et autres (dépenses)
9. ...... cela en fait des choses nécessaires et des perfectionnements
10. .... dans l'acte qui constitue en habbous, d'où ceci est extrait
11. .... le vénérable, l'an 763, sept cent soixante-trois
12. ...... (djouma)da second de l'an 765, (sept cent) soixante-cinq.

PAGE 416.

GRANDE MOSQUÉE.

La Grande-Mosquée de Tlemcen se recommande, à plus d'un titre, aux studieuses investigations de l'artiste et de l'antiquaire. Elle justifie bien son nom par la remarquable étendue de ses constructions. C'est un édifice carré sur sa base et d'une simplicité majestueuse; il plaît à l'œil, autant qu'il satisfait le goût exercé de l'artiste par la régularité de ses proportions et par l'imposante harmonie de son ensemble. Huit portes donnent accès dans ce monument dont la forme générale est un carré d'une superficie d'environ trois mille mètres. Le côté orienté au Midi forme le vaisseau principal, et c'est la partie de l'édifice le plus spécialement réservée à l'assemblée des Fidèles. Six rangs d'arcades égivales le divisent dans toute sa longueur, qui n'a pas moins de cinquante mètres, et sont coupées perpendiculairement par treize travées, chacune de vingt mètres. Soixante-deux piliers ou colonnes soutiennent ces arcades et les relient entre elles. La cour ou atrium, au milieu de laquelle s'élève une vasque en marbre onyx translucide qui déverse l'eau nécessaire aux ablutions, est carrelée en larges dalles du même marbre;

elle forme un rectangle de douze sur vingt et un mètres de côté. Elle est circonscrite au levant et au couchant par trois travées d'arcades, sorte de deambulatorium qui se relie à la partie principale que nous avons déjà décrite. Enfin, du côté qui regarde le Nord, se dresse le minaret, tour rectangulaire bâtie en briques, ornée sur ses quatre faces de colonnettes de marbre et revêtue de mosaïques. Il a cent pieds d'élévation ; on monte à sa plate-forme par un escalier de cent trente marches. Tel est l'ensemble de ce monument, d'un style simple, sévère, sobre d'ornements et froidement religieux.

Le *mehrab*, ce sanctuaire des temples musulmans, est la seule partie de l'édifice qui se distingue par sa décoration. C'est un magnifique bouquet d'arabesques. L'œil est ébloui autant que charmé par cette riche profusion de rosaces, de losanges, de fleurs découpées à jour comme la plus fine dentelle ; bigarrure étincelante, pleine de fantaisie, de caprice, d'imprévu. De larges rubans de caractères coufiques ou andalous, retraçant à l'œil exercé du thaleb des sentences choisies du Koran, enlacent de leurs dessins gracieux ces mille figures géométriques si habilement refouillées. On dirait une surprise du caléidoscope. Enfin, comme pour ajouter à l'effet, une lumière douce et mystérieuse, glissant d'en haut, teint de reflets fantastiques ce merveilleux tableau, qu'il est plus facile d'admirer que de décrire. Il s'agit, comme on voit, d'une véritable œuvre d'art, et c'est peut-être ici le spécimen le plus riche et le plus curieux qui existe de l'ornementation arabe.

Entre le mehrab et la place que l'on assigne au tombeau d'Yar'moracen, il existe une petite porte ogivale qui donne accès dans une salle haute et peu éclairée. Vous pouvez remarquer au-dessus de cette porte une tablette en bois de cèdre, encastrée dans la muraille, et sur laquelle se détache en relief une ligne de caractères arabes d'un beau type andalous vigoureusement fouillés dans le bois. Des rosaces finement sculptées forment l'encadrement. La tablette mesure deux mètres et demi de longueur, sur une hauteur de trente-cinq centimètres. Il y a quelques années, ce monument épigraphique était complètement ignoré ; une couche épaisse de chaux le recouvrait depuis bien longtemps, et l'indifférence des indigènes ne leur permettait pas de soupçonner qu'il pût y avoir quelque intérêt à aller à la découverte sous cet endroit séculaire.

L'envie nous prit de déchirer le voile. Le badigeon fut enlevé; la tablette nettoyée avec soin, et nous eûmes alors, à la grande surprise de nos Musulmans, la satisfaction de faire reparaître au jour l'inscription que voici :

امر بعمل هذه الخزانة المباركة مولانا السلطان ابو حمو ابن الامراء الراشدين ايد الله امره واعز نصره ونفعه كما وصل ونوى وجعله من اهل التقوى وكان الفراغ من عملها فى يوم الخميس ثالث عشر لذي قعدة عام ٧٦٠ ستين وسبع ماية

TRADUCTION.

« Cette bibliothèque bénie a été fondée par l'ordre de notre maître, le sultan Abou-Hammou, fils des émirs légitimes ; que Dieu fortifie son pouvoir, qu'il augmente sa force contre ses ennemis, qu'il le récompense suivant le mérite de son œuvre et de ses intentions, et le conserve au nombre des serviteurs zélés de la Foi ! L'établissement en a été achevé le jeudi, treize de dhou 'l-kaâdah de l'année sept cent soixante (760).»

Cette date correspond au 7 octobre 1359 de notre ère. Le fondateur est le sultan Abou-Hammou Mouça, deuxième du nom, qui est considéré comme le restaurateur de la dynastie Abd' el-Ouadite sur le trône de Tlemcen. Ce prince était arrière-petit-fils d'Yar'moracen et il fut son sixième successeur. Il reprit le pouvoir sur les émirs Mérinites, au commencement du mois de rebiâ premier 760 (février 1359), et c'est neuf mois après cette reprise de possession, qu'il fit la fondation pieuse dont l'inscription que nous venons de rapporter a transmis le souvenir à la postérité.

Abou-Hammou était un roi généreux, libéral, bienfaisant. Il aimait les arts et les lettres et protégeait ceux qui s'y adonnaient ; c'est par ce côté surtout qu'il se distingua, et qu'il a mérité d'échapper à l'oubli. Il attirait les savants de renom dans sa capitale, témoin Ibn-Khaldoun qui eut part à ses largesses ; il les comblait de faveurs, et les encourageait autant qu'il les flattait en assistant à leurs leçons.

Il fonda un vaste collège (la *medressa Tachfiniah*), qui subsiste encore aujourd'hui, dans le voisinage de la Grande-Mosquée (1).

Revue Africaine, déc. 1858, p. 86.

PAGE 440.

TOMBEAU DE CIDI AHMED BEL-HACEN EL-ROMARI.

On ne saurait quitter la Grande-Mosquée, dit M. Brosselard, sans visiter tout à côté un petit oratoire qui a le privilége d'attirer, depuis quatre siècles, la vénération de tous les Musulmans. Nous voulons parler du tombeau de cidi Ahmed bel-Hacen el-Româri. Ce saint personnage, originaire de la tribu berbère des Româra, vivait dans le neuvième siècle de l'hégire. Il ne passait pas pour un savant docteur, mais il était considéré comme un homme juste servant Dieu. Dès sa jeunesse, il avait renoncé au monde et à ses plaisirs; il fuyait la société, ne se montrait jamais en plein jour, et passait toutes ses nuits dans l'intérieur des mosquées, veillant et priant. Cidi Ahmed bel-Hacen avait fait deux fois le pèlerinage, et s'était fait initier, en Orient, aux doctrines ascétiques des Soufis. Il les pratiqua toujours rigoureusement, vivant dans l'humilité, la pauvreté, l'abstinence et la chasteté. On admirait ses grandes vertus, et on lui attribua le don des miracles et la prescience de l'avenir. Mais les rigides austérités auxquelles il se livrait sans relâche, abrégèrent ses jours. Un matin, on le trouva mort dans la Grande-Mosquée; il avait conservé l'attitude de l'homme qui prie. Son corps fut déposé dans une des galeries extérieures de cet édifice, auprès d'une petite maison que l'humble ermite s'était choisie pour retraite. La dévotion des Fidèles lui éleva un tombeau, et le bruit s'accrédita que Dieu, voulant honorer et récompenser en sa personne le modèle de ses serviteurs, lui avait accordé, après sa mort, le pouvoir de soulager et même de guérir

---

(1) Cette medressa n'avait pas changé de destination jusqu'à l'époque où nous nous sommes emparés de Tlemcen. Depuis lors, l'administration militaire l'a convertie en magasin aux vins.

toutes sortes d'infirmités physiques et morales. On juge avec quelle facilité ce bruit se propagea et prit créance. Bientôt l'oratoire de cidi Ahmed bel-Hacen devint le rendez-vous de tous les affligés. C'est sans doute à cette croyance populaire qu'un poëte du temps faisait allusion dans le quatrain suivant que nous trouvons gravé au-dessus de la porte qui donne entrée dans ce lieu vénéré.

Suit le distique que nous avons cité page 441.

L'inscription est gravée en relief sur un madrier de cèdre qui forme imposte et mesure 1 mètre 60 centimètres de longueur sur une hauteur de 25 centimètres. Le caractère est africain et d'un beau modèle ; chaque vers est encadré de rosaces et de fleurs sculptées avec un art remarquable.

Nous devons à l'auteur du *Bostan* de connaître d'une manière précise la date de la mort de sidi Ahmed bel-Hacen (1). Cet événement arriva le douzième jour de chaoual 870 (mai 1466), sous le règne du sultan Abou Abdallah-Mohammed el-Motawekkel, le vingtième prince de la dynastie Abd' el-Ouadite qui se fût assis sur le trône d'Yar'moracen.

Mémoire sur les inscriptions arabes de Tlemcen.

---

(1) *El-Bostan fi dzeker el-aoulia ou el-oulema bi-Telimsan* est une histoire des marabouts savants auxquels Tlemcen s'honore d'avoir donné le jour. L'auteur de cet ouvrage est sidi Mohammed ben-Mohammed, surnommé *Ibn-Meriem*, qui vivait vers le milieu du seizième siècle de notre ère.

FIN.

TABLE DES MATIÈRES.

                                        Pages

Chapitre premier. — Débarquement à Mersa 'l-Kébir. — Description de cette localité et arrivée à Oran. 1

Chap. II. — Oran. — Sa topographie. — Prononciation de l'hébreu usitée chez les Juifs de cette ville et ceux du Maroc. 9

Chap. III. — Trajet d'Oran à Tlemcen. — Description de la marche et des lieux parcourus. — Aventures et récits divers. 33

Chap. IV. — Arrivée à Tlemcen. — Les Juifs de cette ville; leurs synagogues et leur cimetière. 86

Chap. V. — Église de Tlemcen. — Histoire abrégée du christianisme dans cette ville. — Inscriptions chrétiennes découvertes dans le quartier d'*Agadyr*. 105

Chap. VI. — Excursion à Sebdou. — Entretien avec un Bédouin. — Défense de ce poste par les Français en 1845. 130

Chap. VII. — *Agadyr* ou l'ancienne Tlemcen. — Sa topographie et son histoire. — Inscriptions latines qu'on y voit encore. 151

Chap. VIII. — *Tagrart* ou la nouvelle Tlemcen. — Sa topographie et son histoire. 182

	Pages
Chap. IX. — Promenade dans le quartier des Hadhars. — Leur commerce et leur industrie dans les temps modernes et dans les temps anciens. — Leurs relations avec le pays des Noirs.	204
Chap. X. — Cy Mahfoudhy, mufti du bureau arabe de Tlemcen. — Lettres qu'il a adressées à l'auteur du présent ouvrage.	222
Chap. XI. — Cy Hammady ben-es-Sekkal, caïd de Tlemcen. — Le dîner qu'il donne aux officiers de l'État-Major de la place. — Histoire manuscrite des rois de Tlemcen qu'il avait en sa possession.	236
Chap. XII. — La Mansourah. — Sa mosquée et son minaret. — Description de ses ruines.	248
Chap. XIII. — Excursion à Hubbed. — Sa Grande-Mosquée et les inscriptions arabes dont elle est ornée. — Tombeau de cidi Bou-Médyn. — Légende de ce personnage célèbre.	260
Chap. XIV. — *Aïn el-Medarsah.* — Tribunal du caïd de Tlemcen. — Les écoles de Tlemcen et les sciences qui y étaient jadis professées.	348
Chap. XV. — Le *Sehrydj* ou grand bassin de Tlemcen. — Événement qui l'a rendu célèbre.	350
Chap. XVI. — Le Méchouar ou ancien palais des rois. — Les objets curieux qu'on y voyait autrefois, tels que l'horloge merveilleuse et le Koran d'Othman.	358
Chap. XVII. — Le marabout de Hubbed. — Le lieutenant des spahis Ben-Khouia. — Mosquée de cidi Ibrahim.	388
Chap. XVIII. — Voyage chez les Beni-Waazen. — Leur dyfah et la manière dont ils accueillent les officiers français. — Causeries après le dîner entre cy Hammady ben-es-Sekkal, l'auteur et quelques interprètes de l'armée. — Fantasia.	397
Chap. XIX. — Promenade dans le quartier des Hadhars. — Magasin du génie. — Cidi El-Halouyi. — Liste des	

mosquées de la ville. — Le drogman Susboué et ses manuscrits arabes. 409

Chap. XX. — Grande-Mosquée de Tlemcen avec son minaret. — Description de ces deux monuments. — Les inscriptions qu'ils contiennent. — Cidi Ahmed bel-Hassan. 428

Chap. XXI. — Départ de Tlemcen. — Hospitalité du colonel de Montauban. — Arrivée à Oran. — Établissements chrétiens fondés dans cette ville par les Français. — Retour en France. 442

Additions aux notes et pièces justificatives. 455

FIN DE LA TABLE.

IMPRIMERIE ORIENTALE DE NICOLAS, A MEULAN.

Page 119.   I.

II

Vers adressés à l'auteur par Sidi Tâher al Mahfoudhy, mufti du bureau arabe de Tlemcen. (page 225).

الجواب

تُخبر بكم كل الأرض تنزلون بها :: كانكم في بقاع الأرض أمطار
وتشتهر العيون منكم أحسنا :: كانكم في عيون الناس أنوار
لا وحشر الله فيك من زيارتكم :: يا موله في المستراد الله تذكار

و 14 شوال 1262 عبره (الكلام الجميع المفتي لطهر)

III

Lettre adressée à l'auteur par Cidi Tahor al-Mahfoudhy, mufti du bureau arabe de Tlemcen.

(page 229)

بسم الله الرحمن الرحيم وصلى الله على سيدنا محمد وآله وصحبه وسلم تسليما

إلى حضرة سعادة الشيخ الهمام والعلامة الكرام عين الجماعة وقطب دايرة الحكيم البليغ الفصيح الأديب الحسيب النسيب المنتمي عنصر الأفاضل الشريعة والمعقول المتسم بمجامع بهج التعلم والفضل والعلم والرياسة

أدام الله سعادة الشيخ الهمام والعالم العلامة فخر العلماء وقطب دائرة
الحكماء البليغ الفصيح اللبيب الحسيب النسيب المتحلي بحسن الأخلاق
الشريفة والمكارم المنيفة من جمع بين العلم والعقل والحلم والرياسة
والسؤدد والأدب والنباهة والفراسة السالك بين من العلم أجمل شرح
نعيم الشيخ يوحنا يوسف ورتبه معلم المدرسة [illegible]
مقامه السامي بالعلى الأفخم وسلام عليه كريم طيب بعميم محبته المملوكية
على اجمة ابن والتعظيم ورحمة الله تعالى وبركاته ترتسم متواليا اما بعد
الحمد لله مسدا. قد ورد مكتوبكم الكريم وخطابكم الجسيم انحل بعض ما
وما أمليتم علينا فيه من أنكم مشغوف الفكر [illegible] مشغول البال [illegible]
فتعلم انما شكرك ومنة التعب لحد امتلا قلبي بحبك حتى خالا من
حب كل احد [illegible] فضل الله تعالى جنابك ذاتكم من [illegible] من
بينهم حتى انه لم يبق في [illegible] وكم [illegible]
فلان الشعراء [illegible] وإني [illegible] في كل وقت وحين ومن شاهد [illegible]
مثلكم [illegible] جمعت لكل خصلة حميدة [illegible] الآخر موضعا لابد
عقل [illegible] ادبا [illegible] واذا [illegible] الشعراء [illegible] حتى فتشبع
التفضيل [illegible] والحسن المقال
وإني لا [illegible] على القرب والبعد :. [illegible] الفضل والعقل [illegible]
والغير [illegible] اهل [illegible] وبعض [illegible] وتعلم [illegible]
[illegible]
وان [illegible] على [illegible] الكبير والمولى [illegible]
[illegible] حتى [illegible]
من [illegible] الاعتزاز [illegible] المثل [illegible]
[illegible] من التنبيه
[illegible]

IV
Écriture Sidi Mohammed ben Abdallah
Aga de Beni Snous. (page 234)

الحمد لله   ولا بد را الا ملكه

حضرة محبنا واعز الناس لدينا مسيو ابو..
ولد يرا ادمس وصلتي كم ويعكم راعنا ذكور تنشد
وصلاح عليكم رحمة الله ولاز ابد دسور السوال ع..
وعند احوالكم واجوال الساسة وقد مرار ذكركم راعنا..
عنا لم تصل نخبر وعلى جنبر وعليكم الحمد والسلام عبد ربه محمد بن
الله باباي بناء العبلي وصح الله ١٣..

V
Écriture de bel-Hadj
Caïd des Ouled-Riah.
(page 234)

وليبدوا الى وجه ا   الحمد لله وصول ه

حضرة محبنا وعز الناس لدينا مسيو أبو يسف
ولد مريم ادام وصلى وبعد فنعلمك راعنا ذكرنا رنشرك
وسلام عليكم ورحمة الله ولد زايد رسول المذكور عنك
وبعد اخوانك اجروا اظهار الله على وصى مراد ذكر دراك لسانت
عنا يجتمعا يتشاورعا جميعا وبسلام الجو والسلام عبد ربه محمد بلكبر
الله بنا على بينا ازعجلنا وصحبه الله ،،، اميــن

V
Écriture de bel-Hadj
Caïd des Ouled-Riah.
(page 234)

وليصلوا الى وجه الله
الحمد لله وصوله

لمن حبيبى وعز الناس عندنا الى السيد يسف جنة رئيس مسلم الله
عليك ورحمة الله وبركاته وبعد نعلمك نطلب معنا نطلب من
ساعة كما كان الخبر وانت تعرفه مقبول عند ربي

VI
Vers adressés à l'auteur par Cidi Hammady. (page 398).

؞ فلامت تظللوني من الشمس
؞ شمس دعني علي من نجمي
؞ ويا عجب شمس تظللن من الشمس

VII
Mots adressés à l'auteur par Cidi Hamram (page 404).

אני שמח הרבה כאשר ראה אתך
אדני

[handwritten Hebrew cursive lines]

VIII
Vers cités par le Caïd ey Hammady bou-es-Sekkât. (page 405)

يا رب ان العيون السودا. قتلتني
مارية بها تشفها واله والة ٣ النذلو يتهمرا
صروري لما وجبروا ۵ القلب غيبكم واله والة

IX
Distique récité par Sidi Hamram (page 405).

؞ حمّصوني لعلّهم يستنطقوني ؞
؞ وجحدوني على البلاء صبروني ؞
؞ ولذلك رجعت على الدلاء ؞
؞ وقبلت من السلاح شغني ؞

X
Vers cités par sidi Hamram (page 407).

؞ فسهوته كعنبر الاستخفيف ؞
؞ دستوره قتل منفلته المصشوف ؞
؞ فلا عرفت من جهها بالرسيف ؞
؞ ونربط القود مع الرجيسف ؞

XI
Vers cités par le caïd Cy Hammady ben es Sekkal (page 407).

نشر بنا وطني فنا على الارض جميعنا
بلارض من كانت الكرام نصيب

XII

Lettre adressée à l'auteur par Sidi-Hammady ben-es-Sekkal, Caïd de Tlemcen.

تصل بيد المتوكل فتح لطيفة ومرآة الغنيس المنيس برجيبي معلم العربي الذي يدرس بالمدرس الفرنسي

الحمد لله وحده لا يبرم إلا ما يجب حمده

حضرة المحب ممتاز الخل صدق الخالد الأديب الأريب بيرو ديكا أوجي نجيب لما من الذنيبس الديبي رجيبي معلم اللغة العربية بسماحة بلد ريسي امنه الله ورعاه وسلام تلو مبارك ما ترضى السيد وكبير بلدنا يذكرنا بما يفيد بعد المبرد قير انا له ونسأل الدنيا معاً واذا ترى معناه بحواليه صار دفتنا وقد وجهنا هذا البلاغ نعيد الغريبي العلمي المشفق بجميع البلغ تشوقنا فتنا بأركانه بيك واخبر بيرو وشانا زورة الى المدينة المراء بينما يحتوى الى تلوى الحيما لا تنتوى امثل غنيمة وحضور المزوجة فوا ترجعنا مع سوالح مريكة من احوال الكاري نبض ان بلاد الاقطار في صحافة ... كما نراه نور كل والسلام المروي في هناك الكرخ ... يجب حبيبنا ... ولا يجد ... ... المحب بلاغ العادة والمبلغ اليه الجنرال ... تبيك الوخ الله منتج داعم وكتابه يفيد في بعث ذلك ترفعها بدا ايج وصول كنا نجد المذكور السالك ترجعها بقضاه ... هذا البر الفرنسي وراستعف بسح محبتنا في قديم لا ينسخ والجنرال بالله بلاخس الجزار بلك تعالى بدين تبنيصي ترنيصو وبوفند الحين يعبد امان صحور الروضة الشعبي اليو نعاره

الحمد لله

لا يسوع   زدايبروع لإمارجهد

حضرة المحب ممتاز الخل صدق الحال ودق اللبيب الأخنر بتره لها دياك أوربي
نجيب لنا من الذ سبس البير جيبي معلم اللغة العربية بسماح
ريفسي أمنه الله ورعاه وسلام تلي مبارك على ارضي التي مريد كنا
تركنا المارغيد مع بيت نبرد فير الله ورفقنا الى الربا معاه وذكر وبعد هذا
وقبول به وصل بغشنا وتم وجوبه هزا بلت ادى نعبسر والتوبيخ العلني
المنشعي بحضنك البلمغنشيت بلا غشنا نارو كانه بيك وأخر بيروكطنا رؤا
أن الحضر الاول استنى تلوى لرا حبيا . ٢ تنتبر ٢. ملا عينتر وحضور مزوجن
فودارمعلنا مع استراك مي كبستر احول الكراتييت رنقلوا كاذقم بح صفارة وعابنا
كعازنو لكور السند الحوربة غنا هنا لكرانهته يقى حبيب وحبيب اذكران
سعادة المحب لالغ العادات المشغل البير اعنه ال ثمة نبيك البو الله نتبع
داجهوا وكنا بابد لم جست ذلكر طعنا بح نابح وصول كنا يكما طروكر ارسلا
وقبول به بغشنا تح هزاله البوتنطيح ترا استنعزي اسنة يعيثنا بح فليم
يا تنسسر ابو اجترارة الثد بلا خمس إيار . بدلسا تعالى بوبي ترنيفسي
قرنيرال وبويندت الحبي وبعلمه ام صبور الدولة للتبعيي البو نعار ريه
ريعالج السد به زعما يبتي قبع اغلا يبسى بم لتدبر اوبرو زندي لرا قبال
بج الاندر ولا . وماك يجول زمعته وزا اصلنا وذكرت يا سلطان لرا
حيا . بيا رميس معظم العلم مسلم عليهم أن الاسلا منتمى بلا نواع
وناز صار رو لرا برار ترتعطى ما لرا . ديا انبى تشلت ان مررئه بنبع
بج بسم صعى ان تنا . الشد والصلاة تالخ يح كوا ضى الاوس منى ما
٢٩٥١   وكنب عبر يد رفعه ملفع قادر الصفار لطاف اس يسى

www.ingramcontent.com/pod-product-compliance
Lightning Source LLC
Chambersburg PA
CBHW071711230426

43670CB00008B/974